法治与社会论丛

（第五卷）

主　编：刘建民　段宝玫

副主编：陈蓓丽　林沈节

知识产权出版社

全国百佳图书出版单位

图书在版编目（CIP）数据

法治与社会论丛. 第 5 卷／刘建民，段宝玫主编. —北京：
知识产权出版社，2015. 8
ISBN 978 - 7 - 5130 - 3152 - 3

Ⅰ. ①法… Ⅱ. ①刘… ②段… Ⅲ. ①法学—丛刊
Ⅳ. ①D90 - 55

中国版本图书馆 CIP 数据核字（2015）第 165049 号

内容提要

《法治与社会论丛》是上海商学院文法学院主办的一本法学类的综合性学术集刊，现已出版至第 5 卷。本书收录的论文主要涉及法学各论专题、知识产权专题、审判前沿与案例精解专题、社会管理专题、社会调研专题、教学与课程改革专题等。在论文的征稿过程中更注重实务性和创新性，力求及时反映最新的社会热点问题及学术研究成果，并多角度、多层次、深入地对各类热点问题进行了全方位的探讨和分析，具有重要的理论意义和实践意义。

本书能够让读者较为详细地了解法学、政治学、社会学的前沿问题，适合相关机关、企事业单位及学生作为学习交流的参考资料。

策划编辑：蔡　虹　　　　　　　　　责任校对：孙婷婷
责任编辑：张筱茶　　　　　　　　　责任出版：刘译文

法治与社会论丛（第五卷）

刘建民　段宝玫　主　编
陈蓓丽　林沈节　副主编

出版发行：**知识产权出版社** 有限责任公司　　网　　址：http://www.ipph.cn
社　　址：北京市海淀区马甸南村 1 号　　　　天猫旗舰店：http://zscqcbs.tmall.com
责编电话：010 - 82000860 转 8180　　　　责编邮箱：baina319@163.com
发行电话：010 - 82000860 转 8101/8102　　发行传真：010 - 82000893/82005070/82000270
印　　刷：北京中献拓方科技发展有限公司　　经　　销：各大网上书店、新华书店及相关专业书店
开　　本：720mm×1000mm　1/16　　　　印　　张：28
版　　次：2015 年 8 月第 1 版　　　　　　印　　次：2015 年 8 月第 1 次印刷
字　　数：502 千字　　　　　　　　　　定　　价：79.00 元
ISBN 978 - 7 - 5130 - 3152 - 3

编　委　会

主编简介

刘建民教授现任上海商学院文法学院院长，律师，上海仲裁委员会仲裁员；曾获宝钢优秀教师奖，上海市育才奖，上海商学院教学名师奖。主持的经济法课程入选上海市精品课程；主持的民法课程入选上海市重点课程；主编的《经济法》教材入选普通高等教育"十一五"国家级规划教材。主持的"面向商贸服务的法律专业应用型人才培养模式改革与创新"项目入选上海地方本科院校"十二五"内涵建设项目（085项目）。

现已发表、出版《中西买卖法若干问题比较研究》《商品流通秩序与商事法制建设》等论著80余篇（部）。其中，《略论商业特许连锁经营的法律调整》等10余篇论文被人大复印报刊资料全文转载；《商业行规的法律定位、特点及体系》《行业协会功能研究》《新中国60年商业法制建设回顾与展望》等10余篇（部）论著在"上海市哲学社会科学优秀成果""上海市法制建设优秀研究成果""上海市党校系统优秀科研成果"等评选中获奖。

段宝玫副教授现任上海商学院文法学院副院长，法学博士，上海市法学会商法研究会理事。入选教育部、中央政法委等六部委组织实施的高校与法律实务部门人员互聘"双千计划"，获上海商学院优秀青年教师奖。主持的法理学课程入选上海市重点课程。主编的《经济法（第五版）》入选"十二五"职业教育国家规划教材；主编的《新编经济法教程》荣获2015年上海普通高校市级优秀教材奖。

主要研究方向为商法、经济法、法律文化。作为主要成员参研上海市政府决策咨询项目、上海市重点学科建设课题、上海市商务委员会课题等科研项目多项。现已发表《民国时期破产规范在实践中的表达：以商会个案裁断为视角》《侵权责任构成理论之内涵解析》《预付式消费卡若干法律问题探析》等论文多篇，独著、编著《近代中国破产法制流变研究》《商品流通法律规制研究》《商事侵权责任法》等著述 20 余部。

编者说明

《法治与社会论丛》是由上海商学院文法学院主办的综合性学术集刊，汇聚了法学、社会学理论界和实务界诸多专家的研究成果，自 2011 年以来已经陆续出版 4 卷。《法治与社会论丛》（第五卷）延续与承袭了前 4 卷的风格和体例，坚持对相关法学和社会问题进行深入、全面的理论研究和探索，对社会现实与实践保持持续的关注和体察。与此同时，本卷在编写过程中，注重将院校与法律实务部门产研合作的成果及时应用与转化，收录了上海市徐汇区人民法院精于审判业务的法官所撰写的法学论文和个案精解，希冀通过加强法学理论界与法律实务界的学术交流与互动，进一步拓展研究视野，促进理论与实践的紧密结合，不断提升研究成果的应用价值和学术内涵。

根据研究成果的内容和学科属性，本卷收录的论文分别归入法学各论专题、知识产权专题、社会管理专题、社会调研专题，以及教学与课程改革专题，同时新设审判前沿与案例精解专题。

"法学各论专题"收录的文章的作者主要来自上海商学院、上海市徐汇区人民法院、南京公证处等。这些论文凝聚了各位学者、专家的研究心得，从多角度、多方位对法学理论与实践问题进行了深入的探讨和分析，具有重要的研究意义。

"知识产权专题"收录的论文涵盖著作权、商标权等领域。在 21 世纪的经济发展中，知识产权的重要性不言而喻。随着信息网络的发展，以及全球经济、科技一体化格局的深化，知识在世界范围内的传播、扩散速度大大加快，知识产权制度也在不断发展。该专栏收录的 4 篇论文，结合当前信息社会和网络社会的特点，以及司法实践中涌现的新问题，进行了专题研究和探讨。

"审判前沿与案例精解专题"为新设专题,刊载了上海市徐汇区人民法院审理的部分典型案件的阐析评论。每篇文章在介绍主要案情的基础上,侧重于呈现主审法官在审理、裁判过程中的考量与思辨,以及对法学理论层面相关问题的回应与解读。编者希望通过这种方式,透视法律的实施过程,凸显法律的价值目标在司法实践中的印证与实现。

"社会管理专题"和"社会调研专题"收录的文章系各位作者采用多种研究方法,对社会热点及新现象进行剖析研究的成果,其中既有真实的个案访谈,又有诸多数据支撑与分析。各位学者从社会学、政治学等学科领域和不同视角研究相关问题,并提出自己的真知灼见。

本书编委会感谢各位作者的支持,同时也声明论丛登载的文章遵循"文责自负"原则,在编辑过程中,编者仅对来稿做技术性处理。由于时间有限,疏漏与不当之处在所难免,敬请读者不吝指正。

学术研究是无止境的,我们期待有更多、更好的文章在《法治与社会论丛》这一学术平台上得以展示与交流。本书在结集出版过程中,得到了知识产权出版社及其编辑的大力支持,在此一并致谢!

目 录

法学各论专题

知识产权专题

审判前沿与案例精解专题

社会管理专题

社会调研专题

教学与课程改革专题

法学各论专题

"智慧法院"推进执行联动机制完善的思考与探索

许祥云　丁戈文　张克伟❶

摘要：信息资源匮乏是传统执行手段面临的一大困局，集中表现为查找被执行人下落难和调查被执行人财产难，究其原因，不外乎一是获取信息渠道方式相对单一，二是信息资源获取的协作困难。探索并借助智慧法院建设来开拓资源获取途径和力量协助执行，成立网上调查中心、构建强制执行系统，有望成为破解困局的有效方式。为此，徐汇区法院从开通网上执行事务中心并充分利用新媒体推动"网络执行"等方面进行了有益尝试。针对实践中存在的信息化集中查控机制缺乏整体性、社会力量参与执行不够等问题，需要进行配套完善：一是尽快修订与失信惩戒相关的法律法规，二是建立统一的信息化集中查控机制，三是加速推进信用惩戒机制建设，四是建立执行矛盾多元化化解机制。

关键词：智慧法院　信息化　执行联动

现代社会是一个信息化的社会，尤其是网络的建立、运用大大强化了社会的信息化。随着信息技术的日益发展和成熟，现代社会已逐步迈入后信息时代。后信息时代的一个重要标签就是"智能化"，这也是当前"智慧城市"潮流兴起的大背景。"智慧法院"作为"智慧城市"建设的一个组成模块，探讨如何利用信息化技术引导和推动执行联动、破解"执行难"，利用网络的技术力量来探索一种新的科技化的执行方式，是一个非常具有现实意义的话题。最高人民法院院长周强在参加最高人民法院执行指挥办公室挂牌暨执行指挥系统开通活动时，要求大力推进执行信息化建设，为解决"执行难"提供坚实保障。

---

❶ 作者单位：上海市徐汇区人民法院。

一、信息资源匮乏：传统执行手段面临的困局

目前，执行工作的形势依然严峻，案件数量居高不下，执行过程中新情况、新问题不断涌现，执行存案压力大，执行装备和力量的现状与执行工作的需要仍存在一定差距，"执行难"的问题在一定程度上仍然存在甚至在局部更加突出。其中，被执行人员下落和财产的信息匮乏已经成为造成"执行难"的重要因素。

（一）　主要表现

1. 查找被执行人下落难。被执行人为逃避执行，往往行踪不定甚至下落不明，造成对被执行人的传唤成功率低。据不完全统计，执行案件一次传唤到庭率低于30％，致案件久执不决。

2. 调查被执行人财产难。有的被执行人有执行能力而拒不履行，采取拖、躲、赖等手段，或隐藏、转移财产，或将财产重复变卖、抵押。为此，拖延了案件的执行期限，使申请人和执行人员必须花费大量精力去调查、核实被执行人的财产，直接造成案件的执行困难甚至执行不能。

（二）　形成原因

1. 获取信息渠道方式相对单一和信息需求量大的矛盾。被执行人下落和财产线索归根到底是一个信息资源的问题。从信息学的角度来讲，信息的来源越多、开放性越强、获取信息的手段和途径越多，也就越能体现出信息传播的效率和达成信息播送的目的，从而提升执行的效果。而目前，法院主要还是单一地依靠申请人提供线索、群众举报、发布执行公告等传统的法院依职权获取信息资源的方式，一方面手段、形式相对单一，另一方面也容易受到成本、发布范围等方面限制。此外，近年来新推出的社会协助执行网络建设虽然对获取执行方面的信息资源能起到重要作用，但由于是初创和体制、考核等方面的原因，法院并不完全掌握主动权和具有话语权，因此获取信息的效率和效果也有待加强。

2. 信息资源获取中高度配合需求与协作困难的矛盾。信息传播中，信息资源提供方越积极主动、越协作配合，信息传播、利用的效率也就越高。在执行工作中，不少信息资源的获得离不开群众和有关机关的配合。但实际中，为采取财产保全和其他执行措施，法院经常需要向金融机构、工商、公安、房地产、证券等管理机关以及行业主管部门调查取证，这常常会遇到一定阻力，尤其是赴外省市工作，困难相对更大些。如，有的机构和部门违规收费，还有的

以其内部规定为由拒绝提供有关材料。此外，法院工作人员直接赶赴外地在财产人员的调查取证、诉讼保全、强制执行等方面还可能遇到各种风险、困难和阻挠。

综上，随着社会和经济的发展，人员的流动性、财产的多元性日益突出，而法院传统执行手段获取信息的匮乏成为导致如今执行难困局的重要因素。因此，如何尽快适应新的信息化社会形势，探索并借助智慧法院建设来开拓资源获取途径和力量协助执行，有望成为破解困局的有效方式。

二、智慧法院：执行联动信息化建设的平台

（一）"智慧城市"的概念

要理解"智慧法院"，就必须首先明了"智慧城市"的概念。"智慧城市"是"信息化城市"的升级，主要是指通过信息技术的广泛运用和智能化管理，来解决城市日常生活、产业发展和城市社会管理等各方面的问题。"智慧城市"的概念最早是1984年美国拉斯维加斯的一家以"智慧城市"命名的产业技术协会组织提出的，但其主要侧重信息技术在产业中的应用。2007年10月，欧盟率先提出了"智慧城市"的创新构想，成为世界上较早的智慧城市推进设计框架与探索实践。❶ 目前，全球智慧城市的探索实践已在世界各地展开，据国内外文献统计，至2011年9月，全球已有194个智慧城市的项目在进行中，大多集中在欧美地区。❷

我国自2010年以来，已在全国兴起了一轮"智慧城市"的兴建高潮。目前，已列计划和在建的智慧城市达到95个。其中，上海等城市已将智慧城市建设列入"十二五"发展规划（2011—2015年），成为国内新一轮城市发展与转型的创新引擎。

（二）"智慧法院"的发展脉络和渊源

"智慧法院"其实最早可以追溯到20世纪80年代欧美等西方国家提出的"电子法庭"（Electronic Court）的概念。囿于当时观念和技术发展所限，当时更多的还是在于理论上的探索和内容实践上的初步摸索。但随着近年来数字信息技术的不断发展和成熟，西方发达国家已在"电子法庭"的实践上取得了新的进步和进展，并相继出现了网络法庭（E-Court）、闭路法庭（Circuit Court）、

---

❶ 涂平，陈磊．国外智慧城市建设对我们的启示［J］．科技智囊，2013（8）．
❷ 王世伟．"智慧城市"的中国路径选择［N］．文汇报，2011－12－05．

有线法庭（Wired Court）、综合数据库法庭（Integrated Database Court）等分支。例如，当事人可以通过网络更便利地提起诉讼、传递文书、开示证据、远程开庭并支付费用，这成为当前司法模式变革的导向标。联合国前南斯拉夫问题国际法庭就曾通过"电子法庭"方式远程审理已全身瘫痪的波黑军队前司令哈利洛维奇一案，不仅提高了审判效率，也节约了司法开支，成为"电子法庭"适用的成功范例。

（三）"智慧法院"的内涵特点

"智慧法院"的内涵具备"四维"象性，即涵括了内外应用和软硬件运用四项内容。同时，"智慧法院"的关键就是要体现出"智慧性"的特色，具体来讲，可以从以下方面体现：

1. "智慧"的标准性。作为"智慧城市"的下延概念，"智慧法院"的建设标准理应与"智慧城市"进行对接。上海已在《上海市推进智慧城市建设2011—2013年行动计划》中明确了"云计算、物联网、TD－LTE、高端软件、集成电路、下一代网络（NGN）、车联网、信息服务"8个专项的相关标准。因此，推进"智慧法院"的建设也必须符合上述标准。

2. "智慧"的基础性。如果把"智慧法院"比作人的大脑，各项智慧型应用比作人体对外界的针对性反应，那么何时作出何种正确及时的反应就离不开一个反应敏捷的神经网络。这个神经网络就是"智慧法院"的基础——"光纤宽带网"。离开了这个信息高速干道，信息传递的快速性和工作效率的及时性就无从谈起，作出正确反应的"智慧性"更元从体现。在今后计算服务可以通过"云海"服务端获得的趋势下，高度重视光纤网络的建设对"智慧法院"就显得极为重要。

3. "智慧"的兼容性。从"智慧法院"建设的角度来看，其既包括软硬件互相之间的磨合、兼容问题，又包括软硬件各自层面的兼容问题。例如，从软件层面来讲，如何无缝衔接好市级（上海法院局域信息网络）、区级（区公务网）、院级（本院内部网络）、外网以及不同种类的应用软件；在硬件层面，如何使各类电机、电器等智能化设备、中心机房设备、网络设备等更协调、更稳定和更优化地运行，就是充分展现整个系统"智慧性"的地方。

4. "智慧"的前瞻性。技术的更新是日新月异的，不可能也不必要盲目追求最新最好，但"智慧法院"系统的建设必须要有一定的理念和技术的前瞻性。就如同当初还在提倡办公自动化的时候，是否预期到在线立案、远程审理、档案电子化的情形？在进行传统行政管理的时期，是否有审判管理信息化的理念和眼光？而这些应用前景在当时技术的发展上已初现端倪。因此，为今后的升级和优化预留空间、接口乃至标准也是"智慧性"另一个层面的体现。

5. "智慧"的宜人性。任何技术发展的最终目的都是为人服务的。"智慧法院"作为一项公众设施和公众司法产品，核心就必须围绕"人性化"。一是要体现宜居性，"智慧法院"作为智能化建筑，必须在诸如空气、水、电等资源的循环、净化、排放等绿色节能方面达到高标准，打造一个舒适、宜居的公众环境。二是要体现宜人性，尽可能地从司法的便民性方面为公众提供便捷和高效优质的司法服务。例如，提供在线诉讼服务、电子导诉、智能分配停车位等功能。

6. "智慧"的安全性。一方面，法院的审判机密决定了法院是一个涉密场所；另一方面，在当前社会矛盾日益复杂和尖锐的形势下，如何更好地以安全监管、电子围栏等技术为保障，在防火、防盗等安全基础工作上做好文章，尤其是在防突发事件、暴力事件上的智能化应对方案，更是考量功夫。

三、信息共享：执行联动信息化的理念与实践

（一）执行联动信息化的理念

1. 联动信息化推动执行模式深刻变革。执行联动的信息化建设，就是在"智慧法院"的基础上，运用现代信息技术建设一套功能完善的法院案件查控平台系统，并利用其兼容性，将该系统与所有协助单位部门的现有资源都整合起来，实现信息共享，突破信息资源匮乏的瓶颈，集中解决民事案件执行过程中的"执行难"问题。

周强院长曾指出，当今社会已进入信息时代，大数据、云计算、物联网和正在建设的智慧城市、智慧社会重塑着社会生产、生活的结构面貌，对司法工作产生深刻影响。❶加快推进信息技术的全面应用，满足审判执行工作需要，满足人民群众多元司法需求，是新时期人民法院的重要任务。就执行工作而言，加强信息化建设是推动执行模式深刻变革的力量源泉和动力，是参与社会诚信体系建设的重大举措，是促进司法公开的有效途径，是实现执行规范化建设的重要手段。

联动信息化是对执行模式的重大变革。对被执行人财产的查控不再是过去的人工上门查控，而是通过网络化方式予以查控；向相关单位提供失信被执行

---

❶ 周强. 大力推进信息化建设破解"执行难"［N］. 人民法院报，2014－07－26.

人信息并对其进行信用惩戒将成为常态，执行联动威慑机制将进一步健全，当事人自觉履行债务为主、法院强制执行为辅的执行工作模式将得到确立。而且，通过执行信息化建设，依靠科技手段和联动执行机制推进案件执行，能够推动工作进一步公开、规范，可以最大限度地避免人为因素对执行案件的干扰，消极执行、违法执行现象将得到有效遏制，必将促进公正廉洁执法，增强执行公信力。从这个意义上说，执行信息化不仅是执行效率的革命，更是执行管理的革命。

2. 执行联动信息化契合现代法治精神。社会信用体系建设还不完善，影响执行的社会法治环境尚未根本改变，是造成"被执行人难找、被执行财产难寻、协助执行人难求、应执行财产难动"的现象仍不同程度存在的重要因素。

对被执行人及其财产进行网络查控，对失信被执行人进行公开曝光和予以信用惩戒，是协助执行单位履行法定协助执行义务的应有之义，是社会信用体系成员单位落实自身职责的应有之举，其协助执行的内容实质未变，只是协助执行的形式、手段实现了转型提升，从而更加适应现代社会的科技化发展趋势，也更加有利于保障社会信用关系和交易安全，促进社会信用体系的建立和社会主义市场经济的发展，进而在整个社会培育法治意识和法治精神。

执行联动信息化建设需要全社会的配合，尤其是协助执行单位和征信管理部门加快建立自身完备的管理信息系统，消除信息盲点，实现与人民法院执行信息的全面整合和互联共享，为破解执行难问题做出各自应有的贡献。

3. 执行联动的政策依据。长期以来，"执行难"一直是法院工作的难点问题，也是社会各界极为关注的热点问题。为深入贯彻落实中央关于解决执行难问题的指示精神，并形成法院和党委领导、人大监督、政府支持及社会各界协作配合的执行工作新格局，确保生效法律文书得到有效执行，切实维护公民、法人和其他组织的合法权益，维护法律权威和尊严，推进社会诚信体系建设，2010 年，最高人民法院会同多部门联合签发了《关于建立和完全执行联动机制若干问题的意见》。该文件的发布和实施，可有效地将法院单打独斗的执行模式转变为以法院为主、各部门协作联动的执行模式；将单纯依靠强制执行的工作模式转变为强制执行与联动威慑并举的工作模式。最高人民法院还出台了《关于公布失信被执行人名单信息的规定》，确立了对失信被执行人实施信用惩戒的制度，积极参与和推进社会信用体系建设。这些都是推动执行联动信息化建设的政策依据。

（二） "智慧法院" 推动执行联动的构想❶

1. 成立网上调查中心。通过司法协助关系，利用相关部门或单位的"法人信息共享和应用系统""TD-LTE 远程医疗诊断平台""电子账单服务""第三方电子支付""人口数据库""物流跟踪系统""电子公证系统""电子阅卷平台""司法案例库"等各类接口、平台、数据库，更便捷地为当事人和审判人员提供无纸化的鉴定、评估、公证、文件证明、档案查阅乃至财产查询等服务。

2. 构建强制执行系统。通过云计算、物联网、车联网等提供的各项技术应用功能，根据"网上调查中心"获取的当事人电子资金账户、住房、车辆、股权等财务信息，通过法院的"电子令公告系统"发布"电子支付令""电子查封令""电子扣押令"等，在网上实现财产的扣押、划拨、查封、限制高消费和禁止交易、离境等强制措施。

（三） 徐汇法院推动执行信息化建设的尝试

1. 开通网上执行事务中心。为满足人民群众对执行工作公开、透明、便捷、亲民的需求和期待，推进执行信息化建设，徐汇法院于 2011 年 10 月开通了网上执行事务中心。访问者可以在网络导航员的指引下，轻松地获得自己需要的各项服务，如查询案件进展、下载文书样式等。为使远在异地或不方便出行的当事人也能及时参加执行程序，网站还特别设置了网上执行调解室，当事人在这里甚至可以在法官的主持下，通过网络远程即时通讯达成执行和解。网站设置了"电子公告""执行事务咨询""新闻发布""执行工作"等多个平台，将各类与执行工作相关的数据、信息公布于众，借助网络信息传递便捷高效的优势，让来访者及时、全面地了解执行工作的流程、进展、结果。为了自觉、主动接受群众和人大的监督，网站在"执行信访"之外，还特别设置了人大代表会客室，来访者可以在这里向人大代表反映问题、寻求帮助，均可得到及时回复。为了探索破解执行难题的新途径，网上执行事务中心在工作方法上进行了大胆创新。一是网上借力执行，在电子公共板块中公布被执行人名单，借助舆论压力督促一些"久拖不还"的债务人主动履行法律义务。二是网上联动执行。通过"联动执行"平台，将公安局、司法局、住房保障和房屋管理局等本院执行联动成员单位的力量予以整合，形成执行合力。三是网上收集线

---

❶ 郭伟清．未来网络化诉讼模式构想——以上海徐汇区法院"电子诉讼"实践为视角［N］．人民法院报，2013－08－28.

索。网上执行事务中心设有"执行线索举报"栏目，该栏目与电子公告中被执行人名单相呼应，任何群众一旦掌握了被执行人的财产线索，都可以在第一时间向法院举报，为执行到位赢得先机。

2. 充分利用新媒体推动网络执行。"网络执行"是指利用互联网络资源来查询被执行人和财产线索等相关信息的创新执行途径。随着社会信息化的发展，个人与网络互动逐步深入，相关信息在网上"留痕"，借助新媒体的网络资源信息成为徐汇法院探索破解执行难的新的有效途径和创新举措。如，该院在一起执行案件中，即利用被执行人微博显示的信息成功"定位"，找到隐匿的被执行人，确保了案件的顺利执行。被执行人陆某系香港居民，因承包经营合同纠纷欠款 25 万余元，在执行阶段，双方达成和解协议，被执行人先后还款 20 万元，剩余 5 万余元未按和解协议履行。承办人先后多次通过电话及短信平台通知其到庭，被执行人拒接电话并拒不到庭。经上门查看，发现被执行人承租的房屋已转租给案外人。经询问，该案外人除能提供陆某的微博以外，亦不知晓其他信息。承办人在被执行人微博上发现其曾上传过若干照片，经案外人确认，其中一张照片即为被执行人开设的美容店，根据该微博照片附随地址显示的信息，确定该处为本市陕西南路某弄嘉善老市某处。承办人当即赶至该处，将正在该处喝咖啡的被执行人带回我院。通过批评教育，被执行人当即通过朋友付款 3 万元，并对自己的行为表示忏悔，经申请执行人同意，被执行人承诺于 2013 年 3 月 1 日之前将余款全部付清。此案巧用微博定位被执行人行踪，成为法院推进网络执行机制的一大创新实践。

四、机制完善：执行联动信息化的推进路径

执行联动信息化作为"智慧法院"建设的一部分，需要依托"智慧城市"的基础设施和整体统筹，整合各机构的信息资源，其基本思路在于党委领导、人大监督、政府参与、政协支持、各方配合、法院主办，形成全社会参与执行工作、破解"执行难"的新格局。

针对实践中存在的信息化集中查控机制缺乏整体性、社会力量参与执行不够等问题，需要进一步从以下方面予以机制完善：

1. 尽快修订与失信惩戒相关的行政法律、法规及规章制度。对政府相关部门、金融监管机构、金融机构、承担行政职能的事业单位，以及行业协会涉及政府采购、招标投标、行政审批、政府扶持、融资信贷、市场准入、资质认定等方面的相关行政法律、法规和规章制度进行梳理，并尽快修订增加失信惩戒

条款。比如，在中国上海自贸试验区试行并复制推广至全国的认缴制注册资本，需要尽快建立对失信被执行人准入限制的具体配套法律法规；对未自觉履行执行义务的被执行人，根据法院协助要求和司法建议，协作单位在融资、投资、经营、置产、出境、注册新公司等方面给予必要限制。

2. 建立统一的信息化集中查控机制。由相关政府职能部门进行顶层设计，逐步建立全国统一的信息化集中查询网络，与全国法院执行案件管理系统对接，同时要配套推进查控一体化，使协助执行工作更加合法化、集约化、规范化。为此，在技术上，应建立全方位的被执行人信息取得的接口。如今，各个协助单位都能实现计算机数据的管理，在保证其内部系统安全的情况下，接入能够获得被执行人在各协助单位所有信息的接口，以便大大减少执行工作查询周期，能够实时地查询到被执行人的各类信息，缩短执行周期，实现信息对称。

3. 加速推进信用惩戒机制建设。进一步扩大联合信用惩戒的部门和范围，不断创新信用惩戒途径。注重对失信被执行人信用惩戒落实情况的跟踪分析，扩大失信被执行人名单制度的影响，通过网络、电视、广播、报纸等媒体，以及广场、步行街 LED 屏幕等予以公布，扩大失信被执行人信息传播范围，形成"天罗地网"式的信用惩戒威慑，让失信被执行人无处逃避，促使被执行人主动履行义务，积极营造"失信可耻，守信光荣"的社会舆论氛围。

4. 建立执行矛盾多元化化解机制。建立基层组织参与执行、基层公安协助执行的机制。将困难群体的司法救助工作与社会救助体系衔接，解决当事人执行后续的生活问题，形成稳定、长效的救助工作机制，解决困难群体的生活困难。同时，将救助的案件类型、救助对象和条件、救助标准等向社会公布，增强执行工作的公信力。

参考文献：

[1] 涂平，陈磊. 国外智慧城市建设对我们的启示 [J]. 科技智囊，2013（8）.

[2] 王世伟. "智慧城市"的中国路径选择 [N]. 文汇报，2011 – 12 – 05.

[3] 周强. 大力推进信息化建设破解"执行难"[N]. 人民法院报，2014 – 07 – 26.

[4] 郭伟清. 未来网络化诉讼模式构想——以上海徐汇区法院"电子诉讼"实践为视角 [N]. 人民法院报，2013 – 08 – 28.

论公私博弈中改名权之实现进路

——以公正司法的创新实践为视角

孙海虹　叶晓晨❶

摘要：隶属于人格权的姓名权，其法律来源是宪法和民法通则。姓名权行使的重要标志之一是"更改"，该权利的行使需要公民向公安机关申请，获得准许后方可使用改后姓名。私权利的行使受到公权力的限制本无可厚非，但姓名更改基于视角各异会产生见仁见智的结果，给社会管理秩序等带来冲击。本文以《上海市常住户口管理规定》中涉及的姓名更改方面的规定为研究样本并进行分析：改名攸关百姓日常生活，为防止或者最大程度减少行政机关自由裁量权过多挤压公民行使改名权的自由空间，法院应以允许改名为常态，不准更改为例外。同时，通过法律位阶、证据规则和社会实践"三维度"以及设立"改名四原则"等路径将审核公民改名权纳入合法行政、合理行政的框架，以达到见微知著的效果。

关键词：改名权　自由裁量　社会管理

随着社会经济的快速发展，"姓名"这一人格符号日益受到关注，有些公民对父母赋予的姓名不甚满意，希望成年后通过"改名"独立行使姓名决定权，如果公安机关不予批准，则易造成百姓的不满并形成行政诉讼。对此，法院必须审视自由裁量和自由更改之间的博弈和平衡。

一、改名权含义之现实考察

（一）姓名权之属性界分

一般认为，人格权可以分为三部分：第一部分是标识型人格权，它是作为民事主体人格标识这一部分利益的权利，包括姓名权、名称权、肖像权；第二

---

❶　作者单位：上海市徐汇区人民法院。

部分是评价型的人格权，包括名誉权、信用权、荣誉权；第三部分是自由型的人格权，包括人身自由权、隐私权等。笔者认为，上述分类并不互斥，姓名权上表现得尤为明显，姓名作为个人的标识，常常隐含或影响着他人（通常是父母长辈）或公民本人的某种期望或认识，故又包含评价型的成分；同时，在姓名使用过程中，又无法不涉及"自由"这一问题，因为法律意义上的人格有不可让渡和剥夺的固有属性。我国及大部分国家在民法中都强调"意思自治原则"，民事主体在进行活动时意志独立、行为自主，正是对上述原则的诠释和应用，而作为人格权之一的姓名权自然也应打上"自由"的标识。❶

（二） 改名权之肇源探寻

姓名由"姓"和"名"两部分构成。在宗法等级制度的历史沿革中，"姓"表征身份关系，"名"则采用行辈规定，区分男女、排行或者尊卑。现代意义上的姓名，多为区别于他人的标志。姓代表血缘家族关系，一般而言是既定的，根据《中华人民共和国婚姻法》第22条规定："子女可以随父姓，也可以随母姓。"即使公民改"姓"，也在既定范围之内；而名的更改则基本无范围限制。姓名构成人身专用文字符号，是姓名权的客体。对姓名权的保护见于以下法律法规：一是《中华人民共和国宪法》（以下简称《宪法》）第38条规定："中华人民共和国公民的人格尊严不受侵犯。禁止用任何方法对公民进行侮辱、诽谤和诬告陷害。"姓名权位列人格标识第一位，应受到充分保护。二是《中华人民共和国民法通则》（以下简称《民法通则》）第99条第1款规定："公民享有姓名权，有权决定、使用和依照规定改变自己的姓名，禁止他人干涉、盗用、假冒。"该条明确了姓名权的内涵，即决定姓名权、使用姓名权和改名权，而公民的姓名更改权是姓名决定权的自然延伸。❷源于人类种族繁衍，发挥亲属辨析、族群认同等功能的姓名，在当今社会被注入了更加丰富的文化内涵，取名公司的兴起、取好名书籍的畅销，都彰显了姓名不仅是符号、代号，更与人格、命理等相联系。改名系公民的一项私权利，但目前并无对改名的实质性限制法规。

（三） 人格权之社会关联

财产权的自由价值体现在支配、排他和让渡性（可流通性）等权能上。如果财产权不具有让渡性，就不可以进入社会利用以尽效率最大之用处，也不会

---

❶ 崔文星. 民法总则专论［M］. 北京：法律出版社，2012：78.

❷ 鲁祯祯. 论公民姓名变更权滥用的法律规制［J］. 湖北经济学院学报，2011（3）.

增进其价值，而完全否定了财产的自由本性。❶ 通过所有权更替、转移等方式，财产权的行使会涉及其他社会主体的权利、义务，争议诉讼就比较多。反之，人格权行使具有单向性特征，与社会关联度并不如财产权那么密切。如，改名不需要他人合意，亦即非双向性。随着时代发展，虽然人格权会产生商品化情况，比如，姓名、肖像等可以为他人利用，可以用来做商业广告，具有一定财产价值，但其没有改变人格权的具体性质。❷ 即使公民改名后给社会活动带来一定变化，但其他人多凭改名者的有效证件（如身份证等）认定其身份，产生的社会影响亦控制在有限范围内。

二、行使改名权之障碍解析

（一） 三种冲突之对抗

婴儿并无独立的人格意志，姓名的决定权由法定监护人代为行使；一旦年满18 周岁后，子女的独立改名权产生：在不同地区，因观念和文化背景差异，父母起名的定位和文化有所不同，子女长大后可能感觉姓名符号难以融入，产生改名的愿望。彼时，姓名的先定性与公民成年后独立的意志引发了第一种冲突。

在我国，改名系基于公民的理性选择和实际需求，并非毫无目的。但为社会管理需要和进一步维护社会关系的稳定性和延续性，改名被纳入了行政管理的范畴：改名需经获准登记方为有效。显然，是否获准便属行政职权的范围，私权利的行使受到公权的限制，第二种冲突难以避免。

当法院对改名类行政案件进行司法审查时，往往陷入两难——公权力适当地干预私权利无可厚非，但公民的合法权利也需要保护，这导致行政权和司法权之间的碰撞，此系第三种冲突。

（二） 实践样本之分析

目前，我国规制改名的规范性文件由公安部三局制定，各地再根据具体情况制定规范性文件。

1. 1958 年 4 月公安部三局制定的《关于执行户口登记条例的初步意见》第9 条中规定："公民申报变更姓名，对于年满 18 周岁的人要变更现用姓名时，应适当加以控制，若没有充分理由，不应轻易给予更改。有充足理由的，也应经派出所长或乡长批准，才可给予更改。不好决定的，应报上一级户口管理机

---

❶ 胡戎恩．走向财富——私有财产权的价值与立法［M］．北京：法律出版社，2006：75．

❷ 王利明．与民法同行——民法的发展与中国民法的未来［M］．北京：法律出版社，2006：73．

关批准。"但该文件对何谓控制"适当"、理由"充分"均无明确规定，造成改名权形同虚设、难以实现，这表征着公安部以"限制"改名权作为常态，该规范性文件的滞后性和局限性也并不能满足现实生活的发展性和多变性。

2. 上海市作为高度开放的都市，对公民改名所采取的审查标准应较为宽容，本文以上海市规范性文件和基层法院案件作为样本加以分析，以达到一叶知秋之目的。

2010 年上海市公安局印发了《上海市常住户口管理规定》（修正本），第26 条规定："本市居民符合下列情形之一的，可以变更姓名：（一）父母离婚、再婚的；（二）依法被收养或者收养关系变更的；（三）在同一学校或工作单位内姓名完全相同的；（四）名字的谐音易造成本人受歧视或伤及本人感情的；（五）名字中含有冷僻字的；（六）有其他特殊原因的。对依法被剥夺政治权利，或正在被刑事处罚、劳动教养的人员，不予更改姓名。"

该规范性文件以列举作为一种技术手段，以准予改名的几种情形为原则，对于可以改名的情形进行了明确列举，使得标准更为公开透明，同时传承了公安部三局以不予改名为原则的精神，系一脉相承、承上启下。从中可知行政主管部门对改名所持的观点和态度：原则肯定，具体否定；以禁止为原则，批准为例外。其实际扩大了行政机关的自由裁量空间；即使是准予更改的几种法定情形看似确定，细细研究仍感模糊，此不确定性使公安机关自由裁量的空间加大。

（1）"父母离婚、再婚的"，子女可以变更姓名。其系泛指性规定，是改名的前提、前置性条件，但并无限制改名的实质性内容。对于申请主体是谁、可以更换姓或者是名，都未予明确。

（2）"依法被收养或者收养关系变更的"。此亦系前置性条件，只不过从血缘关系走向血亲关系。申请主体系生父母或者养父母，更改的姓是否须为养父母的姓抑或没有限制亦不甚清晰。

（3）"同一学校或者工作单位"是改名的具体限制。"学校"是指小学、中学还是在职继续培训的学校？如今人员流动性较大，如果以名字与调换单位前的同事姓名相同为由，是否可以援引该款项？由于限制改名的时间、空间范围不明确，这实质上与行政机关"限制"的本意相背离。

（4）"名字的谐音易造成本人受歧视或伤及本人感情的"。该款项争议较大，"谐音"从性质上说是客观标准，但非一成不变，从上海市基层法院的 10多件案例中可知，该标准具有以下特征：

一是性别色彩。以往，男性起名中多有"刚""强""力"等字以突出男性特征，女性名字中多有"姗""霞""丽"等字以昭示女性柔美。但随着社会的发展，姓名的性别指向性不再清晰。如，原告因其名字"秦彦"的谐音"秦艳"女性化而使其工作、生活受到影响，故向被告公安机关提出改名为秦艺洋的申请。

二是时代色彩。在杨薇案中，无论是普通话或者是上海市方言中，"杨薇"都谐音"阳痿"，而在过去此类生理疾病是禁忌，"阳痿""早泄"等词甚至未出现在公众视野中，不少子女取名为"杨威"，即"扬我国威"。建国、建军、国庆等词也一度颇为时髦，而随着词汇的丰富、语义的扩展，很多词已经"变味"或者有其他含义，亦不符合公共认知或者公序良俗。

三是区域色彩。一般名字应避免歧义，但中国文字博大精深，同音有不同的语义，有时还和方言有一定联系。如，原告"祝姗来"认为其名字用方言念起来谐音"作财来"，有从事不正当的工作、有意外财产收入的含义，容易被他人误解、受到他人歧视。

上述案件中，对于"造成本人受歧视或伤及本人感情"的判断及掌握，因为标准主观性较强而极易在行政机关和相对人之间引发争议。改名的前提性后果涉及自我感觉和社会评价，即谐音需"造成本人受歧视"或"伤及本人感情的"，而这一要件往往导致行政关系的双方难以达成共识。如，原告出生于江苏常熟，名字为"高小妹"，后由常熟迁至上海，其认为"小妹"这一名称系对女孩的通称，原告相当于没有姓名，生活十分不便，因此，要求判令被告将原告的姓名变更为"高丽华"。当行政机关和公民之间产生分歧时，笔者认为对感受的认定主要应倾向于原告。过去流行"贱命"好养活，男子叫"狗剩""狗娃"稀松平常，有的家庭因为重男轻女而将女儿起名"招娣"等。这些姓名有时代的烙印，虽与当地的风俗或者秩序无悖，但子女认为名字不为主流所接受，希望改为更雅致的名字以融入新城市，通过姓名树立新形象，这种需求合乎常理。至于原名是否存在歧视等情况，属各人感观，无法量化和统一。

（5）"名字中含有冷僻字的"。对"冷僻字"的理解也莫衷一是，目前并无指定的文库或者参考标准，因此对"冷僻"的认定也有一定困难。

（6）兜底条款使行政机关自由裁量权处于放大状态。❶ 虽然上海市公安局

---

❶ 在中国，大家一般对"姓"十分看重，认为其与家族、血缘、宗祖等相连。如，在一案中，原告父亲随祖母姓"王"，故原告也随祖母姓。其后认为一般人还是随祖父姓的情况比较多，申请要求随祖父姓"万"，即将"王唤白"变更为"万唤白"。又如，另一案中，祖母本意给原告取名为"罗秀青"，希望原告长大后漂亮秀气，但由于祖母没文化，申报户口时误登记为"罗绣青"。原告认为"绣""青"两字按照辞海的释义结合起来毫无意义，也不符合祖母取名的初衷。原告长大后，名字经常被人写成"罗秀青"，每次更改颇费周折，故向被告申请更名为"罗宜青"。

人口管理办公室解释："有其他特殊原因"指当事人与境外人员结婚后随夫姓或佛教教职人员出家后还俗的情况，但由于没有书面规范性文件，行政相对方无从获知。当事人会援引该款，要求公安机关批准改名的申请。

该条第 2 款明确了三类人不予更改姓名，但是对于刑罚执行完毕的情况是否不予批准改名，亦不得而知。

总之，由于对"造成本人受歧视或伤及本人感情"的理解分歧和证明上的困难，改名人的请求往往难以得到户籍机关的认同和法院的支持。近年来，上海市各基层法院共有 10 余件原告请求公安机关履行姓名更改登记义务的案件，其中经法院协调原告撤诉的占近 30%，其余均以原告败诉结案，原告上诉的约占 50%，均被中院驳回上诉，维持原判。

三、改名权行使困局之破冰路径

（一） 法律位阶维度——以 "允许改名" 为基本原则

从理论层面观之，首先，行政机关的权力来源于公民自身权力（利）的让渡。公民自由更改姓名的权利来自人格权，属于一种更加天然和基本的权利范畴。其次，宪法上对公民自由权的保护比较明确，相较之下行政机关的自由裁量权更多的是实践中形成并掌握的方法或尺度，而非法律特别是宪法所赋予的一种正式的权力或者权利。

从法律价值观之，主要有自由、秩序、正义、效率。❶ 公民改名需获批准和确认，就衍生出"自由"与"秩序"两种价值之间的平衡问题。现代民法应以权利本位❷为主，以社会本位为辅。❸ 其内涵在于：权利本位是主线，一以贯之，这是私法本质的要求；而社会本位是策应，仅适用于特殊的环节。❹ 意思自治原则不可违背，即应允许在法律规定范围内，自主决定自己的事务，最充分地实现自己的利益。❺ 从性质上说，公民改名系一项私权，只要不违反"法律的强制性规定"和"公序良俗"，都应被允许。

1. 法律位阶：缺位。《宪法》系我国基本法，其规定要扩大公民的人格权，姓名权亦是基本要义。反之，法律位阶上并没有法律层面的限制改名的强

---

❶ 孙国华. 法理学 [M]. 北京：中国人民大学出版社，1999：64.
❷ 张俊浩. 民法学原理 [M]. 北京：中国政法大学出版社，1991：30.
❸ 龚育之，等. 毛泽东的读书生活 [M]. 北京：三联书店出版社，2010：158.
❹ 崔文星. 民法总则专论 [M]. 北京：法律出版社，2012：10.
❺ 王利明. 民法总则研究 [M]. 北京：中国人民大学出版社，2003：112 - 113.

制性规定。姓名权各项权能的内容缺乏具体的法律规范，公安部三局的规定虽然奠定了限制改名的基调，但系规范性文件，位阶较低。支持姓名自由更改的法律阶位明显高于不支持姓名自由更改的位阶。

2. 公序良俗：模糊。总体来看，各国在对"违反公序良俗将导致法律行为无效"的问题上所采取的立场是一致的。[1] 但"公序良俗"又是一个认识层面的认知，公共秩序可能因国而异，良好风俗可能因地而变，无法确定、精细或者量化，难以把握，主观性较强，稳定性欠缺，即使是同一时代、同一国家和地区，大家对公序良俗的敏感度和认知度也是大异其趣，从而使得对该概念的把握并无统一标杆。[2] 因此，不应在司法上通过松弛公序良俗要件的适用而为主观价值判断、政策性决定等干预私法自治打开方便之门。

综上，公安机关应该以批准改名为原则、不予批准为例外，如果不予批准，应具有充分理由加以限制，即将现有的原则和例外进行倒置。具体而言，应设立"列举不能改名的法定情形"的规则，来代替列举姓名可以更改的规则。[3] 除非遇到显而易见的事实，如在明知某一姓名属于他人情况下为不法或不道德的目的使用该姓名[4]，公安机关才可以对抗公民的改名权。

（二） 证据规则维度—— "举证责任倒置" 为实现路径

行政诉讼法中的举证责任倒置是因原告和被告处于不平等地位，系管理和被管理的关系，行政法律关系的产生是基于行政机关单方面行为。[5] 目前，改名原因的举证责任落在了公民身上：要求其对可以改名的特定事实提供相关的证据加以证明，若不能提供"充分的理由"，将在诉讼中承担不利的法律后果。在该类案件中，法院要考虑当事人完成举证的可能性和现实性。如上所述，公民证明原姓名带来伤害或者歧视的能力并不强，而公安机关已经积累了大量评判所改姓名是否符合公序良俗或者强制性法律法规的经验，承担举证责任的困

---

[1] 刘志刚. 公序良俗与基本权利 [J]. 法律科学, 2009 (3).

[2] 如，著名的赵 C 案件也表明时代的发展使公众对姓名多样化的宽容，事实证明姓名"赵 C"已经使用多年，未给社会、他人带来任何不利影响，也不违背公序良俗，甚至其因姓名的独特性而减少了重名几率，进而给户籍管理带来便利。

[3] 如，对于金钱的使用，一般公民可以自由使用，国家不会干涉其用途，只有当公民购买毒品、枪支等非法使用金钱时，国家才会予以干涉。又如，婚姻登记确认中，一般对于结婚理由不予干预，只有涉及未达法定婚龄等几种法定情形时，国家才不予登记。

[4] 马俊驹. 人格和人格权理论讲稿 [M]. 北京：法律出版社, 2009：255.

[5] 《关于行政诉讼证据若干问题的规定》不仅进一步强调了被告的说服责任，而且在第 6 条规定："原告可以提供证明被诉具体行政行为违法的证据。原告提供的证据不成立的，不免除被告对被诉具体行政行为合法性的举证责任。"

难较小，法院对其举证内容应采取更严格和专业的标准进行审查。

有鉴于此，法院应设立新的举证责任规则，将改名的行政案件亦纳入行政诉讼法举证责任的大框架内，力促公安机关对不予改名的合法性承担说服责任，原告对被告违法性承担推进责任，被告不可因原告对改名理由的"充分性"举证不能而免除自身所承担的说服责任。

（三） 社会实践维度——预防负面因素为重要保障

在实践中，公民因改名不成而诉诸法院的数量并不多，由于可以预见改名后产生的不便，随意更名的可能性较小，行政管理亦不会受到很大影响。即使存在特例，亦不能因为极少数的可能而影响行政管理的宏观政策导向，或者以极端例子或少数非理性个体来制约大多数人的理性选择和实际需要。

行政法中有一"帝王"原则——"比例原则"，其发端于德国普鲁士，即公民权利可以自由行使，但当其与公共利益等发生冲突时，需研究两者的比例：当权利行使的正面性大于对社会造成的负面影响时，两利相较取其大，公民权利的自由行使仍然大于行政机关的自由裁量。笔者认为，这就是司法实践中的难点：如果因为行政管理而拒绝了公民的改名权，是否符合"最小侵害原则"？答案显然是否定的。事实上，任何事物都具有"外部性"（externality），即对于周遭环境（包括人、事、物）的某种效应，消极的外部性通常不可避免，权利的行使过程也不例外。问题关键在于其消极的外部性是否可控，除非它过于强大以至于呈现出压倒性、不可控性或者应对、处置的成本过于高昂，否则没有理由否决任何一种人们理应获得的权利。改名权行使的消极外部性主要有以下两种体现：

一是社会风险。人们一般是根据个人的比较稳定或比较一贯的行为倾向和生活态度确认其人格的❶，改名不利于对其犯罪前科的查询和社会有效的教育监督，申请者有逃避前科查询和前科报告义务之嫌；但我国对犯罪前科报告义务的规定，与受过刑事处罚的人是否不得改名并无直接关联性。国外对于改名亦未严加限制，因为其认为名字作为符号可变更，而对身份的确认更多基于更加稳定的内容，如指纹、瞳孔等，有些甚至具有终身不变的物理、化学特征。不过这需要技术支持和管理成本，我国可以借鉴国外的经验，逐步推进技术改革，创新服务管理方式。

二是社会成本。为防止社会管理的无序化和本人、他人利益的减损，公民

---

❶ 胡戎恩. 走向财富——私有财产权的价值与立法［M］. 北京：法律出版社，2006：79.

名字应具有统一性。姓名和社会活动息息相关,具有很强的社会属性。❶公民在姓名上建立起社会形象与人格利益,在法律上有着特定意义,大家以名字为媒介参与到各种具体法律关系的社会活动中,行使法律赋予的权利并承担相应的义务,不当行使改名权就有可能影响他人与社会的利益。

行政行为需具有程序安定性。为减少改名带来的社会危害,可以设立"改名四原则",即:不能影响他人权利,如债权;不能损害公共利益,如国家的行刑权;不能过多增加行政机关管理成本,如反复更名;不能违反公序良俗,如改名为"本拉登"等。具体而言,还可以从以下方面进行预防。

一是机制防范。公民享有的自由权也非无边际,在地方规范性文件中可以明确:"公民享有更换一次姓名的权利。"频繁更名是不被允许的,作为成年人,有完整的意思表示能力,可推定其为"理智的、自我负责和有判断力的人",一旦作出决定即具有"不可撤销"的性质,人的选择权是有限的,如果放宽标准则可能造成"朝令夕改"。

二是创新管理。行政机关应提供政策指引和便民服务,转变管理模式,变管制为服务:第一,释法。介绍有关的法律法规,如告知其反复更名可能带来的问题。第二,服务。有的申请人知识背景及知识广度和精度缺乏,使其更改的姓名不符合公序良俗或易引起二次或多次改名。专业工作人员应对其进行引导,对所改姓名的含义进行阐述,劝导其改为其他姓名。第三,查明。此即姓名更改是否会损害他人、公共、国家利益,必要时提供无犯罪记录证明。第四,查询。此即通过软件查询更改后的姓名是否系冷僻字,以及全国同名同姓的人数。第五,告知。此即告知改名后所需花费的成本及增加的社会交流成本:身份证及社会保障卡等相关个人信息都要修改,原有社会关系的记录,如婚姻家庭关系、人事档案、银行股票账户、房产权证等都要面临改动。该步骤起到双重效果:劝导其审慎改名并引导其顺利办理后续手续。

结语

英国哲学家边沁称:"温和的法律能使一个民族的生活方式具有人性;政府的精神会在公民中间得到尊重。"法官在解释和适用法律时,在不违背法律基本原则的情况下,应尽量采取倾向于相对弱势一方的解释。❷除了法院和公安机关,要实质性解决改名类纠纷,还需多方协作、共同推进,如培

---

❶ 张博. 关于公安机关受理公民姓名变更申请的若干思考［J］. 法制与社会,2011(25).

❷ 崔文星. 民法总则专论［M］. 北京:法律出版社,2012:19.

养正确的公民意识，树立正确的权利观，在尊重他人自由和法律、规则的前提下行使改名权，其他行政机关也应配合后续手续办理。如何在"公、私"中寻找平衡点、兼顾公民权利和行政管理，需要全社会在不断实践中积极探索加以破解。

参考文献：

［1］崔文星．民法总则专论［M］．北京：法律出版社，2012.

［2］鲁祯祯．论公民姓名变更权滥用的法律规制［J］．湖北经济学院学报，2013（3）.

［3］胡戎恩．走向财富——私有财产权的价值与立法［M］．北京：法律出版社，2006.

［4］王利明．与民法同行——民法的发展与中国民法的未来［M］．北京：法律出版社，2006.

［5］孙国华．法理学［M］．北京：中国人民大学出版社，1999.

［6］张俊浩．民法学原理［M］．北京：中国政法大学出版社，1991.

［7］龚育之，等．毛泽东的读书生活［M］．北京：三联书店出版社，2010.

［8］崔文星．民法总则专论［M］．北京：法律出版社，2012.

［9］王利明．民法总则研究［M］．北京：中国人民大学出版社，2003.

［10］刘志刚．公序良俗与基本权利［J］．法律科学，2009（3）.

［11］马俊驹．人格和人格权理论讲稿［M］．北京：法律出版社，2009.

［12］张博．关于公安机关受理公民姓名变更申请的若干思考［J］．法制与社会，2011（25）.

［13］崔文星．民法总则专论［M］．北京：法律出版社，2012.

涉诉财物的集约管理和利用初探

——以诉讼服务的延伸与展望为视角

张向荣　顾　俊❶

摘要： 涉诉财物的集约管理和利用在诉讼中具有降低成本、保证公平、保障判决顺利执行等特点，有利于全面贯彻证据裁判规则，是一种以法院为主导的，整合各类社会资源，形成多层次、全方位、集约化的审判要素管理机制。本文立足于司法改革先行试点的思想激荡，运用调研分析、比较研究等方法，在阐述涉诉财物集约管理的意义及价值的基础上，结合诉讼服务的内涵和要求，对国内各地区，尤其是北上广等发达地区司法实务部门涉诉财物管理服务的现状进行了分析研究，提出建立统一"涉诉财物管理中心"和"司法银行"的设想。

关键词： 涉诉财物　集约管理　诉讼服务

20 世纪下半叶以来，世界性民事司法改革浪潮中，提高审判绩效、以公开促公正树公信、便利当事人诉讼成为当今世界各国司法改革的主要理念之一，更是我国司法制度一以贯之的宗旨和主题。有的国家为使普通民众真正成为"司法活动的消费者"，把简易、便利、快速、低廉作为改革诉讼程序的基本目标，强调司法的服务功能，认为法院和法官的工作是一种面向公众的服务，这一认识同样契合中国特色社会主义的司法理念。

党的十八届四中全会通过的《中共中央关于全面推进依法治国若干重大问题的决定》，确立了建设中国特色社会主义法治体系、建设社会主义法治国家的总目标，提出了推进以审判为中心的诉讼制度改革的具体举措。立足于基层反映审判服务的呼求，着眼于改革倡导司法资源配置的优化，探讨涉诉财物的集约管理和利用，当为其中之一。

本文从健全诉讼服务机制出发，针对目前赃物、证物，司法查封的各类不

---

❶　作者单位：上海市徐汇区人民法院。

动产、动产，代管款、罚没款、诉讼费等涉诉财物的管理服务现状，提出建立全市统一涉诉财物管理中心和司法银行的设想，希冀从外部保障上为当事人和法官提供更为便捷、透明、高效的诉讼服务，降低立、审、执当中涉及有形物质和钱款流转产生的成本和负担，提升诉讼效率，从源头上破解"六难三案"等难题。

一、构建涉诉财物集约管理机制的价值与意义

1. 重视"司法感受"是时代所趋。改革开放 30 多年以来，伴随着司法事业的长足发展，人民法院在解决矛盾纠纷、参与社会治理、维护社会秩序、实现社会公平正义、推进国家法治建设等方面发挥了重要作用。在我国经济社会快速发展和依法治国基本方略深入推进的新形势下，党和人民对法院工作提出了新的更高的要求，社会公众对司法公开、公正、高效、便民的期待更加强烈，依法实现好、维护好、发展好最广大人民群众根本利益的任务越来越艰巨。

我国现阶段的司法制度总体上与国家政治经济社会发展是适应的，但在体制机制等方面仍需要不断完善，其中一个重要方面就是人民法院诉讼服务工作与人民群众的司法需求还存在一些不相适应的地方。当事人到法院打官司，最关心的是如何打官司、能否打得起官司、有理能否打得赢官司及打赢官司能否得到执行等问题。如果人民法院审判事务不透明、案件信息告知不及时、查询不方便、裁判说理不充分，会直接影响当事人对审判工作的评价。诉讼服务要切实为群众了解司法、参与司法、监督司法提供帮助，要真正把诉讼的过程转化为传播法律、弘扬正义、为民解忧的过程。

2014 年上海法院率先推出的 12368 诉讼服务平台顺应了上述趋势，其以社会公众及诉讼参与人为服务对象，以诉讼活动进程和诉讼知识咨询等静态信息和案件审执等动态信息为服务内容，以电话接入和语音、短信、网络等为服务方式，为社会公众参与诉讼活动提供了服务和方便；但是，目前的"12368"等服务平台的主要功能侧重于沟通联系、信息公开等表层。统一涉诉财物管理是从诉讼运行实体层面解决法院和当事人的诉讼难问题，而这也必将是今后司法改革亟须完成的重要任务。❶

2. 突出"司法为民"是效能所系。加强对涉诉财产的管理是实现人民法

---

❶ 12368 诉讼服务平台的具体工作内容包括联系法官、转交材料、意见投诉、咨询查询等，主要还是立足于司法公开层面的沟通交流作用。

院自身科学发展的必然选择，事关审判质量的改进和审判效率的提高，事关人民法院长远发展和司法改革事业的推进。建立涉诉财产管理中心及司法银行，可以为以审判为中心的法院工作提供司法技术和后勤支持，有助于保证审判工作的顺利开展和人民法院的有效运转，同时也顺应了省级以下、跨行政区域、法院垂直化、人财物统筹协调、事务官与法官分列管理的司法改革趋势。❶

本文所指的涉诉财物是指诉讼当中的赃物、证物和其他有关涉案财物，即：人民法院在案件立审执中，各种对案件有证据作用的物品；依法院判决、裁定依法追缴的赃款赃物；根据案件立审执需要而代为保管、依法缴纳、处理办理的，其权属或权利已经受到法院司法文书效力约束的各类财物、资金等，其来源应当是当事人或诉讼参与人的主动提交或强制收缴、划转等。

建立统一的涉诉财物管理中心和司法银行，对推进司法改革、做好诉讼服务工作、为人民群众提供更加优质高效的司法服务、不断地提高司法透明度和公信力具有重要意义；并且能够在很大程度上实现司法的去行政化，避免行政权、地方主义对司法权的不当干预。此外，从国际司法实践发展趋势来看，许多国家都建立了较为完善健全的永久追赃机制和国际追缴的合作机制，以及独立于普通刑事诉讼追赃的民事没收制度，鼓励国家或刑事诉讼被害人通过民事诉讼的方式追回涉诉财物。随着我国尤其是沿海发达地区法治文明的日益发展，我国目前的赃证物品管理现状必将得到进一步的改革，法治发达国家所确立的长效追缴赃款赃物机制应是其方向之一。

二、管理无序是症结所在：涉诉财物管理和使用的现状考察

涉诉财物的管理伴随并应当服务于审判活动的开展，但考察该领域的工作现状，不难发现其滞后性和不平衡性。对涉诉财物尤其涉案赃物证物的处置和使用应当规范有序，但由于司法实践的不平衡性以及司法需求的差异性，司法机关在于法无据的情况下各想奇招、各自为政，有的做法甚至违背了国家的基本法治理念。此外，对涉案赃物证物等的管理处置还需注意其背后诸多的利益需求和不同的价值取向，只有全面把握这些因素，才能正确认识和理解涉诉财物集中统一管理的现实基础，为立法提供必要的实践支撑。目前，在法院审执工作中，包括发达地区在内，关于刑事、知产、执行、民商事审判中对证物、赃物、代管款等各类涉诉财物管理尚无明确的法律法规予以规定，以致管理较

---

❶ 详见《中国共产党第十八届中央委员会第四次全体会议公报》。

为混乱，乱象丛生，从而加重了群众诉讼负担，降低了司法效率，在一定程度上损害了司法权威。

1. 缺乏统一规范。全国尤其是北上广等发达地区的基层法院，诉讼难、诉讼成本高、案多人少的现状较为突出。在涉诉财物主要是赃物证物方面，这些地区或多或少建立了一定的规范机制。以上海地区为例，为加强涉诉赃证物品的管理，上海法院在 2012 年 6 月发布了《赃证物品管理规定（试行）》，推行了相应的信息管理系统——"赃证物品管理系统"。《赃证物品管理规定（试行）》从接收、保管、借用、处理、归档、监督六个方面对赃证物品的管理进行了相应的规定，是建立和规范赃证物品及相关财物移送、接收制度的有益尝试，但在实践运用中还存在诸多疏漏，如物品的覆盖范围还比较狭窄❶，远远不能满足司法实践需要。❷

2. 试行中的系统管理平台存在设计缺陷。目前，上海法院的"赃证物品管理系统"还尚未在基层法院全面推行，仅有少数几家法院采用，系统本身的设计缺陷亟须完善。❸ 以上海某中心城区基层法院为例，2014 年收案量达 2.8 万件，其中刑事案件达 1300 余件，案件涵盖知识产权、金融、各种新类型、敏感性、涉名人案件，2014 年 1 月开始试用该系统，目前该系统登记赃证物品 464 件，系统以案号和接收时间为单位设计，缺乏物品角度设计考虑，尚无按照物品类别及状态进行统计、查询的功能，操作中只能由案查物，无法由物查案，不利于便利检索。因系统缺陷和仓库等存储空间限制问题，民事案件中涉及的证物、违法物等至今游离于该系统之外。该系统着眼于赃证物的进出留痕，对赃证物过程中的借、还、管等情况考虑不足，例如，缺乏归还的信息提示功能，不能单独查询统计借出、归还、处理等情况。此外，该赃证物管理系统虽然提高了刑事赃证物的处理规范性，但所有的赃证物处理都必须经过"赃证物借用"这一选项才可进入后续"赃证物处理"这一平台，而审判实践中赃证物直接处理的情况较多，借用情况较少，且"借用"仅是赃证物处理的一种方式，并非处理的全部手段，这一环节的涉及增加了使用的繁琐性。

3. 涉案财物管理的硬件设施明显不足。在北上广等地，虽然上级法院已对

---

❶ 该规定第 5 条第（6）项规定，枪支弹药、易燃易爆及腐蚀易变质物品，原则上不予接受，这远远不能满足司法实践需要。

❷ 其第 19 条规定：上诉、复核、请示案件不办理赃证物品移送手续。该规定完全是出于应对刑事审判的需要而生，对迅速发展的知识产权、民事案件的赃证物、越积越多的各类资金流转、强制执行拍卖标的物等尚未涉及。

❸ 该系统由上海市长宁区人民法院率先开发试用，后经上海高院修改并推广使用。

赃证物品做出了规范要求，但因办公条件紧张及各法院重视程度不同，赃证物品仓库普遍存在狭小、阴暗、缺乏相应保管条件及设施等情况，往往是简易的金属货架配备普通冰箱、保险柜等，缺乏箱柜式、抽屉式专业保管设施；人员配备上，一些法院往往只有一名行政人员兼任保管人员，人力物力明显不足，一定程度上影响了及时接受和借用赃证物品，容易造成举证质证、审执进度拖延。实践中，为简便操作，往往由公安、公诉机关入库前拍照，将照片所示物件作为庭审证据质证。这种用复制的图像质证代替实物原件质证，证据的真实性、准确性、完整性不够。一些物品，例如疑似毒品混合物，因缺乏专用保管设备、空气温度湿度光照欠佳等造成发霉、受潮、结块，影响了证据的原始证明力。物品的摆放一般是根据案号随机放置于各货架之上，通过人工手写的方式在物品现有包装袋上写明对应案号，一些特殊物品，例如枪支、现金等，往往仍用公安机关所装透明塑料袋原样入库，手机、U盘、手提电脑等电子产品因缺乏相应保管条件，往往难以接收保管。

4. 处置流转不便捷、不统一。在目前赃证物品处理实践中，一审法院审理刑事案件时，对不动产、汽车、摩托车等机动车的查扣、冻结、拍卖等均移送执行局处理；对小件物品如手机、U盘、手提电脑、非机动车等物件，则往往由刑庭直接委托拍卖公司进行拍卖。但赃证物品中有部分物品如金银饰品、玉器珠宝、纪念钱币、外国货币等，在查扣时往往未做鉴定，是否需要统一移送执行局拍卖变价后再行处理，尚未有明确意见。对刑庭直接移送拍卖处理的赃证物品，是否需要通过一定程序选定或进入全市统一的司法委托拍卖系统进行，也亟待明确。此外，关于罚金、没收财产、责令退赔、随案移送的赃款赃物、没收随案移送的供犯罪所用本人财物，以及具备继续追缴条件的案件，执行局与刑庭之间的处置职责分工尚不够清晰，工作措施尚缺乏有效衔接。

5. 民事及执行案件中的证物、标的物收缴、使用、处置缺乏统一管理。目前，随着知识产权、买卖、消费、侵权等领域新类型民商事案件不断增加，对涉案物品的接收、使用、处理提出了新的要求，以上海中心城区某基层法院为例，2014年有关商标权纠纷、著作权纠纷和涉某些特殊标的物的消费服务合同、买卖合同纠纷中，物品流转和处置问题较为突出，涉及的证物包括鞋帽服饰、书刊杂志、电脑手机、光碟软件等电子信息产品，地板砖、油漆等建筑装潢材料，古代书籍、瓷器、青铜剑等文物，各种机械零部件及五金电器，酒类、松茸、人参、橄榄油、面膜、家纺用品等食品、药品、化妆品及日用品，种类繁复，上述物品无处存放，只能暂时堆放于办案法官的办公室，甚至由承办法官自行负责保管、搬运，由此加重了审执一线负担。因缺乏必要的保管条件，某些特殊的证物、标的物在立案受理时无法封存接受，审理法官往往只能让原告在开庭时自行携带到庭，同案被告往往据此提出证据异议，影响审判进度；在二审中，轻巧的证据可以随卷宗移送上级法院，但特殊证物如大型机械设备等往往只能依靠拍照质证，缺乏统一的证物移送制度。此外，在知识产权案件审理中，某些证物如商标的花纹色彩、标识形状等，需要反复比对、认定，保存不当将会直接影响庭审质证和事实认定。案件裁判生效后，因缺乏销毁条件和规范，物品的处置也显得比较随意，如，作为证物的电脑有些是依法发还给原告，有些作为垃圾随意丢弃，有些无法发还又无法报废的，只能继续堆放。

而在执行案件中，因为缺乏必要、足够的保管场所和条件，某些特殊的被执行标的，如红木家具、金银珠宝等，一般由被执行人保管，如果保管不善造成灭失或被被执行人私下转移，只能执行终结而由申请执行人另案诉讼赔偿；已扣押的车辆等一般委托公安机关保管或委托拍卖公司保管，责任不明确，在拍卖之前，财产风险难以由法院掌控，不利于保障申请人的利益实现。

以一起共有物分割纠纷案件为例，该案涉及标的物为"唐代绝句"手抄本，该套古书计 20 多卷册，价值千万以上，因共同共有人之间权属纷争，起诉至法院要求分割。因书籍来源、购买情况、出资情况、约定条款等案情复杂，该案审理历时近 3 年。在此过程中因缺乏保管条件和规范规定，价值连城的古书在当事人、审判庭和执行局、拍卖公司之间来回流转，极易造成受潮和毁损，当事人为此曾向人大等上级机关上访投诉。法院为此临时购置了冰箱，将该古书放置于冰箱暂存，该证物暨标的物最终历经波折才得以回到当事人手中。

6. 涉诉钱款的存放及流转分散无序。目前，以上海法院为例，涉诉钱款主要包括诉讼费、代管款、罚没款、公告费等，以上海中心城区某基层法院为例，该院代管款年均 10 亿元、发还 10 亿元、存量 4 亿元左右，诉讼费（含执行费、保全费）年均 6000 万元左右，罚没款年均 2000 万 ~ 3000 万元左右，公告费近 100 万元。其中，主要资金为代管款。❶

代管款的来源主要是当事人缴纳的各种费用和执行扣划、拍卖所得费用等，主要来源部门是执行局，其次为商事、刑事、房地产等审判庭。该笔资金虽存于法院账户上，但结算的利息需要定期上交地方财政部门。该笔资金数额

---

❶ 据粗略统计，目前上海全市代管款存量约 50 亿元左右，主要集中在浦东法院、一中院、二中院，其每家存量约达 10 亿元，该款目前基本保管于开设在农行的法院账户上。

巨大，类似于一笔总额相对固定的流动资金，一般作为银行吸储资金用于放贷等对外使用，因此，该笔资金的存放选择对银行而言具有明显的经济利益。

诉讼费经过收支两条线改革之后，目前其进出不经法院账户，而是由银行网点直接代收进市区国库账户，对法院而言，不产生实际资金流，没有直接的、实际的经济价值。

罚没款主要来源于刑庭、执行局，一般先作为代管款存入法院账户，再根据上级要求定期上缴国库。鉴于其数额不大，资金进出类似于代管款，本文将对该种资金的分析归入代管款，同理，公告费也作为代管款一并分析。

至于法院的办案、办公、人头等经费，法院目前一律实行"零余额"制度。实践中，一般由法院划账支出后，再由地方财政部门予以归还，如需临时使用大额现金，法院经申请后由财政下拨，所以，法院账户一般不存在大额、固定的经费资金，始终保持在"零余额"附近，该笔经费类同于诉讼费，对法院没有直接的、实际的经济价值。

本文主要分析对法院产生直接、实际经济价值的资金。就法院代管款的收缴、流转、存取等情况进行梳理不难发现，实践操作中较为混乱。高院开发的代管款系统虽然经过改进于 2014 年 5 月重新上线使用，其安全性得到较大提升，但是便捷性下降，与现有的法院财务管理制度也存在诸多不相衔接之处，部分法院存在着新老代管款系统并用、老办法新办法混同的情况，不同部门、不同承办法官在开单、领用、划转过程中容易陷入混乱，既影响了代管款的正常管理，又影响了工作效率，给审判执行工作带来诸多障碍。当事人在缴费中存在的不规范行为更是加剧了上述情况。例如，案外人甲代替当事人乙缴纳钱款，实际缴费人和法定缴费人不是同一人，导致资金归属认定困难；一些代理人为图方便，将多个案件代管款、诉讼费等一次性合并缴纳，却未说明对应案号及事由，导致款与案无法对应，需要付出更多精力查找区分，影响了审执效率。

在代管款领取处理中，因为审判压力繁重等原因，往往由书记员全部办理，承办法官基本不过问，签发手续上不完整，资金时有不对应，容易造成错发、漏发。钱款属种类物，一旦发错无法及时弥补，对此，地方审计部门在司法审计时曾专门提出意见。对当事人而言，缴纳、领取代管款手续繁琐，例如，出于司法规范性考虑，当事人缴费一般只能缴纳现金，刷卡仅限个别法院或个别窗口，领取资金时，只有单位组织之间可以转账领取，自然人尚未开通账户转账功能，只能领取现金，如超过 1000 元现金则需用支票形式再去银行兑换，给当事人缴款、领款带来极大不便。实践中，当事人因时间、交通等成本原因，一些小额钱款长期不领取，导致多年挂账无法处理。

三、"集约管理"是出路所在：建立涉诉财物管理中心及司法银行的构想和建议

在我国东部沿海的发达地区和某些集聚度高的地区，应该具备涉诉财物集约管理的条件和基础。当然，如果由各个基层法院设立，可能导致各自为政、协调难度大的局面，也失去了统一提供更为便捷的诉讼服务的意义。因此，可以考虑由高级法院从省级层面牵头设立，对全省（市）法院的涉诉财物进行统一化的管理，统一接收，统一运作，统一调度，形成省级以下、跨行政区域法院垂直化、集约化管理体制。具体的形式应当是建立涉诉财物管理中心，专事服务管理在诉讼中除金融资产之外的各项财物，同时建立司法银行，参照银行主业经营范围，专事服务管理涉诉货币、票据等金融业务。管理中心的设立，不仅要跨行政区域，还要根据案件的数量和类型集约化设立，从而有效地避免司法的过度行政化和地方保护主义，更加有力地保护当事人的权利。

（一）涉诉财物管理中心的具体架构

在直辖市等发达地区建立专业化、统一化的涉诉财产管理中心，同时，根据辖区案件的数量分布、类型分布，可以跨行政辖区设立分中心，中心内部实行电子化、视频化管理。在立案时，经过审查符合立案条件的，由法院开具单据，由当事人或公诉机关或法院依职权将证物、赃物、拍卖物等送交中心，通过条形码扫描登记入库，由中心统一接收保管。中心应当具备规范有序、分类严格的仓储空间，能够为金银珠宝、古玩字画等特殊物品提供适合的保管服务，产生的保管费用可以参照诉讼费由败诉方承担。

在使用上，可以建立远程视频取证、质证系统，需要鉴定的，一般由相关专家至中心现场鉴定，降低物品搬运及当事人往返的成本，简易鉴定应当当场发表鉴定意见，这可以提高诉讼效率，也符合专家证人出庭制度的要求。未来，随着法治的进步和经济的发展，可将司法鉴定和资管中心功能进一步整合，司法鉴定机构及中心可划归由法院之外的第三方如司法行政部门主管，由相应的具有公共服务职能的独立的企事业单位法人负责运营。

在物品的处理上，从之前各审判庭、执行局的分散处置，集中由中心统一规范化处理，包括赃物、侵权物品的销毁、没收，房产、车辆等拍卖变卖，贵重物品、证据的发还。涉及流程包括发还给当事人，法院之间、不同单位之间的移送转交、长期保存等。通过涉诉资产的统一化、透明化、规范化管理，切

实保障当事人及诉讼参与人的权利实现，从根本上减轻审执一线负担。必要时，可以进一步向公民涉诉的待征物品开放寄管。

此外，涉诉财物管理中心可引入并进一步完善"赃证物品管理系统"，如前分析，该系统设置应当以物品属性、类别特征为导向，增加以物统计查询功能，兼顾案件类型和案由登记。对物品的接收、借用、处理流程进一步优化，处理的方式和责任人也要进一步细化。需要注意的是，在执行案件中，应将该系统和"司法委托"系统中的"委托拍卖"模块进行整合衔接，建议将物品类司法行为从"司法委托"系统中剥离，纳入"赃证物品管理系统"，司法委托应当定位于专业的"司法鉴定"系统，职能当为提供专业化司法意见的行为类服务。

（二） 司法银行架构设想

随着诉讼爆炸日趋明显，涉诉资金的总量、种类和流转复杂程度必将随之增长，构建司法银行不失为一条可行之路。对此，建议由最高法院会同财政部、银监会等国家部委牵头设立。首先，在直辖市等发达地区进行试点。

以上海市为例，鉴于涉诉资金目前全市有超过 100 亿的固定存量，该银行应当定位于类似"邮储银行"层次的非营利性专业银行。司法银行对外为当事人、诉讼参与人提供更加专业化和全面的缴费、转账、领款等各项指导和服务，便利当事人及诉讼参与人准确、及时完成各项涉诉资金的支付流转；对内对法院资金的流转和使用提供便捷渠道，通过集约化、专业化管理将沉淀的资金依法、规范地流转、使用起来。未来，随着司法改革的推进，主要是垂直化管理机制的建立和司法行政服务的单列和专业化，待条件成熟时，涉诉资金范围可以不断扩大，如扩大至审判机关的办案、办公经费、人员经费等，服务部门可以扩充至公安、检察院、司法局、国安局等各类政法机关。司法银行的网点布局可以设在各法院、各派出法庭，当事人在申请立案或应诉时应当开办涉诉专用账户（司法账户），类似于股票开户时必须同时开办对应的资金账户，涉诉的钱款首进首出必须经司法账户，但司法账户可以存放其他资金，同样具有一般银行账户的功能。结合 12368 诉讼服务平台，该账户可以配备短信提醒功能，一方面对进出资金进行提示，另一方面更为重要，提示当事人及时、足额、准确缴费，避免因疏忽造成涉诉资金未及时缴付、未足额缴付，以致失去法定诉权或加重执行义务。❶

---

❶ 例如，经劳动争议仲裁起诉到一审法院或提起二审上诉时，原告如未及时缴纳诉讼费、上诉费，即视为撤诉，前判即生效，当事人失去后续程序保障权利。

最后，司法银行的设立能够解决目前在案件生效后退还诉讼费、执行中钱款领取的不便，极大地方便当事人通过网银、转账甚至手机银行进行涉诉资金的支付和领取。一些较大的律师事务所可以考虑在司法银行开设长期基本账户，存入一定资金，设定约定扣划转入，便于在诉讼中的资金流转需要。

结语

建立统一的包括涉诉财物管理中心、司法银行在内的集约化诉讼服务机制，是法治文明进步和社会经济发展进程中的一种内生的路径选择。未来，借鉴金融信托实务资产运作的相关经验，将涉诉财物管理中心和司法银行合并，统筹设立司法资产管理中心，对司法系统自身资产与依法管理的当事人、诉讼参与人的资产进行全面统筹又互相隔离的管理和运行，从涉诉财物向涉案财物延伸，不仅有助于更加及时有效地保障当事人利益，兼顾效率与效益，而且不失为中国特色社会主义司法制度的一种新的考量和探索。

论商事惯例对商事纠纷裁断依据的补正

——以近代津沪商会适用为例

段宝玟❶

摘要： 近代中国商事法律变革是在学习西法的指导思想之下，通过法律移植的方式不断发展的，由于经济、政治和文化等历史条件的限制，商事立法没有获得外部持续的、稳定的环境支撑，呈现出曲折前行、多受阻滞的发展状态。在清末至民国南京国民政府成立前，商事领域国家法缺位或不足的情况比较突出，作为制定法的重要补充，商事惯例在商事纠纷处理和裁断中发挥了比较重要的作用。本文以近代天津商会、上海商会对商事惯例的适用为例证，意在揭示习俗惯例作为"民间法"所拥有的巨大社会适应性，仍应当为当下商事法治秩序的建构完善所重视和关切。

关键词： 近代　商事惯例　商会　纠纷裁断

习惯、惯例是在长期的社会交往中形成的一种被反复实践，并被公众自觉或不自觉普遍遵循的行为模式。苏力认为："社会中的习惯、道德、惯例、风俗等社会规范从来都是一个社会的秩序和制度的一部分，因此也是其法治的构成性部分，并且是不可缺少的部分。"❷ 商法属私法范畴，尤为注重习惯的作用和效力，作为人们在长期的商业活动中自发形成、约定俗成的商业规则和习俗惯例，商事惯例具有深厚的社会适应性和普遍的行业或地域认同度。在近代中国商事立法几经更迭，多受阻滞，甚至在特定时期国家法缺失的情势下，商事案件的处理往往依靠参酌立法的基本理念规则以及商事惯例、传统情理进行。商事惯例为纠纷裁断提供了重要支撑，其作用显现极为突出。

一、近代商事习惯调查活动的开展

近代以来，中国商事法制的建设主要遵循"移植外法"的模式，表现为法

---

❶ 作者单位：上海商学院。

❷ 苏力. 道路通向城市——转型中国的法治［M］. 北京：法律出版社，2004：26.

律规则、法律制度以及与此相关的法律术语、法典形式结构的移植。与此同时，立法者和司法者也注意到外来法的本土化融合与改造。如，晚清政府和民初北京政府在商事法律制度的建设中，均表现出对本土资源如商事习惯等的立法价值的认同和重视。光绪三十三年九月十六日（1907年10月22日），清廷下谕，诏令各省设立调查局，各部院设立统计处，专司民、商事习惯调查工作❶，清末的民商事习惯调查运动正式进入启动程序。宣统二年正月二十一日（1910年3月2日），修订法律大臣正式奏请派员分赴各地展开民商事习惯调查❷，全国范围的习惯调查运动全面展开。清末的民商事习惯调查的展开，有着比较严密的组织和规划。参与人员也非常广泛，除各地专职调查员之外，还有各地方官员、乡绅，调查对象涉及贫苦农民、手工业者、商贩、公司企业经营者、普通市民、僧侣、地方官员、教师和司法审判人员等。❸对商事习惯的调查，则更多是由各地商会承担执行。

民国以后，政府及社会工商各界在对待商事立法和商事习惯的关系上延续之前的认识，并且更加积极和深入。1915年，为解决京津沪等地商民债务诉讼长期耽延不结的窘迫局面，北京政府司法部通饬各级审判厅厅长率领民庭推事，就商事债务纠纷等问题进行了有组织的调查活动，并饬令各地总、分商会研究债务诉讼结案办法报部。各地商情习惯已成为政府制定法律法规迫切需要参酌的本土资源。1918年年初，民国北京政府重启民商事习惯调查运动。1918年至1921年，是民初民商事习惯调查的高潮时期，现在所见民商事习惯调查资料大多是在此时期调查所得。虽然在1921年以后，由于时局变换，民商事习惯调查逐渐趋于沉寂❹，但民初民商事习惯调查所得之资料为之后南京国民政府民商立法提供了重要的基础性参考。

相较于立法者，商人对于商事习惯融入商事立法的认识和要求更为迫切。如，1906年《破产律》颁行后，上海和汉口等地华商即将该律不符习惯之处逐条驳议，著为论说公开发表。他们认为商事法制属于私法范畴，有别于刑法、民法，当更注重商事习惯的调查，并当由商人自力参与，"商法须由商人自行编订方可通行。往者政府所颁商人通例及公司律破产律三编，一般社会不尽遵行者，亦以编订之初，出于商部一二人之手，未能与我国商人之惯习相吻

❶ "令各省设立调查局、各部院设立统计处谕"，清末筹备立宪档案史料（上）[M]. 北京：中华书局，1979：52 - 53.
❷ 修订法律大臣奏编订民商各律照章派员分省调查折[N]. 政治官报，宣统二年正月二十八日.
❸ 眭鸿明. 清末民初民商事习惯调查之研究[M]. 北京：法律出版社，2005：44.
❹ 张松. 近代商法与商事习惯研究（1904 - 1928）[D]. 北京：中国政法大学，2008：99.

合也"❶，"商法之编定由商人自为，较之出于政府更便调查，有推行之利而无隔膜之弊"❷。为此，商人们联合起来，在 1907 年 11 月召开的第一次全国商法讨论大会上通过《商法草案提纲》，在 1909 年 12 月召开的第二次商法讨论大会上通过商法草案第一编《公司法》和第二编《商法总则》，由商务总会呈送政府。民初，商会组织的商事调查活动更为广泛。如，上海总商会所从事的调查商事习惯活动，内容涉及定货、提货、退货、押汇、抵押、买卖、利率、票据、契约、合股、债务、保证、亏欠、伙友、运输、租赁等诸多方面❸，商情调查的动因多为"答复法院或律师询问"而进行。此外，上海钱业公会等其他商业组织也从事了部分调查活动。商会选派专员调查各地物产商情；考察各国商务；每月汇集国内外商务事件以编辑中国商务汇报；通过分布于海内外各埠的事务所按月收集有关各地商务盛衰、地方物产资源及输入商品种类、市场信息等商情信息。此外，商会还从事编查商事习惯和工商业状况的报告。❹

上述商事习惯调查活动的开展及由此形成的调查报告❺，为政府制定工商经济政策和商事立法提供了重要的参考依据，进一步加强了商人之间的联系，作为本土法因素存在与发展的重要社会基础，商事惯例"虽然不能完全内化为法律规条，却无时无刻不对立法者、司法者、执法者乃至守法者潜移默化地施加着影响"❻。

二、商事惯例在商会纠纷裁断和处理中的适用

清末以至民初，由于商情变化及"工商立国"政策的确立，政府和绅商积极寻求新型的互助合作途径，作为功能较强的资产阶级团体，商会获得了快速发展。清政府于光绪二十九年七月（1903 年 9 月）设立商部后，即于同年十一

---

❶ 敬告各埠讨论商法草案与会诸君 [N]. 申报，光绪三十三年十月十八日（1907 年 11 月 23 日）第 1 版.

❷ 论商法起草特开大会事（续）[N]. 申报，光绪三十三年十月十七日（1907 年 11 月 22 日）第 1 版.

❸ 张家镇，秦瑞玠，等. 中国商事习惯与商事立法理由书 [M]. 王志华编校. 北京：中国政法大学出版社，2003.

❹ 徐鼎新，钱小明. 上海总商会史（1902 - 1929）[M]. 上海：上海社会科学院出版社，1991：194.

❺ 清末民初，为"沟通中西法制"，当局指令各省相继组织"调查局""调查会"，在全国范围内启动大规模的民商事习惯调查。1923 年，施沛生、鲍荫轩等人对民国时期的民商事习惯资料加以整理、编纂而成《中国民事习惯大全》一书，由上海法政学社于 1924 年出版。北京政府时期，司法部民事司就清末与民初的民商事习惯调查资料重新整理、编纂，集结成《民商事习惯调查录》。1930 年，南京国民政府将《民商事习惯调查录》之民国时代之民事部分酌加修订并付印成书，即《民事习惯调查报告录》。

❻ 张德美. 探索与抉择：晚清法律移植研究 [M]. 北京：清华大学出版社，2003：488.

月二十四日（1904 年 1 月 11 日）制定颁布了《商会简明章程》，在各地劝办、倡设商会，《商会简明章程》中赋予了商会调处商事纠纷的权力。❶ 民国建立后，1913 年 1 月 28 日，北京政府司法部会同工商部颁行《商事公断处章程》，在商会下设立商事公断处，明确"公断处对于商人间商事之争议，立于仲裁地位，以息讼和解为主旨"❷。

作为民初商事裁判的重要执行者之一，各商会及其附设的商事公断处❸将固有商事习惯置于其公断依据之首位。民国三年九月二十一日公布的《商事公断处办事细则》第 5 条就明确规定："公断处评议事件得依据各该地方商习惯及条理行之，但不得与现行各法令中之强制规定相抵触。"❹ 商会在裁断、处理商事纠纷方面大量使用了商事惯例，且收到了比较好的成效。

（一）天津商会：成兴粮号歇业致债务理结案

主要案情：成兴粮号由商人冯月楼开设多年，宣统三年（1911 年）九月，因市面恐慌、金融停滞，成兴粮号倒闭歇业。经中人刘铭甫及天津商会从中协商调处，将内外欠款清理清楚，其债权人中计有票号四家及震发合、慎昌号、大清银行三家以产抵清；道胜、交通、上海众钱庄、本埠堂名若干家折扣还清外，剩余债权人瑞安堂、永成银号、永昌银号、东口交通银号、义恒银号、汇恒同银号、吉林驻津官银号、敦昌银号、保安堂共九家同意维持成兴号营业，不使其多年生意就此闭歇，冯月楼同意将成兴粮号交与上述九家债权人暂行管理，更名为成兴号公记。双方于 1913 年 5 月拟定维持章程十六条（即之后的《维持成兴号续行贸易规则》），并于当月 14 日呈请商会立案存查。❺

在呈交天津商会的《维持成兴号续行贸易规则》中，有两条规定值得注意。第 4 条："该号续行贸易资本，均系允认维持各债户之款，须由各债户公

---

❶ 《商会简明章程》第 15 条规定："凡华商遇有纠葛，可赴商会告知，总理定期邀集各董秉公理论，从众公断。如两造尚不折服，准其禀地方官核办。"参见天津市档案馆，等. 天津商会档案汇编（1903 - 1911）（上）[M]. 天津：天津人民出版社，1989：25.

❷ 《司法、工商部会订商事公断处章程》第 2 条。参见马敏，祖苏. 苏州商会档案丛编（1912 - 1919 年）第二辑（上册）[M]. 武汉：华中师范大学出版社，2004：367.

❸ 需要注意的是，各地商会并非均按章程规定附设商事公断处，1916 年农商部统计的全国商会总数是 1633 个，而当年全国设立的商事公断处只有 74 个。在清末民初八大商会组织中，天津商会于 1924 年 5 月才开始筹组建临时公断处。对于未设立专门的商事公断处的商会，其仍然承担着调处商事纠纷的职能。参见王红梅. 商会与中国法制近代化[D]. 上海：华东政法大学，2010：224 - 226；天津市档案馆，等. 天津商会档案汇编（1912 - 1928）（1）[M]. 天津：天津人民出版社，1992：326.

❹ 参见余绍宋的《增订司法例规》第五类"民事"，第 618 页。据司法部官员李炘《考核商事公断处情形报告书》统计数据，由于战乱等原因，有些地区未及时将其设立商事公断处的情况报告农商和司法部，故该统计数据并不完全。

❺ 成兴粮号歇业众债权人议决维持文并附《维持成兴号续行贸易规则》，津商会三类 3050 号卷。参见天津商会档案汇编（1912 - 1928）（2）[M]. 天津：天津人民出版社，1992：2019 - 2021.

举代表季遇安、王筱舟、杨泽田代照一切，冯姓不得过问。如有盈余，新章作为十二股，两铺掌各一股二厘五，财神股五厘，各债户得九股，年终由代表人按股均分，各债户所得股分作为归本，其一切利息由辛亥年九月十五日起至癸丑年十二月底一律停止。"第 5 条："各债户与债户以外之银行、钱庄接济成兴号公记银钱，均按九厘出息，倘生意或有亏耗，应由现存现款一万五千九百两内弥补，所有公记续借之款，必须本利清还，不令稍有损失。"该两条就债权对应的利息作出了规定，对于倒闭之前的债权，其相应利息计算至决定续行贸易的当年年底止（癸丑年十二月底，即 1913 年年底）。由于该规则中并未提及续行营业之期限，只约定"贸易所得盈余，无论远年近年，将所欠各债户之款如数还清，各债户应将成兴号公记图章取销，监理名目撤去，仍将银钱账目、货物、家具一切交换冯姓，任伊自行营业"❶，由此可以理解为自 1914 年后，在成兴号公记继续营业至清偿完毕期间，原有债权不再计算利息，只以本金计算按比例摊还；而对于成兴号公记新借银钱，则仍计算利息，且利率按九厘计。

该种处理是符合当时的商业习惯的，即商家亏累倒闭，债权人与债务人之间多主张免除利息，是为当时之通例。在 1915 年 3 月 20 日"津商会就津地倒闭商家清理外欠习惯答高等审判厅函"中，也确认了这一商业习惯，其文如下：

致高等审判厅

敬复者：前准贵厅公函，以商家倒闭，对于债务清理、偿还原本及核算利息惯例三项，依照习惯应如何办法各等因咨询前来。查商家营业停止，共分二种：一倒闭之歇业；一齐帐收市之歇业。其倒闭之歇业，自系亏累后财产不足抵偿欠外，始发生此种结果，自与齐帐收市者不同。现在贵厅所询系倒闭商家对外清理之习惯，兹特按项答复如下：

一商家倒闭系因亏累发生之结果，财产当然不足。除以法律督促其偿还外，事实上即成主张免除利息并减成还债之现象，市面上以感情所羁，成为商家习惯之通例。

一商家因亏累之结果，致成倒闭，事实上不能本利并还，然在倒闭前营业活动之时，所交之款自系本息并算；在已倒闭之后，市场商家以感情所羁，免除利息，为商家习惯之通例。甲商所还之款既在未倒闭之前，自当本息并算。……❷

---

❶ 《维持成兴号续行贸易规则》第 16 条。

❷ 津商会就津地倒闭商家清理外欠习惯答高等审判厅函，津商会三类 3994 号卷。参见天津市档案馆，等. 天津商会档案汇编（1912—1928）[M]. 天津：天津人民出版社，1992：1984 - 1985.

由上述回函可知，天津商会将商业停止区分为两种情况：一种为商家亏累倒闭被迫歇业，另一种则为商人主动停止经营。如为后者情形，则债款当计算本息后予以清偿。对于前者，由于债务人财产不足，对于所欠债款的处理，从偿还数额来看，在倒闭前仍"本息合计"，倒闭以后至清偿之日，则一般只计算本金，利息免除。这一规则与前引"成兴粮号歇业致债务理结案"的处理办法是一致的。作为约定俗成的做法，商事通例得到商会的确认甚至某种程度的推行，从其遵守和执行上来看较为顺畅，以此作为纠纷裁断的重要依据和支撑，也往往能够收到比较好的社会效果。而就高等审判厅的咨询情况来看，其也充分反映了当时的司法部门对商事惯例的重视。

（二）上海商会：商事惯例答复录

鸦片战争后，1843 年上海开埠，至 19 世纪末，上海迅速发展成为中国最大的工商业城市。上海作为中国近代第一通商大埠，是工商业和金融中心。商业传统习惯和惯例被当作解决商事纠纷的"习惯法依据"。律师受理案件或法院裁判纠纷，每遇商事类案件，往往需要先查明对应的商事惯例，在这方面，上海商会成为当然的权威咨询机构。[1] 严谔声先生辑录并于民国二十二年（1933 年）出版的《上海商事惯例》，收录了从光绪末年到 20 世纪 30 年代，上海总商会和上海商会针对全国各地（主要是上海和江苏）律师和法院（包括会审公廨等）有关商事习惯问题的咨询答复，共分为 22 类，全面且直观地反映了当时社会各界对商事惯例的关注和研判。这种社会关切背后，恰恰证明在国家法不足或弱势的情况下，习俗惯例对社会秩序稳定、纠纷理结发挥的重要补充支撑作用。在民商事法律适用上，习惯的效力高于一般判例和法理。[2]

例一

存欠划抵习惯[3]

（民国三年五月上海总商会答复外交部特派福建交涉员）

调查主文

案准福州美国领事函询：以美国人有寄存中国行店银款一百五十四元，复短少该行店水菜款二十四元，该行倒闭，其所欠之二十四元，可否于寄存之一百五十四元内拨抵，其余俟各债权平均摊偿之习惯？

---

❶ 张家镇，秦瑞玠，等. 中国商事习惯与商事立法理由书［M］. 王志华编校. 北京：中国政法大学出版社，2003：5-6.

❷ 民国十八年"民法"第 1 条规定：民事法律所未规定者依习惯，无习惯者依法理。

❸ 严谔声. 上海商事惯例［M］//张家镇，秦瑞玠，等. 中国商事习惯与商事立法理由书. 王志华编校. 北京：中国政法大学出版社，2003：586.

答复要点

此案应以一百五十四元内拨出二十四元，抵还该项账款。嗣后勾还成数，即以一百三十元之额照分。此项办法，极为公允，各地习惯均如是也。

例二

钱业倒闭后欠款是否计息习惯❶

（民国八年四月上海总商会答复江苏高等审判厅）

调查主文

今有诉讼，当事人主张，上海钱业普通惯例，营业停止，则人欠、欠人不复算利等云。该项主张是否属实？及钱庄营业停止，与闭歇有无区别？又，钱庄在营业停止期内，或闭歇后对于欠人款项，按照惯例，应否分别计算？约定利率或普通利息，如应计算普通利息，其利率按月应为几何？以上各事，事关钱庄习惯，希迅予查明见复。

答复要点

按钱业习惯，钱庄停止营业，则人欠、欠人之款，自应计算利息，有约定者，照约定利率，无约定者，照当时市面计算。倘系倒闭者，则欠人之款，原本尚难清偿，倒闭以后，实无计算利息之可言。

由是观之，上海商会针对商事习惯的查询答复分为几种情况：或为证明某一习惯之存在，或为详细释读特定习惯的具体内容，或为证明有此习惯而非彼习惯，以使得办案者剖判有据。但无论何者，均简明扼要，精炼准确，为纠纷或案件处理提供了重要参考和有效指引。如，上述关于"存欠划抵习惯"的答复，商会甚至直接基于惯例，对个案处理提出了具体意见。而对于"钱业倒闭后欠款是否计息习惯"的回复，则与之前天津商会"就津地倒闭商家清理外欠习惯答高等审判厅函"中的意见表达基本一致，对于营业倒闭的商家，其倒闭后的欠债一般不再计算利息，而仅考虑本金清偿问题。从近代以来商事纠纷处理的实践来看，不论是官方司法机构还是商会组织，均大量援引或借助商事惯例进行实体裁断。而从其内容或属性来看，商事惯例也往往通达于行业，并不因地域不同表现出明显差异，具有深厚的根基和普遍的社会认同度。

三、近代商事惯例的社会适应性考察

从生发土壤和社会根基来看，商事习惯、惯例相较于国家法，作为民间自

---

❶ 严谔声. 上海商事惯例 [M] //张家镇，秦瑞玠，等. 中国商事习惯与商事立法理由书. 王志华编校. 北京：中国政法大学出版社，2003：533 - 534.

生秩序事实上拥有更为深厚的生命力和更为广阔的发展空间，特别是在国家法难以到达的领域；传统规则和规范秩序具有植根于当地生活的合理性，其成长土壤决定了它的社会功能得以有效发挥，得以被民众主动服从。究其原因也不难理解，中国传统乡土社会是"熟人社会"，如，民间借贷中的债权人与债务人之间，往往基于血缘、亲属或地缘关系而联结，存在长期互信、合意相通的基础，在债务人一时无力偿还的情形下，秉承人情、协商、通融等考虑，债权人一方常常会适当减免利息、本金或推迟还款期限，采用强制方式要求债务人按时履行债务的情况并不多见。这与资本主义工商业化发展背景下商事交易中欺诈伪骗的情况又自有不同。

因此，国家法在制定及提升实施效果的过程中，除优化立法理念、均衡立法目标、完善制度设计外，还应当注重从内生于社会生活的习惯、惯例等非正式制度中寻求支撑和依靠，使外在控制逐渐转化为内在控制，建构法律运行的良性环境和生成土壤。正如费孝通先生曾经指出的，维持礼俗的力量不在身外的权力，而是在身内的良心。所以，这种秩序注重修身，注重克己。礼治秩序的维持手段并非靠折狱，而是依靠传统、教化和内在良心。❶ 而理想的礼治秩序并不是常有的，于是必然向现代社会、法治社会转变。在法治秩序推进的当下，仍然必须尊重并时刻关注社会自发秩序规则的内在作用力，否则就有可能造成"法治秩序的好处未得，而破坏礼治秩序的弊病却已先发生"❷ 的无奈局面。

参考文献：

［1］天津市档案馆，等．天津商会档案汇编（1903－1911）［M］．天津：天津人民出版社，1989.

［2］天津市档案馆，等．天津商会档案汇编（1912－1928）［M］．天津：天津人民出版社，1992.

［3］徐鼎新，钱小明．上海总商会史（1902－1929）［M］．上海：上海社会科学院出版社，1991.

［4］胡旭晟．20世纪前期中国之民商事习惯调查及其意义［J］．湘潭大学学报（哲学社会科学版），1999（2）.

［5］费孝通．乡土中国［M］．北京：三联书店，1985.

［6］张家镇，秦瑞玠，等．中国商事习惯与商事立法理由书［M］．王志华编校．北京：中国政法大学出版社，2003.

［7］张德美．探索与抉择：晚清法律移植研究［M］．北京：清华大学出版社，2003.

---

❶ 费孝通．乡土中国［M］．北京：三联书店，1985：54－56.
❷ 费孝通．乡土中国［M］．北京：三联书店，1985：59.

论国家管辖豁免制度的发展趋势

何爱华❶

摘要：《联合国国家及其财产管辖豁免公约》（以下简称《公约》）标志着国际法上的国家豁免制度发生了重大转向。这种转向应该说是对20世纪中期以后国家豁免制度的限制豁免主义发展趋势的确认。随着《公约》的通过和将来实施，限制豁免制度必定会得到越来越广泛的接受。因此，在可以预见的将来，就国家豁免问题而言，绝对豁免主义与限制豁免主义的争论必将消亡。如果说从绝对豁免发展到限制豁免是国家豁免制度发展的第一个阶段，那么下一阶段很有可能就是从限制豁免发展到废除豁免。

关键词： 国家管辖豁免 《公约》 限制豁免主义

一、前言

国家管辖豁免（State Jurisdictional Immunity），又称国家及其财产的管辖豁免或国家主权豁免，简称国家豁免（State Immunity）或主权豁免（Sovereign Immunity），广义上泛指一国不受他国的立法、司法和行政管辖；狭义上仅指不受他国的司法管辖，即在管辖上，如果没有获得一国明示同意，任何其他国家的司法机关不可以受理针对该国的国家行为和该国财产提起的诉讼，同时也不得对该国的财产采取诉讼保全措施和强制执行。应该说，在国际法中，基于"平等者之间无管辖权"的原则，国家管辖豁免制度早已成为一般习惯国际法规则。

尽管如此，但在国际法学界针对该制度一直以来存在争议，同时也伴随着三种理论学说的产生，即绝对豁免理论、限制豁免理论和废除豁免理论。按照

---

❶ 作者单位：上海商学院。

绝对豁免理论的观点，一个国家的任何行为在国际法中都可以获得豁免，不论该国从事何种行为及其财产用于何种目的，其都享有管辖豁免权，除非该国明示放弃了豁免。总体来说，该主张在很长时间内在国际法实践中占据统治地位。但 20 世纪后期，随着垄断资产阶级利益的兴起，各国在强调豁免原则的基础之上，开始主张国家豁免的例外，即认为国家只能在为了国家权利主体的职能时才能享有豁免权；反之，如果国家在国际实践中是参与"私法行为"时❶，那就应该同该外国私法主体一样，不可以享有豁免权。该国不论是否明示同意，都应接受相关法院管辖。此即限制豁免理论的主张。而废除豁免理论是由著名国际法学家劳特派特首创的一种理论❷，与前两者不同，该理论根本上否定将国家豁免作为一项国际法原则。根据废除豁免理论，国家及其财产不享有豁免是一般原则，只是在作为例外的某些情况下，才承认国家及其财产在某些方面享有豁免。

二、国家豁免制度的嬗变

国家豁免制度主要产生于各国的司法实践中，关于国家豁免的最早判例是 1812 年美国联邦最高法院审理的"斯库诺交易号诉麦克法登案"（The Schooner Exchange V. McFaddon，简称"交易号案"）。❸ 马歇尔法官在该案的判决书中指出："各国主权者完全平等和绝对独立，共同的利益促使他们相互交往并和平相交，由此产生某种情况，即：各主权国家放弃行使各自具有的一部分完全排他的属地管辖权。"应当说，这一判决阐明了国际法上国家管辖豁免的原理。在此之后，国家豁免作为一项习惯国际法原则也在英国、法国、德国、比利时、奥地利、意大利、匈牙利等其他欧洲国家以判例的形式广泛地得到了肯定。

然而各国虽然普遍地承认了国家豁免这项国际法原则，在实践中各自的立场却是异常复杂的。20 世纪以来，尤其是第二次世界大战以后，随着国际经济贸易活动的日益增多，国家作为民商事主体是否可以享有绝对豁免在许多国家受到质疑。1952 年，美国最先摒弃了传统的绝对豁免原则，转而采纳相对豁免

---

❶ 限制豁免理论将一个国家的行为分为两类：国家的政治、军事、外交行为和国家的经济、商业、贸易行为。这两类行为也经常被称为主权行为和非主权行为、统治权行为（acta jure imperii）和管理权行为（acta jure gestionis）。在英美法系司法实践中，这两种行为对应的用语是"主权行为"和"商业交易行为"；在大陆法系司法实践中，则对应"公法行为"和"私法行为"。

❷ ［英］劳特派特. 外国国家的管辖豁免问题［J］. 英国国际法年刊，1951：228.

❸ 古祖雪，陈辉萍，等. 国际法学专论［M］. 北京：科学出版社，2007：227.

（也称为限制豁免原则），即限制商业活动中的国家及其财产司法管辖豁免。1956 年，美国国会通过了《外国主权豁免法》，从而使相对豁免原则成为法定原则。英国议会接着也通过了《国家豁免法》（1978 年）。此后，在普通法系的英美及澳大利亚、加拿大等国纷纷从国家及其财产管辖绝对豁免转向相对豁免之际，大陆法系国家也改变其传统立场，于 1972 年通过了《欧洲国家豁免公约》（1976 年 6 月 11 日生效）。❶ 按照该公约第 26 条的任意性规定，如果一国以相同于私人方式从事工业或商业活动，该国家本身及其财产不享有法院地司法管辖豁免。

可见，从国家及其财产的司法管辖绝对豁免发展到相对豁免，已是大势所趋。同时，各国转向限制豁免主义立场这一潮流也影响到国际立法层面。1958 年《领海及毗连区公约》和《公海公约》规定外国商务用途的政府船舶和私人船舶一样服从沿海国的刑事和民事管辖，从而体现了限制豁免主义的精神。1969 年《国际油污损害民事责任公约》也采取了限制豁免主义的立场，规定国有船舶应当接受有关国家的管辖，放弃一切以主权国家的地位为根据的抗辩。1982 年，《联合国海洋法公约》在海洋法领域也全面而彻底地采取了限制豁免主义。

为了协调在国家及其财产管辖豁免问题上的各国立法与司法实践，国际社会试图制定专门的全球多边公约，这包括国际法协会 1982 年起草的《国家豁免的蒙特利尔公约草案》和联合国国际法委员会根据联大 44/35 号决议 1990 年起草的《国家及其财产司法豁免条款草案》。1991 年第 46 届联大决定设立第六委员会工作组研究该条款草案提出的一系列问题，2000 年第 55 届联大又决定设立特设委员会以最终形成一项《国家及其财产司法豁免公约》。2004 年 11 月 9 日，联合国第六委员会第 25 次会议通过了该特设委员会递交的该公约文本，同年 12 月 16 日第 59 届联大通过了该公约，并正式定名为《联合国国家及其财产管辖豁免公约》。该公约在其序言中规定："本公约缔约国，考虑到国家及其财产的管辖豁免为一项普遍接受的习惯国际法规则，铭记《联合国宪章》所体现的国际法原则，相信一项关于国家及其财产的管辖豁免国际公约将加强法治和法律的确定性，特别是在国家与自然人或法人的交易方面，并将有助于国际法的编纂与发展及此领域实践的协调。"

如前所述，正是国际层面和国内层面的法律变革催生了在世界范围内制定

---

❶ 该公约是第一个关于国家豁免的多变条约，因而其对限制豁免主义的确认影响极为深远，该公约第一章的题目就是"管辖豁免的例外"，并列举了 9 项例外事项。

统一的确认限制豁免主义的国际公约的需求。而这种需求也促使《公约》应运而生。❶

三、废除国家豁免制度是国家豁免制度的最终发展趋势

综上，在国家豁免制度的发展过程中，尤其是限制豁免主义，在现代国际社会存在豁免范围的争论。但随着《公约》的通过，具体操作方面的争论会逐渐减少。然而从理论上，国家豁免这种制度本身是值得反思的，随着国际社会法治的健全，随着对国家地位和主权原则认识的逐渐清晰，随着国家责任制度的确立及对人权保护的重视，国家豁免制度可能会慢慢失去它原本的色彩。因此，从长远来看，本文以为，国家豁免制度必然会淡出历史舞台。

首先，从主权概念的内涵来看，国家豁免的理论依据是国家主权平等。但是在国家职能迅速扩展、国家侵权现象逐渐增多、民权运动日益高涨的情况下，国家及其主权都不再是神圣的、不可捉摸的事物❷，绝对主权的观念是一种错误理解主权性质的观念。其实国家主权是相对的，是应受国际法的限制的。其理由主要有以下两点：其一，一国利益与别国的利益往往会发生矛盾，一国的主权在国际交往中不受限制就可能侵犯别国的主权，各国的主权实际上是相互限制的；其二，一国的利益与人类共同的利益存在矛盾，不对各国的主权加以限制就不能保证人类的共同利益和长远利益，在国家职能迅速扩张、国家侵权现象日渐增多，民权运动日益高涨的情况下，绝对主权观念更是缺乏足够的解释力和说服力，所以，相对主权观念才是对主权性质的正确理解。由此可见，对主权性质的清晰认识将会直接颠覆国家豁免制度的根基。❸

其次，国际法上的国家责任制度正在逐渐建立和健全。现代国家的地位已经发生了巨大的改变。原来的政府在国内是一个强硬的统治者，在国际社会是一个决定战争、征服或者被他国强迫的政府角色。而今，政府代表国家参与国际商事行为，而且此种机率越来越高。此时，国家应当站在与私人自然人或者法人同等的地位上，否则很显然有悖于现代法律的基本意旨；如果国家一方可以主张豁免，而对方则只能按照约定承担责任，双方很显然站在极不平等的交易位置上，会导致交易利益的单向倾斜。而实际上，一个国家在平稳的政局之下，一般是不会出尔反尔地违背契约的，也就没有必要拿出国家豁免的宝剑来

---

❶ 古祖雪，陈辉萍，等．国际法学专论［M］．北京：科学出版社，2007：227.
❷ 何志鹏．对国家豁免的规范审视与理论反思［J］．法学家，2005（2）.
❸ 古祖雪，陈辉萍，等．国际法学专论［M］．北京：科学出版社，2007：227.

防护自己。放弃国家豁免正是促进国家政府的法治化。

此外，2001 年 11 月联合国国际法委员会二读通过了《国家责任条款草案》。同年 12 月，《国家责任条款草案》在联合国大会的决议中也得以通过。该草案对国家制度的建立和完善具有重大意义。如果国家责任制度得以确立和实施，那么对于国家进行管辖和裁判不仅是可能的，也是必要的。

最后，20 世纪两次世界大战之后，国际人权法的发展异常迅猛。随着世界经济社会的迅速发展，各国民主政治和人权事业也取得长足的进步。在权力和权利的体系中，人的利益与自由是核心和基础。❶ 从这个意义上讲，任何超越可以实际感触和考量的利益的原则与规范都是虚假的，只有实在的人的利益与自由才是制度与规范构建的真实基础。而国家豁免制度就是从维护虚假的主权利益出发剥夺了私人在正常经济活动中的正当利益。因此，从保护人权的角度来看，不应以"国家豁免"这样的原则来排斥个人获得法律救济的权利，也就是说国家豁免的合理性是可疑的。

因此，如前所述，就限制豁免主义的国家豁免制度而言，《公约》并没有解决所有的问题，它只是国家豁免制度统一化和规范化的开始，在今后相当长一段时间内，国家豁免制度仍将会在绝对豁免主义和限制豁免主义之间寻求平衡。然而限制豁免主义的国家豁免制度并不是关于国家豁免制度发展的终点，而是一个新的起点，即通向废除豁免之路的起点。

四、我国面对的选择

《公约》对于国际法层面的法治和国内法层面的法治都有着重要意义，对我国而言更是如此。我国对豁免一直十分关注，参加了《国家及其财产管辖豁免公约草案》的全部磋商过程。从现行政策上看，我国以坚持绝对豁免为原则，以放弃豁免为例外，也就是主张在坚持豁免的原则下，考虑国际关系的实际情况，对国家豁免作出例外规定。从历史上看，在一系列案件中，我国主张国家豁免，并取得了较为理想的结果，湖广铁路债券案就是其中之一。但随着我国对外交往的增多，出现了很多对豁免进行放弃的做法。这主要体现在有关双边协定、特许协议和法律规范之中。比如，1982 年的《中华人民共和国海洋环境保护法》开始规定了豁免的例外，1992 年《中华人民共和国领海及毗连区法》第 10 条进一步规定了外国政府的船舶在从事商业活动时不享有豁免。

---

❶ 何志鹏. 对国家豁免的规范审视与理论反思 [J]. 法学家，2005（2）.

尽管我国还没有批准《公约》，《公约》也还没有生效，我国目前并没有法律义务制定实施《公约》规定的国内法，但按照该公约规定处理国家及其财产管辖豁免领域的问题既符合国际社会的共同利益，也符合我国的根本利益。因此，我们应尽早参照该公约的规定制定我国的《国家及其财产管辖豁免法》，给我国的法院提供处理国家及其财产管辖豁免诉讼的法律依据，也给我国的自然人和法人提供公约所规定在与他国进行商业交易时进行诉讼的法律保护。❶

当前，我国正致力于建设成为一个民主、法治的国家，我国的宪法中明确规定："尊重和保障人权"的条文，而《中华人民共和国国家赔偿法》规定了"国家机关和国家机关工作人员违法行使职权侵犯公民、法人和其他组织的合法权益造成损害的，受害人有依照本法取得国家赔偿的权利。国家赔偿由本法规定的赔偿义务机关履行赔偿义务。"我国在入世的承诺中接受了 WTO 的国民待遇原则和最惠国待遇原则，这意味着我国政府对内建立健全信用与威望，对外尊重国家与私人的合法权益，对于这样一个处于发展状态之中的政府而言，并不存在坚持绝对豁免的必要性。❷

因此，本文以为，就我国而言，与其分别设置例外，不如直接采用限制豁免原则。从中国作为国际社会中一个诚实、守信的成员的角度，从中国融入全球化交往的意愿的角度，采取限制豁免的做法都不失为一条理想的途径。因为正如前文所述，限制豁免既是国际法规范的一种发展趋势，也是以人为本的国际法治秩序的内在需求。所以，我国可以按照国际法律发展的基本趋势，采纳限制豁免制度，并在未来的发展中逐渐消除豁免。

参考文献：

[1] 何志鹏. 对国家豁免的规范审视与理论反思［J］. 法学家，2005（2）.

[2] 邵沙平.《联合国国家及其财产管辖豁免公约》对国际法治和中国法治的影响［J］. 法学家，2005（6）.

[3] 古祖雪，陈辉萍. 国际法学专论［M］. 北京：科学出版社，2007.

---

❶ 邵沙平.《联合国国家及其财产管辖豁免公约》对国际法治和中国法治的影响［J］法学家，2005（6）.

❷ 何志鹏. 对国家豁免的规范审视与理论反思［J］. 法学家，2005（2）.

论区域贸易协定修改 WTO 反倾销
制度的合法性

何艳华❶

摘要： 区域贸易协定的发展对以 WTO 为代表的多边体制形成了制度上的挑战，相互重叠的自由贸易协定引起的多重规则问题已经成为区域主义对多边体制的最主要挑战之一。RTAs 限制或排除 RTA 伙伴间利用反倾销措施的 RTA 条款是为 WTO 规则所授权、允许抑或禁止是我们探讨此种做法对多边贸易自由化能否起到推动作用进而积极拓展此做法的前提。虽然区域内贸易伙伴间反倾销调查总体的逐渐降低并不必然意味着区域内伙伴对区域外 WTO 成员反倾销行动的增加，但我们应当对区域贸易协定口的贸易救济规则可能造成的歧视保持警惕，RTA 伙伴被允许取消反倾销措施在其相互间的适用，只要他们继续限制对非 RTA 的 WTO 成员的消极影响，遵守 GATT 1994 第 24 条第 5 款、第 8 款，VCLT 第 41 第（1）（b）以及授权条款第 3 段（a）和（b）的规定。

关键词： 反倾销　区域贸易协定　GATT 1994 第 24 条　授权条款

　　各国已经认识到区域贸易协定的发展对以 WTO 为代表的多边体制形成了制度上的挑战，相互重叠的自由贸易协定引起的多重规则问题已经成为区域主义对多边体制的最主要挑战之一，也是区域主义最大的弊端之一。对于同一问题、同一产业或者同一类贸易，不同协定的相关规定不可避免会存在某些差异，这不仅给各国的贸易官员造成了执法上的困难，也给商家造成了翻倍的守法成本。❷

　　自由贸易协定的扩散对反倾销措施在 FTA 成员间的运用可能产生截然相反的影响。一方面，一项 FTA 可能会使得一国增加对另一国的反倾销行动以维护

---

❶　作者单位：上海商学院。
❷　刘彬．GATT 第 24 条法律功能的法哲学反思［A］//武大国际法评论（总第 13 卷）．武汉：武汉大学出版社，2010.

本国国内工业，以避免或减轻由于来自另一方的进口的增加而造成的影响；另一方面，一项 FTA 可能有助于减少反倾销措施的实施以实现自由贸易的目的。

关于如何处理反倾销措施的适用，RTAs 在成员间有很大不同——从事实上排除此类救济的适用到继续反倾销法。然而排除反倾销法相比于继续适用此类法律要少见。许多国家对反倾销法的适用有双重愿望。大多数非常渴望被排除此类法律的适用，尤其是被大的市场国家如美国排除，因为这将导致更进一步的贸易自由化。然而当他们被排除在部分或全部取消贸易救济的 RTA 之外时，他们相信他们的利益因为此类排除受到损害。

RTAs 限制或排除 RTA 伙伴间利用反倾销措施的 RTA 条款是为 WTO 规则所授权、允许抑或被禁止呢？如果 WTO 规则允许或要求这些规定，RTAs 可以规定一个有用的框架来减少反倾销措施，且为在 WTO 更为广泛的范围内减少反倾销制度的适用提供一条路径。首要问题是 RTA 伙伴是否有权在相互间修改 WTO 协定（限制贸易救济的使用或其他），这是一个国际公法问题。进而需要讨论的是，这些限制反倾销措施适用的 RTA 与 GATT 1994 第 24 条是否相符。

区域性贸易协定的法律依据主要有三：第一是 GATT 第 24 条及其修正规定，包括 1994 年的谅解（Understanding）。GATT 第 24 条是关税同盟与自由贸易区协定设立的法律依据，希望通过区域间贸易自由化排除贸易障碍，促使各国间经贸关系更为密切，增加所有参与国的社会福利。第二是授权条款（Enabling Clause）。授权条款是 1979 年 GATT 缔约方通过的特别给予发展中缔约方更多优惠待遇的决议，允许发展中缔约方彼此间签订货物贸易的优惠性协定（preferential arrangement）。该条款的目的是为了促进发达缔约方与发展中缔约方或发展中缔约方彼此间的贸易，可降低或取消关税或非关税贸易壁垒，但不得增加或提高对其他缔约方间的贸易壁垒，同时不得在最惠国基础上构建任何阻挠关税降低或消除的壁垒及其他贸易限制，发达缔约方也不可向发展中缔约方要求任何对等待遇；所有发达缔约方或欠发达缔约方提出承诺时应符合 GATT 宗旨（GATT 前言及第 36 条规定）。第三是 GATS 相关规定。依据 GATS 第 5 条的规定，WTO 允许各成员方参与任何服务业贸易自由化的协定。GATS 第 17 条规定了国民待遇原则，认为应当取消已存在的歧视性措施及/或禁止任何新设的歧视性措施。本文所探讨的反倾销措施属于货物贸易领域，所以将主要依据 GATT 第 24 条和授权条款进行分析。

一、WTO 成员修改 WTO 协定的合法性

如果 WTO 成员根本没有授权对 WTO 作出相互间修改（即修改仅在一些成

员间），那么一项 RTA 取消成员根据 WTO 规则实施贸易救济权利应属于一项被禁止的修改，即使该特定修改没有违反个别 WTO 规则。相应地，首先值得考虑的是相互间修改在 WTO 中是否被允许，然后考虑 RTA 取消贸易救济这种特定修改。

（一） WTO 中 VCLT 第 41 条 （1） 的可适用性

WTO 对部分成员集团内部是否可以相互间修改 WTO 协定的问题仍未有决定。《维也纳条约法公约》（VCLT） 第 41 条 （1） 就允许相互间修改的条件提供了指导❶，并且该条是国际法领域公认的有关条约修改的国际法惯例。

专家组和上诉机构早就将 VCLT 第 31～33 条规定认定为法典化的或宣称的习惯国际法。因此，根据 WTO 中的《关于争端解决规制和程序的谅解》（DSU） 第 3.2 条 "根据习惯国际公法规则澄清 WTO 协定的现有规定"，在对 WTO 协定进行解释中，这些条款 （VCLTDl 31～33 条） 被广泛认为是重要的。❷ 由于第 41 条 （1） 不涉及条约解释，该条并不属于 DSU 第 3.2 条描述的情形，上诉机构也没有将第 41 条 （1） 作为习惯法归入 VCLT 的此类特征描述。然而在 WTO 之外，第 41 条 （1） 与 VCLT 中的其他大多数条款一起，已被认可构成习惯国际法。因此，主要的评论家如玛蒂·科斯肯涅米 （Martti Koskenniemi） 和约斯特·鲍威林 （Joost Pauwelyn） 得出结论，第 41 条适用于

---

❶ 《维也纳条约法公约》第 41 条 "仅在若干当事国间修改多边条约之协定" 第 1 款规定："多边条约两个以上当事国得于下列情形下缔结协定仅在彼此间修改条约：（甲） 条约内规定有作此种修改之可能者；或 （乙） 有关之修改非为条约所禁止，且：（一） 不影响其他当事国享有条约上之权利或履行其义务者；（二） 不关涉任何如于损抑即与有效实行整个条约之目的及宗旨不合之规定者。"

❷ Appellate Body Report, US—Gasoline, 16 – 17; Appellate Body Report, EC—Computer Equipment, [84]; Appellate Body Report, EC—Sardines, [200]; Appellate Body Report, India—Patents (US), [46]; Appellate Body Report, Japan—Alcoholic Beverages II, 10; Appellate Body Report, US—Carbon Steel, [61]; Appellate Body Report, US—Softwood Lumber IV, [59]; Panel Report, Chile—Price Band System, [7.76]; Panel Report, US—Gambling, [6.9]; Panel Report, China—Auto Parts, [7.165]; Panel Report, China—Intellectual Property Rights, [7.249], fn 244. See also M Lennard, "Navigating by the Stars: Interpreting the WTO Agreements" (2002) 5 Journal of International Economic Law 17, 18 – 19; WTO Dispute Settlement Body, Minutes of Meeting Held in the Centre William Rappard 25 September 1997, WT/DSB/M/37 (4 November 1997) 15 (statement by the European Communities); WTO Dispute Settlement Body, Minutes of Meeting Held in the Centre William Rappard on 16 January 1998, WT/DSB/M/40 (18 February 1998) 3, 8 (statement by India); WTO Dispute Settlement Body, Minutes of Meeting Held in the Centre William Rappard on 23 May 1997, WT/DSB/M/33 (25 June 1997) 10 (statement by the USA); WTO Dispute Settlement Body, Minutes of Meeting Held in the Centre William Rappard on 23 October 2002, WT/DSB/M/134 (29 January 2003) [48] (statement by Mexico).

WTO 协定❶，且专家组在土耳其——纺织品案中依据第 41 条（1）（b）（i）项就关税同盟得出结论。❷

此外，其他一些 WTO 争端解决已经依据 VCLT 中除第 31～33 条之外的规定。如，DSU 第 22.6 条程序中的仲裁员已经依据 VCLT 第 30 条、第 60 条和第 70 条规定。上诉机构在巴西——干可可案和加拿大期刊案、专家组在欧共体——沙丁鱼案中提及 VCLT 第 28 条将"条约不溯及既往"作为一项"一般国际法原则"❸，并且以此为基础予以适用。上诉机构还认可了 VCLT 第 26 条反映出的"诚信原则"❹。类似地，专家组在韩国——政府采购案中将 VCLT 第 26 条描述为表达了"条约必须信守原则"符合"习惯国际法一般原则"❺。同一个专家组适用了 VCLT 第 48 条（关于条约错误），根据是该条代表习惯国际法。❻

专家组和上诉机构关于各种 VCLT 条款使用的语言并不总是一致，但无论这些条款是否反映了在《国际法院规约》第 38 条（1）（c）的含义下的一般国际法原则，或者根据该规约第 38 条（1）（b）的习惯国际法原则，专家组和上诉机构已经准备适用。

韩国采购案专家组比其他 WTO 争端解决报告走得更远，表明 WTO 协定与习惯国际法的关系比 DSU 第 3.2 条所表明的更宽泛。特别是，"习惯国际法……在 WTO 条约协定没有排除的情况下适用"❼。因此，我们可以谨慎地得出这样的结论：上述实践表明 VCLT 在 WTO 中的作用不限于根据 DSU 第 3.2 条指导解释。因此，第 41 条适用于 WTO 协定，除非专门的 WTO 条款有明确的相反规定。

（二）《马拉喀什协定》第 9 条和第 10 条的影响

乔尔·荃齐曼（Joel Trachtman）坚持认为，《马拉喀什协定》第 9 条和第

---

❶ International Law Commission, "Fragmentation of International Law: Difficulties Arising from the Diversification and Expansion of International Law—Report of the Study Group—Finalized by Martti Koskenniemi" A/CN. 4/L. 682（13 April 2006）. J Pauwelyn, Conflict of Norms in Public International Law: How WTO Law Relates to Other Rules of International Law（CUP, Cambridge, 2003）, p. 475.

❷ Panel Report, Turkey—Textiles, [9.181]–[9.182]

❸ Appellate Body Report, —Desiccated Coconut, 15; Appellate Body Report, Canada-Patent Term, [71]; Panel Report, EC—Sardines, [7.56]. See also Appellate Body Report, EC—Hormones, [128].

❹ Appellate Body Report, US—Offset Act（Byrd Amendment）, [296]–[297].

❺ Panel Report, Korea—Procurement, [7.93].

❻ Panel Report, Korea—Procurement, [7.123].

❼ Panel Report, Korea—Procurement, [7.96].

10 条修改于豁免的规定禁止部分成员间依据 VCLT 对 WTO 协议进行修改的任何可能。❶ WTO 关于义务的豁免与修改的规定对实质上的相互间修改的特定协定施加了特别的条件。例如，根据《马拉喀什协定》第 10 条规定，如果成员协商一致或必要多数批准，大多数修改将仅在那些已经接受的成员之间生效。因此，这些修改成为那些已经接受的成员间的 WTO 规则。TRIPS 协定的修改议定书如果得到 WTO 成员的 2/3 以上多数同意，将是根据《马拉喀什协定》第 10 条第 3 款修改的一个例证。类似地，根据《马拉喀什协定》第 9 条第 3 款，部长级会议通过 3/4 多数可以决定豁免一项 WTO 成员的义务，有效地允许该成员在其与剩余的 WTO 成员间修改 WTO 规则，并不修改所有 WTO 成员间规则。例如，在 2006 年，总理事会将豁免特定成员采取措施禁止非金伯利钻石认证制度（the Kimberley Process Certificate scheme）参与方的原钻的进出口的 MFN 和其他 WTO 义务扩展至 2012 年。❷

在一定程度上，《马拉喀什协定》第 9 条和第 10 条允许相互间修改，它们被看作提供了比 VCLT 第 41 条更为详细的规则，因此优先于第 41 条适用。然而事实上，《马拉喀什协定》第 9 条和第 10 条并非专门针对相互间修改。况且，即使在某些情况下一项修改仅适用于已经接受的成员，第 10 条针对的是整体修改 WTO 协定（即所有成员）的建议。类似地，第 9 条是针对个别成员的豁免请求，即使在某些情况下一些成员可以同时就相同情况提出一项请求。这些规定没有明确排除 VCLT 第 41 条就其他种类的相互间修改发挥作用的可能性，且因此可以正当地被认为属于第 41 条（a）的范围：它们仅仅为 WTO 成员获得相互间修改提供了一种方式。

由于确定了 VCLT 第 41 条相互间修改不受《马拉喀什协定》第 9 条和第 10 条管辖，所以有必要考察相互间修改的特定环境。笔者认为，在 RTAs 的语境下，相互间修改有必要在 GATT 1994 第 24 条的基础上考虑。

（三） 就 RTAs 而言， VCLT 第 41 条的含义

GATT 1994 第 24 条确认了成员在该条和其他 WTO 协定列举的条件的约束下可以达成 RTAs 修改其 WTO 义务。特别是第 24 条（5）规定："该协定规定不阻止区域成员间的关税同盟或自由贸易区的形成或为关税同盟或自由贸易区

---

❶ Joel Trachtman，"Review of Joost Pauwelyn，Conflict cf Norms in Public International Law：How WTO Law Relates to Other Rules of International Law"［J］．（2004）98 AJIL，858 – 859.

❷ WTO General Council，Kimberley Process Certificate Scheme for Rough Diamond：Decision of 15 December 2006，WT/l/676.

的形成而必需的过渡协定的适用。"

一个自由贸易区或关税同盟必将减少当事方之间可以适用的关税和其他限制性规定，因而禁止一些在 WTO 协定下可能被允许的贸易壁垒，且因此修改 RTAs 伙伴间的 WTO 协定。这样，第 24 条规定了在 RTA 伙伴和其他 WTO 成员间 MFN 规则的一项例外，且默示地授权了（RTA 伙伴）相互间修改。

根据第 24 条，RTAs 中的修改可以属于 VCLT 第 41 条管辖范围。国际法委员会关于碎片化研究团体中的科斯肯涅米（Koskenniemi），以及托马斯·科蒂尔（Thomas Cottier）、马瑞娜·弗蒂（Marina Foltea）、詹姆斯·马修斯（James Mathis）得出的结论是：WTO 规则仅管辖 RTAs 中的修改，就关于 RTAs 的修改，VCLT 第 41 条（1）（b）没有适用余地。对比而言，鲍威林（Pauwelyn）表明 WTO 规则禁止 WTO 成员之间的贸易自由化的相互间协定，除非以 MFN 为基础扩展至所有成员或遵守 GATT 1994 第 24 条中规定的条件（或 GATS 第 5 条）。鲍威林（Pauwelyn）的方法也表明关于 VCLT 的第 41 条（1）（b）（ⅰ）（ⅱ）没有适用余地，因为它将没有遵守 GATT 1994 第 24 条条件的 RTAs 视作第 41 条（1）（b）的起首部分所指的禁止。

然而 RTAs 并不需要完全的贸易自由化或贸易限制，且产生于 RTAs 内的对 WTO 规则的许多修改没有明确地由 GATT 1994 第 24 条或其他 WTO 条款处理。这种情况简单化地表明 RTA 整体要么属于第 41 条（1）（a）的范围，要么根据第 41 条（1）（b）被禁止。如果一个 RTA 的特定修改既没有被一个条约规定，也没有被禁止，那么第 41 条（1）（b）中剩余的条件就变得相关，即：一是不影响其他当事国享有条约上之权利或履行其义务者；二是不关涉任何如予损抑即与有效实行整个条约之目的及宗旨不合之规定者。

例如，TRIPS－／＋RTA 中的特定修改限制了公共健康方面的灵活性，这与 VCLT 第 41 条（1）（b）（ⅰ）和（ⅱ）相反。GATT 1994 第 24 条和 WTO 的 TRIPS 协定没有专门说明这些修改是否被允许。类似地，GATTT 1994 第 24 条和 DSU 没有明确表明 WTO 成员是否有权在 RTA 中修改争端解决程序。例如，通过选择条款阻止在特定情况下寻求 WTO 争端解决机制。这个问题在近期墨西哥对美国提起的一项关于金枪鱼产品的申诉中被提出，VCLT 第 41 条（1）（b）可以帮助解决问题。

为了决定一项限制 RTA 伙伴间适用贸易救济的 RTA 是否违反 WTO 法或一般国际公法，我们必须更为详细地考察 GATTT 1994 第 24 条。第 24 条既没有清楚规定也没有明确禁止此类修改，修改必须满足 VCLT 第 41 条（1）（b）（ⅰ）中的条件（不影响 WTO 协定下第三成员的权利或义务）和不涉及对该条款的损抑与 WTO 协定作为一个整体的目标和宗旨的有效实施不相符。这些条件强化了 GATT 1994 第 24 条项下的 RTAs 的目的，且增强了在 RTA 外部 WTO 成员的贸易扭曲和转移最小化的同时，内部贸易自由最大化的重要性。第 24 条第 4 款和第 8 款反映了 VCLT 第 41 条（1）（b）的条件。

二、与 GATT 第 24 条的相符性问题

（一） 第 24 条第 8 款： 减少 RTA 内部壁垒

第 24 条第 8 款为自由贸易区和关税同盟作出了定义。该定义明确了 RTA 被允许，因为其有利于加强多边贸易自由化。相应地，重要的内部贸易自由化为一项合格的 RTA 所必需，对该条件的损抑会与 WTO 协定整体目标和宗旨的有效实施不相符。此种解读与 RTA 的目标相一致："通过自愿签署协定来发展此类协定签署国之间更紧密的经济一体化，以增加贸易自由……关税同盟或自由贸易区的目的应为便利成员领土之间的贸易，而非增加其他缔约方与此类领土之间的贸易壁垒。"❶

第 24 条第 8 款将自由贸易区定义为：自由贸易区应理解为在两个或两个以上的一组关税领土中，对成员领土之间实质上所有有关产自此类领土产品的贸易取消关税和其他限制性贸易法规（如有必要，按照第 11 条、第 12 条、第 13 条、第 14 条、第 15 条、第 20 条允许的关税和其他限制性贸易法规除外）。

类似地，第 8 款将关税同盟定义为：关税同盟应理解为以一单一关税领土替代两个或两个以上关税领土，以便对同盟成员领土之间的实质上所有贸易或至少对产于此类领土产品的实质上所有贸易取消关税和其他限制性贸易法规（如，必要，第 11 条、第 12 条、第 13 条、第 14 条、第 15 条和第 20 条下允许的关税和其他限制性贸易法规除外）。此外，根据第 8 款（a）（ⅱ），成员在遵守第 9 款规定的前提下，同盟每一成员对同盟以外领土的贸易实施实质相同的关税或其他贸易法规。关税同盟定义中第（2）项可能是相关的——当关税同盟成员对非关税同盟适用贸易救济的时候，但这不影响本文的核心问题：本文关注的是 RTA 伙伴间贸易救济的适用。

根据上述规定可以看出，RTA 成员之间应对"实质上所有贸易"取消关税和其他限制性贸易法规；但是在必要情况下，按照第 11 条、第 12 条、第 13 条、第 14 条、第 15 条、第 20 条允许的关税和其他限制性贸易法规除外。因

---

❶ 《关税与贸易总协定》（GATT 1947）第 24 条第 4 款。

此，一项 RTA 是否应当取消反倾销措施，关键在于判断反倾销税是否属于"限制商业的关税"或者反倾销法是否属于"其他限制性贸易法规"；如果答案是肯定的，则需进一步判断反倾销措施是否属于允许存在的例外。

有学者提出，第 24.8 条的规定"建议"（recommendation）取消区域性自由贸易区内的限制贸易的规定。为了遵循该规定，为了进一步促进一体化，建立一个"创造贸易"的自由贸易区，最终且最好的解决方法将是取消所有这些限制贸易的壁垒（作者认为反倾销税属于限制贸易的壁垒之一）。❶

首先，经济学家认为，即使不是所有，也是多数反倾销措施限制贸易。因此，FTA 内部维持反倾销税没有尊重 GATT "取消关税和其他限制贸易法规"的指导（guideline）。❷ 反倾销作为一种典型的一种限制进口的边境措施，属于"其他限制性贸易法规"❸。土耳其——纺织品案专家组对"其他限制性贸易法规"做了解释，包括对贸易产生影响的任何规则，如 SPS、TBT 和反倾销，以及环境标准或出口信贷机制等。❶ 在美国——弧焊管最终保障措施案后，其他限制性商业法规包括贸易救济措施已无实质性争论。❺ 上述研究结果证明，反倾销税属于其他限制性贸易法规。

其次，如果反倾销措施属于例外清单中所例示允许存在的例外，则 RTA 不需要取消反倾销措施。很显然，GATT 1994 第 6 条没有包括在第 24 条第 8 款的例外清单中。那么第 24 条第 8 款括号中的例外清单是否是穷尽的呢？一种观点认为该例外清单仅是例示性的。尽管没有关于第 24 条谈判历史的确切证据，第 24 条第 8 款例外清单的过小范围本身似乎表明其并非穷尽性的清单。例如，以第 21 条国家安全例外为基础的所有贸易限制必须在 FTA 当事方间取消将是无法想象的。❻ GATT 第 6 条反倾销措施与此相同。原因之二在于，假设反倾销

❶ Gabrielle Marceau, Anti-Dumping and Antitrust Issues in Free-Trade Areas [M]. Clarendon Press. Oxford, 1994, at188. ,

❷ Gabrielle Marceau, Anti-Dumping and Antitrust Issues in Free-Trade Areas [M]. Clarendon Press, Oxford, 1994, at187

❸ James H. Mathis, Regional Trade Agreements and Domestic Regulation: What Reach for "Other Restrictive Regulations of Commerce"? [A] L. Bartels and F. Ortino (eds), Regional Trade Agreements and the WTO Legal System [M]. Oxford: Oxford University Press, 2006. at 118 – 21.

❹ WTO Panel Report, Turkey-Restrictions on Imports of Textile and Clothing Products, WT/DS34/R, para. 9. 120.

❺ 李晓玲、陈雨松. 区域贸易协定下的贸易救济制度研究——兼论对我国参与区域贸易协定谈判的政策建议 [A]//武大国际法评论（总第 13 卷）. 武汉：武汉大学出版社，2010.

❻ Dukgeun Ahn, Foe or Friend of GATT Article XXIV: Diversity in Trade Remedy Rules [J]. Journal of International Economic Law, 2008, 11 (1).

措施被设计为抵消其他成员的不公平贸易做法（以倾销的形式）为前提，与其他明确例示的条款性质不同。然而，即使接受这个假设，它仍然没有能够解释为什么如 GATT 第 20 条（一般例外）这样的条款被规定在第 24 条第 8 款的清单中。

另一种观点认为，该例外清单是穷尽性的，GATT 第 6 条没有明确在例外清单中出现，因此不属于允许存在的例外，而应该予以取消。在区域内实施自由贸易基于取消会员国间出口及进口限制之原则而建立，反倾销税之推行将妨碍该区域免除关税的本质，并对其已消除限制的贸易产生不利的影响……GATT 既要求消除会员国间关税及其他限制贸易之规定，即着眼于区域性自由贸易的特定本质：在关税、出口/进口限制及其他非关税障碍撤除后，商品的自由流通系为常态。因此，为符合 GATT 追求贸易自由化的根本精神，并确保区域性自由贸易协定成为真正的区域整合协定，实施自由贸易之区域应废除反倾销税之适用，以拓展竞争，创造贸易。❶

（二） 第 24 条第 5 款： 对非 RTAs 成员限制性影响

满足了第 24 条第 8 款定义的 RTAs 还必须符合其他特定条件，最关键的是第 24 条第 5 款的规定。第 24 条第 5 款规定的条件包括：本协定的规定不得阻止在缔约方领土之间形成关税同盟或自由贸易区，也不阻止通过形成关税同盟或自由贸易区所必需的临时协定；但是，就关税同盟或导致形成关税同盟的临时协定而言，以及就自由贸易区或导致形成自由贸易区的临时协定而言，对与非此种协定成员间的贸易实施的关税和其他贸易法规，总体上不得高于或严于形成此种协定（视情况而定）之前在各成员领土实施的关税和贸易法规。

这些条件表明 RTAs 必须在整体上没有导致对外部贸易的更多限制（即对非 RTA 的 WTO 成员贸易），否则，这将影响其他成员条约项下的权利的行使或义务的履行。再者，该项纪律在第 24 条第 4 款中有所反映，根据该款，成员认识到一关税同盟或一自由贸易区的目的应是便利组成领土间的贸易且没有增加其他成员与这些领土间贸易的壁垒。

单纯的贸易转移可能不会导致相关 RTA 违反第 24.5 条。从本质上讲，RTAs 创建特惠的市场准入不可避免地会产生贸易转移。第 24.5 条对关税和其他贸易法规规定了不同的法律条件：对前者要求是"不高于"，对后者要

---

❶ 林彩瑜. WTO 贸易救济与争端解决之法律问题［M］. 台北：元照出版社，2006：126－127.

求是"不更多地限制"。不适用更多限制性贸易法规的要求需要进行事实上和法律上的分析。第 24.5 条的"其他贸易法规"的合法性可能不仅由规则的结构的事前评估所决定,而且由对贸易影响的事后评估所决定。尽管如此,第 24.5 条中的法律义务是否制裁特惠贸易救济规则尚不明确。第 24 条的谅解第 2 段指出:"……各方认识到,为全面评估难以量化和归纳的其他贸易法规的影响范围,可能需要审查单项措施、法规、所涉产品以及受影响的贸易流量。"谅解第 24 条赞同对"其他贸易法规"进行个案评估,它尽管规定了单独的、明确的有关关税的规则,然而并未阐明检验该段最后一句所列举的每一个因素的具体标准。

很少的案例直接反映第 24 条的适用,上诉机构认为,第 24.5 条的一致性要求进行经济测试以对新区域协定的贸易措施和政策的影响进行评估。AB 认为,第 24.5 条要求评估不仅仅是形式上的,而且包括贸易政策措施的影响。尤其是,AB 强调了第 24 条谅解序言部分阐明的建议:根据第 4 段,关税同盟的目的是便利成员领土之间的贸易,而非提高与他成员之间的贸易壁垒。该目标要求关税同盟的成员领土遵守这样一种平衡。关税同盟应便利关税同盟内部的贸易,但不应以提高对第三国的贸易壁垒的方式来实现。我们注意到,第 24 条谅解明确重申了关税同盟的目的,且表明关税同盟的扩大或形成,成员领土应最大可能地避免对其他成员的贸易产生不利影响。第 4 段包含了目的性的且非操作性的语言。它没有规定一项单独的义务,但规定了第 24 条其他部分的具体义务的操作性语言中所彰显的最主要的、具有说服力的目的。❶

尽管第 24 条谅解的序言中没有规定有约束力的法律义务,但最大可能程度上,避免对其他成员方的贸易产生不利影响的建议设定了一项解释和适用第 24.5 条的重要原则。

以上诉机构关于第 24.5 条的解释为基础,RTAs 中的其他贸易法规,包括反倾销规则,应避免对其他成员产生不利影响。有学者认为,该要求为 RTA 谈判提供了一项重要暗示。尽管 RTA 成员进一步自由化或便利相互间贸易的意图是无害的,但是对 RTA 成员的特殊反倾销规则的优先适用将实质上扭曲竞争条件。第 24.5 条的解释将禁止 RTA 成员方创建任何有关反倾销规则的优惠安排,不仅包括对规则的部分修改,而且包括已经成为一种首选方案的 RTA 成员间贸易救济行动的完全取消。这将导致对非当事方成员更多地适用反倾销措施,从

---

❶ WTO Appellate Body Report, Turkey-Restrictions on Imports of Textile and Clothing Products (Turkey-Textile), WT/DS34/AB/R, para. 57.

而创造一种贸易限制,构成一种歧视。❶ 另有学者通过实证研究量化分析了 FTA 对反倾销行动的影响,其以 WTO 的最新数据库中有关 FTA 伙伴间在 1995—2009 年间的反倾销调查行动为基础,得出结论为:FTA 伙伴间反倾销的使用总体呈逐渐降低的趋势。❷ 虽然区域内贸易伙伴间反倾销调查总体的逐渐降低并不必然意味着区域内伙伴对区域外 WTO 成员反倾销行动的增加,但我们应当对区域贸易协定中的贸易救济规则可能造成的歧视保持警惕。❸

三、与授权条款的相符性问题

授权条款要求发达国家向发展中国家提供排除最惠国待遇义务的普遍优惠安排。同时,"授权条款"还是重要的涉及发展中国家区域贸易协定的 WTO 规则。但它只为发展中国家相互间的区域安排中存在的优惠确立了法律基础,旨在于发达成员方与发展中成员方之间建立自由贸易区的经济伙伴协定还无法适用"授权条款"为发展中成员方提供优惠安排。

授权条款第 2 段(c)适用第一段中的 MFN 待遇的豁免:发展中国家成员间达成的对来自另一方的进口产品多边减少或消除关税和根据部长级会议规定的标准或条件多边减少或取消非关税措施的区域的或全球性的安排⋯⋯

在发展中成员间的 RTAs 的背景下,该条款可能被看作等同于 GATT 第 24 条。对于这些 RTAs,另外的条件在授权条款的第 3 段,该段规定了差别且更优惠待遇:

(a)应被设计为便利和促进发展中国家贸易且没有对任何其他成员方的贸易提高壁垒或创造不适当的困难;

(b)不应构成以 MFN 为基础的减少或取消关税和其他贸易限制的一项障碍。

这些条件反映了类似于 GATT 1994 第 24 条第 5 款和第 8 款以及 VCLT 第 41 条(1)(b)中所包含的关注,关于贸易救济措施的分析同样适用于发展中成员的 RTAs。要求这些 RTA 伙伴实施保障措施将违反促进发展中国家贸

---

❶ Dukgeun Ahn, Foe or Friend of GATT Article XXIV: Diversity in Trade Remedy Rules [J]. Journal of International Economic Law, 2008, 11 (1).

❷ Dukgeun Ahn, Wonkyu Shin, Analysis of Anti-Dumping Use in Free Trade Agreements [J]. Journal of World Trade, 2011, 45 (2).

❸ Robert Teh, Thomas J. Prusa, Michele Budetta, Trade Remedy Provisions in Regional Trade Agreements, World Trade Organization, Economic Research and Statistics Division, Staff Working Paper ERSD-2007-03.

易的目的，这种目的在授权条款第 3 段（a）中被规定，要求其实施反倾销或反补贴措施违反以非 MFN 为基础实施。要求取消贸易救济可能增加对非 RTA 伙伴的贸易壁垒，特别是因以非歧视为基础适用的全球性保障措施所引起的贸易转移，这违反第 3 条（a）（b）。赋予 RTA 伙伴在选择是否实施特定贸易救济措施以灵活性的方法对相关成员适当地置以义务以维持与授权条款的一致性。

RTA 伙伴被允许取消反倾销措施在其相互间的适用，只要其继续限制对非 RTA 的 WTO 成员的消极影响，遵守 GATT 1994 第 24 条第 5 款、第 8 款，VCLT 第 41 条（1）（b）以及授权条款第 3 段（a）和（b）的规定。目前仅有的减少贸易救济适用的 RTAs 不可能导致贸易救济在多边范围内的减少。

考虑到其有疑问的经济学基础，RTA 伙伴间取消反倾销措施的好处是明显的。然而此类取消的潜在问题是：会导致更多的对其他 WTO 成员的反倾销措施的实施以及第 24 条第 8 款内在的灵活性。但无论如何，就反倾销措施而言，RTA 伙伴有权对任一其他成员实施这些措施，只要其确保遵守了 GATT 第 24 条第 5 款和第 8 款，以及 VCLT 第 41 条（1）（b）。

结论

由于全球金融危机导致贸易保护主义的加强，反倾销措施的经济非理性理应得到 WTO 成员的更多关注。反倾销制度在 WTO 协定下长期被容忍，可能加剧多边贸易自由化所必须承受痛苦，但无论如何，反倾销措施的消除尚未提上 WTO 谈判者的日程，少数区域贸易协定在更长远的期间内为减少反倾销措施在 WTO 成员间的使用提供了一种模式，这与 WTO 规则和更广泛的国际公法相一致。区域贸易协定伙伴承诺相互间不实施反倾销，这种承诺代表着一种来自经济学视角的对现行 WTO 规则的改进，表明减少反倾销措施适用的实际的和政治的障碍并非不可逾越。

参考文献：

［1］刘彬 . GATT 第 24 条法律功能的法哲学反思［A］//武大国际法评论（总第 13 卷）. 武汉：武汉大学出版社，2010.

［2］林彩瑜 . WTO 贸易救济与争端解决之法律问题［M］. 台北：元照出版社，2006.

［3］李晓玲，陈雨松 . 区域贸易协定下的贸易救济制度研究——兼论对我国参与区域贸易协定谈判的政策建议［A］//武大国际法评论（总第 13 卷）. 武汉：武汉大学出版社，2010.

［4］ Joel Trachtman, Review of Joost Pauwelyn, Conflict of Norms in Public International Law: How WTO Law Relates to Other Rules of International Law ［J］. Asia Journal of International Law, 2004.

［5］ Gabrielle Marceau. Anti-Dumping and Antitrust Issues in Free-Trade Areas ［M］. Clarendon Press. Oxford, 1994.

［6］ James H. Mathis, Regional Trade Agreements and Domestic Regulation: What Reach for "Other Restrictive Regulations of Commerce"? ［A］ L. Bartels and F. Ortino (eds), Regional Trade Agreements and the WTO Legal System ［M］. Oxford: Oxford University Press, 2006.

［7］ Dukgeun Ahn. Foe or Friend of GATT Article XXIV: Diversity in Trade Remedy Rules ［J］. Journal of International Economic Law, 2008, 11 (1).

［8］ Dukgeun Ahn, Wonkyu Shin. Analysis of Anti-Dumping Use in Free Trade Agreements ［J］. Journal of World Trade, 2011, 45 (2).

司法确认制度之困惑与完善

——以徐汇法院人民调解协议司法确认实践为范本

胡琼天❶

摘要：2011 年，我国正式将人民调解协议的司法确认制度纳入程序正轨。徐汇法院在近年来的调解工作及司法确认实践中也不断探索、总结与进步。目前，就司法确认的制度架构而言，主要存在"共同申请"模式的固有局限、受案标的额仍待商榷、申请后不规范措辞的修改、审理与确认范围能否突破等问题。本文试图以探索新型申请模式、取消受案标的限制、允许申请人消除不明内容、严格把握司法确认范围等方式，推动现行司法确认制度的不断健全与完善。

关键词：调解协议 司法确认 完善

调解作为我国的传统型纠纷解决机制，在社会发展进程中发挥着不可替代的作用，其合意性、自愿性、自治性、灵活性和高效性等特征使其在民事纠纷领域一直占据着相当重要的地位。❷ 而人民调解也被称为化解矛盾纠纷的"第一道防线"，甚至被国际社会誉为"东方之花"。❸

2011 年 1 月 1 日，《中华人民共和国人民调解法》（以下简称《人民调解法》）正式施行。该法第 33 条第 1 款规定："经人民调解委员会调解达成调解协议后，双方当事人认为有必要的，可以自调解协议生效之日起 30 日内共同向人民法院申请司法确认，人民法院应当及时对调解协议进行审查，依法确认调解协议的效力。"这标志着我国正式将人民调解协议的司法确认制度纳入程序正轨。从创新社会治理方式来看，司法确认制度一方面克服了人民调解协议效力的固有局限，为人民调解发挥功效提供了坚实的保障，既

---

❶ 作者单位：上海市徐汇区人民法院。

❷ 潘剑锋. 论民事司法与调解关系的定位 [J]. 中外法学，2013（1）.

❸ 吴志明. 大调解——应对社会矛盾凸显的东方经验 [M]. 北京：法律出版社，2010：58.

节约了司法资源，还提高了司法效率；另一方面，它还延伸了法院原有的审判职能，推动司法机关以非审判方式积极参与社会治理，促使人民调解的规范化、专业化，开创了诉讼和非讼矛盾纠纷解决方式有机衔接的先河。

徐汇法院自 2010 年起即依托诉调对接中心下设的秦玲妹巡回调解工作室（以下简称秦玲妹工作室）积极探索人民调解协议的司法确认工作，以源头治理为出发点，整合各类社会资源，不断创新工作模式，实践司法为民理念。

一、司法确认案件受理的基本情况

徐汇法院在工作中不断探索和完善司法确认案件的工作模式，逐步形成了以秦玲妹工作室为主体、以专项纠纷司法确认为补充的工作模式，由秦玲妹工作室负责对各街道（镇）人民调解委员会调解的案件进行司法确认，由民一庭派法官对医疗纠纷调解协议的司法确认进行指导，由民五庭派法官对劳动争议调解协议的司法确认进行指导。

（一） 秦玲妹工作室司法确认的基本情况

2009 年 7 月最高人民法院发布《关于建立健全诉讼与非诉讼相衔接的矛盾纠纷解决机制的若干意见》（以下简称《若干意见》）后，徐汇法院即成立了以全国十大杰出法官秦玲妹命名的工作室，加强诉调对接工作，逐步形成了以"法院为主导，司法所为纽带，各街道（镇）及专业调解委员会为基础"的三级调解网络，以"快速反应、严格审查、加强释法、形式灵活"为特色，不断创新工作模式。

一是快速反应。对于司法确认案件，力争当天立案、当天结案。对于人民调解员在调解过程中遇到的疑惑，法官及时通过电话、传真、电子邮件等方式予以解答，必要时提供上门服务，现场指导人民调解。

二是严格审查。依据《中华人民共和国民事诉讼法》（以下简称《民事诉讼法》）、《人民调解法》、最高人民法院《关于人民调解协议司法确认程序的若干规定》（以下简称《若干规定》）、《上海法院关于民事调解协议司法确认程序的实施细则（试行）》（以下简称《实施细则》）等有关规定，严格审查每一份申请司法确认的民事调解协议，谨慎处理涉及继承、身体权、财产损害赔偿、离婚后财产分割等纠纷。

三是加强释法。对于人民调解协议中不符合法律规定的部分，及时向当事人进行法律释明，征询意见后进行调整、修改；向当事人解释司法确认的法律后果，敦促当事人及时履行调解协议的内容。

四是形式灵活。对于采用何种司法文书确认人民调解协议，工作室视具体情况，灵活采用确认决定书/民事裁定书确认或者民事调解书转化两种方式，既符合当事人的预期，又保护了人民调解员的工作积极性。在诉调对接工作开展的初期，由于人民调解协议的制作不甚规范，许多协议的条款不符合司法确认的要求，比如条款约定不具可执行性，常采用民事调解书的方式将人民调解协议的内容进行转化，赋予人民调解协议强制执行力。随着诉调对接程序的不断规范，逐步采取裁定书对人民调解协议进行司法确认。

截至 2013 年 12 月，秦玲妹工作室共对徐汇区下辖 13 个街道（镇）诉调对接工作站提交的 3864 份人民调解协议进行了司法审查，对其中 3354 起纠纷进行了司法确认。同时，直接参与调解疑难纠纷 881 起。（详见表 1）❶

表 1　徐汇法院秦玲妹工作室司法确认具体情况

时间		直接参与各社区调解疑难纠纷	对人民调解协议进行司法审查的数量	司法确认文书出具的数量		
				民事调解书	确认决定书	民事裁定书
2010	1—6 月	16	92	75	/	/
	7—12 月	37	573	426	/	/
2011	1-6 月	89	405	381	/	/
	7—12 月	148	480	468	4	/
2012	1—6 月	131	513	422	10	/
	7—12 月	142	561	461	25	/
2013	1—6 月	145	728	501	/	113
	7—12 月	173	512	406	/	62
合计		881	3864	3140	39	175

（二）　医疗纠纷调解协议司法确认的基本情况

徐汇法院所在辖区拥有一、二、三级和民营、部队等医院共 39 家，其中三级甲等医院 9 家。在医疗资源丰富的背景下，徐汇法院受理的各类医疗纠纷

---

❶　2011 年 3 月的《若干规定》及 2013 年 1 月 1 日新修订的《民事诉讼法》对司法确认的文书形式进行了明确规定，司法确认的文书形式经历了从确认决定书到民事裁定书的变化。同时，鉴于实践中有些案件因标的额过大或者协议内容无法直接采取司法确认的形式加以固定，工作室灵活转化为民事调解书。

始终居于全市基层法院前列。2011 年 7 月，徐汇法院与区医患纠纷人民调解委员会开展诉调对接，派驻 1 名法官到现场指导人民调解。仅 2011 年下半年，共化解纠纷 63 件，占同期医疗纠纷结案总数的 55.75%。考虑到医疗纠纷案件专业性强、标的大、矛盾集中等特点，徐汇法院民一庭专门指派一名法官人员指导医疗纠纷调解协议的司法确认工作。

截至 2013 年 12 月，徐汇法院共对 426 起医疗纠纷出具了确认决定书或民事裁定书。（详见图 1）由于前期工作到位，上述案件的自动履行率达 100%，无一例申请执行。

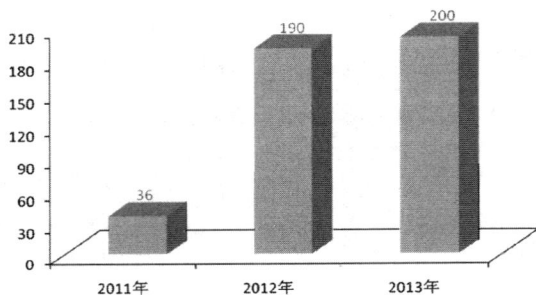

图 1　徐汇法院对医疗纠纷出具的确认决定书或民事裁定书数量

（三）　劳动争议调解协议司法确认的基本情况

近年来，徐汇区劳动争议数量呈逐年攀升趋势。尽管徐汇区劳动争议人民调解委员会成功化解了一些劳动争议，但徐汇法院在劳动争议案件受理中发现用人单位不履行调解协议的比例仍较高。同时，在劳动争议中，集团性案件所占比例不小。如果能够以司法确认的形式赋予调解协议执行力，不仅能更好地保护劳动者的切身利益，而且能够提高调解委员会的工作成效，节约司法资源。有鉴于此，徐汇法院与有关部门取得联系并提出了与劳动争议人民调解委员会诉调对接的想法，获得了相关部门的大力支持。2011 年 7 月，徐汇法院正式与劳动争议人民调解委员会建立诉调对接机制。

截至 2013 年 12 月，徐汇法院共对 697 起劳动争议出具了确认决定书或民事裁定书。（详见图 2）其中相当一部分劳动者通过司法确认形式，在未能按约获得给付时通过申请执行及时维护了自身权益，有效缓解了劳动争议诉讼的压力。

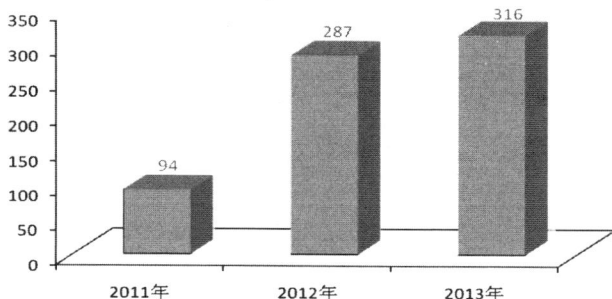

图 2　徐汇法院对劳动争议出具的确认决定书或民事裁定书数量

二、司法确认制度的设计罅隙

（一）　"共同申请" 模式的固有局限

《若干意见》明确了司法确认的申请模式，即由双方当事人以书面或口头的方式共同提出申请，或者一方提出另一方同意的。❶《人民调解法》在确认共同申请模式的基础上，还对申请的及时性作出了要求，即自调解协议生效之日起 30 日内提出申请。❷ 新修订的《民事诉讼法》也坚持了这种模式。❸

徐汇法院在司法确认实践中发现，共同申请模式存在固有缺陷。一些当事人在调解协议达成后既不执行协议内容，也不配合申请司法确认，待司法确认申请的时限一过，另一方当事人便不得不寻求其他救济方式。共同申请的要求变成了诉讼与非诉讼衔接之间一道难以跨越的鸿沟。共同申请的制度设计虽旨在鼓励当事人自觉履行，强调自愿、合意在调解中的核心地位和重要意义，提升了司法确认的申请门槛，减少了司法资源的浪费，却给义务人创造了滥用权利、拒绝履行的机会，使原本已取得的调解成果归于无效，削弱了人民调解协议司法确认的威慑力，久而久之更会对诉调对接机制的发展产生不利影响。

（二）　案件受理标的额仍待商榷

根据《实施细则》的规定，"具有债的给付或物权得失变更内容的民事调

---

❶　《若干意见》第 22 条第 1 款："当事人应当共同向有管辖权的人民法院以书面形式或者口头形式提出确认申请。一方当事人提出申请，另一方表示同意的，视为共同提出申请。……"

❷　《人民调解法》第 33 条第 1 款：经人民调解委员会调解达成调解协议后，双方当事人认为有必要的，可以自调解协议生效之日起 30 日内共同向人民法院申请司法确认，人民法院应当及时对调解协议进行审查，依法确认调解协议的效力。

❸　《民事诉讼法》第 194 条：申请司法确认调解协议，由双方当事人依照人民调解法等法律，自调解协议生效之日起 30 日内，共同向调解组织所在地基层人民法院提出。

解协议所涉标的额超 5 万元的调解协议确认申请，人民法院不予受理"。该规定旨在防范虚假诉讼，但是以 5 万元为分界线一刀切是否合理，仍需在实践中加以考量。这里以秦玲妹工作室曾对接过的一起因动迁引发的纠纷为例：

郝某与晁某系租客与房东关系。自 1993 年起，晁某将其私房出租给郝某使用，但未订立书面合同。嗣后，郝某在楼下开店做生意，楼上作为卧房使用。2012 年年初，晁某因该私房所在区域动迁为由，提出终止租赁关系，并要求郝某尽快搬离。郝某同意解除合同，但要求晁某支付 25 万元补偿款。双方因此发生争执，经居委、动迁公司、民警等多番协调，收效甚微。龙华街道人民调解委员会及时介入，并在秦玲妹工作室的沟通、指导下，最终消除了当事人的顾虑，化解了矛盾。郝某答应在限定期限内搬离租赁房屋，晁某将一次性支付其补偿款 63000 元。

这起案件最终未能以民事裁定书而是以民事调解书的形式作出司法确认，原因就在于本案的涉案标的额超过了 5 万元。从司法确认制度的贯彻执行来看，《实施细则》以标的额为界限划分个案是否适用司法确认略显生硬。同时，考虑到不同类型的纠纷所涉及标的额可能相去甚远，以一刀切的方式规定并不合适。

（三） 申请后不规范措辞的修改

2009 年《若干意见》实施后，以何种文书形式进行司法确认存在不确定性，各地法院做法不一，有"决定书""确认书"和"调解书"等形式。❶ 2011 年《若干规定》出台后，基本确定了以"决定书"的形式进行司法确认。2013 年《民事诉讼法》经修订后，明确以"裁定书"的形式进行司法确认。至此，人民调解协议司法确认后所采用的法律文书形式得以明确。但在实践运用中，部分人民调解协议本身存在表述不规范等问题，导致人民调解协议不具有可执行性。根据《若干规定》第 7 条第 （5）项规定，对于内容不明确导致无法确认的调解协议，人民法院不予确认其效力。为避免退回申请的发生，是否可以对这部分表述进行非实质性修改后，再以民事裁定书的形式进行司法确认？如果不能修改，是否可以允许以民事调解书的形式进行司法确认？对于这些问题，都没有明确的法律规定。

（四） 审理与确认范围能否突破

根据《若干规定》第 4 条第 2 款第 （1）项规定，"不属于人民法院受理民

---

❶ 浙江省高级人民法院联合课题组. 关于人民调解协议司法确认的调研 ［J］. 人民司法，2010 （23）.

事案件的范围或者不属于接受申请的人民法院管辖的",人民法院不予确认。从该规定的含义来看,人民法院的审理范围和司法确认的范围应当保持一致,但在劳动争议的司法确认实践中遇到了特例。

根据最高人民法院《关于审理劳动争议案件适用法律若干问题的解释(三)》第 1 条规定:"劳动者以用人单位未为其办理社会保险手续,且社会保险经办机构不能补办导致其无法享受社会保险待遇为由,要求用人单位赔偿损失而发生争议的,人民法院应予受理。"换言之,因用人单位欠缴、拒缴或因缴费年限、缴费基数等发生的争议,系征收与缴纳之间的纠纷,属于行政管理的范围,应由社保管理部门解决,不纳入法院受理范围。因此,涉及社会保险费的案件不属于司法确认的受案范围。笔者了解到,徐汇法院曾遇到当事人因社会保险费的补缴未能得到妥善处理而致矛盾激化,进而多次信访的情况。最后,经相关部门协商和主要领导批示后,徐汇法院对此案特事特办,由法官介入指导调解,经社保部门认可缴费基数、金额后,对劳动者与用人单位达成的调解协议进行司法确认。这种司法确认范围对审理范围的突破是否合理、能否普适化值得深思。

三、司法确认制度的优化对策

(一) 探索新型司法确认申请模式

徐汇法院在近年的司法实践中,在严格按照法律法规开展司法确认工作的同时,探索出一些便民利民的做法。

1. 移送审查模式

自愿性是调解协议有效成立的基础。从形式审查的角度来看,现行法律规定中关于司法确认的"共同申请"以及承诺书的提供等要求,本质上都是为了确保调解协议签署的自愿性和真实性。实践中,调解的整个过程是在人民调解、行政调解或者行业调解组织等调解机构的参与、指导和监督下完成的,能够在一定程度上保证调解活动的公正性、公平性和真实性。因此,对于那些符合司法确认范围的案件,由调解机构移送审查的模式既能防范因当事人滥用共同申请权利而造成司法确认无法进行的情况,又能强化人民调解组织的调解成效。

根据《若干规定》第 3 条的规定,"当事人委托他人代为申请的,必须向人民法院提交由委托人签名或者盖章的授权委托书"。在与徐汇区 13 个街镇诉调对接工作站及妇联、老龄委、消调委、房调委、医调委、动迁调委会等专业性、行业性调解组织建立诉讼调解与人民调解衔接机制的基础上，秦玲妹工作室在司法确认的实践中大胆创新，灵活运用委托形式，探索由当事人分别委托调解委员会的不同调解员代为申请司法确认的模式。通过这种方式，一方面避免了当事人因各种原因耽误司法确认申请的发生，另一方面极大地调动了调解员的积极性，用看得到的数据肯定了调解工作成果。

2. 单方申请模式

从程序设计上来说，司法确认单方申请模式可以参照适用《民事诉讼法》中关于督促程序的规定。具体而言，一方当事人可持调解协议向具有管辖权的基层人民法院申请司法确认，人民法院经形式审查后，应当在规定审限内予以确认并书面告知相对人。相对人若认为调解协议存在无效或可撤销情形的，可以在收到裁定书之日起一定期限内向作出该民事裁定书的法院直接起诉。

若案外人认为法院确认的调解协议侵害自身合法权益的，可依据《若干规定》第 10 条规定，自知道或者应当知道权益被侵害之日起 1 年内申请原审法院撤销确认决定。

（二） 取消司法确认受案标的限制

从上海高院限制司法确认受案标的的用意来看，尽管有防范虚假诉讼的考量，但以标的额为界限划分个案是否适用司法确认申请仍略显生硬。在医疗纠纷司法确认的实践中，已普遍存在对超过 5 万元标的人民调解协议进行司法确认的案例。同时，根据《上海市人民政府关于开展医患纠纷人民调解工作的若干意见》规定，对于赔付金额在 20 万元以上的调解协议，当事人必须依法向人民法院申请司法确认。因此，这一地方规章就突破了上海高院对受案标的的限制。笔者建议上海高院取消司法确认受案标的限额规定。若出于防范虚假诉讼等其他考虑，而必须要为司法确认案件的标的加以限制，建议上海高院应充分考虑不同类型案件给予相应区分。比如，医疗纠纷类案件的标的限额可以适当高于财产损害赔偿、身体权纠纷等案件的标的额。

（三） 允许申请人消除不明内容

为更好地服务群众，避免因退回申请而增加讼累，建议对因部分表述不规范导致协议内容不明确的情况，考虑赋予申请人消除不明内容的机会。在这方面，《德国调解法（政府草案）》的规定值得参考。根据该法规定，"在宣告调解协议的执行力存在障碍时，法院应当为双方当事人指定消除障碍的期间；在当事人同意的前提下，法院还可在裁判中为强制执行创设必要的明确性"。徐汇法院秦玲妹工作室也在近年的司法确认实践中作出一定的探索和创新。在诉调对接工作开展初期，由于人民调解协议的制作不甚规范，许多协议的条款不符合司法确认的要求，往往在征得申请人的同意不改变调解协议原意和实质内容的情况下，采用民事调解书的方式将人民调解协议的内容进行转化，赋予其强制执行力。经过两年的社区巡访，诉调对接程序不断规范，人民调解员的业务能力不断提升，以民事裁定书形式对人民调解协议进行司法确认的数量也逐年上升。

（四）严格把握司法确认范围

实践中，人民调解所涉及的范围远比法院民事受案范围宽泛，当人民调解协议的内容超越民事受案范围时，应当予以排除。如前文所述之社保费确认案例，有法官认为劳动者与用人单位之间就社会保险费欠缴、补缴等达成的调解协议包括对一方当事人明确的给付内容，具有可执行性。如果因为该协议不具有强制执行力，而另一方当事人又发生反悔违约的情形时，按照现行规定，只能通过劳动仲裁和诉讼解决，不仅增加了当事人的负担，容易激化矛盾，更是对司法资源的一种浪费，也是对劳动争议调解员积极性的打击。也有学者认为，可以通过司法确认的案件应该属于法院的民事主管范围之内，否则，法院的司法审查就缺乏根据，司法确认书作为具有执行力的形式要件也就不复存在。❶ 笔者认为，在人民调解尚不具备专业化特征的大环境中，个案的突破不足以支撑司法确认范围超越民事审理范围的论点。未来司法确认范围能否突破、如何突破、案件类型如何界定、标准如何把握等问题都有待进一步研究，以对司法确认实践形成指导性意见。

参考文献：

［1］潘剑锋．论民事司法与调解关系的定位［J］．中外法学，2013（1）．

［2］吴志明．大调解——应对社会矛盾凸显的东方经验［M］．北京：法律出版社，2010.

［3］浙江省高级人民法院联合课题组．关于人民调解协议司法确认的调研［J］．人民司法，2010（23）．

［4］潘剑锋．论司法确认［J］．中国法学，2011（3）．

---

❶ 潘剑锋．论司法确认［J］．中国法学，2011（3）．

物权法框架内解决房地产历史遗留问题的探索

——兼论最高人民法院《关于房地产案件受理问题的通知》第 3 条

李　翔❶

摘要： 我国主张物权法定原则，无论法院是否受理涉及历史遗留问题的不动产纠纷，其物权归属状态都是客观且明确的，涉及历史遗留问题的不动产物权取得方式是原始取得，且无须登记即具物权效力。当历史遗留问题不动产的物之所属状态得以明确，以物权处分为对价的负担就变得清晰可辨，传统民法中的理论就有了适用空间。法律体系这一法官化解纠纷的强大武器就得以发挥作用，当权利在法律体系下存在救济的途径，则纠纷的洪水便可以被妥善地导引，并在诉与辩的过程中得到解决。本文从"物权法定"出发，通过梳理不动产物权的确定方式，提出将最高人民法院法发〔1992〕38 号《关于房地产案件受理问题的通知》（以下简称《通知》）规定的纠纷情形纳入《中华人民共和国物权法》（以下简称《物权法》）第 28 条的调整范围，从而为此类型纠纷的解决提供逻辑指引。

关键词： 房地产纠纷　房地产案件受理　历史遗留　物权法定

最高人民法院法发〔1992〕38 号《通知》第 3 条规定："凡不符合民事诉讼法、行政诉讼法有关起诉条件的属于历史遗留的落实政策性质的房地产纠纷，因行政指令而调整划拨、机构撤并分合等引起的房地产纠纷，因单位内部建房、分房等而引起的占房、腾房等房地产纠纷，均不属于人民法院主管工作的范围，当事人为此而提起的诉讼，人民法院应依法不予受理或驳回起诉，可告知其找有关部门申请解决。"该《通知》规定了"历史遗留问题"的不可争诉性，在适用过程中产生了一些争议，但经过 22 年，在高位阶的《物权法》颁布后，《通知》仍然有效。因此，厘清涉及"历史遗留问题"不动产在《物权法》框架内的位置，规范《通知》的适用，对进一步在制度框架内探索定纷

---

❶　作者单位：上海市徐汇区人民法院。

止争的方式、增强判决文书的说服力具有重要作用。

一、司法实践中发现的问题

2006 年 1 月 1 日至 2014 年 6 月 20 日期间，可被检索到的援引《通知》第
3 条的裁判文书共有 151 篇，其中大部分对《通知》的适用持以下两种观点。

**（一）涉及 "历史遗留问题" 的不动产所有权状态无法判断，故
"不予受理"**

采取这种处理方式的判决理由为：涉及"历史遗留问题"的不动产，特别
是基于"落实政策"而存在的"房改房"，不动产所有权往往具有强烈的身份
属性，是对特殊行业人群进行的一种福利补贴，具有政策性、福利性、局限
性、排他性的特点，有别于普通民事法律关系。在取得这类不动产时，现金出
资只占很小的比例，福利补贴等非现金利益往往无法体现在不动产产权证上。
因此，在纠纷产生时，如果仅仅从购买者的出资角度认定房屋所有权有失公
允。同理，在婚姻关系中，将其依法认定为夫妻共同财产也会触碰该隐含利
益。此类不动产处于一种所有权不明的状态，法院无法受理，因此，援引《通
知》裁定"不予受理"为宜。

案例 1：刘某诉庞某无权处分案❶

刘某与庞某系夫妻，1991 年，刘某与庞某以夫妻共同财产出资参与庞某所
在单位集资建房，房屋建成后以大产权证的形式登记在庞某所在单位名下。
2008 年房改登记时，庞某未经刘某同意，将房屋赠与知情第三人，并在房改登
记时以第三人为所有权人直接办理了房产登记。刘某不服，提起行政诉讼，要
求房产管理部门撤销涉案房屋房产证，刘某诉请得到一审法院支持。二审法院
援引《通知》第 3 条裁定驳回起诉。刘某提起民事诉讼，一、二审法院以同样
理由驳回。此类案件的核心是将《通知》第 3 条中的"不予受理"视作所有权
归属状态不明，且认为法院无权对所有权归属作出判断。

案件中回避物之所有状态这一事实，必然导致后续纠纷的处理丧失判断前
提，进而导致"历史遗留问题"适用的扩大化。

---

❶ 河南省安阳市文峰区人民法院（2009）文民一初字第 734 号，河南省安阳市文峰区人民法院
（2009）文行初字第 23 号，河南省安阳市中级人民法院（2010）安行终字第 70 号，河南省高级人民法
院（2013）豫法行申字第 72 号，河南省安阳市文峰区法院（2014）文民立字第 1 号，河南省安阳市中
级人民法院（2014）安中民立终字第 40 号。

案例 2：许某诉某市妇幼保健院房屋拆迁安置补偿合同纠纷案❶

许某系某市妇幼保健院（以下简称保健院）职工，双方签订《拆迁补偿协议》后，许某房屋被拆除，保健院未支付拆迁补偿。许某依协议提起违约之诉，要求保健院支付拆迁款。裁判法院认为："原被告间的房屋拆迁安置补偿合同纠纷即属历史遗留的落实政策性质的房地产纠纷和因单位内部建房、分房等而引起的占房、腾房等房地产纠纷，不属于法院主管工作的范围，故原告提起的诉讼，应予驳回。"

此类案件的裁判依据：历史遗留问题不动产所有权状态不明，故所涉合同是否违约也无法判断，因此，历史遗留问题的债权纠纷也应适用《通知》第 3 条，不予受理。

上述观点认为，所有权不明的，不动产处分权也不明，其后续转卖行为缺乏权利基础，当属无效，因此，"历史遗留问题"不动产再度流通行为的合法性无从判断。须知，物之所有的状态是事实，且无法借口"不予受理"而忽略。

（二） 认为 《通知》 只在行政案件中适用❷

由于《通知》的适用范围存在扩大化倾向，许多法院都在积极探索解决方式。其中，《沈阳市中级人民法院关于审理房地产案件若干问题的处理意见（之一）》（以下简称《处理意见》）规定："单位内部分房过程中发生权属纠纷的受理问题依照最高人民法院法发〔1992〕38 号《关于房地产案件受理问题的通知》……审查单位与职工之间的房产纠纷是否属于人民法院受理范围，不能机械地适用这一司法解释，应审查纠纷双方是否属于平等主体，如果是平等主体间的纠纷，法院应予受理。例如，单位与职工之间的房屋租赁纠纷以及单位分配的住房房改后，职工依法取得了房屋所有权，因其他职工占房引起的纠纷等等，均属于平等主体之间的权属纠纷，人民法院应当依法受理。"《处理意见》在《通知》适用问题上相较之前有很大的进步，但仍然存在两个问题：

一是用"平等主体"的概念排除了所有民事关系的适用，而仔细研读《通知》中的表述，应只对"不符合"民事诉讼起诉条件的案件适用。因此，《处理意见》缩小了《通知》的适用范围，是违反上位法的。二是《处理意见》并未解决问题 1 中《通知》适用上存在的困境。为了解决问题，有必要理顺《通知》在物权制度框架中的位置，并在物权制度的框架内探索纠纷解决方式。

---

❶ 河南省新乡市红旗区人民法院（2011）红民一初字第 723 号。
❷ 《沈阳市中级人民法院关于审理房地产案件若干问题的处理意见（之一）》。

二、房地产历史遗留问题在物权法框架内的地位

（一） "历史遗留问题" 不动产的物权取得方式

在我国《物权法》框架内，不动产物权的取得方式有原始取得和继受取得两种，其中原始取得包括合法建造、法定继承，以及依行政或司法文书（法令行为）取得等，涉及平等或非平等主体。继受取得包括买卖、赠与、遗嘱继承等。其中，依行政或司法文书（法令行为）取得和继承（包括法定继承和遗嘱继承）取得，其物权之取得无须登记。

《通知》第 3 条所述之"历史遗留问题"是由"落实政策、行政指令而调整划拨、机构撤并分合、因单位内部建房、分房等而引起"，其中，内部建房是合法建造行为，但由于此类建房一定是基于行政决定或命令，所以涉及"历史遗留问题"的不动产纠纷的共同特征是基于法令行为而引起，可见，涉及历史遗留问题的不动产物权取得方式是原始取得，且无须登记即具物权效力。因此，《通知》是用"历史遗留问题"的描述划分了一种特殊的基于法令行为的物权取得方式，并明确人民法院对基于此种特殊的物权取得方式的效力不予质疑（不予受理）。

（二） "物权法定" 框架下的历史遗留问题不动产物权

我国主张物权法定原则，不动产物权的产生、变更和消灭方式及存续状态只能由法律规定。[●] 具体而言，"物权的种类、内容、效力及公示方法由法律规定，原则上不能由法律之外的规范性文件进行规定，也不能允许当事人自由创设物权的种类，以及确定物权的内容、效力和公示方法"[❷]。《物权法》并未规定不动产物权取得以法院具有判断权为前提，最高人民法院的《通知》不能成为物权创设、变更和效力的指引，其只具有程序法意义，不具备对物权内容作出规定的效力。因此，无论法院是否受理涉及历史遗留问题的不动产纠纷，其物权归属状态都是客观且明确的，不会因为涉及历史遗留问题就变得模棱两可。分房决定一经作出，不动产物权已经依法确定且所有权人明确在后续所有权变动时，物权流转归属不得含混，只是当归属涉及历史遗留时，不得进行司法再判断而已。

学理上，在物权与债权是否独立及独立程度等问题上存在很多观点，但在

● ［德］鲍尔·施蒂尔纳. 德国物权法（上册）［M］. 张双根，译. 北京：法律出版社，2004：15.
❷ 王利明. 物权法定原则［J］. 北方法学，2007（1）.

司法实践中，物债关系的相对独立已经越来越被广泛接受，而清晰的物权是物债独立或相对独立❶的基础。在解决历史遗留问题上，明晰的物权具备天然的纠纷化解优势。当历史遗留问题不动产的物之所属状态得以明确，以物权处分为对价的负担就变得清晰可辨，此时，即便在历史遗留问题不动产物权初次被获得时，传统民法中的共有理论和"军人复员费和自主择业费"就有了适用或参照适用的空间。法律体系这一法官化解纠纷的强大武器就得以发挥作用，当权利在法律体系下存在救济的途径，则纠纷的洪水便可以被妥善导引，并在诉与辩的过程中得到解决。

三、物权语境下历史遗留问题的解决

（一） 案例1——刘某诉庞某无权处分案分析

刘某诉庞某无权处分案中涉及如下法律关系：

1. 庞某单位集资建房行为。该行为是物之建造，是物权的原始取得，所有权人为庞某单位。如此时针对该不动产物权提出物权确认之诉，则应适用《通知》之规定，不予受理。

2. 庞某单位的分房行为。此系法令行为，是物权的原始取得，受《通知》调整，法院不应受理，但应注意，在分房决定作出之时，不动产物权已经转移给庞某夫妻共同所有，在不动产变更登记前，庞某单位不再享有该不动产物权，但有义务协助庞某夫妻办理过户登记，且无民事关系审查义务。❷ 如此时针对该不动产物权提出物权确认之诉，则应适用《通知》之规定，不予受理。

3. 庞某私自将涉案不动产赠与第三人属于无权处分，庞某在房改登记时以第三人为所有权人直接办理房产登记的情形属于指示交付，第三人继受取得不动产物权行为由于处分人欠缺处分权而无效，且不属于涉及历史遗留问题的不动产纠纷，不受《通知》调整，法院应当受理。

（二） 案例2——许某诉某市妇幼保健院房屋拆迁安置补偿合同纠纷案分析

该案件标的为合同权利义务关系，应予受理，但对涉案负担行为进行判断时，涉案不动产物权因拆迁决定而产生的所有权变更应作为客观事实予以认定。

---

❶ ［德］K. 茨威格特，H. 克茨. 抽象物权契约理论——德意志法系的特征 ［J］. 孙宪忠，译. 外国法译评，1995（2）.

❷ Dr. Joachim Kuntze/Dr. Hans Herrmann usw.：GRUNDBUCHERCHT, seite 112.

四、历史遗留问题物权法框架地位的现实意义

（一）慎用 "不予受理"，妥善化解纠纷

以"不予受理"方式处理纠纷看似简单快捷，实质上对纠纷解决毫无助益。在人民群众看来，"不予受理"常常是对试图通过合法途径解决纠纷愿望的当头棒喝，在心理上会瞬间造成对司法机关的不信任，产生畏难情绪、对抗情绪等。群众眼中的"不予受理"常常与"不愿受理""不敢受理"同义，而其真正含义——"不符合起诉程序"很少有人知晓。

不动产历史遗留问题本身并未超出司法审判权的范畴，只是按照程序，以法定方式明晰物权的规范演绎，在其基础上产生的纠纷与其他纠纷并无实质差别。但当"不予受理"与"历史遗留问题"结合之后会产生过大的想象空间，并使人民法院失去对纠纷化解的引导功能，进一步激化纠纷，损害司法公信力。

（二）明晰适用条件，减少纠纷化解对诉讼技巧的依赖

笔者接触的累诉和涉诉信访案件中，主诉一方通常同时具备以下两个特点：第一，表达能力相对薄弱；第二，在纠纷解决初期缺乏专业指引，或因代理人素质原因误入诉讼歧途。

例如，在案例1——刘某诉庞某无权处分案中，刘某代理律师误以为庞某要求其所在单位直接将涉诉不动产过户给第三人的行为中，权利义务双方为庞某单位和第三人，因此属于行政诉讼，从此令刘某陷入歧途。事实上，房改之后，庞某单位对涉诉房屋已经丧失所有，应庞某要求直接向第三人过户属于对庞某指示交付行为的辅助，本身并不是物权处分行为主体。而二审法官亦未正确理解《通知》第3条之含义，致使刘某层层碰壁。

但是，让每一名群众明晰制度框架下的法律关系内容再提起诉讼是不现实的，在群众同时缺乏表达能力时，要求法官在纷繁的法律关系中不出纰漏也过于苛责。于是，明晰制度含义、规范法律适用可以有效地减轻法官工作负担，只有审慎地对待案件中的法律关系，将看似游离在制度框架之外的特殊规定纳入制度体系，才能为法官适用规则提供明确具体的指引，才能使"让人民群众在每一个司法案件中都感受到公平正义"这一"核心价值和终极目标"与"让胜诉者当然胜诉"这一理想得以贴近。

（三）维护司法权威，增强法官审判独立性

无论司法"拒绝判断"的本意如何，"不予受理"都在客观上赋予了上述

非传统纠纷解决机构判断的可能，特别是"历史遗留问题"和"不予受理"同时结合并被错误运用之后，群众对司法的信心将受到严重打击，司法在群众主观上的权威性动摇不仅关系到个案的审理，还会影响到整个社会对司法体制的质疑，司法权威将受到不必要的影响。

此外，明确《通知》第 3 条适用条件将减少裁判者受到外界因素"干扰"而被迫适用《通知》的可能。笔者通过检索得知，仅自 2006 年 1 月 1 日始，截至 2014 年 7 月 1 日，网上已经公开的援引《通知》的裁判文书共计 151 篇（不包括案例 1 所涉文书），其中 99 篇出自案例 1 所在的省，且法律关系简单。可见，将程序意义上的"不予受理"作为"不愿受理"的替代已经形成默契。

明确的法律适用条件不仅是裁判者解决纠纷的"武器"，更是保护裁判者审判独立性的"盾牌"，在审判独立性面临干扰时，明确的、不容妥协的规则往往具有重要的安全保障意义。因此，将细碎的制度纳入法理学框架并明晰适用是科学地维护司法权威、增强法官审判独立性的重要途径之一。

参考文献：

［1］ 王利明. 物权法定原则［J］. 北方法学，2007（1）.

［2］ ［德］鲍尔·施蒂尔纳. 德国物权法（上册）　［M］. 张双根，译. 北京：法律出版社，2004.

［3］ ［德］K. 茨威格特，H. 克茨. 抽象物权契约理论——德意志法系的特征［J］. 孙宪忠，译. 外国法译评，1995（2）.

［5］ 河南省安阳市文峰区人民法院（2009）文民一初字第 734 号［S］.

［6］ 河南省安阳市文峰区人民法院（2009）文行初字第 23 号［S］.

［7］ 河南省安阳市中级人民法院（2010）安行终字第 70 号［S］.

［8］ 河南省高级人民法院（2013）豫法行申字第 72 号［S］.

［9］ 河南省安阳市文峰区法院（2014）文民立字第 1 号［S］.

［10］ 河南省安阳市中级人民法院（2014）安中民立终字第 40 号［S］.

［11］ 河南省新乡市红旗区人民法院（2011）红民一初字第 723 号［S］.

［12］ Dr. Joachim Kuntze／Dr. Hans Herrmann usw.：GRUNDBUCHERCHT, seite 112.

《劳动合同法》第 39 条语境下劳动合同瑕疵解除效力分析

戚垠川❶

摘要：《中华人民共和国劳动合同法》（以下简称《劳动合同法》）第 39 条规定了用人单位可以单方解除劳动合同的 6 种情形，但在实践中，劳动者行为符合单方解除劳动合同的形式要件，却由于用人单位存在一定过错，导致其解除行为存在瑕疵。在该种情况下，如何认定解除行为的效力存在较大争议。本文以此为切入点，在《劳动合同法》第 39 条语境下，从程序、实体两方面就劳动合同瑕疵解除的效力问题进行探讨，以期为司法实践中审理该类案件提供有益借鉴。

关键词：劳动合同　瑕疵解除　效力

一、劳动合同瑕疵解除概述

（一）劳动合同瑕疵解除相关概念及类型

根据《劳动合同法》规定，劳动合同单方解除有 5 种形式：

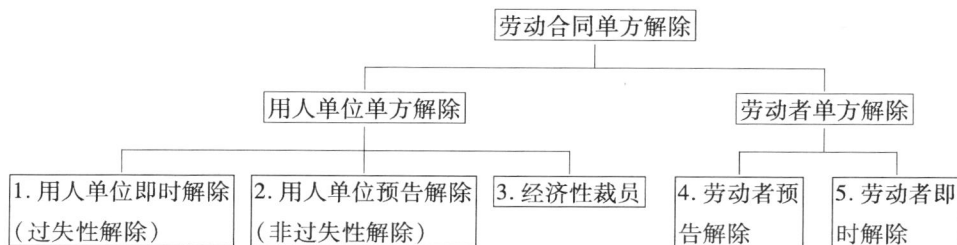

```
                    劳动合同单方解除
          ┌──────────────┴──────────────┐
      用人单位单方解除                劳动者单方解除
    ┌──────┼──────┐              ┌──────┴──────┐
1.用人单位即时解除  2.用人单位预告解除  3.经济性裁员  4.劳动者预  5.劳动者即
（过失性解除）    （非过失性解除）            告解除      时解除
```

基于倾斜保护原则，《劳动合同法》对用人单位单方解除限制较为严格，在实践中争议也较大，特别是在用人单位即时解除劳动合同情形下，由于涉及

---

❶　作者单位：上海市徐汇区人民法院。

程序及实体问题，往往成为劳动争议案件审理的重点与难点。

　　不同于用人单位预告解除劳动合同❶，用人单位即时解除劳动合同是指"在劳动者存在一定过错的情况下，用人单位无须向劳动者预告就可以单方面解除劳动合同的行为"❷，主要体现在《劳动合同法》第 39 条❸，严格限定在 6 种情形中。但在实践中，劳动者行为符合即时解除劳动合同的形式要件，却由于用人单位存在一定过错，导致其解除行为存在瑕疵，往往引发劳动合同解除是否有效的争议。

　　我国劳动法对瑕疵解除并未有明确定义，根据通常理解，所谓瑕疵解除，是指用人单位在解除劳动者劳动合同中存在过失或者缺陷，对劳动合同解除的效力产生不利影响，既包括程序上的瑕疵，也包括实体上的瑕疵。具体而言，在用人单位即时解除劳动合同情形下，这主要包括以下 5 种：程序性瑕疵，体现为解除劳动合同未通知工会、解除劳动合同未告知劳动者；实体性瑕疵，体现为用人单位授权劳动者从事违规行为、用人单位默许劳动者从事规章制度禁止的行为、用人单位因监管失职未及时处理劳动者违规行为。

（二）　劳动合同瑕疵解除的现实意义

　　我国《劳动合同法》采取了倾斜保护的立法原则，具体到劳动合同单方解除上，主要体现为："用人单位既要具备法定解除的条件，又要符合法定解除的程序方可解除劳动合同；而劳动者一般只要符合法定程序就可以解除劳动合同。"❹ 例如，《劳动合同法》第 39～43 条、第 46～48 条都是对用人单位单方解除劳动合同的规定或限制，其中第 39～40 条规定了用人单位可单方解除的 9 种情形，第 42 条则从相反方面规定了禁止解除的 6 种情形，第 41 条对经济性裁员的条件和程序作出了规定，第 43 条又规定了工会在解雇中的监督职权。相反，在劳动者单方解除劳动合同方面，则通过第 37～38 条对预告解除的通知时间和形式作出规定，以及对劳动者即时解除的条件进行限制，但主要还是

---

　　❶ 用人单位预告解除劳动合同，是指劳动合同的解除不是因为劳动者的过错，而是由于一些特殊情况的发生，使双方的劳动合同无法履行，用人单位单方解除劳动合同，主要体现在《劳动合同法》第 40 条。

　　❷ 董保华. 十大热点事件透视劳动合同法 ［M］. 北京：法律出版社，2007：342.

　　❸ 《劳动合同法》第 39 条规定："劳动者有下列情形之一的，用人单位可以解除劳动合同：（一）在试用期间被证明不符合录用条件的；（二）严重违反用人单位的规章制度的；（三）严重失职，营私舞弊，给用人单位造成重大损害的；（四）劳动者同时与其他用人单位建立劳动关系，对完成本单位的工作任务造成严重影响，或者经用人单位提出，拒不改正的；（五）因本法第二十六条第一款第一项规定的情形致使劳动合同无效的；（六）被依法追究刑事责任的。"

　　❹ 赵萌. 劳动合同单方解除制度研究 ［D］. 上海：复旦大学，2008：9.

赋予劳动者辞职权。❶ 二者相比较，对劳动者的倾斜保护意图非常明显。

但这种倾斜保护并不意味着对劳动者的过度保护，立法同时兼顾了用人单位的合法利益，保障其合理行使用工管理权，只要劳动者的行为符合《劳动合同法》第 39 条规定的 6 种情形，用人单位就可立即解除而无须支付赔偿金。但由于我国立法缺陷，其并未在制度上保证劳动者在该种情形下的知情权、申辩权及要求听证的权利，也没有考虑到实践中用人单位在解除过程中可能存在过错的情形，而是采取一刀切做法，导致劳动者合法权益受到侵害。

基于此原因，为了实现劳动者权益保障与用人单位利益保护的动态平衡，必须对用人单位即时解除劳动合同的情形进行全面考量，就劳动合同瑕疵解除的效力进行具体分析，针对不同情形作出不同法律评价，既达到保护劳动者利益的初衷，又不对用人单位利益形成过分限制。

二、劳动合同瑕疵解除类型化分析

（一） 劳动合同解除程序性瑕疵

1. 解除劳动合同未通知工会

《劳动合同法》第 43 条规定"用人单位单方解除劳动合同，应当事先将理由通知工会"，但并未规定相应法律责任，实践中，"很多劳动者或者司法部门并没有给予充分的重视，在劳动者维护自己权利或在司法部门依法处理案件的过程中，都忽略了这个至关重要的问题，导致案件处理结果对劳动者显失公平，也丧失了程序的正义"❷。而针对解除劳动合同未通知工会的情形，理论界也存在两种不同观点：第一种观点认为将之一概认定为违法；第二种观点认为如果实体上解除合法，只要补正程序即可，如果实体上解除违法，就直接认定为违法。❸ 最后，最高人民法院综合采纳了这两种意见，在《关于审理劳动争议案件适用法律若干问题的解释（四）》第 12 条明确规定："建立了工会组织的用人单位解除劳动合同符合劳动合同法第三十九条、第四十条规定，但未按照劳动合同法第四十三条规定事先通知工会，劳动者以用人单位违法解除劳动合同为由请求用人单位支付赔偿金的，人民法院应予支持，但起诉前用人单位已经补正有关程序的除外。"可见，在该种情形下，用人单位在即时解除劳动

---

❶ 赵萌. 劳动合同单方解除制度研究 [D]. 上海：复旦大学，2008：45.
❷ 王林清. 劳动争议裁诉标准与规范 [M]. 北京：人民法院出版社，2014：405.
❸ 奚晓明. 最高人民法院劳动争议司法解释（四）理解与适用 [M]. 北京：人民法院出版社，2013：230.

合同过程中如果存在程序瑕疵，法律给予其补正机会，"在仲裁处理阶段至起诉前都可以允许单位补正"❶，但用人单位如果拒不履行该程序，则应承担不利后果。

2. 解除劳动合同未告知劳动者

案例：甲系某物业公司保安，公司因故给甲调岗，但甲认为公司已解除其劳动合同，未至新地点上班。一个月后，公司以甲自行离职为由为其办理退工手续，但未告知甲，后甲以违法解除为由提起诉讼。

用人单位即时解除劳动合同是一种较为严厉的解雇行为，法律为了平衡劳动者和用人单位的合法权益，充分保证劳动者的知情权，"从解除程序上看，解除虽然可以不必提前通知，但作出解除时仍要通知劳动者本人，并办理相应的退工、社会保险转移手续"❷，由此可见，解除劳动合同必须通知劳动者本人。该案二审法院以物业公司未告知劳动者解除劳动合同理由为由，判决其支付赔偿金。因此，在该种情形下，如果用人单位未告知劳动者解除劳动合同的，法律将直接对其作出否定性评价，较为严格。同样，实践中用人单位经常在其规则制度中规定"劳动者旷工一定时间，视为自动离职"，但如果最终未告知劳动者也是违法的。

（二） 劳动合同解除实体性瑕疵

1. 用人单位授权劳动者从事违规行为

案例：乙在某食品公司从事食品包装工作，根据相关规定，超过一定期限的冷冻食品不得流入市场，但乙根据上级领导指示，将超过一定期限的食品再次包装并使之流入市场，后该行为被媒体曝光，该食品公司以严重违纪为由解除与乙的劳动合同，乙遂以公司授权行为为由提起诉讼，要求公司支付违法解除劳动合同赔偿金。

劳动者行为符合《劳动合同法》第 39 条第 2 ~ 3 款规定的，用人单位有权行使即时解除劳动合同权。但劳动关系不同于其他关系，劳动者对用人单位具有较强人身依附性，受用人单位管理、指挥，天然处于弱势地位，面对用人单位的用工管理，劳动者议价能力较低，除非用人单位违规情节达到《劳动合同法》第 38 条规定的劳动者可即时解除劳动合同的程度，否则一般不能拒不执行。因此，用人单位授权劳动者从事违规行为，其主观恶性明显大于劳动者，

---

❶ 王林清，杨心忠. 劳动合同纠纷裁判就要与规则适用［M］. 北京：北京大学出版社，2014：171.

❷ 王林清. 劳动争议裁诉标准与规范［M］. 北京：人民法院出版社，2014：356.

用人单位应承担主要责任，而不应将不利后果全部转嫁至劳动者，其解除劳动合同行为应当被认定为违法；但在该情形下，劳动者应承担较重的举证责任，应当证明用人单位有明确授权，否则劳动者就须承担不利后果。

另外，在该种情形下，劳动法对劳动者的倾斜保护并不是绝对的，如果劳动者的行为受到其他法律的否定性评价，其主观恶性已明显超过必要保护限度，触犯法律的禁止性规定，根据"枪口往上一厘米"案例❶所衍生的法律原则，劳动者关于用人单位授权的抗辩理由不成立，必须承担不利后果，解除劳动合同行为合法。

2. 用人单位默许劳动者从事规章制度禁止行为

案例：丙于 2010 年起担任某医药公司销售人员，受 2013 年制药业巨头葛兰素史克集团在华高管商业贿赂案影响，医药行业为防范风险，纷纷加强自身监管，该医药公司在内控核查中发现丙等销售人员存在违规报销行为，遂解除劳动合同。丙认为公司自 2010 年起从未对其报销提出异议且都审核通过，其他销售人员也均按此方式进行报销，公司系违法解除，遂提起诉讼。

劳动者严重违反用人单位规章制度，属于典型的用人单位即时解除劳动合同的情形，但若用人单位存在认可或者默许劳动者该行为的情节，在该种情形下，对劳动合同瑕疵解除的效力应结合以下几方面进行判断：第一，用人单位知晓推定。实践中，劳动者常以用人单位知晓其行为为由进行抗辩，但由于举证能力不足，往往无法提供直接证据，导致举证不能或者不充分；另外，用人单位对劳动者长时间大量违纪行为未予处罚，且享受着违纪行为可能带来的经济利益，则其事实上存在滥用该种知情权的可能性。在审理中，为避免该情形，如果无直接证据证明用人单位知晓，可综合相关事实进行推定，对以下因素进行综合考量：违纪行为频率，劳动者的违纪行为是否持续且大量存在；涉及范围，除涉案劳动者之外，其他员工是否也同样存在；行业潜规则，劳动者所在行业是否普遍存在该种行为。基于以上三点，可综合推定用人单位对劳动者违规行为是否知晓。第二，对劳动者职务行为的界定。在用人单位对劳动者违规行为知晓的前提下，还需要对劳动者职务行为进行判断。劳动法语境下的职务行为并非针对国家机关工作人员，而是指工作人员行使职务的行为，是履

---

❶ 1989 年 2 月 5 日，东德年轻人克利斯企图翻阅柏林墙逃往西德，但在翻越过程中被东德守卫亨里奇射杀。1990 年两德统一，亨里奇因杀人罪被起诉。亨里奇的律师辩称，他只是执行命令的人，没有选择的权利，罪不在己。法官认为：作为卫兵，不执行上级命令是有罪的，但是打不准那些无辜逃亡的人是无罪的，作为一个心智健全的人，你有把枪口抬高一厘米的主权，这是你应主动承担的良心义务。最终法院判决亨里奇有期徒刑三年半。

行职责的活动，可结合以谁的名义、利益归属两方面进行判断：首先，劳动者必须以用人单位的名义从事相关活动，而不能以个人名义；其次，虽然劳动者的行为具有提升个人绩效或晋升的主观因素，但其行为的直接后果应当是增加用人单位的业绩或提升其竞争力，这也是导致用人单位长时间未对劳动者违规行为进行处罚的内在原因。如果符合以上两点，劳动者的行为应当认定为职务行为。第三，用人单位责任承担。由于用人单位的默许，对劳动者违纪行为未予及时处理，则用人单位存在一定过错，在该种情况下，事后用人单位以严重违纪为由解除劳动关系，其是否应当承担一定责任，理论界存在较大争议：一种观点认为用人单位存在过错，应在一定程度上抵消劳动者的过错；另一种观点认为用人单位的过错可通过其他方式处罚，不能与劳动者的过错混为一谈。笔者倾向于第一种观点，因为劳动者与用人单位存在一定程度的人身依附性，用人单位对劳动者实行管理、指挥、监督等职能，劳动者则受用人单位劳动纪律和规章制度的约束，如果用人单位因劳动者的违纪行为而不当受益却怠于行使监管职能，一旦出现问题，又将全部责任转嫁至劳动者，则与劳动法倾斜保护弱者的理念相违背。另外，实践中由于对用人单位责任追究措施的不完善，用人单位所受处罚与其获利极不对称，用人单位存在滥用劳动者违纪行为的可能，不利于健全市场经济秩序的建立。因此，为有效平衡两者利益，劳动者的违纪行为因用人单位的过错可得到一定程度的减轻或者抵消，但是这并不代表对劳动者违纪行为不予处理，用人单位仍可通过其他方式进行处罚。

另外，如果劳动者被依法追究刑事责任、取消相关专业资质或者行业禁入的，用人单位可解除劳动合同，因为此时，其行为危害性已超出倾斜保护弱者的必要限度，触犯了法律的禁止性规定，应对其作出否定性评价。实践中，用人单位为降低用工风险，应通过合理途径再次明确相关禁止性规定，如果劳动者再次违反，用人单位即可直接解除劳动合同。

3. 用人单位因监管失职未及时处理劳动者违纪行为

案例：丁在某食品公司担任促销人员，2010年在进行某促销活动时，为便于经费报销，其将多个活动经费合并报销；2014年公司审计部门发现该问题，遂以严重违纪为由解除劳动合同；丁提起诉讼，认为公司长时间未予处罚且时效已过，系违法解除。

对于用人单位由于监管失职，未对劳动者违纪行为及时处罚，导致其最终解除行为存在瑕疵，如果一概对其作出否定性评价，将损害用人单位的用工管理权，对劳动者的倾斜保护有矫枉过正之嫌。因此，该种情形下，倾向于认定用人单位解除劳动合同合法，但其须承担较重的举证责任，用人单位应举证其确实未及时发现劳动者违纪行为且在发现后已及时处理。

在实践判断中，应对两种情形进行明确区分：用人单位发现劳动者违纪行为后及时处罚的，一般认定为合法解除；用人单位发现劳动者违纪行为后未予处罚，经过较长时间后因其他因素再予处理的，此时，用人单位的行为属于典型的"秋后算账"，应对其解除行为作出否定性评价，因为法律赋予了用人单位用工管理权，如果用人单位怠于行使，却允许之后可以随时解除，将使之成为悬挂在劳动者头上的达摩克利斯之剑，用人单位有滥用即时解除权的嫌疑，这不利于劳动关系稳定，更是对劳动者合法权益的侵害。

参考文献：

［1］赵萌. 劳动合同单方解除制度研究［D］. 上海：复旦大学，2008.

［2］程延园. 英美解雇制度比较分析［J］. 中国人民大学学报，2003（2）.

［3］沈同仙. 论完善我国不当解雇的法律救济措施［J］. 中国法学，2012（6）.

［4］谢增毅. 对《劳动合同法》若干不足的反思［J］. 法学杂志，2007（6）.

［5］董保华. 十大热点事件透视劳动合同法［M］. 北京：法律出版社，2007.

［6］王林清. 劳动争议裁诉标准与规范［M］. 北京：人民法院出版社，2014.

［7］奚晓明. 最高人民法院劳动争议司法解释（四）理解与适用［M］. 北京：人民法院出版社，2013.

［8］王林清，杨心忠. 劳动合同纠纷裁判就要与规则适用［M］. 北京：北京大学出版社，2014.

［9］陈枝辉. 劳动争议疑难案件仲裁审判要点与依据［M］. 北京：法律出版社，2013.

［10］董保华. 劳动合同立法的争鸣与思考［M］. 上海：上海人民出版社，2011.

［11］江必新，何东宁，王莉. 最高人民法院指导性案例裁判规章理解与适用（劳动争议卷）［M］. 北京：中国法制出版社，2013.

浅议行政诉讼管辖制度之改革

——以赋予原告案件管辖选择权为视角

钱 畅❶

摘要： 近年来，行政案件审判遭遇重重困境，行政诉讼制度改革迫在眉睫。党的十八届三中全会提出的"探索建立与行政区划适当分离的司法管辖制度"为行政诉讼制度改革指明了方向。本文对我国行政诉讼管辖制度的发展变革进行了梳理，揭示了现有管辖制度所带来的问题，并对行政诉讼管辖制度改革的各项方案进行了利弊分析。本文认为，行政诉讼管辖制度的改革应当充分遵循行政诉讼的特点，且应尽量在现有法律框架中完成。据此，本文提出行政诉讼管辖制度的改革方案——赋予原告行政案件管辖选择权，对于基层法院审理的一审行政案件，原告有权选择被告所在地法院管辖或被告所在地法院的上级法院司法辖区内的其他法院管辖。每一项方案都存在一定局限性，需要同时建立和完善相关配套制度。

关键词： 行政诉讼制度改革 行政诉讼管辖 原告选择权

一、我国行政诉讼管辖制度及其存在的问题

（一） 我国行政诉讼管辖制度的发展变迁

1. 《行政诉讼法》对行政诉讼管辖的规定

《中华人民共和国行政诉讼法》（以下简称《行政诉讼法》）第三章以 11 条的篇幅对管辖制度作出了专门规定，并确定了级别管辖和地域管辖均"以法定主义为中心，以裁定管辖为补充"的原则。就级别管辖而言，基层人民法院享有大部分一审行政案件的管辖权；就地域管辖而言，被告所在地人民法院享

---

❶ 作者单位：上海市徐汇区人民法院。

有大部分一审行政案件的管辖权。❶

2. 《关于执行〈中华人民共和国行政诉讼法〉若干问题的解释》

2000 年 3 月 8 日最高人民法院公布的《关于执行〈中华人民共和国行政诉讼法〉若干问题的解释》（以下简称《若干解释》）对管辖制度进行了补充规定。

（1）扩大提级管辖的案件范围。

《若干解释》第 8 条对《行政诉讼法》第 14 条第（3）项规定的中级人民法院管辖的一审行政案件范围进行了解释，并明确规定"被告为县级以上人民政府，且基层人民法院不适宜审理的案件"由中级人民法院管辖，一定程度上扩大了提级管辖的案件范围。

（2）赋予原告一定的案件管辖选择权。

《若干解释》第 9 条规定："《行政诉讼法》第十八条规定的'原告所在地'，包括原告的户籍所在地、经常居住地和被限制人身自由地。行政机关基于同一事实既对人身又对财产实施行政处罚或者采取行政强制措施的，被限制人身自由的公民、被扣押或者没收财产的公民、法人或者其他组织对上述行为均不服的，既可以向被告所在地人民法院提起诉讼，也可以向原告所在地人民法院提起诉讼，受诉人民法院可一并管辖。"该项规定体现了赋予原告案件管辖选择权的立法趋势。

（3）对管辖权异议做出规定。

《若干解释》第 10 条规定："当事人提出管辖异议，应当在接到人民法院应诉通知之日起 10 日内以书面形式提出。对当事人提出的管辖异议，人民法院应当进行审查。"该项规定对于充分保护原告诉权、确保案件审理程序公正具有重要意义。

3. 《关于行政案件管辖若干问题的规定》

2008 年 1 月 14 日最高人民法院公布的《关于行政案件管辖若干问题的规定》（以下简称《管辖规定》）对管辖制度进行了进一步完善。

（1）进一步明确提级管辖。

《管辖规定》第 1 条第（1）项规定，"被告为县级以上人民政府的案件，但以县级人民政府名义办理不动产物权登记的案件可以除外"，这是对《行政诉讼法》第 14 条的解释，也是对《若干解释》中"被告为县级以上人民政府，且基层人民法院不适宜审理的案件"的再解释。

---

❶ 章志远. 行政案件相对集中管辖制度之省思［J］. 法治研究，2013（10）.

（2）对异地交叉管辖作出规定。

《管辖规定》第 2 条规定："当事人以案件重大复杂为由或者认为有管辖权的基层人民法院不宜行使管辖权，直接向中级人民法院起诉，中级人民法院应当根据不同情况在 7 日内分别作出以下处理：（一）指定本辖区其他基层人民法院管辖；（二）决定自己审理；（三）书面告知当事人向有管辖权的基层人民法院起诉。"至此，当事人有了启动法院管辖权转移的权利，异地交叉管辖制度也由此应运而生。

（3）确定中级人民法院自主的提级管辖和指定管辖。

《管辖规定》第 5 条规定："中级人民法院对基层人民法院管辖的第一审行政案件，根据案件情况，可以决定自己审理，也可以指定本辖区其他基层人民法院管辖。"此即中级人民法院如果发觉有影响案件公正审理的消极因素，既可通过提级管辖由自己审理案件，也可指定其他基层法院进行审理。❶

综上，现有各项法律文件的规定使得我国行政诉讼管辖制度实际上形成了"以当地基层法院管辖为主导，异地基层法院与本地区中级人民法院管辖为补充，其他法院管辖为例外"的格局，当然，"异地基层法院""本地区中级人民法院"及"其他法院"相较于"当地基层法院"而言，均可认定为"异地法院"，因而我国的行政诉讼管辖格局亦可简化称为"以当地法院管辖为主，异地法院管辖为辅"。

（二）现有行政诉讼管辖制度所带来的问题

由于我国法院系统与行政区划对应设置，司法辖区与行政区划合一，法院的人事任免和财政供给分别受制于同级权力机关和行政机关，上述机关往往利用工作指导、人事任免、经济控制等权力对法院施加压力，并造成行政案件立案难、法院依法独立公正审判难以及生效裁判执行难等现象。

1. 行政案件立案难

由于行政机关的出面干预或者法院考虑到自身与行政机关的关系，法院在立案审查过程中往往过于谨慎，对于部分原告有充分证据证明被诉具体行政行为属于行政诉讼受案范围的案件不予立案，或者裁定驳回起诉而不进行实体审理。以上海市为例，2013 年全市三级法院共受理民事案件 30.22 万件、刑事案件 2.82 万件，而行政案件仅 2710 件。行政诉讼受案数量的非正常低下并非因

---

❶ 翟丽媛．我国行政诉讼管辖制度之重构——以浙江省行政案件管辖的改革与探索为视角［D］．杭州：浙江工商大学，2012.

为行政争议数量少，而是由于大量行政争议未能诉至法院并得到公正裁判。❶由于行政案件立案困难、受理范围过小，法院对行政机关的监督和制约职能发挥不畅，对原告合法权益的保护不力，因此，原告往往产生对行政诉讼的恐惧或对法律的信仰危机，各类上诉、申诉、信访由此产生，既增加了原告的诉累，也增加了社会的不安定因素。

2. 法官依法独立公正审判难

实践中，部分行政机关并未以与原告平等的诉讼参加人身份积极参与诉讼、进行答辩、提供证据材料，而是通过各种关系、多种渠道对法院或承办法官进行干预，甚至以"服务大局"的名义要求法院支持行政机关作出的具体行政行为。法官难以独立公正行使审判权所造成的结果主要表现为原告撤诉率高和被告败诉率低两个方面。

2013 年上海全市法院行政案件的原告撤诉率为 30.77%，其中，原告撤诉率最高的基层法院达 72.09%。撤诉本为原告处分自己诉讼权利的一种方式，但实践中绝大部分原告撤诉并非出于自愿，而是因为受到威胁、恫吓、欺诈等外力影响，或对案件事实及法律关系形成错误认知，或是因接受部分法官的"说服教育"而被迫作出的。2013 年上海全市法院行政案件被告败诉率为4.2%，其中被告败诉率最低的基层法院为 0。法院对于部分有充分证据证明被告具体行政行为违法的案件，不愿或不敢作出行政机关败诉的裁判，致使原告无法维护自身合法权益，也纵容了行政机关违反法律的行为。

3. 行政案件执行难

目前法院判决行政机关败诉的案件数量本来有限，而在这少量的败诉案件中，有的行政机关根本无视法院的权威，拒不执行法院的生效裁判，甚至以暴力阻挠法院强制执行；而法院出于重重顾虑，不敢也无力对行政机关采取强制执行措施，致使生效裁判沦为一纸空文，原告的胜诉权益难以得到兑现。

二、对我国行政诉讼管辖制度若干改革方案的探析和比较

我国行政诉讼管辖制度存在的问题早已引起各界的关注和重视。近年来，实践和理论层面均对阻断行政权对司法权的不当干扰进行了探索并取得相应成果，但这些改革方案均存在一定局限性。

---

❶ 杨成，邵毅超. 我国行政审判存在的问题及其根源分析［J］. 山东行政学院山东省经济管理干部学院学报，2006（6）.

（一） 异地交叉管辖之成效与局限

异地交叉管辖是指由中级人民法院将基层法院受理的案件交叉指定到另一基层法院进行审理的管辖制度。

1. 异地交叉管辖的成效

浙江省台州中院自 2002 年始试行异地交叉管辖。2002 年 7 月至 2005 年年底，该市基层法院共审结一审异地管辖案件 447 件，其中被告败诉 158 件，败诉率达 35.35%，为同期审结的非异地管辖案件的 2.5 倍；这些案件中，提起上诉的 118 件，上诉率仅为 26.4%，不到同期审结的非异地管辖案件的 1/3。❶两组数据对比显示，异地交叉管辖制度在破除地方干预、强化司法独立方面起到一定作用。❷

2. 异地交叉管辖存在的问题

异地交叉管辖有两种实施模式：一种为中级人民法院根据个案情况指定交叉管辖的法院，另一种为中级人民法院固定对调管辖的法院。然而这两种模式皆存在缺陷：

（1）若中级人民法院根据个案情况指定交叉管辖的法院，则会造成异地交叉管辖制度的高度不确定性。首先是范围的不确定性，即哪些案件需要采用异地交叉管辖不明确；其次是地点的不确定性，即被指定审理行政案件的法院难以确定。这些不确定因素的存在使得当事人对即将开启的行政诉讼究竟"由谁处理"缺乏最起码的认知，也给上级法院在指定管辖法院时掺入自己的意志提供了空间。

（2）若中级人民法院固定对调管辖的法院，则难以摆脱行政机关之间的"天然联系"。在异地交叉管辖制度下，虽然行政机关无法直接干涉行政审判，但管辖法院之间形成了规律性的对应关系，只要行政机关通过其所在地法院向管辖法院进行"沟通协调"，极有可能又回到法院无法独立行使审判权的老路上去。

（二） 集中管辖之成效及局限

集中管辖是将部分基层人民法院管辖的一审行政案件，通过上级人民法院统一指定的方式，交由其他基层人民法院集中管辖的制度。❸

---

❶ 张倩. 行政诉讼管辖制度考量［J］. 安徽警官职业学院学报，2007（6）.
❷ 浙江省高级人民法院. 推动制度创新，树立司法权威［C］//第五次全国行政审判工作会议经验交流材料. 北京：最高人民法院办公厅.
❸ 章志远. 行政案件相对集中管辖制度之省思［J］. 法治研究，2013（10）.

1. 行政案件集中管辖的成效

2007 年 9 月 17 日浙江省丽水市中级人民法院制定了《丽水市中级人民法院关于试行行政诉讼案件相对集中指定管辖制度的意见》，继而开始了对行政案件集中管辖的探索。

集中管辖制度在突破法院和被诉行政机关设置的区域对应关系、培养和稳定行政审判队伍、提高行政审判质效、统一裁判尺度等方面取得一定成效，主要表现为：

（1）行政诉讼案件数量上升。2006 年和 2007 年丽水市一审行政案件数分别为 110 件和 111 件，实行集中管辖制度后，2008 年和 2009 年增加到 191 件和 201 件，分别上升 73.6% 和 81%。

（2）行政机关败诉率上升。2008 年丽水市行政机关败诉率为 26.9%，居浙江省第一；其中，集中管辖的 56 件案件中，行政机关败诉的有 20 件，行政机关败诉率达 35.7%，远高于全市一审行政案件行政机关的败诉率。❶

（3）锻炼出一批专业化的行政法官。丽水市重点增强了三个集中管辖法院的行政庭审判力量，并将全市绝大多数行政案件交由这三个法院审理。这三个法院由此获得充分的案源，法官在案件审理过程中积累了大量审判经验，案件审理质效显著提升，同时也锻炼出一批专业化的行政法官。

2. 集中管辖存在的问题

（1）增加当事人的诉讼成本。与异地交叉管辖相同，集中管辖所带来的异地开庭必然会增加当事人的交通费、住宿费等诉讼成本。

（2）部分基层法院审判功能配置缺失。各基层法院之间的行政审判力量本就参差不齐，实行集中管辖之后，这种"强者愈强，弱者愈弱"的现象将更为明显，部分仅承担少数甚至不承担行政案件审判任务的法院，行政审判队伍日益萎缩，行政审判功能逐渐退化。

（3）集中管辖法院办案压力增大。随着集中管辖法院的行政案件数量激增，其行政法官办案压力也将骤然增大，可能会影响到案件审理质效。如，2008 年该市莲都区法院收案 81 件，较 2007 年同期增长 113.2%；其中，外县移送 29 件，占收案总数的 35.8%，而该院行政法官人数却没有增加，法官办案压力明显上升。

（三）设立行政法院之不可行性分析

目前理论界有相当一部分学者主张在我国设置行政法院，以实现破除司法

---

❶ 叶赞平. 行政诉讼集中管辖制度的实证分析［J］. 浙江大学学报，2011（1）.

地方化、司法行政化的目的。支持这一设想的观点主要基于以下因素：一是建立行政法院具有宪法和法律依据。《中华人民共和国宪法》第124条和《中华人民共和国人民法院组织法》第2条规定，我国可以设立专门人民法院。二是行政法院的人、财、物均与地方相脱离，能够大大增强行政审判的抗干扰能力。三是行政法院作为专门法院，有助于行政法官专业素养的提高。四是法国、德国等国家均已有较为成熟的行政法院体系可供借鉴。❶

但笔者认为，在我国建立行政法院不具备可行性，且其在诸多改革方案中也无明显优势可言。

1. 从司法改革的最终目标来看，设立行政法院的意义有限

设立行政法院的思路在于将与行政案件审理相关的人、财、物与地方相脱离，从而实现行政审判去地方化的目的。但为实现司法独立，是不是进而又要设立刑事法院、民事法院呢？要实现法院与地方的分离，为何不直接强化法院整体的司法独立性呢？行政诉讼改革是司法改革乃至我国社会改革的一部分，如果将整个法院系统的完全独立作为司法改革的最终目标，那么设立行政法院只是其中所走的一段弯路，从长远来看意义并不大。

2. 从改革的成本来看，设立行政法院成本巨大且短期内较难实现

设立行政法院与上文探讨的行政案件异地交叉管辖、集中管辖，以及本文即将提出的赋予原告案件管辖选择权的改革思路并不相同：设立行政法院以改变司法权配置的地方化作为手段，而其他改革方案以改变司法权行使的地方化作为途径。具体而言，目前理论界较为主流的一类设立行政法院的方案提出，行政法院体系由初审行政法院、高等（上诉）行政法院及最高行政法院三级组成，最高行政法院院长、副院长及行政法官均由全国人民代表大会及其常务委员会产生、受其监督，高等行政法院和初审行政法院的人事任免由上一级行政法院负责考察；除最高行政法院对全国人民代表大会及其常务委员会负责外，高等行政法院和初审行政法院并不对本级人民代表大会及其常务委员会负责；行政法院的经费独立于地方政府财政，由最高行政法院将各级行政法院的预算集中，制作审计表向国务院财政部门提交，待全国人民代表大会及其常委会审查通过，向全国各级行政法院拨付。

与设立行政法院的改革思路不同的是，其他各项改革方案均未改变地方人大、政府与法院之间的配置、保障关系，仅使得人大、政府所配置、保障的法院与行使管辖权的法院相分离，行使管辖权的法院基本不受作为被告的行政机

---

❶ 马怀德. 行政审判体制重构与司法体制改革［J］. 国家行政学院学报，2004（1）.

关的不当干扰即可。经对比不难发现，改变司法权配置模式的难度远大于改变司法权行使模式的难度，且设立行政法院极可能涉及宪政体制变动，因而远非一朝一夕所能实现。

三、行政诉讼管辖制度改革的路径——赋予原告案件管辖选择权

（一）　行政诉讼管辖制度改革方案设计所应遵循的原则

1. 应充分考虑行政诉讼之特点

我国行政诉讼管辖制度很大程度上是以民事诉讼管辖制度作为模板，即基本遵循"原告就被告"的原则。该项立法的本意是为了方便群众诉讼、降低行政相对人的诉讼成本，同时方便法院进行调查、审理和执行。但是，这样的制度设计忽略了行政诉讼中原被告力量的巨大差异。行政法律关系中"官强民弱"本就存在，这样的力量对比格局被带入司法领域后，如果疏于对原告的倾向性保护，则会出现原被告"强者愈强，弱者愈弱"的"马太效应"，被告就愈发有能力长驱直入干涉司法权运行。因此，行政诉讼管辖制度改革的方案设计必须着力强化原告诉权，提升原告在案件管辖上的话语权，从而实现原被告力量的相对平衡。

2. 应尽量在现有的法律框架内进行改革

部分学者提出的行政诉讼改革方案着眼于整体制度框架的变革，尽管从长远来看这是必要的，但这些整体改革方案被国家采纳并付诸实施需要相当长的周期。在官民矛盾不断激化、人民群众对于行政诉讼制度改革的愿望日益强烈的形势下，该项改革的推行已迫在眉睫、无法坐等。此外，《行政诉讼法》自1990年起开始实施，至今不过20余年，行政诉讼制度在这20余年中也已发生较大变化。而我国民众对行政诉讼尚未形成全面成熟的认知，若动辄即对行政诉讼制度进行大规模的变革，则会破坏民众刚刚建立起的行为预期，再次给民众对于行政诉讼的认同产生冲击。因此，笔者认为应利用现有的制度资源对行政诉讼管辖制度进行技术性改革，尽量减少改革所付出的各项成本，并力求在较短时间内实现改革的既定目标。

（二）　具体制度设计

行政诉讼管辖制度改革的方向是促使司法辖区与行政区划的适当分离，阻断行政权对司法权的不当干扰；补强原告诉权，提升其对抗行政权的能力，从而实现行政权和公民权利双方力量的相对平衡。

1. 选择模式：基层法院管辖的一审行政案件的原告有权选择被告所在地法

院或被告所在地法院的上级法院司法辖区内的其他法院管辖

（1）原告可以选择当地法院管辖。

由当地法院管辖涉当地行政机关的案件并非都不能实现公平公正。例如，工伤认定类案件中法院是否认可工伤认定级别对劳动管理部门的利益关涉并不大，劳动管理部门很少动用行政权来影响法院裁判，因此，在此类案件中，原告选择当地法院管辖更能节约诉讼成本，而没有必要寻求异地管辖。

（2）原告的案件管辖选择权原则上只有一次。

公正性和效率性同为行政诉讼所追求的价值，在赋予原告案件管辖选择权的同时，应对其选择的次数加以限制，以免其滥用该项权利。因此，原则上原告的案件管辖选择权机会只有一次。

2. 适用范围：案件一审法院为基层法院时，允许原告在一定范围内选择管辖法院

赋予原告案件管辖选择权应仅适用于由基层法院管辖的一审行政案件。若在中高级人民法院管辖的一审行政案件中适用该制度，则会出现如下问题：

（1）实施成本过高。

由于区域跨度较大，此类案件的异地管辖将使得原告诉讼成本明显增加，尤其是高级人民法院审理的案件中，若原告跨省应诉，则可能严重违反便民原则。管辖制度的设计需要在确保案件公正审理和便于当事人参加诉讼之间寻找平衡点。此外，原告亦会从自身利益出发选择其认为恰当的管辖法院，若绝大多数原告在中高级人民法院审理的一审案件中均不会选择异地管辖，那么长久之后该项制度也将成为一纸空文。

（2）可能带来法规适用困境。

根据《中华人民共和国立法法》规定，省、自治区、直辖市的人民代表大会及其常务委员会可以制定地方性法规；较大的市的人民代表大会及其常务委员会可以制定地方性法规；经济特区所在地的省、市的人民代表大会及其常务委员会可以制定法规，在经济特区范围内实施。这些法规只在本行政区域内有效，如果赋予原告对于中高级人民法院审理的一审行政案件的管辖选择权，致使此类案件可能移送至行政区域外的法院管辖，则异地管辖的法院可能在适用法规上面临一定困难。

（三） 建立赋予原告案件管辖选择权制度的意义分析

赋予原告案件管辖权制度主要包括两个层面的内容：一是原告可选择"异地"法院管辖，这是针对"当地"法院管辖的弊端而提出的；二是赋予原告对

案件管辖的"选择权",这是针对完全由法律确定管辖法院及由上级法院指定管辖法院的弊端而设定的。

1. 有效阻断行政权干涉司法权,确保法院依法独立公正行使审判权

每一级行政机关都有其管辖的行政区域,一旦离开自己的权力疆域,行政机关的权力能量与效应便会急剧消减,甚至接近于零。如果行政机关作出的行政行为由异地法院管辖审理,即使其试图不当干扰不在自己行政辖区内的司法权,也会因为干扰能力的急剧消减而鞭长莫及、无能为力。

2. 实现对原告的充分尊重和保护

该项制度设计中所蕴含的充分尊重和保护原告的精神,是其与异地交叉管辖、集中管辖及设立行政法院改革方案的关键区别。赋予原告案件管辖权是当前各国行政立法的重要趋势。如,美国法律规定,行政案件有管辖权的地区法院存在以下四种:被告机关所在地及其官员居住地、诉讼行为发生地、不动产所在地及原告居住地(公司的居住地是公司成立地)。在这四类法院中,除不动产所在地法院是专有管辖权法院以外,其余几处法院原告可以选择起诉。笔者认为,赋予原告案件管辖选择权的制度设计体现出法律对于原告意志的充分尊重,原告有机会选择管辖法院,有助于提升其对行政案件审理程序及结果的信任度和接受度,更有利于实现案结事了人和。

3. 提升行政诉讼的整体效率

行政诉讼的效率性体现为诉讼成本与诉讼效益之间的比例关系。行政诉讼成本包括私人成本、行政机关成本、司法成本、物质成本、精神成本和裁决错误成本等。❶ 行政诉讼管辖制度改革所追求的目的并非使其中某项成本最小化,而在于实现行政诉讼整体成本的最小化和效益的最大化。"原告就被告"的管辖制度的确节省了法院查明事实所投入的物质成本及原被告双方当事人的时间、交通费、住宿费等成本,但极有可能导致裁决错误成本及原告精神成本的增加。

赋予原告案件管辖选择权的制度改革将使得行政诉讼的成本结构发生变化。就错误成本而言,司法公正是行政审判追求的根本目的,也是人们需要将纠纷提交裁判的理由,因而司法裁决错误成本在整体成本中占据较大比重。赋予原告案件管辖选择权将显著降低司法裁决错误成本,从而使得行政诉讼整体成本大大降低。就原告私人成本而言,具有管辖选择权的原告必然将其所承担的私人成本控制在合理范围之内,因此原告私人成本的上升幅度有限,甚至可

---

❶ 刘善春. 行政诉讼价值论 [M]. 北京:法律出版社,1998:256.

能降低。就行政机关成本而言，由于法律赋予原告选择管辖法院的范围有限，因而行政机关成本也将控制在合理程度内。总之，赋予原告案件管辖选择权将使得行政诉讼的整体成本下降，并使得行政行为的合理规制、行政法律秩序的维持、相对人合法利益的弥补等行政诉讼效益增加，从而大大提升行政诉讼的效率性。

4. 具有较强的现实可行性

与上文所述其他改革方案相比，赋予原告案件管辖选择权制度在相对减轻法院工作量、降低改革成本、减少改革阻力等方面具有优势，因而更具现实可行性。

如，在异地交叉管辖制度运行中，上级法院须投入一定的司法资源用于指定管辖法院。而若让原告选择其信任且应诉较为方便的法院起诉，则会减少上级法院的指定管辖环节。此外，由于原告对案件审理公正性的高度认同，案件上诉率也会相应降低，从而进一步减少上级法院的工作量。

又如，相对集中管辖制度的运行将使得部分法院受案数量显著增加，法官工作量大幅度上升；若欲实现法院工作量的合理分配，则又需要进行人事调整。而在赋予原告案件管辖选择权制度中，原告根据案件情况和自身认知选择适合的法院起诉，不太可能形成某一法院受案数量过于集中的情况，因而法院无须进行人事调整即可顺利完成审判任务。

再与设立行政法院方案相比，赋予原告案件管辖选择权制度仅对现行管辖制度做了局部调整和技术性变革，其在控制改革成本、缩短改革时间方面的优势不言而喻。

（四） 赋予原告案件管辖选择权制度可能存在的问题及解决对策

赋予原告案件管辖选择权制度可花费较低成本、在较短时间内建立与行政区划适当分离的司法辖区，确保人民法院依法公正行使审判权。然而这一改革方案也具有一定的局限性，并非解决行政诉讼管辖制度难题的"万能钥匙"。例如，根据《行政诉讼法》规定，由中级人民法院管辖"对国务院各部门或者省、自治区、直辖市人民政府所作的具体行政行为提起诉讼的案件"。经上文分析，赋予原告案件管辖选择权制度的适用范围一般仅限于一审法院为基层法院的案件，而不适用于一审法院为中高级法院的案件，因而在此类案件中难以利用异地管辖阻断行政权干涉。退一步讲，即便让被告辖区之外的中级人民法院审理以省政府为被告的行政案件，只要被告与法院所在地的省政府"打个招呼"，同样极易实现干预行政审判的目的，也即由于该类案件中法院级别远低于行政机关级别，即使通过异地管辖也难以有效屏蔽行政权的不当干扰。

对此，笔者认为赋予原告案件管辖选择权制度的有效实施须以其他制度的建立作为配合。例如，对于被告为省政府的案件，由当地高院或异地中院审理均难以阻隔行政权干扰，因而可考虑从立法上规定此类案件由异地高院管辖，即通过综合运用提级管辖和异地管辖来确保该类案件的公正审理。综上，赋予原告案件管辖选择权制度具有独特的优势，但亦需其他制度的配合以弥补其适用范围有限等方面的不足，从而实现我国行政诉讼管辖制度的全面完善和进步。

结语

在行政诉讼不断增多、行政审判徘徊不前的当下，行政诉讼管辖制度改革已经到了"临门一脚"的关键时刻。本文以习近平总书记指出的"要努力让人民群众在每一个司法案件中都感受到公平正义"和十八届三中全会提出的"探索建立与行政区划适当分离的司法管辖制度"为目标，提出赋予原告行政案件管辖选择权的制度构想，以期将现有"以本地基层法院管辖为主导，异地基层法院与本地区中级人民法院管辖为补充，其他法院管辖为例外"的管辖格局变革为"以异地基层法院管辖为主导，本地基层法院、本地区中级人民法院管辖为补充，其他法院管辖为例外"之格局，从而破除行政权对司法权的不当干预，有效推进我国司法体制的改革进程，促进公正高效权威的社会主义司法制度的建立。

参考文献：

［1］章志远．行政案件相对集中管辖制度之省思［J］．法治研究，2013（10）．

［2］翟丽媛．我国行政诉讼管辖制度之重构——以浙江省行政案件管辖的改革与探索为视角［D］．杭州：浙江工商大学，2012．

［3］杨成，邵毅超．我国行政审判存在的问题及其根源分析［J］．山东行政学院山东省经济管理干部学院学报，2006（6）．

［4］张倩．行政诉讼管辖制度考量［J］．安徽警官职业学院学报，2007（6）．

［5］浙江省高级人民法院．推动制度创新．树立司法权威［C］//第五次全国行政审判工作会议经验交流材料．北京：最高人民法院办公厅．

［6］马怀德．行政审判体制重构与司法体制改革［J］．国家行政学院学报，2004（1）．

［7］刘善春．行政诉讼价值论［M］．北京：法律出版社，1998．

我国小额诉讼当事人合理救济机制对接研究

——以效率与公正价值的合理平衡为目标

孙建伟❶

摘要：效率与公正价值的失衡有碍于小额诉讼的程序价值在司法实践中的最大化实现，无法保障小额诉讼有"好的终点"。因此，有必要对其进行制度补救，完善合理救济机制对接——赋予当事人程序选择权，完善当事人程序异议制度，创设小额再审程序。本文在分析小额诉讼效率与公正价值失衡成因的基础上，参考借鉴域外一些国家、地区小额诉讼的救济方式、机制，对我国小额诉讼合理救济对接机制的完善提出思考与建议。

关键词：小额诉讼 效率 公正 合理救济 小额再审

当事人价值追求的多元化、纠纷类型的多样性、司法资源的有限性等因素决定了民事诉讼程序的多元性。"程序相称"是构建多元化的民事诉讼程序的基本原理。据此，程序的设计应当与案件的性质、争议的金额、争议事项的复杂程度等因素相适应，由此使案件得到妥当的处理。❷ 小额诉讼应时而生，应世而生。2012 年修订后的《中华人民共和国民事诉讼法》（以下简称《民事诉讼法》）第 162 条规定："基层人民法院和它派出的法庭审理符合本法第一百五十七条第一款规定的简单的民事案件，标的额为各省、自治区、直辖市上年度就业人员年平均工资百分之三十以下的，实行一审终审。"

小额诉讼的制度设计不能为了彰显效率而无视公正；同样，小额诉讼的权利救济研究不能为了保障公正而牺牲效率。本文经实证分析和法理论证认为，小额诉讼作为一个新设的重大制度，仍须以系统论的方法辅以必要的配套措施，才能完全实现保障当事人都有机会走向法院接近司法、"接近正义"

---

❶ 作者单位：上海市徐汇区人民法院。
❷ 刘敏. 论我国民事诉讼法修订的基本原理 [J]. 法律科学，2006（4）.

（Access to Justice）❶ 的立法宗旨。在这其中，合理救济对接是一个关键环节。

一、小额诉讼的隐忧——效率与公正价值的失衡

对于简单、小额案件而言，虽然普通程序、简易程序因其程序保障与救济的完备与精确而更可能实现实体公正，但小额、简单案件的属性决定了当事人一般不愿忍受高昂的诉讼费用和漫长的诉讼周期，宁愿以最低诉讼成本支出尽快解决纠纷。❷ 对这类案件适用小额诉讼程序低廉、高效解决纠纷，能充分实现当事人所期待的程序效益。因此，"公正作为诉讼程序唯一价值目标的历史已离我们远去，效益无可争辩地成为诉讼程序的另一个重要价值目标"❸。但是，片面追求高效率必然弱化程序保障，降低裁判品质。小额诉讼实行一审终审，倘若司法满意度未得到提升，那么败诉一方势必寻求再审程序或法外行为来解决问题，这样一来，司法效果势必受到影响。

小额诉讼案件的调解撤诉率较高。❹ 究其原因，一方面可以反映出小额诉讼案件当事人间的分歧并不大，绝大多数可以调解撤诉结案，充分体现了其程序效率价值；另一方面亦不能排除法官考虑到一审终审及错案追究问题，宁愿多做调解和劝导撤诉工作也不愿意判决的情况。此外，甚至有部分法官将本可适用小额诉讼程序的案件不予适用该程序。小额诉讼一审终审给法官造成的现实审判压力，不得不引起重视。

若上述分析仅是光鲜数据背后的隐忧，那么合意适用小额诉讼比例之低则更直接反映了当事人对小额诉讼的满意度不高，这与其保障实现司法大众化的立法宗旨相悖，其根本性原因仍然在于目前未有与一审终审制度对接的合理救济机制。在我国法官的业务水平和道德素养普遍不被信任的背景下，民众和当事人对一审终审制的心理承受力是极为有限的。实行一审终审及权利救济机制的缺失，是小额诉讼效率与公正价值失衡的直接原因。事实上，小额诉讼审判后仍有一定比例的当事人欲寻求救济。因此，应坚持效率与公正兼顾、效率优先的原则，注重构建完善、便捷、畅通的当事人权利救济制度，保障裁判公正，实现效率与公正的合理平衡。

---

❶ 奚晓明.《中华人民共和国民事诉讼法》修改条文理解与适用［M］. 北京：人民法院出版社，2012：354.

❷ 奚晓明.《中华人民共和国民事诉讼法》修改条文理解与适用［M］. 北京：人民法院出版社，2012：356.

❸ 李祖军. 民事诉讼目的论［M］. 北京：法律出版社，2000：81～82.

❹ 据统计，2013 年 1 月 1 日至 2014 年 12 月 31 日，上海法院小额诉讼平均调撤率为 95%。

二、小额诉讼效率与公正价值失衡的制度分析

（一） 现行立法的创设及缺陷

现行民事诉讼法创设的小额诉讼程序具体包含两个方面的内容：一是适用标准，即标的小额、案情简单；二是适用后果，即一审终审。

小额诉讼的适用，存在人为改变的可能。所谓案情简单，即该案件属于《民事诉讼法》第 157 条第 1 款所规定的"事实清楚、权利义务关系明确、争议不大的简单的民事案件"；所谓小额，即"标的额为各省、自治区、直辖市上年度就业人员年平均工资百分之三十以下"。就简单标准而言，不同的法院和法官可能存在理解和认定上的偏差或不一致，有法官为了追求低上诉率、低改发率而滥用小额诉讼程序，也有法官担心错案追究而经常排除适用小额诉讼程序，从而导致在是否适用一审终审制之处理上的不统一和不平等。就小额标准而言，一方面，其无确切、统一的标准，对于两个以上法院有管辖权的案件，原告可以通过选择管辖法院的方式，达到强制或排除适用一审终审的目的；另一方面，对于侵权类等案件，原告完全可以通过调整诉请金额的方式，达到强制或排除适用小额诉讼程序的结果。对于被告而言，其本应有的上诉权利和审级利益，有可能因原告的人为因素而被排除或剥夺，如此有违当事人诉讼权利义务平等的基本原则。

小额诉讼的适用后果，欠缺合理救济的对接。我国小额诉讼强制实行一审终审，不仅未赋予当事人程序选择权，也不提供畅通的合理救济程序，使得裁判的正当性缺乏根基。至少从文本的规定和表达中，无法使小额诉讼当事人及社会公众从中切实感悟到我国民事诉讼立法的人文关怀及对民事诉讼平等原则的遵循，难以免除立法上有"为追求司法效率而牺牲小额当事人的诉讼权利与程序公正"之嫌。❶"理想的小额程序应该是在实现高效率、低成本价值目标的前提下最大限度地兼顾判决结果的准确与公正。"❷ 域外小额诉讼制度的建构基本上兼顾了程序效率与实体公正，对小额诉讼设置了不同的救济机制——动议、特殊上诉和裁判异议。这些救济机制尽管模式各异，但价值理念是共同的：保障程序效率的同时，尽可能地为当事人提供权利救济，兼顾裁判结果的准确与公正。

---

❶ 蔡彦敏. 以小见大：我国小额诉讼立法之透析［J］. 法律科学，2013（3）.

❷ 齐树洁. 构建小额诉讼程序若干问题之探讨［J］. 国家检察官学院学报，2012（1）.

（二） 司法解释的补救与不足

现行立法的缺陷，需要司法解释的补救。司法解释补救的关键应围绕实现司法大众化、提高程序效率、缓解基层法院"案多人少"矛盾的立法宗旨，通过更合理的制度建构、更科学的程序设计，取得效率与公正价值的合理平衡。

新颁布的《民事诉讼法》司法解释在肯定小额诉讼实行一审终审的同时，对其公正价值进行了一定程度的完善和补救。这主要表现在如下几个方面：首先，在适用方面采用正面列举、反面排除相结合的模式，且适用案件类型限于金钱给付纠纷，充分体现了其限制适用、消除人为因素、保障裁判公正的原则。❶ 其次，增设了程序告知制度。人民法院受理小额诉讼案件，应当向当事人告知该类案件的审判组织、一审终审、审理期限等相关事项。❷ 再者，增设了程序异议制度，但程序异议应当在开庭前提出。❸ 在被告当庭答辩的情况下，人民法院在开庭前有时无法辨明案件是否简单、争议不大；且原告在听取被告当庭答辩后，无法对适用小额诉讼程序提出异议。程序异议须在庭审前提出，这不切实际，不甚合理。最后，明确了对小额诉讼裁判不服可申请再审。❶ 但小额诉讼案件再审启动的法定事由与其他类型案件相对比，仅增加程序异议一项，其他并无区别。作为小额诉讼案件审理后的唯一救济途径，新司法解释未设定彰显小额诉讼快捷、简化的独有再审程序，且仍适用与其他案件相同的再审法定事由（程序异议除外），不利于其公正价值的彻底实现。

小额诉讼的公正价值可以通过适用标准的从严把握予以实现，亦可以借助合理救济机制的有效对接予以保障。从小额诉讼的可持续发展来看，后者即合理救济的有效对接更为科学、长效：第一，适用标准的从严把握，缩小了小额诉讼的适用范围，与其可以更大程度、更大范围提高程序效率、缓解基层法院"案多人少"矛盾的立法宗旨相悖，不利于小额诉讼程序价值的最大化实现。第二，适用标准的从严把握是人民法院予以掌控的，无法保障当事人感受到程序的完备及"公正的体验"。第三，适用标准的从严把握不能从根本上解决错案的发生，无法实现对当事人实体权利的保障。因此，应当弱化适用标准的从严把握，强化合理救济的畅通对接，进而实现小额诉讼效率与公正价值的合理平衡。新司法解释对小额诉讼案件适用类型作出了细化规定，但在合理救济机

---

❶ 参见《最高人民法院关于适用〈中华人民共和国民事诉讼法〉的解释》第 274、275 条。

❷ 参见《最高人民法院关于适用〈中华人民共和国民事诉讼法〉的解释》第 276 条。

❸ 参见《最高人民法院关于适用〈中华人民共和国民事诉讼法〉的解释》第 281 条。

❶ 参见《最高人民法院关于适用〈中华人民共和国民事诉讼法〉的解释》第 426 条。

制对接方面的设计不够彻底，使得现行立法业已存在的裁判公正保障不足的内在缺陷未被有效补救。

三、小额诉讼权利救济机制的域外借鉴

（一） 域外小额诉讼当事人权利救济的方式探讨

"有错误就应当有救济"作为民事司法的一项基本规则，也是世界各国和各地区在民事诉讼立法中普遍遵循的一项公理性准则。❶ 为此，境外民事诉讼程序立法从不同的角度，对小额诉讼设置了多种救济渠道。

1. 动议

动议是英美法系国家小额诉讼程序立法规定的一种诉讼救济方式。这种救济方式不仅在类型上是有关小额诉讼救济的立法规定，在性质上也是法律赋予小额诉讼当事人获得诉讼救济的一种权利。提起动议的主体限于未出庭或者没有诉讼代理人的原告或被告，且对原告提起动议另有要求；动议须在法定期限内提交；动议及其对案件的重新审理，由原审法院适用相同程序审理。

2. 特殊上诉

所谓特殊上诉，指的是当事人对于违反法律规定或者存在错误的小额诉讼裁判，有权申请与要求另行审理的救济方式。这种救济方式虽然就其基本特征而言，是授权当事人通过提起另行审理的方式来改变错误裁判的救济方式，但是，由于这种救济方式无论在规定的内容、提起的形式还是条件要求上，与普通程序中的上诉都有所不同，因而学理上把这类仅仅适用于小额诉讼的救济方式称为特殊类型的上诉。❷ 美国加州、英国及我国台湾地区采用此种救济方式。特殊上诉要求在一定期限内提出，以原审严重违反程序或者裁判适用法律错误为必要条件。美国加州原则上限制原告上诉，且适用非正式审理的程序审理，不同于英国、我国台湾地区的相关规定。特殊上诉的管辖上，美国加州、英国提高了审级，我国台湾地区仍由原审法院管辖，且实行不同于通常程序和简易程序的二级二审制。

3. 裁判异议

---

❶ 廖中洪. 小额诉讼救济机制比较研究——兼评新修改的《民事诉讼法》有关小额诉讼一审终审制的规定［J］. 现代法学，2012（5）.

❷ 廖中洪. 小额诉讼救济机制比较研究——兼评新修改的《民事诉讼法》有关小额诉讼一审终审制的规定［J］. 现代法学，2012（5）.

裁判异议是指小额诉讼中如果当事人对裁判不服，可以采用向作出判决的法院提出异议来获得救济的方式。日本采用此种救济模式。按照日本新民事诉讼法的相关规定，小额诉讼当事人自收到判决书之日起两周内，可以向作出判决的法院提出裁判异议的申请，如果法院审查当事人提出的异议合法，则诉讼恢复到口头辩论终结之前的状态，并依照通常程序进行审理并作出判决。裁判异议须在两周不变期间内提出，以原审程序违法及适用法律错误为必要条件，裁判异议案件的管辖与我国台湾地区所谓"民事诉讼法"的规定一样，没有提高审级，仍然由原审法院管辖与审理。

（二） 比较法对我国的启示： 设计独立的权利救济机制

域外小额诉讼制度的建构基本上兼顾了程序效率与裁判公正，对小额诉讼设置了不同的救济机制。这些救济机制均有不同于各自国家、地区普通案件权利救济的规定，充分体现了小额诉讼的独立性价值。独立的程序保障制度设计是域外国家、地区小额诉讼权利救济机制的理念共识，理应成为我国小额诉讼制度完善的模式选择。至于建构何种模式的小额诉讼权利救济机制，笔者认为，须结合我国的既成立法和司法现实。无论是动议、特殊上诉还是裁判异议，均有可借鉴的地方，亦均有不切合我国司法现状的方面：动议作为一种以纠错为基本目标的制度设置，仍然适用程序保障不太周全的小额诉讼程序，其慎重不足的特征是显而易见的；而以原被告未出庭及没有诉讼代理人为必要条件、限制原告提起动议的制度设置，不符合我国的司法现状及诉讼平等原则。特殊上诉在一定程度上抵消了小额诉讼简便、快捷、迅速的优势，且与我国现行一审终审制度相悖。裁判异议可恢复到辩论终结前的状态，依照通常程序进行审理的模式与我国的司法现状及现有制度无法契合；但其以原审程序违法以及适用法律错误为救济的必要条件且限定在原审法院以内的制度设计，值得我国借鉴。

我国小额诉讼合理救济机制的设计，应坚持效率与公正兼顾、效率优先的原则，充分考量我国司法公正满意度低的国情因素及一审终审的立法现实，构建一种小额再审程序：从适用对象来看，应当包括小额诉讼程序中的原告与被告双方；在适用条件上，应当以原审适用法律错误及程序严重瑕疵为必要条件；在案件的管辖上，应当将救济限定在原审法院以内；在申请期限及再审期限方面，应当彰显小额诉讼快捷、简化的特点。同时，可赋予当事人程序选择权，完善程序异议制度，弥补小额诉讼案件实行一审终审的不足，增加当事人的主体意识和"公正的体验"。

四、我国小额诉讼合理救济对接机制的完善建议

（一） 赋予程序选择权

尽管民事诉讼中的各种程序都是法律明文规定的，然而这并不意味着民事诉讼中的程序是刚性的、僵硬的，不具有任何的弹性和灵活性。相反，基于保障当事人人格尊严的需要，根据程序主体性原理，应当承认当事人双方在一定范围内有合意选择程序或者单方选择程序的权利。尊重当事人的程序主体地位和尊重当事人的处分权，就应当承认和尊重当事人的程序选择权。❶ 在美国加州，原告选择了小额诉讼程序就视为放弃了败诉后上诉的权利，但是被告因为没有选择这个程序，故败诉后仍有权上诉，这就是尊重了当事人的程序选择权，而不是简单强制地剥夺当事人双方的上诉权，以体现程序的正当性。

当事人合意适用小额诉讼程序，依据诉讼契约理论，可视为当事人处分其本应享有的上诉权利和审级利益，如此，一审终审就有了正当性的根基，人民法院可予准许。此时，具有了正当性的小额诉讼程序可尽可能地发挥其程序效率价值。因此，我国不仅须确立合意适用小额诉讼的制度，而且可以适当扩大小额诉讼的合意适用范围，最大化地缓解基层法院"案多人少"的矛盾。对于简单的民事案件，当事人合意适用小额诉讼程序的数额标准可远高于法定小额标准，例如，可确定为各省、自治区、直辖市上年度就业人员年平均工资。此外，对于人民法院强制适用小额诉讼程序的案件，若当事人合意排除适用，是否应予以准许？对此，笔者认为，首先，符合法定条件时强制适用小额诉讼程序，是彰显其程序效率价值的重要机制；其次，诉讼契约理论强调的是"选择"而非"排除"；最后，程序异议和小额再审程序足以保障小额诉讼的裁判公正。因此，我国不宜确立合意排除适用小额诉讼程序。

（二） 完善程序异议制

对于法定小额标准以内的案件，强制适用小额诉讼实行一审终审，应充分尊重当事人的知情权及程序异议权。对此，可参照最高人民法院《关于适用简易程序审理民事案件的若干规定》第3条之规定，设置更具可操作性、实质意义的小额诉讼程序异议制度。对于一方当事人在法庭辩论前提出确有理由的异议的，应当指定主审法官外的审判长或庭长当庭或一定期限内予以严格审查，异议成立的，裁定转化为简易程序或普通程序审理。程序告知及转换制度的设

---

❶ 刘敏. 论我国民事诉讼法修订的基本原理［J］. 法律科学，2006（4）.

置上，可以在一定程度上对小额诉讼制度的内在缺陷予以司法补救，这不失为现行法律框架内的一个补救良方。新司法解释明确规定了程序告知及异议制度，具有极大的进步意义，但程序异议限定在开庭前提出与小额诉讼案件被告基本是当庭答辩的司法现实相违背，有失合理；且未明确对程序异议的审核人员，极有可能使得程序异议制度形同虚设。

对于当事人合意适用小额诉讼程序的，是否仍应当赋予当事人程序异议权？笔者认为，对于此类案件，人民法院适用小额诉讼的合法性基础是当事人自愿达成的协议。若当事人在法庭辩论终结前提出程序异议的，应视为当事人终止了双方的协议，适用小额诉讼的合法性基础不复存在，人民法院应当及时转换程序审理。

（三） 构建小额再审程序

程序选择及程序异议制度的设置可以在一定程序上消除当事人对公正的合理怀疑，增加其"无形的体验"。但程序选择、程序异议是裁判作出前的当事人救济制度，仅是当事人对抗人民法院强制适用小额诉讼程序的途径，并不能解决小额诉讼程序中法律适用错误或程序重大缺陷的问题。因此，仍须畅通对裁判不公的救济渠道。小额诉讼实行一审终审已成为立法上的既成事实，故在此讨论其内在缺陷和不合理性并尝试提出不同的立法设想似乎缺乏现实价值，但是程序效率与裁判公正的合理平衡也必须引起我们的重视，否则，小额诉讼未必有"好的终点"。

现行再审制度法定事由的规定，使得再审程序往往难以启动，无法作为小额诉讼当事人畅通的救济渠道；且其程序设计亦与小额诉讼快捷、简化、诉讼成本低的程序价值不相契合，违背程序相称原理。❶ 当事人对小额诉讼满意度不高、合意适用小额诉讼程序的比例之低可想而知。我国小额诉讼的合理救济对接机制可以借鉴域外的有利之处，设置与小额诉讼程序对应、独立的小额再审程序，为小额诉讼当事人提供相对畅通、简便的权利救济途径。所谓小额再审程序，即在申请时限、法定事由、适用范围、裁定再审期限、再审审限等方面有别于普通再审的相关规定，以实现程序效率与裁判公正的合理平衡。作为以纠错为主要目的的审判程序，其审判组织仍应采用合议庭，具体如表 1所示。

---

❶ 刘敏．论我国民事诉讼法修订的基本原理［J］．法律科学，2006（4）．

表1 小额再审程序与普通再审程序的主要差异对比

	普通再审程序	小额再审程序
申请时限	6个月内	2个月内
法定事由	具有重大性特征	实体一般性、程序重大性
申请法院	上一级法院或原审法院	原审法院
裁定再审期限	3个月	1个月
再审审限	原生效程序审限	1个月
再审次数	不限	1次为限

需要说明的是，无论是强制适用还是合意适用，当事人均可对裁判不服申请再审。程序异议制度与小额再审程序作为一前一后保障裁判公正的救济制度，两者应有效衔接、形成合力。一方当事人提出程序异议申请，人民法院认为异议不成立的，该当事人对裁判不服提出再审申请的，人民法院应当裁定再审。新司法解释关于"当事人以不应按照小额诉讼案件审理为由申请再审，人民法院应当受理"之规定，再审受理不以当事人提出程序异议为前提，有可能成为小额诉讼案件当事人滥用申请再审权利之制度根源，有失合理性。此外，对再审不服应当限制上诉，理由如下：一方面，程序异议制度的设置使得再审程序原则上无须对小额诉讼的适用错误进行审理。在无法推翻原生效程序适用小额诉讼的前提下，按照现行民事诉讼法的规定，再审程序应适用原生效程序，即实行一审终审的小额诉讼，故对再审不服不能提起上诉；另一方面，不允许对再审上诉，符合小额诉讼快捷、诉讼成本低的立法宗旨。

本文论证的合理救济对接模式如图1所示。

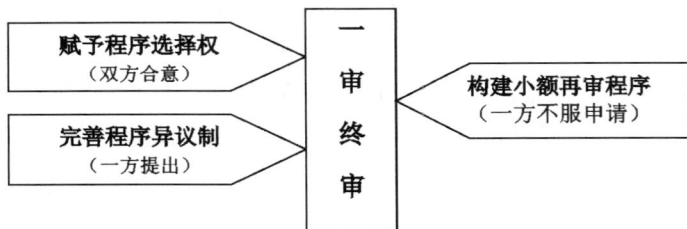

图1 小额诉讼合理救济对接图

如图 1 所示，赋予当事人程序选择权，尊重当事人的意思自治，使得小额诉讼的一审终审具有合法性和正当性基础；完善程序异议制，使之切实成为人民法院适用程序不当、损害程序利益的制衡手段。两者是补救小额诉讼一审终审缺陷的庭审前制度设计。小额再审程序，是当事人庭审后的畅通救济渠道。前后结合，方能形成合力，进而实现小额诉讼效率与公正价值合理平衡的目标，在实现"好的起点"的同时，亦能达到"好的终点"。

参考文献：

［1］刘敏. 论我国民事诉讼法修订的基本原理［J］. 法律科学，2006（4）.

［2］奚晓明.《中华人民共和国民事诉讼法》修改条文理解与适用［M］. 北京：人民法院
　　　出版社，2012.

［3］李祖军. 民事诉讼目的论［M］. 北京：法律出版社，2000.

［4］齐树洁. 构建小额诉讼程序若干问题之探讨［J］. 国家检察官学院学报，2012（1）.

［5］廖中洪. 小额诉讼救济机制比较研究——兼评新修改的《民事诉讼法》有关小额诉讼一
　　　审终审制的规定［J］. 现代法学，2012（5）.

论刑事庭前程序的独立性

汤景桢❶

摘要： 刑事庭前程序不是依附于庭审程序的准备程序，也不是在诉讼程序中可有可无的过渡程序，其所拥有的诉讼基本结构和纠纷解决所需的程序要求，使得庭前程序是一个具有独立价值和功能的诉讼程序。我国刑事庭前程序由于不具备控、辩、审三方共同参加的诉讼构造，在缺乏外部程序的帮助下不能达到纠纷解决所需的程序要求，因此不具有独立性。重构我国的刑事庭前程序，首先应当将庭前程序确定为一个独立的诉讼程序，使之具有独立的、与庭审法官相分离的权力主体，具有独立的运作模式和程序。

关键词： 公诉案件　庭前程序　诉讼构架　独立性

刑事庭前程序指的是，刑事公诉案件由公诉机关提起公诉之后到法院正式开庭审理之前，参与诉讼的机关和人员按照一定的顺序、方式和步骤所进行的诉讼活动及由此形成的诉讼关系的总和。在我国，检察机关向人民法院提起公诉后，从程序归属上说便进入了审判程序。与庭审程序相比，庭前程序并没有得到应有的关注和重视，这从立法对其的简陋规定便可窥一二。虽然我国刑事诉讼法的每次修改都会涉及庭前程序的相关规定，具体内容也会发生不断的变化，但是，与世界法治国家的刑事庭前程序相比，真正意义上的庭前程序在我国并不存在。究其原因，主要在于我国的刑事庭前程序缺乏独立性，使得其应有的价值和功能在刑事诉讼中得不到充分的实现。

一、刑事庭前程序独立性之法理分析

刑事诉讼按照法定的顺序、步骤和程序来解决犯罪嫌疑人、被告人的刑事

---

❶ 作者单位：上海商学院。

责任问题，这是个连续的过程。这个过程虽然都是为了最终确定和落实被告人对国家有无刑事责任及刑事责任的大小服务的，但是仍然可以划分为一些相对独立而又相互联系的组成部分，刑事庭前程序就是其中之一。在刑事诉讼程序中，庭前程序上接公诉程序，下连庭审程序，在诉审之间起着关节点的作用。然而在我国刑事诉讼中，刑事庭前程序并没有得到应有的重视，这与我国长期以来强调庭审程序的改革与完善有关。我国现行刑事诉讼法将庭前程序设置为公诉案件的第一审程序中的一部分，完全从属于第一审程序，且功能简单。那么刑事庭前程序到底仅仅是庭审程序前的一道加工准备工序，抑或是一个承接公诉与庭审的中间过渡性阶段，还是一个具有独立实现诉讼目的和价值功能的刑事诉讼程序呢？"现代法律的程序一般被界定为按一定顺序、方式和步骤来作出决定的过程。它一方面包含法律决定成立的前提，并保留着主观评价的客观评价过程；另一方面则通过意见疏通以加强理性思考，扩大法律主体的选择范围，并排除外来干扰，保证着法律决定成立的正确性。"❶ 判断一个程序相对于其他程序而言是否具有独立的地位，关键在于该程序本身是否具备解决纠纷所需要的一切程序资源，是否具备发挥程序功能所需要的一切要素，是否具有能够独立完成诉讼目的的功能，是否符合刑事诉讼的基本构造要求。对此，可以从以下两方面进行具体分析。

（一）刑事庭前程序拥有诉讼的基本结构，各诉讼主体的合理组合和权利配置体现了其独立的诉讼地位

刑事诉讼的程序结构是刑事诉讼目的和价值的实现方式，现代刑事诉讼活动的基本特征是诉讼结构的合理构建和多种诉讼权能的分工、制衡。刑事诉讼程序一方面要限制刑事诉讼主体的肆意妄为，即除对审判权本身进行直接限制外，还要实现审判权与起诉权的分立制衡、辩护权对审判权的间接制衡以及起诉权与辩护权的直接制衡，由此形成控、辩、审三方的权力（利）互动状态；另一方面是要把有利于查明案件真相并对真相进行准确评判的有效方法或经验用程序规则的形式固定下来，即在平等听取控辩双方意见的基础上，由法官居中予以裁判。刑事诉讼程序的上述两方面的价值比较明显地体现了程序结构的基本轮廓：一是控辩均衡对抗；二是法官居中裁判。❷ 以控、辩、审三大诉讼职能良性互动为基础的现代刑事诉讼结构理论不仅需要体现在庭审程序，为了避免原被告双方在庭审外进行诉讼准备的不均衡，这样的诉讼结构还应当等距

---

❶ 陈金钊. 法律程序中的仪式及意义——伯尔曼《法律与宗教》评析［J］. 法律科学，1994（5）.

❷ 马贵翔. 刑事诉讼结构的效率改造［M］. 北京：中国人民公安大学出版社，2003：26.

离延伸到庭前程序。也就是说，刑事庭前程序需要追求控审分离、控辩平等和审判中立的刑事诉讼结构的理想状态，反之，刑事诉讼的基本结构也给庭前程序的独立存在提供了理论基础。

首先，控诉权和审判权是整个刑事诉讼程序中两个非常重要的构成元素，近现代法治国家都确立了控诉职能和审判职能的分离与制衡来防止刑事司法权的过度集中，以保证诉讼程序和结果的公正。从结构意义上说，控审分离要求控诉职能和审判职能应当由不同的国家机构承担；从程序意义上说，控审分离指的是程序启动上的"不告不理"以及程序运作中的"诉审同一"。从世界各国对刑事庭前程序的立法规定来看，控审分离在庭前程序中得到了普遍的认同和遵循。为了防止审判权的专断，"不告不理"成为公诉权对审判权的制约机制。刑事庭前程序以公诉机关提起公诉为序幕，这种以追求被告人刑事责任为目的的追诉权使得庭前程序的启动具有消极性和被动性。然而根据现代权力制衡原则，为了防止公诉权的滥用，必须以权力制约权力，对公诉权进行制约。无论是美国的预审程序还是德国的中间程序，对检察官提起的公诉都引入了司法审查制度，由法官来主持对检察官起诉裁量权的审查。这种审判权对控诉权的制衡为庭前程序的公正提供了程序性的保障机制。另外，在庭前程序中，当审查法官认为指控缺乏事实和法律依据的，应当作出不准予交付审判的裁断。裁定确定后，除非发现新的证据，不得对同一案件进行追诉。

其次，控诉和辩护是刑事诉讼中的两项重要权能，然而作为控诉方的代表国家的公诉机关与作为辩护方的代表个人的被告人之间在力量上明显不等。因此，一方面，现代刑事诉讼构造要求刑事诉讼法应当对控辩双方进行平等武装，赋予双方对等的攻防手段，以确保控辩双方能展开有效对抗。世界上许多法治国家在刑事庭前程序中建立了系统的证据展示制度，充分体现了控辩平等原则。这是因为刑事诉讼中控辩双方在诉讼资源分配和取证能力上不平等，需要建立一定的机制来使双方共享证据信息，避免双方在法庭审理中进行证据偷袭而导致诉讼的拖延和审判的不公。另一方面，现代刑事诉讼构造还要求法官对控辩双方也应当加以平等保护，给予双方参与诉讼的同等机会，从而推动诉讼的进展，保障刑事诉讼的民主和公正。在英美法系的控辩模式下，控辩双方都具有当事人地位，当双方在庭前出现争议时，都可以以动议的形式向法官提出申请，由法官居中裁判，从而维护平等对抗。在大陆法系国家，公诉方虽然没有像英美法系这样被当事人化，但是法律科以控方一定的法定义务，比如，控方不仅要追查不利于被告人的证据，也要调查对被告人有利的证据，并且还要保障辩护方的阅卷权等，这些都体现了对控辩双方平等地位的保护。

第三，从结构上分析，刑事诉讼是一个典型的三方组合，控辩双方平等对抗，法官作为第三方中立听证、居中裁判。在刑事诉讼中，控方以国家权力为后盾，积极收集控诉证据，对犯罪嫌疑人、被告人采取各种强制性措施，以达到控制犯罪、维护安宁的目的；而辩方以公民权为依据，在人身、财产和个人自由面临威胁的时候，会尽自己的努力争取和寻找有利于自己的证据材料，这必将使控辩双方产生尖锐的冲突和对立。要解决这样的纠纷，就必须由与该纠纷利益无关的第三方主持进行，因为按照公正的理念，只有与纠纷利益无涉的第三方才能获得双方当事人的认同和信赖，才有利于引导和促成纠纷的解决。刑事庭前程序尽管不对被告人作出是否定罪的最终裁断，但也是一个充满冲突需要解决的阶段。为了保证刑事庭前程序的公正性，许多国家在庭前程序中设立了与庭审法官不一样的法官作为中立者，以确保庭前程序结构的完整性和公正性。1994 年通过的《世界刑法学协会第十五届代表大会关于刑事诉讼法中的人权问题的决议》第 4 条就提出了负责判决的法官不能是对公诉进行预审的法官。❶ 在英国，由治安法官对那些以公诉书起诉的可诉罪案件进行预审，以确定控方是否有充足的指控证据，该案件是否有移送刑事法院的必要。在法国，传统的两级预审制度独具特色，预审法官单独构成的预审法庭完成第一级预审，预审法官以中立的第三方对所控行为作出不予起诉或者向刑事法庭移送案件的裁定。

（二）刑事庭前程序除了确保裁判者的中立和控辩双方对程序的共同参与外，还具备纠纷解决所需的程序要求，使得其在不依赖其他程序，不需要引入其他资源帮助的情况下，仅仅依靠自身构造就成为能够决定甚至排斥普通庭审程序的一个相对独立的体系

程序正义在诉讼制度上的首要表现是确保与程序的结果有利害关系或者可能因该结果而蒙受不利影响的人，都有权参加该程序并得到提出有利于自己的主张和证据以及反驳对方提出之主张和证据的机会。这就是正当程序原则最基本的内容或要求，也是满足程序正义的最重要条件。正如前述，刑事庭前程序中控、辩、审三方不仅都是程序的参与者，而且还符合了刑事诉讼的构架要求，因此，刑事庭前程序符合程序正义的基本要求。但是，仅仅有主体的参与还是不够的，作为一种程序形态，庭前程序还需要有主体间的交流与对话，以

---

❶ 该条规定："在审理和判决时，无罪推定原则要求法官对诉讼双方公正不倚。为了使这种公正确实存在，必须严格区分起诉职能与审判职能。因此，负责判决的法官必须是未参与预审的法官。最可取的办法是负责判决的法官不应与接收对嫌疑人的起诉的法官为同一人。"

及具备其他诉讼程序无法替代的特有功能，才能真正实现其独立的地位。

1. 庭前程序主体间的交流与对话

"程序不能简单地还原为决定过程，因为程序还包含着决定成立的前提，存在左右当事人在程序完成之后的行为态度的契机，并且保留着客观评价决定过程的可能性。另外，程序没有预设的真理标准。程序通过促进意见疏通、加强理性思考、扩大选择范围、排除外部干扰来保证决定的成立和正确性。"❶ 因此，在诉讼程序中，不仅要保障主体在参与程序中相互间的交往过程，更要保障主体间以自由交流和对话的方式进行交往，以获取所需要的内容和结果。不同诉讼模式下各诉讼主体在庭前程序中所处的角色和地位虽然有所差异，但都通过不同的制度和方式来体现主体间的交流和对话。英美法系国家的庭前程序主要是通过答辩和指导听证、证据开示、庭前会议等程序达到信息交流和主体对话的目的。在英国，治安法官将可诉案件移送到刑事法院后，公诉人和被告人及其辩护律师必须在审判法官指定的日期参加答辩和指导听证。对于案情过于复杂或者审判时间可能很长的，在答辩和指导听证中还可以举行一个开庭前的预先听证会，以帮助控辩双方当事人简化和确定他们之间的争议、整理保存证据，实现主体间的信息交流和对话。在美国，庭前程序中的传讯和答辩、辩诉协商、审前动议、证据开示，以及在庭前会议中对整理争点、整理证据和证据调查的次序、范围、方法进行协商一致等内容，无不体现出主体间的沟通和交流。在大陆法系国家，庭前程序中法官虽处于主导者地位，通常可以主动调取证据、为证据进行保全、通知被告人及其辩护人查阅案卷等，但是其他当事人仍然可以积极参加到法官的证据调查、勘验和证据保全等活动中去。在德国的刑事审判实践中，检察官和辩护人在庭前程序中要明确诉讼争点，法官要整理诉讼争点。在法国，重罪法庭的审判长在被告人被接送到看守所和证据被转送到书记官室后，应该在最短的时间内讯问被告人，确认被告人的身份，给被告人指定辩护人。辩护律师还可以通过与被告人通信、查阅案卷等方式获悉证据。日本刑事庭前程序中虽然没有对公诉的审查，但是在第一次公审日期前后的两次准备程序都强调控辩双方之间的充分协商。因此，无论是强调对抗制的英美法系国家还是注重法官职权的大陆法系国家，庭前程序均体现了诉讼主体的共同参与及相互间的交流与对话。

2. 庭前程序特有的裁断纠纷、终结诉讼的功能

一个诉讼程序是否能够解决刑事诉讼中的特定事项，是否具备纠纷解决的

---

❶ 季卫东. 程序比较论 [J]. 比较法研究, 1993 (1).

程序空间，是衡量其是否具有独立性的重要标准。"庭前程序承载着丰富的诉讼功能，它不仅仅是为庭审程序打基础、做准备，也不以启动庭审程序为唯一、最终目的，在一些情况下案件经由庭前程序即可作出裁断进而终结诉讼。"❶诉讼来源于纠纷，伴随着纠纷的解决诉讼即告终结，诉讼目的也得以实现。刑事案件的具体情况千差万别，为了不给诉讼资源造成不必要的浪费，不同的案件在刑事诉讼的不同阶段可以采取不同的处理方式。就刑事庭前程序而言，一方面，庭前程序具有防止公诉权滥用的功能，当审查法官认为检察官的指控缺乏事实和法律依据时，可以作出不将被告人交付审判的裁断，从而不开启审判程序，刑事诉讼即为终结。比如，英国治安法官经过审查，如果认为起诉方提供的证据不充分，就应该决定不起诉，并且应该立即释放被告人。法国的重罪案件在开庭审判之前经过预审机关预审后，如果认为被指控的事实不构成重罪，也不构成轻罪或者违警罪，或者对被告人的指控没有充分理由，或者经过补充侦查仍然认为没有足够理由的，就应当宣布终止诉讼。另一方面，庭前程序通过非法证据排除、证据展示及争点整理等功能，让控辩双方积极参与、对话协商，从而明晰争点、求同存异，使一部分被告人认罪的案件得以及时处理，最大程度避免了庭审程序的启动。在美国，被告人甚至还可以直接与控方进行辩诉交易，而后法庭根据控辩双方的协议直接定罪处刑，不再启动正式的审判程序，而且答辩协议中商定的有关处置将在判决和量刑中得到体现。也就是说，在被告人自愿认罪的前提下，庭前程序不再需要依托其他程序就为纠纷的解决提供了程序空间，与庭审程序具有相同性质的纠纷解决功能。因此，庭前程序不应该是一个处于近似边缘化的前置诉讼构架，也不应该是一个仅仅为开庭审理做准备的附属程序，而是一个具有自足独立性的诉讼程序。

二、我国刑事庭前程序缺乏独立性之反思

从世界各国的刑事庭前程序来看，不仅具有控、辩、审三方进行良性互动的诉讼结构，而且还具备纠纷解决所需的程序要求，这就使得庭前程序在各国刑事诉讼中具有独立的诉讼目的和诉讼地位。然而我国刑事庭前程序并没有实现真正的独立，原因主要在于：首先，庭前程序缺乏最基本的三方参与的诉讼结构。控、辩、审的三方组合是现代刑事诉讼特有的本质特征，其强调的是控辩双方在平等对抗的基础上，由中立的第三方运用国家所赋予的

---

❶ 闵春雷. 刑事庭前程序研究［J］. 中外法学，2007（2）.

审判权对争议作出裁判。这样的"三方组合"不仅要求控辩双方拥有充分的机会、积极有效地参与到诉讼过程中去,对裁判结果的形成发挥有意义的影响和作用,而且要求裁判者在控辩双方平等武装和平等对抗的基础上,消极、中立地作出公平判断。但是,在我国的庭前程序中,更多的却是法官在庭前活动中的主动,以及被告人在庭前活动中的缺乏。比如,在对公诉案件进行审查时,法院只审查检察院提交的起诉书中是否有明确的指控犯罪的事实,而不论移送的案卷材料是否完整,也不论证据是否达到确实、充分的起诉标准,更加不需要听取被告人的意见。这种抛开被指控人,以书面形式秘密进行的公诉审查,使得庭前程序缺乏当事人的参与而丧失了独立的地位。而相比之下,其他国家庭前程序中的公诉审查不仅赋予当事人程序选择与参与的权利,而且通常以开庭或听证的形式进行,保证了程序的公正性。其次,庭前程序无论是在职能分工还是人员配置上,都尚未脱离审判程序。世界上其他国家的庭前程序具有独立的功能和价值,通过庭前程序的运行以期达到防止公诉权的滥用、知悉证据、程序分流和排除非法证据等目的。然而我国的庭前程序性质定位并不明确,庭前审查必然启动审判程序,庭前准备更侧重于事务性活动,庭前程序中的法官就是庭审法官,这些使得庭前程序更像是庭审程序的附属程序,而不是一个具有独立性地位的诉讼程序。第三,庭前程序不能作出实质性决定,不具有裁断纠纷的功能。世界上大多数国家的庭前程序都规定了对公诉进行审查以后,对于没有足够证据、不符合起诉条件的案件应当驳回指控,并释放被追诉人。但是,按照我国现行立法,人民法院对于人民检察院提起公诉的案件,可以依法受理,可以裁定终止审理,可以退回人民检察院,可以通知检察院补送材料,但是没有规定驳回起诉的情况。也就是说,人民法院对于人民检察院起诉的案件,没有不立案审理的权力。"我国这种有诉必审的审查方式实质上造成了庭前审查的虚无化,它排除了国家司法权对追诉权的程序性监督和制约,难以防止公诉机关的错诉、滥诉,也无法保障被追诉人的基本人身自由和权利。"❶ 而在庭前程序的庭前会议中,审判人员只能针对与审判有关的问题了解情况、听取意见,不能作出实质性决定和裁定。虽然最高人民法院的司法解释明确了"庭前会议情况应当制作笔录",但这仅仅是对诉讼程序的一种书面记录,与庭审笔录的作用相似,并不具有裁决性质。总之,与其他国家的庭前程序可以

---

❶ 汪建成,杨雄. 比较法视野下的刑事庭前审查程序之改造 [J]. 中国刑事法杂志,2002 (6).

确认辩诉交易并跳过庭审程序直接作出判决相比较，我国的庭前程序连对程序性事项的裁定都不能作出，根本不具备纠纷解决的诉讼资源，完全从属于庭审程序。

三、对我国刑事庭前程序的重新定位

由于刑事庭前程序处于提起公诉和正式庭审之间，对庭前程序的改革必将对前后程序乃至整个刑事诉讼程序造成不小的影响，因此，庭前程序的改革是一项系统的工程。在具体构建我国刑事庭前程序前，我们首先应当考虑的是：庭前程序在我国诉讼程序中究竟应该设计成一个独立完整的程序，还是一个附属于庭审程序的附属性程序？庭前程序是否应具有独立的价值目标？庭前程序在刑事诉讼中应处于何种地位？对这些问题的回答是对我国刑事庭前程序科学定位和进行一切庭前程序改革的基础。根据国外对庭前程序的立法经验来看，庭前程序具有独立性是大多数国家的普遍选择。我国刑事庭前程序由于不具备控、辩、审三方共同参加的诉讼构造，在缺乏外部程序的帮助下不能达到纠纷解决所需的程序要求，因此不具有独立性。这种不具有独立诉讼地位的刑事庭前程序导致的后果是：不能对纠纷作出实质性裁决，法官在庭前形成先入为主的预断，对公诉的过滤能力不足，程序分流得不到实现，直接影响诉讼效率和审判公正。因此，笔者认为，我国重构的刑事庭前程序首先应当是一个独立的诉讼程序，具有独立的与庭审法官相分离的权力主体，有着独立的运作模式和程序，既有防止公诉权滥用和为庭审做准备的工具性价值，又有排除法官预断、裁断纠纷、终结诉讼等自身独立存在的价值。刑事庭前程序的独立性使得其绝不依附于庭审程序，更不是公诉与庭审程序之间的一个可有可无的过渡性阶段。

接下来的问题是，具有独立性的刑事庭前程序应当定位于刑事诉讼的哪个阶段呢？有学者认为，庭前程序应归属于审判阶段，它是与第一审程序、第二审程序、死刑复核程序、审判监督程序相并立的独立的诉讼程序，应把诸如送达起诉书副本、确定审判日期及确定证据调查的顺序和方法等为庭审进行准备的活动排除在庭前程序之外。❶ 对此，笔者同意将庭前程序归属于审判阶段，而不是将其设立在起诉和审判之间，原因主要在于，按照现行刑事诉讼法的规定，检察机关提起公诉后，就进入审判阶段，而庭前程序就是以提起公诉为启

---

❶ 闵春雷. 刑事庭前程序研究 ［J］. 中外法学，2007（2）.

动标志，将庭前程序放置在审判阶段无须对现行刑事诉讼结构作出剧烈的变革，这样能更容易被刑事司法改革接受。但是，笔者并不赞同将庭前程序设计成与一审、二审、死刑复核等程序相并列，因为按照其他法治国家对庭前程序的设置来看，并不是所有案件都需要经过庭前程序，比如，德国根据犯罪的轻重设计了不同的诉讼程序，对于特定轻罪或者案情简单、证据清楚适宜立即审理的案件，都可以不经过庭前程序，只有适用普通审判程序的才在检察官起诉后进入庭前程序。同样，在我国，庭前程序也应当有其适用范围，主要针对的是除适用简易程序以外的一审公诉案件，二审案件、自诉案件、适用简易程序的案件都不适用本文所讨论的庭前程序。因此，笔者认为，如果将庭前程序与一审、二审、死刑复核等程序相并立，诉讼结构就会缺乏逻辑性和条理性。总之，作为第一审公诉案件普通程序的一部分，庭前程序具有独立的价值和功能，衔接公诉与庭审，但又不依附于庭审程序，而是一个与庭审程序相并列的独立完整的诉讼程序。

参考文献：

［1］陈卫东．2012 刑事诉讼法修改条文理解与适用［M］．北京：中国法制出版社，2012.

［2］韩红兴．刑事公诉庭前程序研究［M］．北京：法律出版社，2011.

［3］马贵翔．刑事诉讼结构的效率改造［M］．北京：中国人民公安大学出版社，2003

［4］闵春雷．刑事庭前程序研究［J］．中外法学，2007（2）.

［5］甄贞．论刑事诉讼庭前审查程序的改革［J］．法学家，2001（2）.

［6］汪建成，杨雄．比较法视野下的刑事庭前审查程序之改造［J］．中国刑事法杂志，2002（6）.

［7］季卫东．程序比较论［J］．比较法研究，1993（1）.

［8］施鹏鹏，陈真楠．刑事庭前会议制度之检讨［J］．江苏社会科学，2014（1）.

微小侵权行为致重大损害后果类案件赔偿标准研究

王朝莹❶

摘要： 与一般侵权行为不同，在微小侵权行为致重大损害类案件中，行为的轻微性与损害后果的严重度之间存在不对等性，这就使得赔偿标准的最后确定存在一定的难度。本文首先通过比较最高人民法院第 24 号指导案例确立的赔偿原则与现今司法实践中通常做法上存在的部分矛盾，指出此类案件审理中容易出现的常见问题。在此基础上，以"特殊体质案"与"生存机会丧失案"作为微小侵权行为致重大损害后果类案中的代表性案件，探索其他国家在此类案件上的常见做法及其对我国司法实践的可借鉴之处，得出应设立过错为主、法律原因力为辅的赔偿标准，并根据该原则性赔偿标准，区分被告的主观过错类型，设立公式化的赔偿标准，以期为这类案件的司法实践提供一个实务上的参考。

关键词： 过错比较　事实上的因果关系　法律上的因果关系

在微小侵权行为致重大损害类案件中，行为的轻微性与结果的严重性之间存在明显的不对等性，行为的作出与最终的结果发生之间可能混入了其他介入因素，例如，当事人的特异体质就是最为常见的因素之一，因此，在这类案件中如何确定最终的赔偿责任是存在争议的。现今司法实践中考虑原因力的常见做法与最高人民法院第 24 号指导案例确立的不考虑原因力仅以过错比较为唯一归责原则的做法存在一定的矛盾。如何设立一个合理的赔偿标准，既能起到预防作用，又能在这类行为与结果严重不对等的案件中确保判决的公正，形成较为统一的赔偿标准，是本文探讨的主要问题。

---

❶ 作者单位：上海市徐汇区人民法院。

一、最高人民法院第 24 号指导案例涵射下以主观心态为区分的三类案件类型

在最高人民法院发布的第六批指导性案例中，其中第 24 号案例——原告荣宝英诉被告王阳、永诚财产保险股份有限公司江阴支公司机动车交通事故责任纠纷案，旨在明确交通事故受害人体质状况对损害后果的发生即使存在一定程度的影响，也不属于可以减轻侵权人责任的法定情形。受害人没有过错的，侵权人应当承担全部损害赔偿责任。该案例确立的指导原则，未明确其可以适用的范围、边界，并与现今司法实务中在处理微小侵权行为致重大损害类案件时考虑参与度、原因力的普遍做法存在一定的矛盾。该指导案例将过错作为归责的唯一标准，笔者就在此基础上先予探讨三种不同程度的主观过错下适用该案例原则的可行性。

（一） 重大过失行为致重大损害后果案

案例 1：2010 年 6 月，黄某因超速驾驶助动车与未在人行道上行走的陈某发生轻微剐蹭，造成交通事故，陈某左下肢软组织损伤，经交警部门认定，双方对事故负同等责任。另外，陈某称本次交通事故致其精神病复发，经鉴定：陈某患有精神分裂症，本次事故是其精神病加重的诱发因素，参与度不能评定。一审法院根据交警部门的认定判断双方的过错度，判定黄某对陈某的损失承担 50% 的赔偿责任。二审法院维持原判。❶

2013 年，陈某因治疗精神疾病发生的后续治疗费问题诉至法院，在法院调解下，双方达成一致意见，由黄某一次性支付陈某 15000 元，本案纠纷就此了结。❷

评析：根据司法鉴定常规，若某种原因被鉴定为某损害后果发生的诱发因素，那么该原因的参与度即被定为 10% ～ 20%。❸ 在本案判决中，法院并未考虑该参与度，仅根据事故责任确定的责任比例（即双方过错）判定双方的责任。这个做法与第 24 号指导案例不谋而合。仅就本次交通事故本身而言，其仅造成原告软组织损伤这样一个轻微的损害后果，但因原告自身体质特异，诱发其精神疾病，并需要被告自此为原告的后续精神病治疗承担赔偿责任。行为

---

❶ 参见上海市第一中级人民法院（2012）沪一中民一（民）终字第 1701 号民事判决书。
❷ 参见上海市徐汇区人民法院（2013）徐民一（民）初字第 8431 号民事调解书。
❸ 冯龙，王典，于晓军，等. 医疗损害因果关系及其原因力的定性定量分析［J］. 中国司法鉴定，2013（1）.

本身的轻微性与损害后果的严重性之间似乎存在一定的不对应性，但是结合被告主观上存在超速这样的严重过失，本案裁判符合"蛋壳脑袋规则"确立的"加害人必须接受其受害人的现实"的规则，也符合其警示世人谨慎行事的法律目的，毕竟重大过失在一般情况下是可以通过履行一般的注意义务而得以避免的。

（二） 轻微过失行为致重大损害后果案

案例 2：张某在公园"倒走"锻炼时与正常正向行走的周某相撞，周某摔倒骨折。周某因高龄且身患多种疾病，事发 11 日后死亡，死亡原因：不完全性肠梗阻、小肠疝。经审理查明，"倒走"系一种正常的锻炼方式，但张某在倒走过程中未尽到足够的注意义务。法院综合考虑张某的过错程度及周某年龄及基础疾病因素，最终判定张某对周某的死亡后果承担 10% 的赔偿责任。❶

评析：本案中，正常行走的周某自无过错，那么根据最高人民法院第 24 号指导案例确立的原则，是否需要张某对周某最后的死亡承担全部的赔偿责任呢？与案例 1 不同的是，本案中的被告在发生碰撞事故时仅具有轻微的过失，故法院在判决中并不只考虑了过错，而是综合考虑了原因力因素。在 1990 年以前，过错是分担损害的唯一标准；但在 1990 年以后，最高人民法院亦在某些案件中考虑原因力因素。最高人民法院在〔1991〕民他字第 9 号的复函中，就庞启林与庞永红损害赔偿纠纷一案认为，自然灾害造成受害人房屋部分损失的情况可以减轻致害人的赔偿责任。这其实就是对原因力因素的考量。本案中，法院兼顾了当事人的主观过错及其行为对损害后果的原因力，最后仅要求被告承担部分轻微赔偿责任，笔者认为这一审理思路是值得肯定的，但是如何量化这样的赔偿标准依然是不明确的。若仅根据被告主观上这一轻微的过失而要求其对死亡后果承担全部赔偿责任，那么这一严重的不对等明显不符合平均正义的目的。

（三） 有法定义务的过失行为致重大损害后果案

案例 3：患者吴某因咽痛 5 天至 A 院就诊，被诊断为慢性咽炎。次日，患者至 B 院就诊，被诊断为急性咽炎。当天下午，患者出现呕吐、胸闷等加重情况，急救至 C 院抢救，经抢救无效，于当晚死亡，死亡诊断为急性心肌梗死（右室、下壁）。本案经医疗损害鉴定，A 院、C 院不属于医疗损害，B 院诊断错误，但综合考虑患者本身疾病的严重度及首发症状的不典型，认定 B 院医疗

---

❶ 参见上海市徐汇区人民法院（2013）徐民一（民）初字第 1325 号民事判决书。

行为属于医疗损害，责任程度为轻微责任。法院最终判决 B 院承担 10% 的赔偿责任。❶

评析：在医疗损害责任案件中，医生负有"专家的高度注意义务"，因此，对于其过错的认定也会较一般标准更为严苛。然而在医疗损害案件中，鉴于医疗行为的专业性，法院将医疗过错的甄别交由鉴定机关进行，鉴定机关在综合考虑院方的诊疗行为及患者的既有疾病后作出最后的责任认定。在司法实践中，法院多根据鉴定结论确定院方所需要承担的责任比例。若根据第 24 号指导案例的理念，医疗损害案件中，患者亦不存在过错，若将过错作为唯一的归责要件，则医方需要承担全部的赔偿责任，这显然是不合理的。被害人在医师误诊之前，其存活机会业已减损，基于合理分配损害之原则，加害人所应赔偿者，仅为被害人丧失存活或治愈机会的损害，而非被害人全部损害的赔偿，因此，不能仅仅因为一个高难度诊疗行为造成的误诊过错，就要求医方对患者死亡这样一个严重的损害结果承担全部的赔偿责任，其所带来的吓阻目的将最终阻止医疗事业的发展，医护人员必将因为其所担负的法定注意义务而在面临高风险的诊疗行为时畏首畏尾。

综上，微小侵权行为致重大损害类案件审理中，当过错程度达重大过失以上等级时，第 24 号指导案例确立的原则有其适用的合理性；但在过错为一般、轻微过失抑或法定义务过失时，笔者认为，该原则的适用还是有待商榷的。

二、指导案例与类案在审判理念上的差异度所折射的赔偿标准上的问题

（一）　以比较过错作为唯一的归责标准不符合平均正义目的及实践发展

所谓平均正义目的，是指侵权行为人仅就其行为引发的损害负责，始符合此目的，就有效吓阻目的而言，如果被告的行为仅有部分原因力，却须负担全部的赔偿责任，将会产生过度吓阻的效果；反之，若无须负担任何的不法行为成本，将发生吓阻不足的结果。二者均会使被告不愿意采取最适当预防损害发生的手段，以避免损害发生，也就无法达成最佳吓阻效果。❷ 可见，如果仅以比较过错作为唯一的赔偿标准，而不探求原因力因素，在受害人没有过错或过错非常轻微时，必会导致被告因为一个轻微的侵权行为而需要对一个严重的损害后果承担全部的赔偿责任，其吓阻过度的效果不言而喻。这样的标准将使得

---

❶ 参见上海市徐汇区人民法院（2014）徐民一（民）初字第 2863 号民事判决书。
❷ 陈聪富. 因果关系与损害赔偿［M］. 北京：北京大学出版社，2006：195.

人人自危，导致正常的人际交往受阻。

在各国损害赔偿领域中，关于赔偿标准的确定主要有三种：过错比较说、原因力比较说，以及过错、原因力综合比较说。采过错比较说的国家主要有俄罗斯、中国澳门等；采原因力比较说的国家主要以德国为代表；采过错、原因力综合比较说的国家主要有日本、意大利、瑞士、荷兰等，这一学说也逐渐被越来越多的国家采用。

在我国侵权行为法的发展过程中，呈现的亦是从比较过错向原因力与过错比较互相补充发展的趋势。《中华人民共和国民法通则》第 131 条正式确立了过错比较标准，规定可依受害人过错减轻侵害人责任。在 1990 年以前，过错比较是确定赔偿、分担损害的唯一标准。但是 1990 年以后，就有学者提出了"原因力"标准，其后，在《关于审理触电人身损害赔偿案件适用法律若干问题的解释》及《关于审理人身损害赔偿案件若干问题的解释》中均引入了原因力的概念。

综上，不加甄别地单一以"过错"作为确定赔偿份额的唯一标准存在一定的狭隘性，并与世界主流立法实践不相符合，亦违背了我国司法实践及理论学说的发展规律。

（二） 事实上因果关系至法律上因果关系的转归缺乏价值上的考量

事实上因果关系是指从纯粹的事实角度观察加害人的行为与受害人受到的损害之间的客观联系。❶ 在此阶段，不论损害发生是否有其他原因，只要被告行为促成损害发生，即认定有因果关系。法律上的因果关系需要考量被害人行为之外的其他因素是否降低或免除了被害人的法律责任，亦即责任限制的问题。在此阶段，法律政策或目的性考虑参与其中。❷ 经鉴定得出的行为与损害后果之间的参与度结论系属事实上因果关系的范畴，在进一步确定是否具有法律上因果关系的过程中，其仅具有参考意义，在这个转化中，需要法院对公平正义及社会需求作出基本的判断和考量。事实上因果关系向法律上因果关系的转化并不一定存在百分百的可能性。例如，在 Ryanv. New York Central R. Co. 案中，被告铁路公司员工因蒸汽机引擎操作不当，致其储放柴木的仓库失火，燃烧至 130 英尺外的原告房屋，原告于房屋焚毁后请求赔偿。❸ 这是一起典型的因微小侵权行为致重大损害后果类案件，法院在最后裁判中出于政策性考量

---

❶ 张新宝，明俊. 侵权法上的原因力理论研究 ［J］. 中国法学，2005 (2).
❷ 陈聪富. 因果关系与损害赔偿 ［M］. 北京：北京大学出版社，2006：195.
❸ 同上。

限缩了被告的赔偿责任，因为在都市化人口聚集之地，由于木材、煤矿、瓦斯与汽油的频繁使用，纵使极为谨慎小心之人亦无法避免发生因偶然或过失行为而致之失火。而一般人仅能为自己的房屋加以保险以免除损失，却不能为其他人的房屋投保；何况在商业化城市，人人均为邻居之行为承担风险，若承认本案被告之损害赔偿责任，将破坏所有文明社会之建制。❶ 暂且不以本土视野对该裁判的正确合理性作出认定，起码可以推断出在事实原因向法律原因转化的过程中需要将具体案情与政策考量相结合，在对案件可能带来的社会效果之利弊进行充分权衡的前提下作出合理的转化。然而根据现在的司法实践，这个转化过程被严重忽略，或是单纯以比较过错确定赔偿责任，或是单纯以鉴定确定的事实因果律完全替代法律因果律。在确定赔偿标准的路途中，这种机械转化的现象是值得反思的。

（三） 对主观心态甄别的缺失致赔偿标准缺乏合理的差异度

在最高人民法院第 24 号指导案例确立的审判理念中，其将受害人的特异体质作为一个环境因素考虑，不影响加害人最终责任的认定。其将比较过错作为确定最终赔偿责任的唯一标准，在受害人不存在与有过失的情况下，统一要求加害人承担全部的赔偿责任，做这样的权衡自涉及法政策上的考量——"盖身体上具有缺陷或异常疾病之被害人应如同一般健康正常人受到法律相同之保障，不可因为被害人具有血友病或精神异常，而剥夺其与他人正常交往之权利"❷。因此，最高人民法院的第 24 号指导案例做这样的裁判自有其合理之处，但笔者认为在微小侵权行为致重大损失类案件的审判过程中，不能清一色采用这样一种全有全无式的归责原则，哪怕只是轻微过失产生的微小侵权行为，亦需要为最后严重的损害后果负担全额的赔偿责任，这将会产生实质上的不公平，也不符合保障"正常交往"之宗旨。所谓正常交往，必使得人人在尽到一定限度的注意义务的情况下，能够大胆、自由地交流，正常交往应该容忍微小的行为瑕疵，在保护好特殊体质者的同时，亦不使得人人畏手畏脚。

笔者认为，需要肯定"蛋壳脑袋规则"所确立的赔偿原则，但亦需要考虑微小侵权行为致重大损害类案件中存在的行为与后果之间的严重不对等情况，从而对主观过错的严重程度加以甄别，根据故意、严重过失、轻微过失来做不同的赔偿标准的划分，不宜一旦存有过错就要求其承担全部的赔偿责任，而应该通过主观心态上的程度划分，进而维持赔偿上的合理差异度。

---

❶ 陈聪富. 因果关系与损害赔偿［M］. 北京：北京大学出版社，2006：195.

❷ 同上。

三、各国赔偿标准的原则性参考

（一）八国在特殊体质案及存活机会丧失案中赔偿标准设立上的差异性做法

特殊体质案与存活机会丧失案均是微小侵权行为致重大损害后果案中两种重要的案件类型。在此，简要参考各国在该两类案件中的不同做法。

特殊体质案：P 在事故中受伤，D 对事故负责。P 属于特异体质，因为该体质，P 在事故发生后无法工作，而他如果不是这种体质的人，则会在几个星期后痊愈。P 诉 D，要求其赔偿收入损失。❶

存活机会丧失案：医生 A 因为过失没有诊断出他的病人 B 患有癌症，在误诊之时，B 的生存几率为 40%，但是，当 B 被诊断出癌症后，他已经没有生存可能了。B 去世后，B 的继承人起诉 A。❷

针对上述两个案例，各国做法如下：

奥地利：针对前案，其认为假如易于患病的体质不会自动导致残废，那么侵权人 D 就造成了损失。❸针对后案，其认为 A 因疏忽大意而造成的过失和疾病，二者都是潜在的原因，因此 B 的继承人可以请求赔偿部分损失。

比利时：针对前案，受害者容易患病的特殊体质不会切断违法行为与损害之间的因果关系。❶ 然而，容易患病的体质却会影响对损害赔偿数额的确定。权威性学术著作对此区分了三种情况讨论：❺（1）在违法行为实施前，受害者已陷于可怜的境地。这时，那么事故责任人只需要对损害后果部分赔偿。（2）在违法行为实施前只存在容易患病的特殊体质。如果容易患病的体质没有先于事故妨害他，受害者应当得到全部赔偿。（3）在违法行为实施前糟糕的条件一直持续发展。在评估损害大小时，应当考虑到受害者的健康状况已经在不断下降。针对后案，其认为损失的机会将获得部分相应的赔偿。

法国：针对前案，法国法院认为被害人之异常体质为不可抗力，从而减轻加害人的赔偿责任。❻ 针对后案，其认为在受害人丧失恢复机会的基础上，40% 的损失可能被赔偿。

德国：针对前案，其认为 D 对 P 的损失应该承担责任。因为 D 在发现了受

---

❶　J. 施皮尔. 侵权法的统一因果关系［M］. 北京：法律出版社，2009：115.
❷　同上.
❸　同上.
❶　同上.
❺　同上.
❻　同上.

害者的时候，必须照顾具有特殊体质的受害者。针对后案，德国法院认为，因果关系是否成立取决于医生的疏忽程度，如果严重违反技术或职业义务，因果关系就成立。

希腊：针对前案，其认为根据充分因果关系理论，P 对 D 提出的请求不符合法律规定。针对后案，其认为只要机会已经实际丧失，就可以要求医生赔偿。

南非：针对前案，其认为这属于蛋壳脑袋案例，即 D 应该承担因为 P 具有某受害倾向所导致的损害的法律责任。针对后案，其认为 B 的继承人不能主张全部赔偿，因为即使使用合理的正确诊断代替误诊，也不一定能避免死者的最终死亡。❶

瑞士：针对前案，其趋势为朝着弱化特殊体质影响的方向发展。在DFC113〔1987〕1186（c.1c，90）这一判决，中联邦法院宣布"任何人非法侵害了一个身体虚弱的人，不能像伤害了一个健康的受害人一样处理"。针对后案，其认为应该根据因果关系的盖然性，根据损失完全不会产生的机会的几率来确定赔偿比例。

美国：针对前案，其认为原告应该得到全部赔偿，被告要按原告本身的状况对其负责。针对后案，其通常会将赔偿额限定在 B 的生命价值的 40%。

（二）　对我国确立微小侵权行为致重大损害后果案赔偿标准的启示

通常，一个微小的侵权行为所产生的损害后果的严重性是与其行为对等的，但是在发生重大损害类后果的案件中，通常是混入了某种介入因素，从而导致原本微小的损害后果进一步扩大，而这类介入因素中，受害人的特殊体质及受害人本身的固有疾病常常成为重要的非人力介入因素。笔者通过表1，将各国对特殊体质及固有疾病这两个因素在确立赔偿标准中的不同考量做一个归纳性比较。

表1　八国对特殊体质、固有疾病处理方式比较

国家	特殊体质案中的赔偿标准	生存机会丧失案中的赔偿标准
奥地利	需要赔偿，但未明确是全部赔偿还是部分赔偿	部分赔偿
比利时	隐性特殊体质（未生疾病）全赔，显性特殊体质（已生疾病）部分赔偿	部分赔偿

❶　J. 施皮尔. 侵权法的统一因果关系［M］. 北京：法律出版社，2009：115.

续表

国家	特殊体质案中的赔偿标准	生存机会丧失案中的赔偿标准
法国	部分赔偿	部分赔偿
德国	需要赔偿，但未明确是全部赔偿还是部分赔偿	若医生达严重疏忽程度，方需赔偿
希腊	不支持赔偿	需要赔偿，但未明确是全部赔偿还是部分赔偿
南非	全部赔偿	部分赔偿
瑞士	部分赔偿	部分赔偿
美国	全部赔偿	部分赔偿

根据表 1 清楚可见，在特殊体质案中，除未明确具体赔偿标准的国家外，在那些已明确具体赔偿标准的国家里，采取部分赔偿做法的国家相对更多。在生存机会丧失案中，更是达成统一，即采用部分赔偿标准。

笔者认为，在这类微小侵权行为致重大损害后果案件中，若介入了类似这类特殊体质的因素后，其自然不能切断本身侵权行为与损害后果之间的因果关系，即必定需要加害人因其侵权行为而承担赔偿责任，但这种因素应该足以影响最后赔偿数额的确定。因此，根据大部分国家的常见做法，在归责时，加害人与受害人之间的过错比较并不是唯一的定责标准。尤其是当侵权行为与损害后果之间的严重性存在较大悬殊时，其所考虑的因素将更加复杂，从而维持判决拥有符合人类共通情感的公正性。那么在确立此类案件赔偿标准时，应该考虑哪些因素，又该如何分配这些因素在确立最终的赔偿数额时的比例？对此，笔者将在下文做进一步探究。

四、赔偿标准的确立

（一）赔偿标准的原则性设立

1. 赔偿标准总体原则：以过错比较为主，以法律原因力比较为辅

在赔偿标准问题上，各国采用的标准主要有三种：过错、原因力综合比较说，原因力比较说，过错比较说。针对微小侵权行为致重大损害后果类案件而言，若采纯粹的过错比较，在初步判断行为与结果之间存在因果关系后，若受害人不存在过错，必会导致行为人需要为其哪怕只是极其轻微过失导致的重大损害后果承担全部的赔偿责任，这必会导致实质的不公。若不论过错比较，而

仅根据原因力的大小来决定最后的赔偿责任的大小，那么会使得那些出于故意或者严重过失实施侵权行为的当事人因其较小的原因力而承担较少的赔偿责任，这就无法发挥侵权行为法的预防作用。

笔者认为，在微小侵权致重大损害类案件的赔偿标准设立上，应该采以过错比较为主、法律原因力比较为辅的大原则，即在数种因素造成损害后果的侵权行为中，确定各个主体的赔偿份额的主要因素：是过错的轻重；而原因力的大小尽管也会影响各自的赔偿份额，但要受过错因素的约束和制约，原因力对于赔偿份额的确定具有相对性。[1] 这是因为：一方面，在微小侵权行为致重大损害后果类案件中，行为与最终损害后果之间的严重不对称度，抑或行为发生与后果最终显现时的这个巨大的时间跨度，往往使得原因力的确定存在一定的困难。但是过错可以通过外在的行为来判断，其客观化的趋势可以较清楚地区分故意、重大过失、一般过失等。从可操作性角度而言，采用该赔偿标准较恰当。另一方面，在微小侵权行为致重大损害后果类案件中，若以原因力作为主要的赔偿标准，那么一般情况下，这类案件的原因力比例都不会太高，即相对应地，若采原因力为主、过错为辅的标准，必会导致最后的赔偿数额过低，就无法起到较好的预防作用，该类案件的发生概率虽较低，但一旦发生就会造成较严重的后果，故在该种案件类型中，预防的意义大于个案的逐一弥补。

2. 法律原因力的确定：以过错为区分，事实原因力与法律原因力之间的全部或限制性转化

在实践中，确定原因力（鉴定报告中的表述为参与度）的常见方法即委托鉴定机关进行鉴定，所以这里那么首先讨论经鉴定得以明确参与度的情形。在这种情况下，鉴定机关得出的参与度属于事实原因力，从事实原因力向法律原因力的转化是一个法官根据公平正义及社会需求进行责任限制的过程，这一点在本文第二部分的第二点中已经加以论述。那么如何进行转化？笔者认为，应该结合设立的原则性赔偿标准，考虑加害人的主观过错，若加害人主观上存在故意或重大过失，那么可以采用直接结果说，对鉴定机关确定的原因力不做任何的限缩，将其直接转化认定为法律原因力。因为根据直接结果说，其主要适用故意侵权行为案件中法律原因力的认定，在这类案件中，侵权人只对其侵害行为直接引发的损害结果承担责任，不论该结果对侵权人而言有否具有可预见性。[2] 若加害人主观上仅是一般、轻微过失抑或法定义务的过失，那么采用可

---

[1] 杨立新. 侵权法论［M］. 北京：人民大学出版社，2005：115.
[2] 杨立新. 侵权法论［M］. 北京：人民大学出版社，2005：115.

预见说，对鉴定得出的事实原因力在该基础上进行适当限缩，从而完成事实原因力向法律原因力的转化。可预见说主要适用于一般过失侵权案件中法律原因力的认定，被告仅就可预见的损害后果及该损害后果可预期发生的原告负赔偿责任。❶

如果经鉴定无法对参与度进行评定，那么此时对于事实原因力的认定及法律原因力的最终评定，则需要法官结合案件具体情况，根据自己的常识及社会的一般认知作出一个判断。

（二） 分过错类型赔偿标准的细化设立

根据上一部分的探讨，可以明确过错及法律原因力共同构成了赔偿标准，即对于加害人最后赔偿数额的确定，其发挥的共同作用是 100%。根据过错为主，法律原因力为辅的原则，将过错发挥的作用比例定到 50% ~ 100%，其作用比例以字母 A 代称；将法律原因力发挥的作用比例定到 0 ~ 50%，其作用比例以字母 B 代称。A + B = 100%。至于具体的作用比例，可以根据案件需要，依照个案情况定夺。笔者在下文中所设立的公式仅为最后赔偿标准的确立提供一个大致区间的参考。

1. 故意或严重过失情况下赔偿标准的公式化设立

在主观过错为故意或重大过失的情况下，其过错程度（下均以字母 C 代）可以参照医疗损害责任鉴定中的全部或主要责任，将过错程度（C）设定在 60% ~ 100%。过错愈严重，C 的数值越高。

法律原因力的确定，或通过鉴定在确定事实原因力后分情况进行转化，或在无法鉴定确定事实原因力的情况下，由法官自由裁量确定。关于这一点，在本文第四部分第一节中已经进行了论述。在下文的公式表述中，笔者将以字母 D 代替法律原因力。在故意或重大过失情况下，其赔偿标准的确立可以用如下公式表述：

赔偿标准 = ROUND（原告因本次事件遭受的所有损失数额 ＊【C ＊ A + D ＊ B】100%，0）❷

注：C ∈【60%，100%】；

　　 A ∈【70%，100%】；

　　 A + B = 100%；

---

❶ 杨立新，梁清. 原因力的因果关系理论基础及其具体应用［J］. 法学家，2006（5）.

❷ ROUND（X，0），系 EXCEL 中的四舍五入取整函数，例如：ROUND（9.7，0）= 10，ROUND（9.3，0）= 9。

D：转化或自由裁量确定。

当过错足够严重时，C 与 A 的数值均趋于 100%，此时原因力所发挥的作用就会趋于零，即出现基本只考虑过错的情况，此即第 24 号案例及案例 1 中的情况。

2. 一般或轻微过失情况下赔偿标准的公式化设立

在主观过错为一般或轻微过失的情况下，其过错程度（C）可以参照 S 市司法实践中医疗损害责任鉴定中的轻微、次要及对等责任，将 C 设定在 10% ~ 60%。C 的数值随着过错严重度的增加，会逐渐靠近区间内的峰值。

法律原因力（D）的确定方法同上文所述。在一般或轻微过失情况下，其赔偿标准的公式同上，但数值略有变化：

赔偿标准 = ROUND（原告因本次事件遭受的所有损失数额 * 【C * A + D * B】100%，0）

注：C ∈ 【10%，60%】；

A ∈ 【50%，70%】；

A + B = 100%；

D：转化或自由裁量确定。

3. 违反法定义务的过失情况下赔偿标准的确立

这里的违反法定义务的过失，最常见的情况即为在医疗损害责任纠纷案件中，医方违反诊疗义务，存在医疗过错。如，在例前述案例 3 中的生存机会丧失案件中，医方即存在漏诊、误诊的过失，使得患者丧失了最佳的治疗期，从而使得一个原本较轻的病症加重，甚至威胁生命。在这类案件中，医方也会存在除故意以外的各种类型的过失，之所以将这一类型的过失单列，是因为无论医方存在何种过失，在一个小误诊造成重大损害后果的医疗损害案件中，医方的初衷均为治愈疾病，但是因为医疗行为本就具有高风险性，因此，面对医疗领域内的微小侵权行为致重大损害类案件，较之于一般类型的该类案件，法院应该从轻处理，这样才能使得医生在医疗行为中得以大胆谨慎地尝试可行的治疗方案，若医学领域均以保守治疗为原则，那么必会阻止医学的发展。

笔者认为，在这类案件中，赔偿标准的确定可以基本交给鉴定机关，其鉴定意见较法院而言具有较高的专业度，且现行的医疗损害鉴定是在考虑医方过错后，综合认定原因力。如果医方存在严重疏忽，那么可以直接将鉴定结论确定的参与度作为赔偿比例加以确定，如果是轻微、一般过失致重大损害后果，综合考虑医方主观过错的轻微度，可以对鉴定确定的比例做一定程度的限缩，最后确定赔偿数额。这个思路亦和德国法院的思路在理念上不谋而合。

结语

在微小侵权行为致重大损害后果案件的审理中，当被告过错达到严重过失以上程度时，第24号指导案例有其应用的部分合理性，即在过错严重度趋向于100%时，原因力发挥的作用则趋于0。而在过错程度较为轻微时，还是应该坚持过错为主、原因力为辅的赔偿标准。笔者也希望上文设立的公式，能够为赔偿标准的最后确定提供参考。

参考文献：

［1］陈聪富. 因果关系与损害赔偿［M］. 北京：北京大学出版社，2006.

［2］王泽鉴. 民法学说与判例研究［M］. 北京：中国政法大学出版社，2005.

［3］王利明. 侵权行为法法研究［M］. 北京：中国人民大学出版社，2004.

［4］张民安. 现代法国侵权责任制度研究［M］. 北京：法律出版社，2003.

［5］杨立新. 侵权法论（第三版）［M］. 北京：人民法院出版社，2005.

［6］曾世雄. 损害赔偿法原理［M］. 北京：中国政法大学出版社，2001.

［7］史尚宽. 债法总论［M］. 北京：中国政法大学出版社，2000.

我国引入证券集团诉讼制度的可行性思考

徐文捷❶

摘要：证券集团诉讼是由英美平衡法发展而来的一种诉讼制度，对各类投资者，特别是中小投资者的权益提供了一种很好的保障机制。本文从美国几个影响较大的证券集团诉讼模式的立法沿革出发，分析美国证券集团诉讼模式先进性所在及其暴露出的薄弱环节。同时，通过诠释我国证券诉讼制度的立法和实践诉讼，集中论述我国现阶段是否适合有借鉴性地引入证券集团诉讼，以期为我国未来完善证券诉讼模式的立法与司法实践提供借鉴，构建分散风险为前提、监管与诉讼相济的保护投资者利益的机制。

关键词：集团诉讼 共同诉讼 价值 代表人

自 2001 年中华网在美国首遭证券集团诉讼起，先后有网易、中国人寿、UT 斯达康、中航油、新浪、分众等多家中国在美国上市公司被提起集团诉讼，而且还在呈现迅速扩大的趋势。据统计，2001—2006 年间，有 6 家中国公司遭遇集团诉讼；2007 年，有 10 家中国公司被控；2008 年，有 4 家中国公司被诉；2009 年，有 3 家中国公司被诉；2010 年，有 13 家中国公司被诉；2011 年，针对中国公司的证券集体诉讼剧增到 39 起，约占美国 2011 年证券集体诉讼总数的 18%。2007 年与 2011 年是中国公司遭遇集团诉讼的高峰期，中国公司遭受集团诉讼的比例达到了 14.34%。证券集团诉讼也因其精巧的制度设计和强大的投资者保护功能，被视为执行美国联邦证券法律"最有力的武器"❷。我国的情况却与此相反：大部分对上市公司提起的证券诉讼都是由证券监管机构充当起诉方，私人提起的诉讼却很少；加之 2003 年 1 月，我国最高人民法院公布的《关于审理证券市场因虚假陈述引发的民事赔偿案件的若干规定》（以下简称

---

❶ 作者单位：上海商学院。
❷ Batman Euchre, Hill Richards, Inc. v. Berber, 472 U.S. 299, 310（1985）.

《审理规定》）第 6 条中规定的"诉讼前置规则"，即提起民事证券诉讼的以行政机关或人民法院对违法行为予以认定为前提条件，更大程度地限制了私人投资者对证券侵权的维权诉讼。这导致我国在证券违规案件处理方式上，大多由证券监管机构追究违规公司行政法律责任和刑事法律责任，而追究民事法律责任的判例很少，虽然证券市场中民事违法行为大量存在，有关证券民事责任（主要指虚假陈述、内幕交易、操纵市场和欺诈客户等违法行为的民事责任）的审判不仅少见，而且实际操作难度大，对证券违规活动的约束力明显不足。造成这一结果，很大程度上与我国现阶段关于证券诉讼模式的立法相对缺乏、现存相关法律规定可操作性较差有关。

一、美国证券集团诉讼制度法律框架的构建

美国的集团诉讼（class action）指的是当争议发生之后，权益受到侵害的众多当事人为了维护自身利益而组成一个集团，由集团中的一个人或数人代表其他具有共同利害关系的集团成员起诉或者应诉，而法院最终所作出的判决对所有集团成员都有约束力的诉讼制度。此即法院针对集团所作出的判决不仅仅对直接参加诉讼的集团成员具有约束力，对那些没有直接参加诉讼的主体也同样具有约束力。英国的诉讼模式是倾向于"一对一"。真正令集团诉讼发扬光大的是美国，1848 年至 1850 年，大卫·达德利·菲尔德（David Dudley Field）在编撰纽约州民事诉讼法典（Field Code）时将集团诉讼引入，1853 年联邦最高法院通过判例确立了集团诉讼制度。❶

（一）美国集团诉讼的构成要件及基本内容

集团诉讼具有以下几个要件：第一，人数众多。其只能由一个或者数个集团成员代表全部成员提起诉讼，不能由全体成员同时出庭，共同进行诉讼。第二，全体成员之间有共同的利害关系。全体成员对被侵害的事实均有共同的法律问题或者事实问题，使得整个集团紧密地结合在一起。第三，未经授权的代理。代表人不经过其他成员的授权，就可以代表全体集团成员向法院提出诉讼。第四，判决的效力可以扩张。其判决不仅仅对那些参加诉讼的集团成员发生法律效力，还对那些没有参加诉讼的集团成员及那些根本料想不到的主体发生法律效力。❷ 美国集团诉讼在很多领域都得到运用，比如劳资纠纷、环境污

---

❶ Smith w Swormstedt，57 U. S.（16 How.）288（1853）.

❷ 钟志勇，施东晖，徐崇利，等. 美国证券集团诉讼研究［R］. 上海：上证联合研究计划课题（11）.

染问题等，而证券集团诉讼只是其中的一个应用，也是一个较为典型的实践。

集团诉讼程序的基本内容：（1）确认程序。确认程序是指法院对诉讼作为集团诉讼程序继续进行的一种确认。（2）通知程序。通知程序在集团诉讼中具有特别的重要性，其出发点是给予不出庭和不具名的集团成员正当程序规则的保护。其一方面确保集团诉讼的诉讼效益；另一方面是判决或者和解结果对成员产生约束力的前提。（3）和解。与一般民事诉讼程序中和解程序不同的是，法院对于集团诉讼中的和解协议具有批准与否的权力。（4）选择退出规则。在集团诉讼模式中，对集团诉讼的提起和代表人的确定基本上都是默示授权理论，因而应该赋予集团成员退出集团诉讼的权利。❶

美国于 1938 年颁布的《美国联邦民事诉讼规则》第 23 条确立了集团诉讼制度。而真正使集团诉讼成为一种具备可行的、强有力的诉讼形式的，是 1966 年对《美国联邦集团诉讼规则》的修改完成。此次修改，增加了著名的确定集团成员范围的"选择退出规则"（Optout）。有了这一规则，庞大集团的结集成为可能，使得集团诉讼这种诉讼形式获得了令诉讼对方望而生畏的强大力量。在美国联邦法律中，集团诉讼制度并不仅仅适用于证券诉讼，但从 20 世纪 80 年代开始，美国的证券集团诉讼大量出现，证券集团诉讼成为解决证券侵权民事纠纷最常用的手段，对美国证券市场的发展产生了重大影响。

（二） 美国证券集团诉讼模式反思

美国著名法学家理查德·爱博斯坦曾说："通过诉讼形成之责任领域的任何主要创新，都源自或反映在集团诉讼"。❷ 集团诉讼与普通诉讼模式相比较，其优势是显而易见的。美国证券集团诉讼模式制度之所以得到世界各国的普遍认可，并在实际的证券诉讼制度的立法中提供了借鉴与积极指引，其优点不言而喻。

1. 损失填补功能

这是证券集团诉讼模式的首要功能。证券市场属于一国资本市场中的一部分，证券发行及交易从本质上说属于私法行为，国家权力的选择性介入仅是例外，是对证券市场失灵的"修正"。私法所保护的法律秩序主要是关系到当事人的个体利益。也就是说，私法的根本目的是在于平衡当事人之间的权利和义

---

❶ 李巧莎. 论我国证券损害赔偿诉讼制度的完善——美国集团诉讼制度与我国代表人讼诉模式的比较研究［J］. 经济与法，2008（7）.

❷ Richard A . Epstein，"Class Actions：The Need for a Hard Second Look"，Cuvuk Justice Repot No. 4（March. 2002）.

务关系。一方当事人的权利受到损害时，应肯定私权救济（主要是民事责任追究）为其找到归宿和落脚点。

2. 提高诉讼效率，节约诉讼成本

对于证券侵权案件而言，投资者大多是分散的，分开诉讼会带来沉重的诉讼成本支出，给原告带来难以承受的费用负担，特别是对于中小投资者。而证券集团诉讼可以帮助分散的广大投资者结成集团，共同诉讼，大大降低了诉讼费用，使大规模地追究上市公司侵犯中小股东权利的途径得以实现。同时，证券集团诉讼的费用一般有律师团垫付，胜诉后再从赔偿费中扣除，这样就能够更大限度地为投资者提起证券诉讼节约成本。再者，对于法院来说，对于同一标的的案件，涉及的当事人过多，分开诉讼也给公共的司法资源造成一种浪费，集团诉讼将有共同诉讼请求的当事人自动添加到诉讼中来（除非投资者行使"选择退出规则"的权利），这样可以大大节约法院审理证券案件的公共费用。

3. 监督功能

私法中产生的纠纷要运用国家资源来进行监督，这对于美国来说不太可能，纳税人的钱只能用于调整公共关系的事件中，而对证券上市公司、中介机构的欺诈监管，往往就是涉及私人投资者与公司法人之间的纠纷。集团诉讼刚好可以解决这样的尴尬，集团诉讼是投资者自行对上市公司及证券服务中介的监督，通过诉讼可以很好地对此类机构的欺诈行为进行私人监督，相当于充当"私人检察长"的职责。

4. 促进律师业发展的功能

据统计，集团诉讼中律师的收益比例高达27%～30%，由于集团诉讼索赔金额非常巨大，加之涉及范围较广、影响巨大，胜诉后律师将"名利双收"。在20世纪90年代的证券集团诉讼中，平均每案的律师费在200万～400万美元之间。所以，即使事先不收取律师费，集团律师照样有充分的激励鼓动原告方提起集团诉讼。而美国就存在很多这样的律师行，紧盯上市公司，一旦发现有上市公司或者其他证券中介机构存在某方面的疏忽，就会发起集团诉讼。❶如此形成利益链，吸引与培育出证券诉讼相关领域的优秀律师，一定程度上促进了律师行业的发展。

证券集团诉讼是集团诉讼中的重中之重。大量数据统计表明其是逐步扩张的态势，但是，集团诉讼中法律适用问题的争议及司法实践中的混乱一直没有

---

❶ 梁卫军. 美国的集团诉讼及对我国证券民事案件的借鉴意义 [J]. 学术论坛，2004（2）：163.

停息，引起了美国国会的注意。

（1）不同法院对集团诉讼模式的态度不尽相同，整体上州法院更倾向原告，而联邦法院诉讼则一般有利于被告；而且，不同地区法院尺度各异，一些州地区法院非常容易认可巨额的和解，导致集团律师可以挑选某地法院申请诉讼。例如，伊利诺伊州的麦迪逊县法院在 1998 年判决被告烟草公司赔偿 101 亿美元之后，各类集团诉讼纷至沓来，2003 年打到了 106 宗。

（2）投机性、欺诈性诉讼行为频繁出现。在 1995 年以前，美国投资者在提起证券集团诉讼时的门槛很低，根据《美国联邦民事诉讼规则》的相关规定，原告只需向被告方提出清楚的权利主张即可启动集团诉讼。即使原告在起诉时还没有什么证据也无关紧要，因为在法院开庭审理之前，原告有权利依据证据开示制度要求被告方出示与该案件有关的全部资料，并从中获取对自己有利的信息和证据。这导致实践中，不论被告方公司是否存在实际的违法行为，只要是公司股价因负面消息出现急剧下跌的情况，证券集团诉讼就会被提起。❶ 在许多证券案件中，原告起诉的动机并非为了纠正被告方的违法行为，而只是为了以诉讼方式对被告方进行"合法化"的勒索。而且，当时美国集团诉讼中，首席原告的产生遵循"先来先占"规则，最先提起诉讼的人自动成为该案件的首席原告，首席原告就有权代表集团其他成员进行诉讼，并享有指定集团首席律师的特权。实践中出现了一批"职业原告"，他们通过持有众多公司的少量股份，并以首先起诉的方式频繁地成为一些证券案件中的首席原告，他们所指定的律师则成为原告集团的首席律师。

（3）集团诉讼成本畸高和程序繁琐导致被告被迫选择和解的方式解决集团诉讼。美国证券集团诉讼模式中的被告主要分为三类：上市公司；公司的董事等高管人员；为公司提供专业服务的机构或个人，如承销商、会计师等。此三类被告方对证券集团诉讼之所以被迫选择和解，即使知道原告缺乏坚实的主张基础也不轻易应诉，原因在于证券集团的诉讼周期一般较长，费用也很多，应诉下去对公司的损耗巨大；而且美国法院对证券集团诉讼可适用三倍的惩罚性赔偿的规则，潜在的败诉责任足够毁掉绝大多数公司的发展前途；再者就是对于被告方公司的董事等高管人员来说，美国法律明确规定，董事的保险和补偿资金可以用于支付诉讼和解金，而不能用于支付法院的欺诈判决，所以，一旦由法院判决被告方败诉，董事们就必须亲自为此诉

❶ James Hamilton, Fed. Sec. L. Rep., Private Securities Litigation Reform Act of 1995, 144（1996）.

讼买单。综上几点，被告方面对证券集团诉讼通常被迫采用和解的方式解决。

二、集团诉讼移植与借鉴与我国证券群体诉讼的冲突

（一） 代表人诉讼模式的司法困境

我国是一个公司股权结构相对集中的国家。在我国，共同诉讼的典型运作方式是代表人诉讼制度。"代表人诉讼又称群体诉讼，代表人诉讼是由共同诉讼发展而来的，本质是共同诉讼，而非一种诉讼形式，是解决群体纠纷的诉讼制度的统称。"《中华人民共和国民事诉讼法》（以下简称《民事诉讼法》）第54—55 条规定了代表人诉讼的制度，确立了起诉时人数确定的代表人诉讼和起诉时人数不确定的代表人诉讼两种模式。依据《审理规定》第 14 条的规定，"共同诉讼的原告人数应当在开庭审理前确定"，即证券欺诈民事赔偿案件应当采取的是起诉时人数确定的代表人诉讼。

我国代表人诉讼制度具体暴露出的缺陷主要归结为以下几点：（1） 诉讼前置程序限制了投资者的诉权。《审理规定》第 6 条指出，只有行政机关或人民法院对违法行为予以认定后，投资者才可以提起诉讼。这一规定虽然可以减轻投资者的举证责任，也可以提高司法运作的效率，但弊端也是显而易见的。首先，该规定在某种程度上限制了投资者的诉权。其次，此种司法立法化的做法是否符合我国立法体制和法律效力仍存在疑问。（2） 根据《民事诉讼法》的规定，权利人需在一定期间内向人民法院登记。如果在法定期间内未登记，则他们不能参加代表人诉讼，也不能直接获得该案判决的效力。如此一来，人数不确定的代表人诉讼实际上变成了人数确定的代表人诉讼。（3） 人数不确定的代表人诉讼要求代表人必须获得全体被代理人同意才能处分案件的实际权利。此规定在司法实践中往往给诉讼带来很大的障碍，因为人数众多，意见很难达成一致，即使达成一致也需要较长的磨合时间，造成诉讼效率低下。（4） 对于判决的效力范围来说，人数不确定的代表人诉讼的判决效力不能扩展到未登记的权利人，即未登记的权利人无法直接获得法院判决的适用，解决的办法只有在当事人独立提起诉讼后，但根据《民事诉讼法》的规定，如果未参加登记的权利人在诉讼时效期间提起诉讼的，适用该判决、裁定。在实践中，这些都是解决大规模证券民事诉讼的障碍。❶

---

❶ 权赫在. 证券集团诉讼的研究：韩国的经验. ［J］河北法学，2007（2）：25.

（二） 共同诉讼与集团诉讼差异性分析

美国是集团诉讼制度运用最成功的国家，移植和本土化集团诉讼必然对现有的诉讼体制和理论框架产生冲击。若要理性思考中国证券诉讼模式改革，必须对共同诉讼与集团诉讼的差异性进行分析。

（1） 共同诉讼采取的是当事人自行提起诉讼，或以"明示同意，默示反对"的原则加入诉讼的方式。而集团诉讼采取的是"明示反对、默示同意"的原则。集团诉讼判决的扩张力比共同诉讼要广。

（2） 集团诉讼的判决直接适用于未明示将自己排除于集团之外的成员，而共同诉讼的判决则是对未登记的权利人有间接的扩张力，即在权利人独立提起诉讼后，人民法院可以裁定适用原共同诉讼的判决和裁定。

（3） 共同诉讼中，代表人的选任是由其他当事人明确授权产生或由人民法院与多数人协商决定。而集团诉讼一般是由首先提起诉讼的原告作为代表人，其他人也可以请求担任，由法院根据诉讼请求的代表性，并从保护其他集团成员利益的角度出发，最后确定集团代表。

（4） 共同诉讼中，代表人的诉讼行为对其所代表的当事人发生效力，但代表人变更、放弃诉讼请求，或者承认对方的诉讼请求、进行和解等，必须经过被代表的当事人同意。而集团诉讼中的代表根据自己的判断为全体受害人的利益进行诉讼活动，其行为一般无须经过其他受害人的同意。只有当集团代表与被告达成和解协议时，应当通知其他集团成员，并需要取得法院的同意。

（5） 在共同诉讼中，律师的作用是辅助权利人进行诉讼。而在集团诉讼中，整个诉讼进程基本上是由律师驱动和主导的，甚至连集团诉讼本身也是律师通过其"选定"的合格当事人发起的。

三、价值共识与制度妥协是寻求和构建中国式集团诉讼模式的途径

美国证券集团诉讼模式是否能在中国适用呢？对此，国内各学者的观点不一。笔者认为，现阶段在中国完全废除证券代表人诉讼制度，全盘引入美国证券集团诉讼模式不太可能，而完全忽视集团诉讼的先进性也不可取，更趋于理性的改革方案是：突破诉讼文化差异性，寻求法律价值共识性。

（一） 提升维权意识， 建立 "权利" 之上的诉讼观是引入集团诉讼的前提

美国的诉讼价值与我国的诉讼价值存在一定的冲突，支撑诉讼观念的核心是中国权利文化的发展，特别在证券领域得到极大体现，一方面是证券法律对广大投资者的实体权利和诉讼权利的规定，另一方面就是广大中小投资者正通

过各种途径寻求权利的保障，就具体的权利保障制度而言，中国与美国确实存在相当距离。然则二者证券立法的价值取向一致时，都是保护投资者的权利，当实体法的价值取向是一致的，诉讼法的价值取向必然是一致的。因为诉讼法是实体法的保护方式和实现程序，所以引入美国的集团诉讼在根本的价值上不会产生冲突，实体权利保护的统一性是引入美国集团诉讼的前提。

笔者建议，针对证券代表人诉讼制度在实践中暴露出的缺陷，应先废除一些不切合实际操作的内容；并大胆地引入美国证券集团诉讼模式制度中的一些优势功能，移植到我国证券代表人诉讼制度中，从而改革具有中国特色的证券诉讼模式制度。也就是说，美国证券集团诉讼模式制度在中国部分可行适用，但不可能将这一制度的全部内容都引入中国。

（二） 渐进式引入集团诉讼是证券诉讼模式改制的必然选择

在证券集团诉讼中，对于此话题的讨论，国内学者的争议不断升级也是不争的事实。主流的观点是：（1）排斥美国集团诉讼，坚持代表人诉讼。我国现阶段的实际情况可能更偏向这种观点，而且最高人民法院《审理规定》第12条规定，证券民事赔偿案件的原告可以选择单独诉讼或者共同诉讼方式提起诉讼，从而排除了集团诉讼，也给理论界明确了态度：当前，对于人数众多且确定的共同诉讼，可以采取诉讼代表人的方式，而非集团诉讼制度模式。（2）引入美国证券集团诉讼，取代代表人诉讼。持有这一观点的学者大多是基于当前我国证券代表人诉讼制度在实践中存在众多的缺陷，提出引进美国集团诉讼制度来替代代表人诉讼制度，以发挥出更积极的意义，其更多地出于对未来我国证券诉讼模式制度的改革做理论铺垫。（3）借鉴美国证券集团诉讼，改革代表人诉讼制度。相对于前面两种观点来说，此态度相对于温和，不致太过绝对，指导意义也较强。

证券诉讼模式的架构既要考虑资源的分配（如选择侧重保护国有资产还是一般投资人）❶，也受依赖路径的制约，我国的现状是过分依靠政府职能部门证监会的公权力的执法，美国是私人诉讼过度膨胀，两者之间在改制中必须寻求平衡点。我国资本市场依靠政府推动发展的模式，大量上市公司的国有属性造成行政性干预的思维常态和行为定势，客观上形成了对私人证券诉讼制度发展的遏制。从中国资本市场扩张的规模和发展的趋势来看，不管是集团诉讼、团体诉讼还是行政制裁，都是保护中小投资者的权益的诉讼机制，构建多元化的

---

❶ 钟志勇．美国证券集团诉讼与我国证券民事诉讼形式之完善［J］．现代财经，2005：11.

纠纷解决机制，通过技术创新，寻求集团诉讼的有益因素与我国主流诉讼路径的衔接和移植。既然存在问题，就应该想方设法去改革，这样对广大投资者的保护才能真正得到加强。具体操作如下。

1. 诉讼前置程序应当废除

《审理规定》第 6 条关于"只有在行政机关或人民法院对违法行为予以认定后，投资者才可以提起民事诉讼"的规定虽然有一定的积极意义，如简化了证券诉讼的程序，也可以减轻原告的举证责任，但是限制了证券被侵权人的诉讼权利，将其局限在只有在行政机关或人民法院对违法行为予以认定内的案件，而很大一部分证券侵权案件往往要通过被侵权人自己主张才会被发现，很明显，诉讼前置对于打击证券违法行为及投资者的权利保护相当不利，甚至降低了投资者积极维权的积极性。另外，我国现行《民事诉讼法》第 108 条规定，起诉必须符合下列条件：（1）原告是与本案有直接利害关系的公民、法人和其他组织；（2）有明确的被告；（3）有具体的诉讼请求和事实、理由；（4）属于人民法院受理民事诉讼的范围和受诉人民法院管辖。只要符合上述起诉条件，就可以向人民法院提起民事诉讼，而《审理规定》中的诉讼前置规定明显与《民事诉讼法》中的规定存在冲突，相当于附加了一个证券民事诉讼的条件。综上所述，诉讼前置制度应该废止。

2. 配置特别法院或专业法庭处理证券案件，保证法官专业素质统一性

美国集团诉讼开始后，法官介入度很高，我国法院应该发挥审查的职能（特别把握好撤诉和和解程序），根据主要侵害对象，投资者集团诉讼和股东代表诉讼严格加以区分。

3. 判决扩张理论的引入

集团诉讼是直接将裁判适用于未明示把自己排除于集团之外的成员，退出集团的成员则不适用。这一特点是解决群体性纠纷强有力的保障。只有当权利人主动提出退出诉讼，否则全体默认地归入原告集团，这样，在多数情况下，形成大规模的投资者诉讼侵权人，巨大涉案金额令侵权人望而生畏。如此强大的震慑作用，正是群体性纠纷解决最想达到的效果。所以，大胆地引入"默示加入，明示退出"及判决扩张理论是极其必要与实用的，必将会对我国现阶段证券违法频发的现象起到有效的遏制作用，使得我国证券市场更科学有序地发展下去。

综上所述，投资者利益保护应该以分散风险为前提，监管与诉讼相济是探索引入集团诉讼机制的可行性思路，基于我国社会结构逐渐发生的变化，以及资本市场改革的不断深入，考虑引入集团诉讼机制就是时机的问题，从而制定

具体明确的规则，建立配套的律师收费制度，为集团诉讼在我国的成功运作提供良好的环境是前瞻性的工作。

参考文献：

［1］钟志勇，施东晖，徐崇利，等．美国证券集团诉讼研究［M］．上证联合研究计划课题（11）．

［2］李巧莎．论我国证券损害赔偿诉讼制度的完善——美国集团诉讼制度与我国代表人讼诉模式的比较研究［J］．经济与法，2008（7）．

［3］杜要忠．美国证券集团诉讼程序规则及借鉴［J］．证券市场导报，2002（7）．

［4］侯泽福．论证券集团诉讼之功能．［J］．河北法学，2011（11）．

［5］梁卫军．美国的集团诉讼及对我国证券民事案件的借鉴意义［J］．学术论坛，2004（2）．

［6］James Hamilton，Fed. Sec. L. Rep.，Private Securities Litigation Reform Act of 1995，144（1996）．

［7］陈明．构建我国证券侵权的集成式诉讼制度——兼评国内学者对美国集团诉讼制度的三种态度［J］．兰州学刊，2004（5）．

［8］蓝燕．证券民事赔偿诉讼方式探究——以最高人民法院司法解释为出发点［J］．法制与经济，2006（4）．

［9］郭锋．证券法律评论［M］．北京：法律出版社，2002．

［10］小岛武司．诉讼制度改革的法理与实证［M］．陈刚，郭美松，等译．北京：法律出版社，2001．

商业秘密侵权案件中法官释明权运用的实证分析

王莉莎❶

摘要： 商业秘密侵权案件中，法院有必要行使诉讼释明权，在适当的时候和以适当的方式介入，依职权对辩论主义进行一定的调整。这是逼近案件客观真实、实现当事人诉讼能力平衡和提高司法效率的需要。我国民事诉讼法中并没有关于释明权制度的明确规定，实践中，囿于立法不够完善、法官能力不足等原因，存在怠于释明和过度释明的问题。商业秘密侵权案件的审判中，要认识到法官释明权的重要诉讼价值和意义，并在具体适用中注意释明权行使的原则、范围，包括对诉讼请求的释明、对举证问题的释明，对其他相关法律问题的释明以及对不当释明的救济。

关键词： 商业秘密侵权　法官释明权　实证分析

商业秘密是反不正当竞争法所保护的重要知识产权之一。司法实践中，虽然侵犯商业秘密案件不多，但存在的问题似乎是最多的，而这其中案件专业性要求与当事人诉讼能力欠缺之间的鸿沟往往成为司法实践中问题频发的重要因素。

一、问题的提出

案例1：被告 B 曾是原告 A 公司的设计人员，后被告 B 从原告 A 公司离职，另起门户成立了被告 C 公司，经营范围与原告 A 公司相同。后原告 A 通过互联网发现被告 C 公司的网站上播放的某节能建筑动画与原告 A 公司设计完成的动画高度相似，而被告 B 正是被告 C 公司的法定代表人。被告 B 在原告 A 公司工作期间曾参与过这部动画的设计工作。原告 A 公司遂将被告 B、被告 C 公

---

❶　作者单位：上海市徐汇区人民法院。

司诉至法院，要求其承担侵害商业秘密的法律责任。为说明被侵害的商业秘密，原告 A 公司提交了相应动画光盘。但由于对商业秘密的法定要件的不了解，以及范围越大保护越多的理解误区，原告 A 公司无法说出其中的技术秘密点，其仅是对动画画面进行了客观描述，而没有进一步明确其中存在的技术诀窍或要求。

对于本案的处理，存在以下两种观点：

一种观点认为，法官只能以当事人起诉请求的内容和范围作出裁判，当事人在诉讼中未曾提出之主张应当视为当事人以其处分权而为放弃，即使当事人并未注意到有此等事件，也应当以当事人有权处分而归咎于当事人本人，由当事人自行承担这种诉讼上的不利益。❶ 在此观点下，原告 A 公司无法明确"秘密点"，法官无从积极审理案件，只能判定原告败诉。法官如果自行就原告 A 公司主张以外的事实主动作出判决，就属于诉外判决，有违背法官中立原则之嫌。

另一种观点则认为，法官应在查明案件事实、分清是非的基础上正确适用法律，如果仅仅因当事人缺乏诉讼经验而致使证明其诉讼请求不明确，而不是因为其没有胜诉的法律理由，这种判决对败诉的当事人就过于苛刻和严酷，恐有违实体公正。❷ 本案中，法官可以通过发问或告知的方式，提醒其注意动画光盘仅是商业秘密客观存在的载体，载体上承载的信息有些是商业秘密，有些则不是，原告 A 应当就其提交的动画中的哪些内容构成商业秘密进行明确，让当事人作出详细、清楚、正确的主张，并在此基础上作出当事人应得的判决。

二、法理剖析：释明权在商业秘密侵权诉讼中存在的必要性

上述截然不同的处理方式代表了民事诉讼中的两种诉讼模式。前者以当事人主义为基调，实行辩论主义和处分主义。辩论主义和处分主义是现代民事诉讼不可动摇的两大基石。但如果完全实行彻底的辩论主义，在当事人的声明或者陈述存在明显的不明了或不完全的地方，仍依照其声明或者陈述来作为判决的基础，这虽然往往可以作出较迅速的裁判，但是常常很明显地存在违反实体正义的危险，其判决也无法称之为适当或公平合理的判决。由此产生了第二种观点，认为法院有必要行使诉讼指挥权，以在适当的时候和以适当的方式介入，依职权对辩论主义进行一定的调整，法院的此项权利便被称为释明权。

---

❶ 张力．阐明权研究［M］．北京：中国政法大学出版社，2006：17.
❷ 张力．阐明权研究［M］．北京：中国政法大学出版社，2006.

（一） 释明权制度的产生和诉讼价值

1. 释明权制度的历史演进

释明权最早源于德国 1877 年民事诉讼法，当时德国参照法国的民事诉讼制定本国的民事诉讼法时，为了克服法国民事诉讼绝对的辩论主义对诉讼程序造成的弊端，规定审判长可以向当事人发问，阐明不明确的声明，促使当事人补充陈述不充分的事实，声明证据，进行其他与确定事实关系有必要的陈述，审判长可以依职权要求当事人对应当斟酌并尚存疑点的事项加以注意。❶ 这一制度就是法官释明权。受德国民事诉讼法典的影响，法国、日本、我国台湾地区等大陆法系国家和地区的民事诉讼法中都明确规定了法官释明权。

英美法系国家的民事诉讼奉行典型的当事人对抗制度诉讼模式，但随着社会的发展，绝对的对抗制不可避免地带来了诉讼效率低下、诉讼费用高昂、诉讼结果不公正等司法弊端，反思传统的诉讼模式、变革对抗制诉讼模式、加强法院职权逐渐成为英美法系国家民事诉讼改革的主要目标，于是，在其民事诉讼规则中陆续出现了法院释明的规定。现行的《英国民事诉讼规则》第 1.4 条设立了程序管理制度，赋予了法官一系列的程序管理权，以及关于证据方面的职权。❷ 1997 年修改后的《美国联邦民事诉讼规则》第 16 条第 3 款也对法院的"释明权"作出了规定。❸ 只是与大陆法系国家不同，英美法系国家引入释明权的规定，更为重要的动因是控制诉讼程序进行所带来的诉讼迟延。❹

2. 释明权制度的诉讼价值

透过两大法系国家释明权制度的形成过程可以看出，释明权是对完全当事人主义民事诉讼模式的固有缺陷进行限制与修正，其诉讼价值不外乎对于民事诉讼中公正和效率两个目标的追求。

---

❶ 张力. 阐明权研究 [M]. 北京：中国政法大学出版社，2006.

❷ 所谓的程序管理是涵义广泛的范畴，实际上包括了诉讼指挥、控制程序、促进诉讼、审理方式选择等多面的权力。

❸ 其第 16 条第 3 款规定：在审前会议上，法院可以采取相应的行动确定下列审议事项：争点的明确和简化，包括对无意义的请求或答辩的排除；修改诉答文书的必要性和妥当性；为避免不必要的证明而对事实或文件获得自认的可能性；可能获得有关文件真实性的协议，以及法院对证据可采性预先裁定；为避免不必要的证明和重复证据，限制或者限定证言的使用；确定法庭调查的证人和文书。参见白绿. 美国民事诉讼法 [M]. 北京：经济日报出版社，1998：209.

❹ 英美法系国家一般都有比较完备的审前准备程序和严格的当事人失权制度，法官释明权的行使阶段可以延伸到审前准备阶段，而审前准备中法官释明权恰当、充分的实施，使得法官在庭审的言辞辩论阶段仍然保持着"超然裁决者"的形象，从而进一步提高了庭审的效率。张力. 阐明权研究 [M]. 北京：中国政法大学出版社，2006：45 - 46.

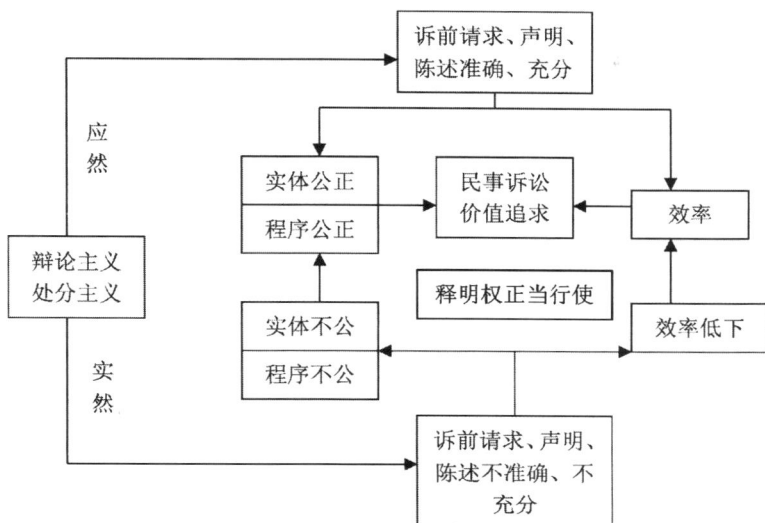

首先，释明权制度能兼顾实体公正与程序公正。从实体公正角度来看，日本著名民事诉讼法学家谷口安平教授在《程序的正义与诉讼》中指出："法官地位的消极要以当事人攻防地位的大致均衡为前提，在当事人亲自出庭或者是由没有经验或不称职的律师代理出庭，而法官觉得他可能由于疏忽大意，或明显对适用的法律存有误解而处于不利的地位时，法官就应该提出一些有分量的建议，以便无论当事人是否在辩论中出现错误，都能够得到公正的结果。"❶ 从程序公正角度来看，通过释明权使"整个诉讼过程中公正地对待作为当事人的冲突主体，保证冲突主体有足够和充分地表达自己愿望、主张和请求的手段和行为空间"❷，确保双方在诉讼中地位平等，保证程序的公正。

其次，释明权制度有助于实现司法效率的价值。法院通过行使释明权，使当事人程序地位得到了保障，有助于实现程序公正，而程序公正有助于吸收当事人不满的功能。这就有可能大大减少当事人的上诉和申请再审，缩短诉讼周期，从而既减少当事人的诉讼支出，也节约国家的有限司法资源，提高司法效率。❸

（二） 商业秘密案件中运用释明权的必要性

从商业秘密侵权案件的诉讼结果来看，原告胜诉率往往较低。以上海市徐

---

❶ ［日］谷口安平. 程序的正义与诉讼 ［M］. 王亚新，刘荣军，等译. 北京：中国政法大学出版社，1996.

❷ 柴发邦. 体制改革与完全诉讼制度 ［M］. 北京：中国人民大学出版社，1991.

❸ 陶恒河. 试论法官释明权 ［J］. 河北法学，2004 （5）.

汇区人民法院近两年审理的侵害商业秘密案件为例，在受理的 8 件该类案件中，判决 2 件，撤诉 3 件，调解 3 件，其中判决原告胜诉仅为 1 件。其主要原因在于商业秘密侵权案件涉及证据数量多、种类杂、专业技术性强，需要代理人具有较强的专业素质和能力。但现实中，许多案件的代理人对商业秘密的相关法律规定及诉讼中必要的举证责任知之甚少，使得诉讼举步维艰。因此，为了达到依法保护权利人利益和制裁侵权的目的，在商业秘密侵权案件的审判中法官行使释明权就尤为必要。

商业秘密案件结案方式

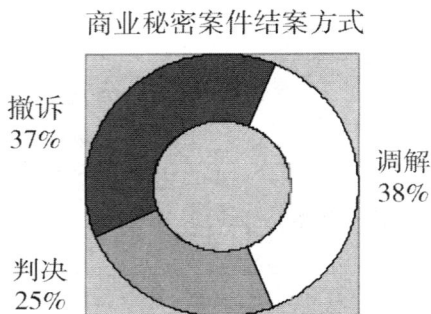

撤诉
37%

调解
38%

判决
25%

1. 实现当事人诉讼能力平衡的需要

在现阶段我国专业知识产权代理人较少的情况下，一般代理人的专业水平还有所欠缺，加之我国尚未实现律师强制代理制度，如仅有一方当事人聘请了专门的知识产权代理人参与诉讼时，双方当事人的诉讼能力就会出现明显的不平衡。如果因为诉讼能力不足而影响了人民法院的最终处理结果，就对诉讼能力弱的一方很不公平。那么在这种情况下，需要法官适当释明有关法律规定，使当事人知晓相关规定，明白可能产生的法律后果，从而自愿采取一定的诉讼行为。

2. 提高司法效率的需要

在商业秘密侵权案件的审理中，常常遇到因当事人法律专业知识欠缺，导致当事人提出的诉讼请求不准确、不恰当，陈述意见不明确、不到位，提供证据不适当、不充分的情况。如果完全按照当事人主义模式和法院审判中通行的"不告不理"原则，这部分案件很可能被驳回起诉或者败诉。这样一来，当事人就必须另行起诉，由此造成重复诉讼，增加了诉讼成本，降低了司法效率，影响了实质公正。

3. 逼近客观真实的需要

在商业秘密纠纷中，被告的侵权行为往往是秘密进行的，且相关证据多在被告的掌握之中，而原告通常因客观不能或者主观不愿举证的原因，致使案件事实处于真伪不明的状态。通过释明，可以促使并指导双方当事人对有利或不利于己方的事实主张进行充分攻击和防御，及时提出证据、陈述必要意见，充分行使诉讼权利，竭尽证明资源，使案件事实通过庭审的展开而能够最大限度地逼近客观真实，使案件事实逐渐清晰。

三、现状透视：我国的释明权制度及其存在的问题

（一） 释明权在我国法律规范中的现状

我国民事诉讼法中并没有关于释明权制度的明确规定。但是，在相关的司法解释中可以寻觅到一些类似阐明权的踪影。2001 年 12 月 21 日最高人民法院发布的《关于民事诉讼证据的若干规定》（以下简称《证据规定》）被认为是最早对法官释明权作出明确规定的立法（之后又有一些司法解释中也有类似的规定，被看作是法官释明权的雏形），包括第 3 条、第 33 条规定的法院告知当事人举证责任分配、举证时限等内容的举证指导；第 8 条第 2 款规定的针对适用拟制自认规则时法官的充分说明与询问；第 35 条第 1 款规定的法院告知当事人可以变更诉讼请求的职责等。

（二） 释明权制度存在的问题及原因

1. 释明权在司法实践中存在的问题：怠于释明和过度释明

案例 2：原告 D 公司主张两种防腐涂料的技术配方、技术诀窍及客户名单等商业秘密，但为免诉讼中商业秘密被再次泄露，其仅提交了该两种防腐涂料的产品标签和说明书作为商业秘密存在的证据，而这些均系公开资料，内容仅有对产品配方、成分等概括性的描述记载。法院据此就直接驳回了原告 D 的诉请。

该案例中，原告 D 因担心再次泄密而导致举证不充分，无法证明其主张的内容是否构成商业秘密。本案中，法院却在未予释明的情况下，就直接判决原告败诉。这里法官"不作为"的行为就属于怠于释明，很可能会有损当事人的重大诉讼权益，进而影响案件的公正审理。

案例 3：被告 F 曾是原告 E 公司的销售经理，作为高级管理人员，F 与 E公司签订了行业保密协议，约定 F 负有保守原告商业秘密以及竞业禁止等义务。后被告 F 离职后加入了原告 E 公司的竞争对手 G 公司，且原告 F 公司发现

自己长期的一个客户已转为 G 公司的客户。为此，原告 E 就以被告 F 侵害商业秘密和违反竞业禁止协议为由诉至法院。法官经审查后认为，被告 F 的行为属于侵权和违约的竞合，应择一进行诉讼，故要求原告撤回基于违反竞业禁止协议的诉讼请求。

本案中，该法官剥夺了当事人应有的选择权，过多行使了释明权，有越俎代庖之嫌，属于典型的过度释明。其超越了辩论主义的框架，将释明权本应具有的补充作用盲目扩张，会产生"矫枉过正"的效果。❶

2. 原因分析

最高人民法院采用司法解释的方式，引入法官释明权制度，对我国民事诉讼来讲无疑是一个进步。但是从上面两个案例中可以发现，法官释明权在我国司法实践中仍存在诸多问题，其主要原因在于：

（1）立法上的欠缺。

虽然《证据规定》中的相关规定涉及了释明权的内容，但我国现行法律对释明权的规定仍极不完善，还存在以下缺陷：一是《民事诉讼法》尚未赋予释明权相应的法律地位；二是多数规定模糊分散，不易掌握；三是司法解释本身对释明权的定性、适用范围、适用时机、法律效果等问题都未作规定或者语焉不详。

（2）观念上的误区。

释明主体在认识上存在一定的误区。在过去的近 20 年时间里，我国在民事诉讼改革方面倡导的理念一直是"当事人主义""辩论主义和处分原则""法官中立"等，导致很多法官认为在司法实践中一定要保持消极、中立的地位，积极行使释明权是对司法中立制度的破坏。有些法官虽然认识到绝对的当事人主义诉讼模式过分强调法官中立地位存在诸多弊端，但是又担心积极行使释明权会导致诉讼再次陷入超职权主义诉讼模式中，因而又不愿行使法官释明权。

（3）能力上的不足。

由于我国的释明权制度尚处于起步阶段，法律法规、司法解释中有关释明权的规定极少，民事诉讼理论界关于释明权的研究也很少，大都还停留在介绍外国的一些做法上，审判实务界也未能引起足够的重视，一些法官对什么是释明权，释明权与以前职权主义模式下的调查权、询问权有什么区别，以及释明权的性质、价值等理论问题不是很清楚，致使司法实践中法官在释明权行使方面享有过多的自由裁量权，出现了随意、混乱的局面。

---

❶ 安琪. 有关民事诉讼中法官阐明权制度的几点探讨 [J]. 法制与社会，2009（4）（上）.

四、应然探索：商业秘密侵权案件中释明权的正当行使

释明权是为了达到民事诉讼的目的而限制辩论主义的弊病的产物，从表面来看是对辩论主义的限制和修正，但在实际中无疑是一条对辩论主义所生之弊病加以补救的良途。当然，这一切要求是适当地、适时地行使释明权，否则就是过犹不及，不但达不到上述目的，而且会动摇作为民事诉讼基石之一的辩论主义的存在。❶

（一） 释明权的性质定位及正当行使

1. 释明权的性质定位

释明常以释明权的面貌呈现，但关于释明权是否当然为一种权利存在非议。在德国，早期释明权被认为是法官的权能，因而认为释明权的行使属法官自由裁量事项，法官不行使释明权的不得作为上诉的理由。❷ 但随着自由主义诉讼观念的修正，1877 年《德国民事诉讼法》立法委员会提请表决时，特别强调了发问和要求当事人注意是法官的义务而非权利。❸ 此后，《德国民事诉讼法》历经修改，一直把释明权作为法官的义务规定。而在日本，释明权规范的发展则经历了职权主义积极释明模式、古典的辩论主义消极释明模式和程序保障指向型积极释明模式三个历史时期。❹

从中可以发现，释明权经历了一个从权利到义务的演变历程。而这种转变的内涵传达了这样一种信号，即释明权不是可有可无的，而是不可或缺的，合法合理地行使释明权将对维护法律的正义、保障当事人的权利具有重大的意义。因此，各国在民事诉讼法制定中加强了法院与法官的释明责任与意识，从而避免了设置释明权制度初衷的落空。从我国立法规定上分析，尽管我国目前没有严格意义上的法条，但是《证据规定》的相关条款中都含有"应当"的

---

❶ 周利. 试论阐明权 ［J］. 中国政法大学学报，2001 （3）.

❷ 张力. 阐明权研究 ［M］. 北京：中国政法大学出版社，2006：17.

❸ 张卫平. 诉讼构架与程式 ［M］. 北京：清华大学出版社，2000.

❹ 日本 1890 年民事诉讼法是将释明权视为与查明案件事实真相的职责紧密关联的法官义务，经 1926 年民事诉讼法修改，虽将释明权视为权利，但由于当时立法新设证据职权调查规定，释明仍被解释为既是权利又是义务。二战后，日本深受英美法系当事人主义的影响，走向辩论主义的极端，认为释明仅是法院的权能，而非法院的义务，几乎见不到以法院未尽释明义务为由而取消原审判决。20 世纪 50 年代后期，最高裁判所改变了战后初期的立场，转而要求法官为了保证"当事人主导原则"真正发挥作用必须适时地向当事者提供建议和意见，没有做到这一点的案件审理有可能被驳回，最高裁判所通过一系列判例确立了进行释明的法官义务。肖建华，陈琳. 法官释明权之理论阐释与立法完善 ［J］. 北方法学，2007 （2）：75.

字眼，由此可见我国同样是把释明权视为法官的义务。

2. 释明权的行使原则

释明权的行使虽然有助于实质正义的实现，但如果过度行使释明权，就会破坏当事人诉讼地位的平等性，致使不能实现裁判的正义性。为此，笔者认为法官在行使释明权过程中应当遵循以下原则：第一，以探究当事人的真实意思为目的，寻求当事人陈述和诉讼的本意。第二，坚持中立原则，法官在行使释明权的时候应在双方当事人之间保持中立，不得有任何偏颇，否则诉讼结构就会失衡，变成法官替一方当事人打官司。第三，行使释明权时应对当事人双方的专业技能、法律知识、诉讼经验、经济能力等方面有深入的体察。第四，行使释明权时应坚持公开、透明原则，应在法庭上行使，而不能私下行使，搞暗箱操作。第五，行使释明权应有利于实现诉讼目的，平等地保护当事人双方的诉讼权利。

3. 释明权的行使范围

根据《证据规定》中的相关规定，法官对于举证责任分配、变更诉讼请求、拟制自认的问题有进行释明的义务。但是按照大陆法系的学理见解，前述事项仅属于法官应予释明中的部分事项，一般来讲，法官的释明应包含以下范围：（1）对于诉讼请求的释明，包括诉讼请求不明确、不充分、不正确这三种情况下的释明。（2）对于举证的释明，告知当事人举证责任的分配原则及其要求、当事人可以向人民法院申请调查取证的情形、当事人双方约定举证期限的方式或人民法院指定的举证期限，以及当事人逾期提供证据所应承担的法律后果等。同时，鉴于现阶段当事人的法律素质不高，在律师代理制度及司法援助制度都不是很完善的司法环境下，从有利于实现民事诉讼目的的角度而言，有观点认为对于当事人提出新的诉讼资料、证据资料予以必要的指导也应当包括在法官对举证进行释明的范围内。❶（3）对于有关法律问题的释明，包括对于现有法律规定、法律后果、当事人偏离法律进行陈述的释明，尽量避免因当事人不清楚法律规定而有损对其合法权益的保护。

（二）释明权在商业秘密侵权案件中的具体运用

为便于说明，笔者将结合如下案例进行展开。

案例4：原告H公司系从事光纤、光缆制造设备的研发、生产单位，被告I、J、K、L、M分别在原告处技术部、生产部、服务部任职，因工作需要分别

---

❶ 卢青峰. 能动司法背景下的法官释明权［J］. 社科纵横，2011（4）.

掌握了原告 H 公司相关的技术秘密和经营秘密，并与原告 H 公司签署有保密协议和竞业禁止协议。后五被告以其配偶为股东投资设立被告 N 公司，利用从原告处获取的技术秘密及客户信息、机械外协客户通讯录，抢夺原告长期稳定客户，造成原告巨大的经济损失。原告遂诉至法院，要求六被告立即停止侵权；赔偿原告经济损失 100 万元；刊登声明，消除影响。

1. 诉讼请求的释明

（1）诉讼请求不明确的释明。案例中，原告 H 请求法院判令六被告立即停止侵权，但并未指明具体停止侵权的行为。此时，法官可以直接向原告 H 发问，让当事人自己就如何停止作出陈述，比如停止销售、销毁现存的侵权产品等。

（2）诉讼请求不充分的释明。案例中，原告 H 原本可以针对六被告的侵权行为要求其赔偿经济损失及制止侵权支出的合理费用，但原告仅提出了经济损失的赔偿要求。对此，法官可以通过发问了解原告 H 的真实意思，并告知其法理具体规定。释明后，若原告要求补充诉请的，应予准许；若原告仍坚持原诉请的，则应尊重当事人对自己权利的处分。

（3）诉讼请求不正确的释明。案例中，原告 H 要求六被告刊登声明、消除影响，但法官经审理认为，本案中并不存在商誉受损的损害结果，由此就会出现该诉请不适当的情况。对此，法官就应告知其不正确的原因及可能产生的后果。

2. 对举证的释明

举证责任是商业秘密侵权诉讼中最为关键的问题，举证不能往往成为该类案件中原告败诉的主要原因。

（1）普适性的举证相关事项的释明。通过送达举证通知书，告知当事人举证责任的分配原则与要求、向法院申请调查取证的权利及具体情形、当事人约定举证期限的方式或法院指定的举证期限。

（2）商业秘密案件中具体举证责任分配的释明。根据商业秘密案件的专业性和复杂性，除了送达举证通知书外，还应该通过书面或口头的形式，根据原告提出的诉讼请求及其请求权基础所指向的法律规范中所包含的要件事实，说明举证责任的分配。案例中，原告 H 指称六被告侵害其商业秘密，根据最高人民法院《关于审理不正当竞争民事案件应用法律若干问题的解释》第 14 条的规定，原告应当对其拥有的商业秘密符合法定条件、对方当事人的信息与其商业秘密相同或者实质相同以及对方当事人采取不正当手段的事实负举证责任。其中，商业秘密符合法定条件的证据，包括商业秘密的载体、具体内容、商业价值和对该项商业秘密所采取的具体保密措施等。根据司法实践，法官尤其应注重运用释明权帮助权利人确定其主张保护的信息中的"秘密点"。原告 H 将技术秘密及客户信息、机械外协客户通讯录作为商业秘密的具体内容。首先，对于技术秘密，法官应当通过释明引导权利人准确、具体地归纳其要保护的技术秘密的具体内容，仅可能明确并缩小技术秘密的范围，这样既可以减少权利人的举证难度和工作量，又可以准确地拟定案件中的审理重点。其次，对于客户信息、机械外协客户通讯录这类经营信息，则要通过释明引导当事人通过举证该经营信息属于稳定、长期的交易且包含了客户的交易习惯、交易价格、交易品种等特殊信息来证明其"不为公众所知悉"这一要件。此外需要注意的问题是对被告侵权行为的举证责任分配，因为该要件的举证难度较大，且实务中存在举证责任倒置的误解，导致原告常有意或无意不提出证据。对此，法院尤其需要提醒当事人注意其应有的举证责任。

（3）商业秘密侵权诉讼中举证责任转移的释明。随着诉讼的进行，当原告 H 的证据能够达到一般的证明标准，即法官通过心证认为被告侵权存在很大可能性时，原告的这些主张就暂时成立了。这时，举证责任就转移到被告的身上。被告为了使案件的主要事实处于真伪不明的程度或者使案件的主要事实转向有利于自己的方向，便会提出反驳主张并提供用以支持主张的证据，也就是被告需要提出相应的抗辩理由，如公知信息、反向工程、自行开发等，每一种抗辩理由都有其特定的含义和要求，法官必须向当事人详尽介绍、说明，探求其事实意思，指导其准确选择抗辩理由并提供相应的证据。若此时被告通过举证致使其案件事实再次处于真伪不明或者转向被告有力的方向时，则举证责任再次转移给原告，而缺乏诉讼经验的原告可能误以为自己已经完成举证而不再举证，对此，法官就需要通过发问探求其有无反驳被告的主张及证据。这样，通过数次有条件的举证责任转移，对于原告主张的被告实施侵权行为的事实是否存在就可以有一个确切的认定。

3. 对有关法律问题的释明

（1）对法律规定的释明。法官应当针对有关当事人切身利益的事项，对于现有的法律规定，向当事人进行必要的提示，尽量避免当事人因不清楚法律规定而有损其合法权益的保护。

（2）对法律后果的释明。庭审中，经常出现当事人对对方陈述的事实既不做肯定陈述也不做否定陈述，按照法律的规定将导致该项事实被视为承认的法律后果，对此，法官应进行相应的告知，避免当事人因缺乏法律知识而错误地放弃自己的权利。

（3）对于当事人偏离法律进行陈述的释明。这主要表现在法庭辩论阶段，当事人在辩论过程中偏离他们的辩论主题，提出与法庭辩论主题无关的观点，或者对双方当事人均已认可的事实和观点反复进行论证时，法官应当行使释明权，提醒当事人明确其争论的焦点，并要求其围绕焦点进行辩论。

4. 对不当释明的救济

释明权作为一种义务，当法官不当行使该义务时应引起相应的责任，理应赋予当事人提起救济程序的权利，但遗憾的是，我国法律规范中并无对不当释明进行救济的规定。因此，笔者认为，借鉴他国的立法经验，应当设立如下救济途径：第一，赋予当事人异议权。当事人如果认为法官的阐明行为有明显的不公正性，或者将会产生较严重的不公正后果时，可以直接向法官发问，法官应当明确答复。第二，赋予当事人上诉或再审时的救济权。法官滥用阐明权违反法律的强制性规定时，可以构成当事人上诉或再审的理由，二审法院查明属实的，应当作为违反法定程序的情形，裁定撤销原判，发回重审。

参考文献：

［1］张力. 阐明权研究［M］. 北京：中国政法大学出版社，2006.

［2］［日］谷口安平. 程序的正义与诉讼［M］. 王亚新，刘荣军，等译. 北京：中国政法大学出版社，1996.

［3］柴发邦. 体制改革与完全诉讼制度［M］. 北京：中国人民大学出版社，1991.

［4］陶恒河. 试论法官释明权［J］. 河北法学，2004（5）.

［5］安琪. 有关民事诉讼中法官阐明权制度的几点探讨［J］. 法制与社会，2009（4）（上）.

［6］周利. 试论阐明权［J］. 中国政法大学学报，2001（3）.

［7］张卫平. 诉讼构架与程式［M］. 北京：清华大学出版社，2000.

［8］肖建华，陈琳. 法官释明权之理论阐释与立法完善［J］. 北方法学，2007（2）.

［9］卢青峰. 能动司法背景下的法官释明权［J］. 社科纵横，2011（4）.

房产抵押权实现的司法程序及执行问题研究

赵德林❶

摘要： 抵押权的实质即为一种优先受偿权。关于抵押权人如何实现其对抵押财产优先受偿的权利，学界有不同观点，本文结合相关理论和司法实践予以探讨。第一部分对实现房产抵押权的两种司法程序即诉讼程序和非诉程序做了简单介绍；第二部分着重分析了司法实践中通过非诉程序实现房产抵押权所面临的几个主要问题和解决问题的对策，具体包括非诉程序启动要件的审查、查诉讼程序与非诉程序的衔接和抵押权的行使期限等；第三部分对执行程序中房产抵押权与其他权利产生冲突的四种主要情形进行了分析并提出解决方案，具体包括房产抵押权与房产租赁权、房产买受权、司法查封权及房产所有权的冲突和处理。

关键词： 房产抵押权　非诉程序　衔接　权利冲突

一、房产抵押权实现的司法程序

抵押权是由债务人或第三人就其提供抵押的特定财产所设定的物权。❷ 抵押权设定的目的在于债的担保，根据我国《中华人民共和国民法通则》和《中华人民共和国物权法》（以下简称《物权法》）的相关规定，当债务人不履行债务或者发生约定的实现抵押权情形时，债权人即抵押权人可就抵押财产优先受偿。❸ 因此，抵押权的实质即为一种优先受偿权。关于抵押权人如何实现其对抵押财产优先受偿的权利，有学者认为，根据法院拍卖所依据的法律文书不同，抵押权的实现可以分为诉讼裁判模式、申请拍卖模式和非讼裁判模式三种

---

❶ 作者单位：上海市徐汇区人民法院。

❷ 刘德宽．民法诸问题与新展望［M］．北京：中国政法大学出版社，2002：377。

❸ 详见《民法通则》第89条和《物权法》第179条。

立法例。❶

而根据现行的法律规定，房产抵押权的实现在我国主要有两种司法程序模式可供抵押权人选择。一种是当事人或利害关系人因抵押房产所担保的实体债权债务发生争议，法院通过诉讼程序进行实体裁判即为诉讼程序；另一种是当事人或利害关系人的实体债权债务争议未经诉讼，抵押权人可直接向法院提出实现抵押权的申请，由法院作出是否准予拍卖、变卖抵押房产的裁定，即为非诉程序。

（一） 诉讼程序

我国《中华人民共和国担保法》（以下简称《担保法》）第 53 条第 1 款规定："债务履行期届满抵押权人未受清偿的，可以与抵押人协议以抵押物折价或者以拍卖、变卖该抵押物所得的价款受偿；协议不成的，抵押权人可以向人民法院提起诉讼。"在抵押权人和抵押人不能通过协商的方式得到解决的情形下，抵押权人即债权人应通过诉讼的途径解决，此种情形的诉讼包含实体债权债务争议的解决和房产抵押权的实现，因此，房产抵押权的实现需以主债权债务的裁判为前提。诉讼程序采取当事人主义、直接言词主义，其制度价值在于准确查明案件争议，保障当事人的程序参与，以裁判结果的实体公正为核心目标。❷ 诉讼程序耗时较长，增加了房产抵押权实现的司法成本和抵押权人的诉讼成本，不利于债权人利益的及时保护和抵押权的价值实现，因而广受诟病。

（二） 非诉程序

诉讼程序实现抵押权在司法实践中的弊端直接推动了我国的立法变革。2007 年出台的《物权法》第 195 条第 2 款规定："抵押权人与抵押人未就抵押权实现方式达成协议的，抵押权人可以请求人民法院拍卖、变卖抵押财产。"根据该项规定，在抵押权人和抵押人不能通过协商的方式得到解决的情形下，抵押权人可以请求法院拍卖、变卖抵押房产。这个规定实际上赋予了抵押权人不经主债权的诉讼，可直接向法院提出请求，从而实现房产抵押权。该规定旨在改变单一的抵押权诉讼实现程序，为抵押权人提供更加便利的选择，但是这个规定产生的问题是操作性方面的欠缺，对于抵押权人通过何种途径、向法院的哪个部门提出请求，没有对应的程序配套规定和司法解释，也给司法实践带来了困扰和争议，其立法目的也无法得以实现。

2012 年《中华人民共和国民事诉讼法》（以下简称《民事诉讼法》）在特

---

❶ 张自合. 论担保物权实现的程序 ［J］. 法学家，2013（1）.

❷ 奚晓明等.《中华人民共和国民事诉讼法》修改条文理解与适用 ［M］. 北京：人民法院出版社，2012：422.

别程序中增设了担保物权实现程序一节，规定了权利人通过非诉程序实现担保物权的方式，实现了实体法与程序法的有效衔接，也为房产抵押权人通过非诉程序实现房产抵押权提供了法律依据。

二、非诉程序实现房产抵押权的若干问题探析

（一） 非诉程序的审查

根据我国《民事诉讼法》第 197 条的规定，法院受理非诉案件后，应对案件进行审查，然后作出是否拍卖、变卖担保财产的裁定，而审查的内容为是否符合法律规定这一原则性要件。因无具体的相关规定和司法解释，非诉程序的审查形式和审查标准在司法实践中引发了巨大的争议。关于非诉程序的审查原则和形式，司法实践中主要有形式审查和一定程度的实质审查两种观点。❶ 笔者倾向于采取一定程度的实质审查，非诉程序的审查应当在房产抵押权的实现效率和利害关系人利益的保护之间寻求平衡。法院受理实现担保物权的非诉案件后，应当采用听证审查的方式，通知权利人、义务人及其他利害关系人到庭，查明基本事实后，作出相关裁定。对于实现房产抵押权的非诉案件，法院方认定非诉实现房产抵押权符合法律规定，从而裁定拍卖、变卖抵押房产，需要同时满足以下三个条件：

1. 实体权益即主债权债务关系无争议

法院除了要对债权人与债务人之间的主债权债务关系进行有效性和合法性审查外，还要审查债权行使和债务履行期限问题，以确保房产抵押权的请求基础事实没有争议。

2. 房产抵押权的设立合法有效

法院要对抵押人与抵押权人之间的担保合同、房产抵押权登记证明或他项权利证书等材料进行有效性和合法性审查，确保房产抵押权的设立合法有效。

3. 房产抵押权的实现无限制条件

在特定条件下，房产抵押权虽然有效存在，但其实现会受到一定的限制，司法实践中具体存在以下几种情形。

第一种情形是抵押人拥有的约定或法定抗辩权对房产抵押权的实现构成限制。主债权存在多个担保时，担保合同可约定担保人承担责任的顺序。另外，在多个物的担保情况下，债务人的物的担保一般应先于第三人物的担保实现。

---

❶ 上海市黄浦区人民法院．民诉法新修内容实现担保物权程序的理解与适用——实现担保物权程序问题研讨会综述［J］．上海审判实践，2013（6）．

房产抵押人在非诉程序中提出上述抗辩的，应为合法有效，法院应当作出驳回裁定。

第二种情形是抵押房产上存在在先抵押权。有观点认为，在抵押物上存在设定在先的其他抵押的情况下，应当裁定驳回申请，当事人可以向人民法院另行提出诉讼。❶ 司法实践中也出现了此种情形下驳回房产抵押权人申请的裁定书。❷ 笔者认为，根据最高人民法院《关于适用〈中华人民共和国担保法〉若干问题的解释》第 78 条第 1 款规定——"同一财产向两个以上债权人抵押的，顺序在后的抵押权所担保的债权先到期的，抵押权人只能就抵押物价值超出顺序在先的抵押担保债权的部分受偿"，顺位在先的房产抵押权仅对顺位在后的抵押权的优先受偿款项金额构成限制，其本身并不能阻碍顺位在后抵押权人的权利行使。因为房产抵押权的设立以登记为要件，根据不动产登记的公示公信原则，顺位在先的抵押权可根据不动产登记情况查明，权利人通过诉讼程序实现房产抵押权与非诉程序并无实质区别，法院作出驳回裁定只是徒添诉累。

第三种情形是抵押房产上存在司法查封。房产被查封后，不可再设置抵押，故此情形下的司法查封只能位于房产设定抵押之后，根据物权公示公信原则，司法查封只是取得了对该房产的控制权和处分权，并不能对抗在先的抵押权，故此情形并不能构成房产抵押权非诉程序实现的障碍，抵押房产能否被拍卖、变卖，抵押权人能否取得优先受偿款等问题则应通过执行程序解决。

第四种情形是抵押房产上存在租赁。我国《物权法》第 190 条规定："订立抵押合同前抵押财产已出租的，原租赁关系不受该抵押权的影响。抵押权设立后抵押财产出租的，该租赁关系不得对抗已登记的抵押权。"租赁权在抵押权之后设立并不会对房产抵押权的实现构成限制。至于租赁权在抵押权之前设立能否对抵押权的实现构成障碍，在司法实践中则存在较大的争议。笔者认为，房产租赁权是对房产的占有使用权，主要体现房产的使用价值；房产抵押权是就拍卖、变卖房产所得价款的优先受偿权，体现的是房产的交换价值，两者并不冲突，在先的租赁权可能降低抵押房产的交换价值，但并不能阻碍房产交换价值的实现，司法实践中，房产带租赁拍卖的情形也比较常见。

综上，只有第一种情形对非诉程序中房产抵押权的实现构成实质限制，法院不宜作出拍卖、变卖抵押房产的裁定。

（二） 非诉程序与诉讼程序的衔接

房产抵押权人可选择适用诉讼程序或非诉程序来实现其房产抵押权。从效

---

❶ 邢嘉栋．实现不动产抵押担保物权之问题与思考［N］．人民法院报，2013 – 05 – 08.

❷ 参见上海市青浦区人民法院（2013）青民三（民）特字第 1 号民事裁定书。

率原则来看，权利人更愿意选择非诉程序。然而从争议解决的角度来看，法院应当允许非诉程序向诉讼程序的单向转化，但不允许诉讼程序向非诉程序的逆向转化。非诉程序的审查过程中，义务人提出异议，或者权利人增加诉讼请求导致实体权益发生争议的，法院可直接将非诉程序转化为诉讼程序，将实体争议部分一并审理；非诉程序审查过程中，发现实体权益已进入诉讼程序的，应当裁定驳回权利人的请求。诉讼程序中，发现权利人已申请进入非诉程序的，诉讼程序正常进行，但应通知非诉程序的审查法官，由其中止审查或裁定驳回申请人的请求。

（三） 抵押权的行使期限

我国《物权法》第 202 条规定：抵押权人应当在主债权诉讼时效期间行使抵押权；未行使的，人民法院不予保护。对于该条规定，理论界和司法实践中均有颇多争议，主要集中在抵押权行使期限的性质和起算方式上。

关于抵押权行使期限的性质，主要有诉讼时效和除斥期间两种观点。因诉讼时效只适用于债权，而抵押权属于担保物权，抵押权的行使属于物权的实现，显然不适用诉讼时效，因此，抵押权的行使期限属于除斥期间的观点占主流，《担保法》及相关司法解释规定担保物权于所担保的债权诉讼时效结束 2 年内行使也印证了这一观点。然而《物权法》第 202 条的规定和其优先适用的效力导致抵押权行使期限的性质模糊化。笔者认为：一方面，抵押权行使期限属于除斥期间的定位更符合法理；另一方面，权利的惰怠行使不应受到国家强制力保护，抵押权实现的非诉程序使得主债权诉讼时效的中断或中止并不阻碍权利人选择适用非诉程序来保障其权益的实现。因此，抵押权的行使期限应认定为除斥期间，自主债务履行期限届满之日起 2 年内行使，不适用诉讼时效中关于中断、中止的规定。

三、执行程序中房产抵押权与其他权利的冲突与处理

经过诉讼或非诉程序后，抵押权人根据生效的判决书或裁定书向法院申请强制执行，要求拍卖或变卖抵押房产，并取得房产拍卖款后，房产抵押权才得以最终实现。执行程序中的房产拍卖是房产抵押权实现的一种主要方式，拍卖过程中，房产抵押权经常会与该房产上的其他权利发生冲突，如何处理这些冲突是司法实践中的疑难问题。

（一） 房产抵押权与房产租赁权

房产租赁权与公众的居住权密切相关，我国的相关法律法规赋予其准物权的地位。对于在拍卖抵押房产上同时存在房产租赁权时如何处理二者的关系，

《物权法》第190条已有明确规定，即房产租赁权在房产抵押权之前设立的，原租赁关系不受影响；房产租赁权在房产抵押权之后设立的，该租赁关系不得对抗已登记的抵押权。

房产租赁权在房产抵押权之前设立的，房产抵押权并不能对抗房产租赁权，但是法院可以对抵押房产带租赁拍卖，房产买受人可与原房产租赁人对租赁事宜进行协商，协商不成的，按照原房产租赁合同处理。此种情形下，法院在强制拍卖或变卖抵押房产后，无须也无权进行清场要求房产租赁人迁出。

房产租赁权在房产抵押权之后设立的，该租赁关系不得对抗已登记的抵押权。此种情形下，对于房产拍卖后应否强制房产租赁人迁出抵押房产，在实践中则存在两种不同的观点。一种观点认为，《物权法》第190条明确规定抵押权设立后抵押财产出租的，该租赁关系不得对抗已登记的抵押权，故房产拍卖后，法院可向房产租赁权人发出通知，限期其迁出租赁房产，逾期未迁出的，可直接强制房产租赁权人迁出；另一种观点则认为，尽管《物权法》对此问题作出了明确规定，但是法院的执行部门无权根据实体法作出强制执行措施，而应当引导房产买受人另行起诉，要求房产租赁权人迁出买受房产，经法院裁判，房产买受人取得执行依据再向法院申请强制执行后，法院执行部门方可要求房产租赁人迁出前述房产。

最高人民法院《关于人民法院民事执行中拍卖、变卖财产的规定》第31条第2款规定："拍卖财产上原有的租赁权及其他用益物权，不因拍卖而消灭，但该权利继续存在于拍卖财产上，对在先的担保物权或者其他优先受偿权的实现有影响的，人民法院应当依法将其除去后进行拍卖。"人民法院据此认为拍卖财产上的租赁权对在先的担保物权实现有影响的，可在房产拍卖前直接通过裁定的方式除去房产租赁权，并强制房产租赁人迁出。司法实践中，考虑到房产拍卖的操作性问题，也会先拍卖房产，再进行拍卖房产的清场工作。

笔者认为，无论是采用哪种方式，法院都可直接作出裁定，并强制抵押权之后的房产租赁人迁出抵押房产。原因如下：一是房产抵押权经有关部门登记后即具有公信公示效力，房产租赁权人在明知房产上存在抵押的情形下仍然租赁抵押房产，就应承受相应的不利法律后果；二是司法实践中，被执行人为了规避执行，在自己名下的房产上设置长期租赁权的行为非常常见，如果不能对这种行为进行有效处置，将会助长这种规避执行行为，使得房产抵押权的实现更为困难；三是如果不能根据《物权法》的规定，直接要求房产租赁权人迁出，而是依靠房产买受人另行起诉方可解决租赁权人迁出问题，会增加抵押房产变现的难度，导致抵押权人的合法权益无法实现。

（二） 房产抵押权与司法查封权

当抵押房产上存在司法查封时，如何实现房产抵押权也是司法实践中经常遇到的一个问题。根据我国的相关法律规定和司法解释，房产上存在多个查封时，首封法院拥有对该房产的处分权。当抵押权人与首封申请权利人不是同一权利人时，抵押权人要求实现其合法权益则根据以下不同的情形存在不同的处理方式。

第一种情形是首封案件和抵押权实现案件均进入了执行阶段，且首封法院与抵押权实现法院为同一法院时，可由该法院进行房产拍卖，并根据参与分配的原则进行分配。

第二种情形是首封案件和抵押权实现案件均进入了执行阶段，但不是同一法院时，由于抵押权可对房产拍卖款优先受偿，首封法院的拍卖有可能是无益拍卖或只能分得拍卖款中很小的一部分，不愿意推动房产的拍卖，此时受理抵押权实现的法院应向首封法院发函要求由其进行拍卖并分配，此种做法尽管具有法理上的依据，但因没有相关的法律和司法解释规制，司法实践中的障碍较多，往往导致抵押房产无法进入拍卖程序。

第三种情形是首封案件进入执行阶段，但房产抵押权案件还未取得执行依据，此时首封法院可对房产予以拍卖，但应引导抵押权人尽快启动诉讼或非诉程序，取得执行依据后，参与分配房产拍卖放款；无法通知房产抵押权人或者房产抵押权人未能及时取得执行依据的，法院在处分房产拍卖款时，应当预留相应抵押权所担保的债权份额。

第四种情形是房产抵押权案件进入了执行阶段，而首封案件为保全查封并未进入执行阶段时，应待首封案件进入执行阶段后，再按照第一种或第二种情形进行处理。

（三） 房产抵押权与房产买受权

房产上存在抵押权并不排斥房产的交易行为，房产买受人与抵押房产权利人签订房产买卖合同并支付了大部分对价房款，抵押权人取得执行依据并向法院申请强制拍卖房产后，房产买受人的权利如何保护？由于此时房产过户已经不可能实现，房产买受人经诉讼后向法院申请强制执行，在房款不能取回而房产权利人又无其他财产可供清偿的情形下，房产买受人的房款请求权与抵押权的优先受偿顺序应如何确定？一种观点认为，根据最高人民法院《关于建设工程价款优先受偿权问题的批复》第 1 条和第 2 条的规定，商品房买受人支付全部或大部分款项后，对于商品房拍卖款优先于承包人的工程价款和抵押权人受偿，故房产买受人的房款请求权应优先于抵押权受偿；另一种观点则认为根据抵押权的公示公信效力，房产买受人在签订房产买卖合同和支付款项之前应当知道该房产上存在抵押权，故抵押权应当优先于房产买受人的房款请求权受偿。笔者认为，最高人民法院《关于建设工程价款优先受偿权问题的批复》仅仅适用于一手商品房，不能类推适用于二手房。原因在于一手房的抵押往往以土地使用权及其地上权益作为担保，消费者购买商品房所支付的款项包含了土地使用权和房产的对价，大于抵押担保的价值；二手房上的抵押往往包含了房产上的全部权益，因此，该抵押权享有优先于房产买受人受偿的法理基础。综上，对于一手商品房，房产买受人的房款请求权优先于抵押权受偿；对于二手房，则抵押权优先于房产买受人的房款请求权受偿。

（四）房产抵押权与房产所有权

房产抵押权与房产所有权的冲突在实践中主要存在两种情形：

第一种情形是房产抵押权的实现进入执行程序后，案外人（大多数情况下为房产抵押人的配偶或亲属）根据其他的生效法律文书主张其房产所有权。此时，案外人应向法院提出执行异议或执行异议之诉，执行异议不成立的，法院可继续执行；案外人也可对抵押权进入执行程序的执行依据提出撤销之诉或申请再审。无论案外人选择何种救济途径，执行部门应对案外人提交的书面材料作出书面审查后，暂缓房产的拍卖或者在房产拍卖后暂缓对拍卖款的处分。

第二种情形是房产抵押权的实现进入执行程序后，案外人根据生效的法律文书，主张基于房产所有权分割而获取的对房产抵押人的债权。此时，案外人基于房产所有权的债权与抵押权的优先受偿顺位应当如何确定？在房产抵押权的执行依据未被撤销之前，房产抵押权合法有效且房产抵押属于物保，应当以该物的全部价值优先受偿，此时案外人基于房产所有权的债权并不能对抗抵押权，但可根据最高人民法院《关于人民法院执行工作若干问题的规定（试行）》第88条第2款的规定优先于一般金钱债权受偿。对于案外人已对房产抵押权的执行依据提起撤销之诉的，应暂缓抵押房产的拍卖，对于已拍卖的，应暂缓拍卖放款的分配。

参考文献：

[1] 刘德宽. 民法诸问题与新展望 [M]. 北京：中国政法大学出版社，2002.

[2] 奚晓明，等.《中华人民共和国民事诉讼法》修改条文理解与适用 [M]. 北京：人民法院出版社，2012.

[3] 张自合. 论担保物权实现的程序 [J]. 法学家，2013（1）.

[4] 邢嘉栋. 实现不动产抵押担保物权之问题与思考 [N]. 人民法院报，2013 – 05 – 08.

论公证介入民间借贷的意义和作用

杜 辰[1]

摘要：民间借贷存在用途多样化、主体多元化、高利普遍化和形式随意化的特征，需要在法律上加以引导和限制，以保障民间借贷的安全。公证介入民间借贷具有重要的意义和作用，公证的证据效力可以证明民间借贷行为的真实性与合法性，公证强制执行效力有利于保障债权的顺利实现，公证介入民间借贷还有助于节约司法资源。

关键词：民间借贷 公证 债权 强制执行

一、民间借贷的界定及其主要特征

（一） 民间借贷的界定

民间借贷一般是指自然人之间、自然人与民间企业之间的借贷合同关系，是由一方将一定数量的金钱转移给另一方，到期返还本金并按约定支付利息的民事法律行为。此种借贷合同只要双方当事人意思表示真实、一致即有效，随借贷产生的抵押也相应有效，但约定的利率不得超过人民银行规定的同期同类贷款利率的4倍。民间借贷可以分为民间个人借贷活动和自然人与民间企业之间的借贷。

（二） 民间借贷的主要特征

1. 用途多样化

从借款用途来看，民间借贷已由消费型向融资型转化，借款人通过民间借贷方式融资的用途用于生产领域的越来越多。随着国家对房市的调控，以及金融机构对房地产开发领域信贷的收缩，民间借贷用于房地产开发领域的比例也

---

[1] 作者单位：南京公证处。

越来越大。

2. 主体多元化

从借款主体来看，民间借贷的主体呈多元化趋势，遍布社会的各个阶层，主要集中在以下几个群体：一是较为富裕、有一定积蓄的群体，放贷主要指向经济困难的居民和个体工商业者；二是专门从事放贷的群体，放贷指向为风险较小的单项工程和单个生产经营项目，期限一般不固定，且利率较高，一般年利率在20％以上；三是一些非法或涉黑性质的中介机构以非法集资等形式取得资金，然后再放高利贷，或以贷养贷，放贷的对象几乎涉及社会的各个层面。对民间借贷市场的规范关系到广大群众的切身利益。

3. 高利普遍化

放高利贷的现象日益增多，民间借贷的利率普遍高于银行同类贷款利率，贷款人为了规避法律对民间借贷利率不得高于银行同类贷款利率4倍的上限规定，采用各种方式掩盖高息。在银根收紧的背景下，民间借贷市场更加火爆，民间借贷利率节节攀升，甚至出现了10％的高额月息。

4. 形式随意化

从借贷的形式来看，多具不规范性。大部分借款只形成简单的借据，在借据上只有借款人和借款金额，而没有正式和规范的借款合同。发生纠纷后，出借人只能提供证人以证明借款关系的存在。在借款约定上，表现出很大的随意性。有的借贷纠纷中双方对借款用途、利息、偿还借款时间等内容约定不明确或无约定，存在借款合同要件的缺失。在借贷的担保上，出借人一般都不够重视，或者对担保方式约定不明确。

二、民间借贷的法律和政策环境分析

（一）民间借贷的合法性地位问题

我国宪法明确规定保护公民的合法财产权。公民将其合法获得的私有财产出借给他人，并从中取得一定报酬的民间借贷行为符合宪法的规定，应受到宪法的保护。我国《中华人民共和国物权法》（以下简称《物权法》）确认了市场主体具有运用自有资金进行借贷获益的权利；《中华人民共和国民法通则》规定："依法成立的合同，受法律保护""合法的借贷关系受法律保护"；《中华人民共和国合同法》（以下简称《合同法》）第十二章明确规定建立在真实意思基础上的民间借款合同受法律保护，强调了民法意思自治的基本原则。根据上述规定，民间借贷的合法地位是有法律依据的。

（二）民间借贷的引导、限制性法律规范

民间借贷的引导、限制性规定主要包括行为主体的限制、利率的限制和资金来源的限制这三大方面，下文拟对之做简要分析。

第一类引导、限制性规定针对的是行为主体的限制。根据《合同法》和最高人民法院《关于人民法院审理借贷案件的若干意见》《关于确认公民与企业之间借贷行为效力问题的批复》等司法解释，我国明确了个人和非金融企业均可作为民间借贷行为的主体。此外，依照中国人民银行、中国银监会《关于小额贷款公司试点的指导意见》的规定，允许自然人、企业法人与其他社会组织投资设立不吸收公众存款、经营小额贷款业务的有限责任公司或股份有限公司，并鼓励小额贷款公司面向农户和微型企业提供信贷服务。也就是说，汽车贷款公司、农村资金互助社和小额贷款公司等机构均已成为民间借贷的主体，但非金融企业之间是不允许相互进行借贷的。《贷款通则》规定企业之间不得违反国家规定办理借贷或者变相借贷融资业务。最高人民法院《关于审理联营合同纠纷案件若干问题的解答》《关于对企业借贷合同借款方逾期不归还借款的应如何处理问题的批复》均对企业间的借款合同效力持否定态度。

第二类引导、限制性规定针对的是对利率的限制。根据《合同法》和最高人民法院《关于人民法院审理借贷案件的若干意见》《关于如何确认公民与企业之间借贷行为效力问题的批复》，我国法律法规允许平等的民事主体间按照意思自治原则自由约定利息。利息可以适当高于银行的利率，但是最高不得超银行同类贷款利率的4倍，复利和超出部分将不受法律保护。如果当事人之间的借款没有约定利息，贷款方就无权收取利息。对于法律从业人员，特别是公证行业的工作人员，在面对大量的民间借贷案件时应该严格审查，按照现行法律的规定受理借贷类公证。

第三类引导、限制性规定针对的是对资金来源的限制。《中华人民共和国外汇管理条例》规定："对擅自改变外汇或者结汇资金用途、进入民间借贷的国际热钱，由外汇管理机关依法查处。"对于放贷人以转贷牟利为目的，套取金融机构信贷资金高利转贷他人，违法所得数额较大的，按照《中华人民共和国刑法》（以下简称《刑法》）第175条非法转贷罪处理。因此，自然人或非金融组织用于出借的，应为其合法所有的资金，任何非金融组织和个人不得套取金融机构的信贷资金高息转贷，不得非法吸收存款。公证人员在实践中应当注意防止犯罪分子利用为其走私、贩毒活动获得的资金进行洗钱，尽到应尽的注意义务，认真审查其资金来源的合法性。

（三）保障民间借贷安全的法律规范

第一，民间借贷担保方面的规定。我国《物权法》《中华人民共和国担保法》及相关司法解释明确了民间借贷可采取的担保方式，进一步扩展了担保物的范围，为民间借贷的安全履约提供了制度保障。

第二，企业破产清算方面的规定。根据我国《中华人民共和国企业破产法》的规定，民间借贷在破产清算程序中作为普通债权受偿。放贷人还可以向法院提出对借款企业进行重整或者破产清算的申请，保障自己的利益。

第三，赋予强制执行力的公证方面的规定。我国《中华人民共和国民事诉讼法》与《中华人民共和国公证法》（以下简称《公证法》）以法律形式对强制执行效力公证制度予以了确认，将公证机构依法赋予强制执行效力的债权文书确定为人民法院的执行依据之一。根据以上规定，意思表示真实、权利义务明确的合法的民间借贷合同经公证机构公证后，一旦债务人不履行合同或者履行不适当的，债权人可以依法向有管辖权的人民法院申请执行债务人的财产，而无须经过诉讼程序。

（四）民间借贷不予保护的情形

民间借贷不予保护的情形主要有以下几种：第一，明知恶意的情形。最高人民法院《关于人民法院审理借贷案件的若干意见》第11条规定，"出借人明知借款人是为了进行非法活动而借款的，其借贷关系不予保护"。第二，约定利息过高的情形。依照最高人民法院《关于人民法院审理借贷案件的若干意见》及最高人民法院《关于如何确认公民与企业之间借贷行为效力问题的批复》的规定，民间借贷的利率超出银行同类贷款利率的4倍（包含利率本数）的，超出部分的利息不予保护，其借贷行为应当认定无效。第三，非法集资的情形。我国《中华人民共和国证券法》、《中华人民共和国公司法》（以下简称《公司法》）等法律规定，自然人、法人的资金募集活动如果违反了"集资主体、集资对象、集资目的、集资方式、集资项目、集资审批"等方面的审批条件和审批程序，即为非法集资。最高人民法院《关于如何确认公民与企业之间借贷行为效力问题的批复》中也列举了应当认定借贷行为无效的几种非法集资的情形。与之相对应，我国《刑法》中设有"欺诈发行股票、债券罪""非法吸收公众存款罪""擅自发行股票、公司、企业债券罪"和"集资诈骗罪"4个罪名来规制非法集资行为。最高人民法院2011年公布实施的《关于审理非法集资刑事案件具体应用法律若干问题的解释》对非法集资重新进行了定义，即"违反国家金融管理法律规定，向社会公众（包括单位和个人）吸收资金的行为"，并且细化了非法集资的 4 个构成要件，突出了其非法性、公开性、利诱性和社会性，确定了其构成《刑法》上的犯罪人数规模。同时，"在亲友或者单位内部针对特定对象吸收资金的"，由于不具有公开性和社会性，"不属于非法吸收或者变相吸收公众存款"，从而区分了合法借贷与非法集资的界限。第四，行为主体不合法的情形。我国不允许非金融企业之间进行借贷。第五，公司向其高管人员借款。我国《公司法》第 116 条规定："公司不得直接或者通过子公司向董事、监事、高级管理人员提供借款。"因此，公司向其高管人员借款的行为不受我国法律的保护。

三、公证介入民间借贷的意义和作用

（一）公证的证据效力能够证明民间借贷行为的真实性与合法性

公证机构出具的公证文书在证据上具有最高效力，亦即法律上的证明效力。只有在具有相应的任职资质条件的公证人员依据《公证法》和《公证程序规则》审查核实后，确认公证对象符合"真实性""合法性"等法定条件的情况下才能作出公证，可以直接作为认定事实的依据，这是其他证据所不能比拟的。在民间借贷行为中，由于发生纠纷后借贷双方一般会诉至法院，此时，公证优越的证据效力可以解决许多后期难于举证的法庭争议焦点问题。

1. "签名"的真实性问题

在签名发生争议时，当事人往往只能选择进行笔迹鉴定，但是笔迹鉴定也不能保证百分之百准确。首先，人在不同的年龄段，因为手腕力度不同，写字的特点会有很大不同，甚至在同一年龄段的不同心理状态下写字的特点都会发生变化。其次，名字的笔画少，模仿难度不高。再次，进行笔迹鉴定需要大量的样本，这些样本均须是书写该签名形成的同一时期书写的，收集起来难度大，一些不常写字或者不善保存的当事人甚至不符合申请笔迹鉴定的资格。然而公证人员依照程序规则亲眼见证当事人在文件上签名后，可以出具直接作为证据使用的公证书，从而很好地解决签名的真实性问题，避免因鉴定失误所带来的风险以及鉴定所需的额外花销。

2. 意思表示真实的问题

依照《公证程序规则》，在公证的受理过程中，公证人员要对申请人进行法律意义及法律后果的告知，保证当事人在签署相关文件时明确知悉相关的法律意义和后果，相关内容均需要在笔录中全面记录，由当事人确认无误后签名，从而确保当事人在作出民间借贷法律行为时的意思表示是真实自愿的，解决当事人意思表示真实的问题。

3. 借贷行为的合法性问题

公证处在受理相关申请时，要对公证文件的内容进行全面审查，如果有违反法律规定的条款，需要进行修改后才可以进行公证，否则不予受理。另外，如果借款人的行为可能损害到善意第三人的合法权益，比如将夫妻共同财产进行抵押担保等，公证处在相关权利人未自愿到场并表示同意的情况下是不予受理的。以上办证程序保证了借贷行为的合法性。

4. 其他难于举证的问题

民间借贷中还会出现许多难于举证的问题，例如，当事人认为借据上的金额不是实际发生的金额，特别是现金交付的情形，交付时数额究竟是多少是举证的一个难点和焦点问题。如果举证失败，法院很可能会依照法律上的真实，按照借据进行裁判。针对此类问题，当事人可以申请保全证据公证，即请公证人员共同前往现场见证付款行为并对数额进行确认，从而帮助法官还原真相、发现真实，增强证据效力，解决举证难的问题。

（二）公证强制执行效力能够保障债权的顺利实现

我国法律赋予了公证制度强制执行效力，经过公证赋予强制执行效力的债权文书可以不经诉讼程序而直接进入强制执行。强制执行效力公证制度并非我国所独创，这一制度在世界范围内具有一定的普遍性。德国、奥地利、日本等国家的法律也要求债权文书应当载明债务人愿受即时强制执行的意志或声明，或者债务人在该债权文书中明确承认公证文书具有即时执行的效力。

（三）节约司法资源

公证制度旨在为社会提供真实、可靠、有法律效力的公证文书，以预防纠纷，减少诉讼，规范法律行为，保证法律的正确实施。在诉讼日增的今天，公证作为非诉讼纠纷解决的重要方式之一，以其效率高、证明力强的特点被越来越多的人选择接纳。经公证赋予强制执行的债权文书无须再经由诉讼程序或者仲裁程序，有利于减少诉讼和仲裁案件数量，减轻法院和仲裁机构的负担，迅速及时地解决纠纷，节约有限的司法资源，从而降低社会成本。

结语

随着我国市场经济的发展，民间借贷市场逐年扩大，大量民间资金的注入一方面有助于活跃市场经济，为人们生产生活提供便利；另一方面，由于民间借贷市场缺乏有效的监管，民间借贷纠纷大量涌现。如何规范民间金融秩序、化解民间金融风险，成为社会迫切需要研究的问题。公证作为一种预防和解决纠纷的重要方式，在规范民间借贷中可以起到重要的意义和作用。公证的证据效力可以证明民间借贷行为的真实性与合法性，公证强制执行效力有利于保障债权的顺利实现，公证介入民间借贷还有助于节约司法资源。当然，要从根本上解决民间借贷纠纷中的问题，必须从制度入手，完善民间借贷发展的法律制度体系，规范民间金融活动。

参考文献：

［1］王惠荣．公证如何引导民间借贷规范发展［J］．中国公证，2012（11）．

［2］王雨平．民间借贷公证面临的风险及防范对策［J］．中国司法，2013（12）．

［3］刘世华．办理民间借贷合同公证应注意的问题［J］．中国公证，2012（7）．

［4］龙著华．民间借贷风险的法律规制［J］．南京社会科学，2014（11）．

［5］吴旭莉．民间借贷案件证明过程之分析［J］．现代法学，2014（3）．

［6］田朗亮．民间借贷法律政策案例适用指南［M］．北京：中国法制出版社，2012．

网络"人肉搜索"的法治维度探析

王丽丽❶

摘要：随着互联网的发展，公民发表言论的自由度大大提高，这无疑是社会的一大进步。但与此同时，互联网的快速发展也引发了一系列问题，人肉搜索即为其具体表现之一。人肉搜索在某种程度上成为网络侵权的渠道，使网络变成了传播隐私及人身攻击的暴力性工具，网民对被搜索对象的网络语言暴力攻击甚至侵入其现实生活，对当事人的正常生活及合法权益造成极大影响。为了避免人肉搜索对公民的隐私权、网络隐私权及其他合法权益造成实质侵害，法律必须对该行为进行全面而有效的规制，使其切实发挥舆论监督的积极效用。

关键词：人肉搜索　网络隐私权　侵权责任

伴随着互联网的高速发展，社会公众获取信息的渠道越来越多地由传统纸媒转向网络，大量的网络侵权现象也随之出现，人肉搜索即为其中之一。此类事件的发生，往往对相关人群的网络隐私权造成较大影响，对被搜索人的人身权益等更会造成直接侵害。人肉搜索在谴责道德失衡现象或违法行为、追求社会正义的同时，也不免会演变为网络暴力。跨越法律的界限侵犯他人网络隐私权及其他合法权益的行为，是对社会公共秩序的挑战，也会对社会的和谐与稳定形成威胁，因此，必须通过法律对其予以规制，使人肉搜索制度化、合法化、正规化。本文重点分析了人肉搜索的侵权责任主体认定及责任承担，希冀从法学的视角对人肉搜索这一社会现象进行较为全面的解读。

---

❶　作者单位：上海商学院。

一、"人肉搜索" 的概念及成因

（一） "人肉搜索" 的概念界说

人肉搜索从 2001 年的"陈自瑶"事件开始，在我国已有 10 余年的演变发展，这期间爆发的各类人肉搜索事件，导致被搜索人的个人信息、个人隐私被网民们肆意公开，到处宣扬，其正常生活受到严重的影响，有的当事人甚至不堪重负，最后以自杀来逃避网络世界的批判、攻击与谩骂。对于何谓人肉搜索，目前理论界还没有一致界定。一般来说，对人肉搜索可做广义与狭义的理解。广义上的人肉搜索，是指利用现代网络信息平台，变传统的网络信息搜索为人找人、人问人、人挨人的关系型网络社区活动，变枯燥乏味的传统机器查询过程为一人提问、八方回应的人性化搜索体验。❶ 狭义上的人肉搜索，则主要是把搜索对象限定为某个特定事件中的个人，为了追查某些事件或者人物的真相与隐私，在某些网络社区通过广大网民的参与，利用多种渠道将搜索到的个人信息曝光在网络公众的视野之下。❷ 现如今的人肉搜索大都是指狭义的人肉搜索，本文也将人肉搜索限定在狭义的概念之下。

人肉搜索行为主要有以下几个特征：第一，信息传播的高速化。借助网络科技的力量，人肉搜索的传播速度非常快，在很短的时间内便可以使众人知晓整件事情的来龙去脉。第二，侵权主体的匿名性及难以确定性。虚拟的网络世界使得侵权行为人能够以匿名的身份侵犯他人的权益，侵权者也因此难以确定。第三，参与者目的和动机的多样性。人肉搜索众多参与者的目的与动机多种多样，或是为了伸张道义，或是为了制造混乱，或是为了满足个人的好奇心。

（二） "人肉搜索" 的成因

人肉搜索的起因既可以是触犯法律的事件，也可以是触犯道德的事件。触犯法律将会由法律对其进行调整，所以，人肉搜索的事件通常是一些触碰人们道德底线的事件，因法律无法对这类事件进行调整，网民们便会发动人肉搜索，对当事人进行道德声讨。

对于人肉搜索的成因，可以归结于三个方面：一是被搜索人违反了社会公共道德，这一原因往往是导致人肉搜索的最直接原因，大多数人肉搜索事件与

---

❶ 王卓．"人肉搜索"现象的伦理探析 ［D］. 石家庄：河北经贸大学，2011：4.

❷ 王言．关于"人肉搜索"现象的法律思考 ［D］. 济南：山东大学，2011：2.

网民的社会道德伦理观和心理情感相违背，挑战了多数网民的道德底线，因此这类事件必将激起网民的不满与愤怒，致使网民们为了追求正义而发动人肉搜索，借助网络的力量对事件的主人公进行道德声讨，对违反道德的行为进行强烈地谴责。

二是由于社会舆论的导向性。人具有社会性，当人们生活在社会里的时候，就往往会被大众的舆论牵着鼻子走，人们会在一边倒的舆论声中不自觉地加入对当事人的道德声讨之中。在其他网民的情感影响下，人们会失去平常的理性思考，形成一种心理暗示，最终使最初正义的人肉搜索行动变成一场扭曲的网民集体狂欢。

三是由于网络的匿名性、虚拟性。匿名理论认为，在集合行为中个体之所以会做出他平时很少出现甚至根本没有做过的越轨行为，是因为他处于匿名地位。当一个人处于一个隐秘匿名的状态时，没有明确的个人标志，不须为破坏社会规范的行为负责，因而会产生责任分散的心理，便会无视道德和责任，放纵自己的行为，在网络上肆意发表言论，不必担心受到现实生活中的道德约束及法律的惩罚，从而减弱甚至消除了社会道德与法律的限制。部分网民会借着其他网民的声讨之声发泄自己的负面情绪和对社会的不满，打着“正义”的旗号在背后煽风点火，其行为的本质根本就不是为了社会道德和社会责任而战。

二、“人肉搜索”与隐私权、网络隐私权

从人肉搜索诞生之日起，就伴随着侵犯人们隐私权的争议声音，在人肉搜索的过程中，被人肉者的姓名、住址、电话、工作单位、身份证号、照片都会在网络上被公之于众，甚至连当事人的家人也会被无辜地牵扯进来，其家人的个人信息也会随之被曝光在大众的视野下。

（一）“人肉搜索”与隐私权

1. 隐私权

对于隐私权的概念，目前尚未形成一致的观点。张新宝教授认为，隐私权是公民享有的私生活安宁与私人信息依法受到保护，不被他人非法侵扰、知悉、搜集、利用和公开等的一种人格权。[1] 而王利明学者对此则给出了不同的定义，认为隐私权就是自然人享有的对其个人的与公共利益无关的个人信息、

---

[1] 张新宝．隐私权的法律保护［M］．北京：群众出版社，2004：21.

私人活动和私有领域进行支配的一种人格权。❶

一般来说，隐私权属于公民人格权的一种，它不仅是民法保护的私人权利，而且是宪法保护的公民权利。民法上的隐私权主要是个人独处不受干扰，隐私不受侵害的权利。

隐私权通常是指自然人享有的与公共利益无关的私人生活安宁权与私人信息依法受到保护，不被他人非法侵扰、知悉、搜集、利用和公开以及可以自由支配的一项人格权。隐私权是一种公民个人私生活不被公开的权利，权利主体对他人在何种程度上可以介入自己的生活，对于个人信息是否公开以及公开的程度与范围，都有自主决定权。可见，隐私权的内涵已从消极被动的"私生活不受他人侵扰"演变为积极主动的"私人信息自由支配"。

隐私权的内容应包括三个方面：一是私人生活秘密权。在未经权利人同意或授权的情况下，对于自然人不愿向社会公开的个人私生活信息，禁止他人以任何方式进行窃取、披露和利用。二是空间隐私权。此即权利人专属的、特定的私密空间不受他人非法窥探、侵扰、知悉、搜集和利用。三是私人生活安宁权。此即权利人私人生活不受他人打扰的个人生活安宁的权利。

2. "人肉搜索"侵犯隐私权的权利内容

一般认为，人肉搜索过程中很可能侵犯隐私权中的多种权利内容，主要为私人信息、私人活动、私人空间、生活安宁等。❷ 王丹宁则对此持不同观点，认为人肉搜索侵犯隐私权的权利内容主要有以下几种：其一是私人生活秘密权，其二是公民的空间隐私权，其三是公民的生活安宁权，其四是公民的通信自由权。❸

人肉搜索的过程中极有可能会侵犯隐私权。人肉搜索实施者公布他人私人信息、私密活动，都是侵害隐私权的行为。当个人信息未经权利人许可而被他人曝光，其隐私权则受到侵犯。侵犯隐私权的行为方式主要有侵扰、监听监视、窥探、搜集、干扰、曝光、公开或宣扬等。隐私权被侵犯的具体对象主要是私人生活秘密、空间隐私、私人生活安宁。

人肉搜索侵害被搜索对象的隐私权，主要是擅自公开、传播他人的私人信息，例如他人的相片、电话号码、工作单位、家庭住址等，以及侵入他人的私人生活空间，破坏他人私人生活的安宁权。

---

❶ 王利明. 人格权法新论 [M]. 北京：人民出版社，1994：487.

❷ 岑莉媛. "网络正义"的自我博弈——兼论隐私权与人肉搜索的冲突与发展 [J]. 法制博览，2014（7）：18.

❸ 王丹宁. "人肉搜索"侵犯隐私权问题研究 [D]. 长春：吉林大学，2012：21.

人肉搜索侵犯隐私权的权利内容主要有以下几种。其一是私人生活秘密权,对于这些私人信息,在非经本人的授权或本人同意的情况下,其他任何人不得进行非法获取、公布或转载。滥用人肉搜索超出了公民正当行使言论自由权的范畴。其二是公民的空间隐私权,即公民的专属、特定的私人空间不受他人侵扰的权力。其三是公民的生活安宁权,在人肉搜索行为中,网民将他人的个人信息在网络上披露、转发和评论,更有一些网民借助在网络上已掌握的他人资料对其在现实生活中进行骚扰,这些行为严重影响了被搜索人的生活安宁。其四是公民的通信自由权。❶

(二) "人肉搜索" 与网络隐私权

1. 网络隐私权

网络隐私权并非法定概念,而是从学理角度在传统隐私权的基础上提出的一种新概念。网络隐私权是基于现实社会中隐私权的相关问题延伸到网络空间而产生的,从本质上说仍然属于隐私权的一种,是隐私权在网络空间的延伸与扩展。网络隐私权是指公民在互联网上享有的私人生活安宁和私人信息依法受到保护,不被他人非法侵扰、知悉、收集、储存、传播和利用的一种人格权。

根据此定义,网络隐私权包括两个方面的意义:一是网络用户依法有权保持私人的生活安宁,保护个人信息秘密不被他人非法侵扰、知悉、收集、储存、传播和利用,即不受侵扰;二是网络用户可以自主决定个人私生活和私人信息的状况和范围,并能够对其进行利用,即个人对其个人隐私应有自由控制与支配的权利。个人数据信息、私人生活安宁、私人活动与私人领域是网络隐私权包含的重要内容,其中个人数据是最为重要的。

网络隐私权主要表现为公民对个人信息的控制和利用的权利。网络隐私权的侵权就是利用互联网实施的非法泄露或利用他人的个人信息,侵入他人的计算机系统,干扰他人私生活的行为。公民的网络隐私权应包括知悉权、选择权、支配权、安全请求权、赔偿请求权。

网络隐私权归属于隐私权,二者有重叠的部分,同时,网络隐私权也有自己独立的特点。网络隐私权所涵盖的隐私范围不同于隐私权,且网络隐私权的财产性特征更加明显。传统隐私权主要是保护个人信息、私人生活安宁以及自由支配自己的个人信息。侵犯传统隐私权的直接后果是造成权力主体的精神损害,传统隐私权一般不具有财产性的内容,它侧重于保护个人信息、私人生活

---

❶ 王丹宁. "人肉搜索"侵犯隐私权问题研究 [D]. 长春:吉林大学,2012:21.

安宁以及自由支配个人信息。而在互联网这种环境下，个人信息就具有了经济价值，具有财产性特征，权利人可以通过对自己个人信息的处置获得经济利益。

2. "人肉搜索" 侵犯网络隐私权的方式

对于人肉搜索侵犯网络隐私权的方式，陈星佐学者认为人肉搜索侵犯网络隐私权的方式主要有：其一，网络广告和电子邮件等现代信息传播手段容易对网络隐私权造成侵犯，这是由网络信息的传播方式决定的。其二，网络服务商对个人信息和数据的侵害。在经济利益的驱使下，网络服务商可能会利用自己所掌握的公民个人信息和数据实施获利行为。其三，网络黑客侵犯隐私权。其四，网民侵害他人隐私权。❶

人肉搜索侵害他人网络隐私权的行为方式有三种：第一是非法侵入个人博客、邮箱等个人空间。网民们为了搜集当事人的详细信息，不免会通过当事人的个人博客与邮箱去获得有关信息，非法侵入当事人的个人博客与邮箱，导致当事人的网络隐私权受到侵犯。第二是窃取、随意披露个人信息。在人肉搜索的过程中，网民们肆意将窃取搜集到的当事人的详细信息公布在网上，使当事人的个人信息曝光在网上并加以转发与评论，导致他人的个人信息完全泄露，严重侵犯了当事人的网络隐私权。第三是网络骚扰及电话骚扰。人肉搜索中，由于当事人的信息完全被曝光在网络上，所以任何人都可以获得当事人的详细信息，包括个人微博、博客、邮箱、电话等，网民们为了伸张正义，维护社会道德，会通过网络媒体或者电话对当事人进行骚扰。

三、"人肉搜索" 侵权责任主体的认定及责任承担

人肉搜索造成的不良后果是不言而喻的。为了更好地发挥网络人肉搜索的舆论监督等积极作用，避免网络人肉搜索中的侵权行为，必须对人肉搜索进行法律规制，最主要的是建立责任追究机制，以此来规范人肉搜索。在认定侵权责任的时候，要根据不同的责任主体来分析确定其应当承担的侵权责任。

（一） "人肉搜索" 的侵权责任认定

1. "人肉搜索" 的发起人

作为人肉搜索的发起人，对搜索过程中所侵犯的被搜索人权益以及搜索的结果应当具有充分的预期。人肉搜索的发起人为了让广大网民清楚搜索目标，

---

❶ 陈星佐. 基于网络隐私权的 "人肉搜索" 行为的规制 ［D］. 武汉：华中科技大学，2011：21.

通常会将被搜索人的肖像、视频或者名字等其他一部分个人信息发布在网上，然后让网民凭借这一部分信息去搜索被搜索人的其他个人信息，在此过程中，人肉搜索的发起人已经侵犯了被搜索人的个人隐私权。即使人肉搜索的发起人在此过程中未公布被搜索人的具体个人信息，但是发起人一定会发布一些被搜索对象的外部特征，人肉搜索的目的就是要搜集被搜索对象的具体个人信息，人肉搜索的发起人在发起人肉搜索时，已经具有明显要侵犯被搜索人的隐私权的倾向。人肉搜索发布者对其发起的人肉搜索的结果应当具有充分的预期，对于自己的侵权行为是有主观上的过错的。根据我国《中华人民共和国侵权责任法》（以下简称《侵权责任法》）第6条，"行为人因过错侵害他人民事权益，应当承担侵权责任"。因此，人搜搜索的发起人应当对此承担相应的侵权责任。

2. "人肉搜索"的信息搜集者

人肉搜索最大的特点在于广大网民的积极参与，这些信息搜集者私自暴露他人的个人隐私，在论坛里对被搜集对象进行肆意的侮辱、谩骂、诽谤，虽然他们不是人肉搜索的罪魁祸首，但是他们在人肉搜索中也起到推波助澜的作用，正是这些信息搜集者的积极参与，才会使被搜集对象赤裸裸地暴露在众目睽睽之下，让其无处藏身。最高人民法院《关于审理人身损害赔偿案件适用法律若干问题的解释》第3条第1款规定："两人以上共同故意或共同过失致人损害，或者虽无共同故意、共同过失，但其侵权行为直接结合发生同一损害后果的，构成共同侵权，应当依照民法通则第一百三十条规定承担连带责任。"因此，人肉搜索的信息搜集者也应当对此承担相应的侵权责任。

3. 网络平台服务的提供者

我国《侵权责任法》第36条第2~3款规定："网络用户利用网络服务实施侵权行为的，被侵权人有权通知网络服务提供者采取删除、屏蔽、断开链接等必要措施。网络服务提供者接到通知后未及时采取必要措施的，对损害的扩大部分与该网络用户承担连带责任。网络服务提供者知道网络用户利用其网络服务侵害他人民事权益，未采取必要措施的，与该网络用户承担连带责任。"作为信息平台提供方，网络平台服务的提供者有保证他人人格尊严不受侵犯的义务，应当履行事后审查、对侵权信息予以删除的责任。

若网络平台服务的提供者明知自己网站上发布的信息已侵犯了他人的人格权利，而且造成了极大的不良影响，或者权利人因为自己的人格权利受到他人侵犯，要求网站删除信息，但网站坚持不予删除，则网站应当承担侵权责任。若网站及时履行了删除义务，则网络平台提供者不应当承担侵权责任。

（二） "人肉搜索" 的侵权责任承担

最高人民法院于 2014 年 10 月 9 日公布了《关于审理利用信息网络侵害人身权益民事纠纷案件适用法律若干问题的规定》，该司法解释规定，网络用户或者网络服务提供者利用网络公开自然人基因信息、病历资料、健康检查资料、犯罪记录、家庭住址、私人活动等个人隐私和其他个人信息，造成他人损害，被侵权人请求其承担侵权责任的，人民法院应予支持。该规定还要求原告仅起诉网络用户，网络用户请求追加涉嫌侵权的网络服务提供者为共同被告或者第三人的，人民法院应予准许。原告仅起诉网络服务提供者，网络服务提供者请求追加可以确定的网络用户为共同被告或者第三人的，人民法院应予准许。

对于人肉搜索的侵权责任承担问题，应当由网络侵权行为人承担主要责任，若网站没有及时履行删除义务，网络平台提供者则应当承担连带责任。在人肉搜索侵犯了当事人的权利之后，网络平台服务者应当及时对相关的侵权信息予以删除，网络平台服务者如果不履行相关义务，则应当承担民事侵权连带责任。

自由并不是绝对的，必然存在边界及限定。人肉搜索这一社会现象必须有法律的有效约束和规制。立法者、司法者应当在情与法之间，在言论自由、维护社会道德与保护公民人身权益之间，寻求有序而合理的平衡。

参考文献：

[1] 王卓. "人肉搜索" 现象的伦理探析 ［D］. 石家庄：河北经贸大学，2011.

[2] 王言. 关于 "人肉搜索" 现象的法律思考 ［D］. 济南：山东大学，2011.

[3] 韩红红. 论 "人肉搜索" 的法律规制 ［D］. 北京：中央民族大学，2012.

[4] 张新宝. 隐私权的法律保护 ［M］. 北京：群众出版社，2004.

[5] 王利明. 人格权法新论 ［M］. 北京：人民出版社，1994.

[6] 岑莉媛. "网络正义" 的自我博弈——兼论隐私权与人肉搜索的冲突与发展 ［J］. 法制博览，2014（7）.

[7] 王丹宁. "人肉搜索" 侵犯隐私权问题研究 ［D］. 长春：吉林大学，2012.

[8] 陈星佐. 基于网络隐私权的 "人肉搜索" 行为的规制 ［D］. 武汉：华中科技大学，2011.

[9] 潘春玲. "人肉搜索" 相关法律问题探讨 ［J］. 柳州职业技术学院学报，2008（4）.

[10] 张新宝. 我国隐私权保护法律制度的发展 ［J］. 国家检察官学院学报，2010（2）.

[11] 薛霞. "人肉搜索" 现象的社会学思考 ［J］. 中国青年研究，2009（1）.

[12] 叶菊. 论 "人肉搜索" 的犯罪化 ［D］. 苏州：苏州大学，2013.

［13］邹玲．人肉搜索与隐私权侵权问题研究［D］．南昌：南昌大学，2011．

［14］李静．网络隐私权保护的立法研究［D］．青岛：中国海洋大学，2009．

［15］刘贯荣．网络隐私权保护的制度化［D］．济南：山东大学，2008．

［16］王贞贞．"人肉搜索"侵权问题法律思考［D］．北京：对外经济贸易大学，2011．

［17］屈志一．网络隐私权的法律保护——以"人肉搜索"为视角［D］．呼和浩特：内蒙古大学，2010．

［18］王海敏．"人肉搜索"侵权问题研究［D］．长沙：湖南师范大学，2011．

［19］刘蕾．"人肉搜索"侵权责任探究［D］．天津：天津商业大学，2010．

［20］岳宇峰．人肉搜索法律问题研究［D］．苏州：苏州大学，2011．

［21］谷玮娜．"人肉搜索"涉及的法律问题及其规制［D］．呼和浩特：内蒙古大学，2011．

［22］郝磊．由"人肉搜索第一案"引发的法律思考［J］．法制与社会，2009（30）．

［23］刘培合，田一宁．人肉搜索司法第一案之分析［J］．当代法学，2009（3）．

［24］刘琳璘．公民隐私权的宪法保护——以"人肉搜索"为研究视角［J］．河南省政法管理干部学院学报，2009（5）．

［25］杨诚，宁清同，黄凯宁，等．侵犯网络隐私权的民事责任浅析［J］．学术界，2009（3）．

关于家庭暴力的法律分析

张冀萱❶

摘要：美满的家庭是我们每个人避风的港湾，同时也是和谐社会的重要组成部分，但现代社会中层出不穷且日益严重的家庭暴力事件不仅使得受害者的身体健康、心理健康受到极大的摧残，也严重影响了我国社会的稳定和发展。许多人认为家暴是"自家事"而不用"外人插手"，这一观点在很大程度上阻碍了我国对于家暴的立法和执行程度，也就使得受害者普遍为妇女儿童、老弱病残这样的弱势群体的权益更难得到保护。鉴于此种现状，为了给予家庭暴力的受害者更全面、更具体、更适当的协助，大力抑制家庭暴力案件迅猛上升的势头以取得更好的社会效果，我们必须从国情出发，汲取别国优秀的防治家暴的经验，尽快出台独立完善的反家暴立法，并集合多个基层组织，全方位、多层次地解决这个危害社会安全的燃眉之急。

关键词：家庭暴力　法律保护　妇女权益

一、家庭暴力的概念、主要分类及特征

（一）　家庭暴力的概念

关于什么是家庭暴力，目前各国学者都没有一个统一的定论。有学者认为，家庭暴力是指男性伴侣为了支配和控制女性，在他们关系存续期间或终止之后对女性所施行的暴力和虐待行为；有人认为根据国家反家庭暴力的形势，凡发生在家庭成员之间的生理的、精神的、性的暴力均应纳入家庭暴力的范围。❷ 在英国，家庭暴力的定义是：彼此是，或者曾经是家庭成员、其他亲属

---

❶　作者单位：上海商学院。
❷　于东辉. 家庭暴力防治法——立法建构的思考［J］. 法学杂志，2007（4）：61-64.

以及特定关系之人实施的身体的、心理的、性的暴力。❶

联合国在《清除对妇女暴力宣言》中指出，家庭暴力是指"在家庭内发生的身心方面和性方面的暴力行为，包括殴打、家庭中对女童的性虐待、强奸配偶和其他有害于妇女的传统习俗、非配偶的暴力行为和剥削有关的暴力行为"❷。而我国最高人民法院《关于适用〈中华人民共和国婚姻法〉若干问题的解释（一）》第1条对家庭暴力的范畴做了明确表述："家庭暴力是指行为人以殴打、捆绑、残害、强行限制人身自由或者其他手段，给其家庭成员的身体、精神等方面造成一定伤害后果的行为。"家庭暴力直接作用于受害者身体，使受害者身体上或精神上感到痛苦，损害其身体健康和人格尊严。家庭暴力发生于有血缘、婚姻、收养关系且生活在一起的家庭成员间，如丈夫对妻子、父母对子女、成年子女对父母等，妇女和儿童是家庭暴力的主要受害者，有些中老年人、男性和残疾人也会成为家庭暴力的受害者。家庭暴力会造成死亡、重伤、轻伤、身体疼痛或精神痛苦。

笔者认为，从字面意思上理解，暴力是指施暴者对受害者进行殴打、拘禁等虐待行为。而家庭暴力是发生在家庭范围内的暴力行为，其特点在于受害对象仅限于家庭成员内部，多数是妻子或女儿等弱势群体。作为一个世界性的社会问题，其重要性和亟须解决性自然不言而喻。而从对象上来看，家庭暴力可分为广义和狭义两种。广义来讲，家庭暴力是家庭成员中一方对另一方实施的身体上的殴打或精神上的折磨等暴力行为；而狭义的家庭暴力则主要指丈夫对妻子实施的暴力行为。本文主要从狭义的角度分析家庭暴力产生的原因、造成的社会危害以及应对措施等。

（二） 家庭暴力的种类

家庭暴力的形式众多，可能是肉体的、性的、心理的、情感上的、语言上的、经济上的暴力，既有直接殴打，又包括精神伤害、纠缠不休、精神恐吓等严重困扰，既可能是直接伤害对方，也可能是以毁损财产或不提供饮食方式控制对方的精神或情绪。❸依据家庭暴力的表现形式，可将其分为身体暴力、精神暴力、性暴力、冷暴力。身体暴力包括所有对身体的攻击及限制行为，如殴打、推搡、禁闭、使用工具攻击等，后果通常会在受害者身上形成外伤，易于

---

❶ Domistic Violence：A Guide to Civil Remedies and Criminal Sactions ［M］. L. C. D. , transfer from Rebecca Probert, Cretney's Family, Sweet & Maxwell, 2003：241.

❷ 张树森，张妮. 婚姻之争——婚姻纠纷典型案例评析 ［M］. 北京：法律出版社，2006：260.

❸ 蒋月. 立法防治家庭暴力的五个基本理论问题 ［J］. 中华女子学院学报，2012（8）：7－9.

发现。精神暴力是家庭成员之间实施的经常性的侵犯他人人格尊严的不法行为，对家庭成员之间的精神折磨为精神暴力的常见形式。而精神虐待和限制自由相较于身体上的暴力，能让受害者的身心受到更大创伤。性暴力是故意攻击性器官，强迫发生性行为、性接触等，丈夫违背妻子意愿而强迫发生性关系是最常见的性暴力。冷暴力则表现为夫妻双方在产生矛盾时，恶语中伤，漠不关心对方，将语言交流降低到最低程度，停止或敷衍性生活，懒于做一切家务等。❶

而家庭暴力若从暴力对象上区分，则可分为婚姻暴力事件、虐儿事件和虐亲（父母尊亲属等）事件。❷ 婚姻暴力事件发生在夫妻间，但此夫妻关系不仅限于现在仍有夫妻关系者，包括事实夫妻（已同居的男女朋友关系）、已离婚的男女和分居中的夫妻；虐儿事件指的是对儿童和青少年有保护照料义务者，通常为父母，亦包括监护人，有意加害或因无意疏忽导致儿童和青少年伤害的行为；虐亲事件则是指子女对父母长辈不尽赡养义务甚至打骂或抛弃的行为。

构成家庭暴力需要具备一个重要的条件，就是给受害人造成损害或伤害后果。这种后果不一定非要达到我国有关法律规定的身体上的轻微伤害或伤害等后果的情形，给受害人造成精神、肉体、性、财产上伤害，使其丧失人的尊严、无法正常生活工作的，均为家庭暴力行为。❸

（三） 家庭暴力的特征

1. 普遍性

据全国妇联调查，在 2.7 亿个中国家庭中，30%存在家庭暴力。每年有 10 万个家庭因家庭暴力而解体。各地妇联接到的家庭暴力投诉年均增长 70%。在被调查者中，有 16%的女性承认被配偶打过，14.4%的男性承认打过自己的配偶。1995 年第 4 次世界妇女大会通过的《行动纲领》把反家庭暴力作为一项重要的内容，规定各国政府应承担采取各种措施提高妇女地位的义务。1999 年联合国大会将每年的 11 月 25 日定为"国际消除对妇女的暴力日"。❶

上述数据都充分说明家庭暴力已经成为一个全社会关注的普遍问题，如果这一问题得不到较好的解决，那么将会有更多的受害者难逃家暴的魔爪。

---

❶ 张树森，张妮. 婚姻之争——婚姻纠纷典型案例评析 ［M］. 北京：法律出版社，2006：260.
❷ 蔡辉龙. 婚姻与家庭——法律面面观 ［M］. 台北：洪叶文化事业有限公司，2006：136 – 138.
❸ 朱渝. 从法律援助角度审视反家庭暴力的立法与实践 ［J］. 湖北社会科学，2006（5）：156 – 157.
❶ 刘晓霞，王丽丽. 反家庭暴力研究 ［M］. 北京：中国政法大学出版社，2002：159.

2. 危害性

美国家暴受害妇女超过了强奸、抢劫及车祸受害妇女的总和。1/4 的家庭存在家庭暴力，平均每 7.4 秒就有一女人遭丈夫打，约有 20% ~30% 的女人遭现任或前任男友肉体上的虐待。家暴是妇女遭受严重损伤的最常见的原因，约占妇女他杀死因的 40% 上。家暴不仅严重摧残受害者的身体健康，更重要的是会给受害者的思想、精神带来极大的痛苦，使受害者失去对生活的盼望，轻者会精神失常、患上抑郁症等疾病，重者更有可能不堪重负而结束自己的生命。

3. 反复性

通过对近几年家暴事件的分析，笔者发现，受害者对于殴打辱骂等暴力事件无力反抗或是因"家丑不可外扬"等陈旧思想而不愿公开，从而助长了施暴者的不正气焰，导致其对受害者在施暴的时间和形式上更加为所欲为。

西方学者 Hughes 在 1994 年提出暴力循环理论（Cycle of Violence），认为暴力在婚姻中的存在和发生是有规律的，是呈周期性的循环过程，包括愤怒积蓄期、暴力发生期、道歉和原谅期、蜜月期四个阶段组成。因此，家庭暴力是一个周期性的行为，从好到坏再从坏到好，是一个反反复复的过程。

4. 多样性

家庭暴力由于具有环境隐蔽和伤害隐蔽的特点，从而具有形式上的多样性。首先，家暴多发生在较隐蔽的环境中，普遍表现为只有施暴者和受害者共同所处的狭小空间，如屋内。其次，受害者往往忍气吞声、委曲求全，导致其受到伤害也藏着掖着而不愿向外界寻求帮助。再者，大部分受虐妇女的生活环境同监狱极其相似，与世隔绝，受害人被割断了与外界的信息联系，丧失了来自外界的物质与精神支持，其一切生活都被掌控于施暴者手下，这就促使施暴者反复且变本加厉地对受害者施暴且表现形式多样，如肉体损伤、精神上的折磨、性攻击等。

二、家庭暴力的危害及其产生原因

（一） 家庭暴力的危害

1. 家庭暴力对妇女的危害

据全国妇联调查，在 2.7 亿个中国家庭中，30% 存在家庭暴力，施暴者 9 成是男性；夫妻间家庭暴力的受害者中，85% 以上是妇女；每年有 10 万个家庭因此解体；实际发生率还可能更高。有关抽样调查显示，家庭暴力在普通人群中的发生率为 34.7%。也有调查表示，我国家庭暴力的发生率在 29.7% ~

35.7%之间，其中90%以上的受害人是女性。吕荣海学者将婚姻生活的过程比喻为"夫妻、夫欺、互欺"，他认为夫妻生活发展到"夫欺"阶段，大都是先生殴打老婆的身体之虐待，即为伤害、殴打、暴力行为等。❶家庭暴力严重伤害了妇女的身体健康和生命安全，因为施暴者多为男性，体力上的优势会使得妇女遭受巨大的身体损伤。同时，长期的暴力会使妇女的性格压抑，变得极度自卑或心理不健康，她们在长期的压迫对待下失去了原有的社会交往，丧失了大部分经济来源，精神变得十分脆弱，在找不到正确解决方式的情况下非常容易做出离婚、自伤或伤人的不理智行为。据统计，我国60%以上的离婚申请是家暴造成的。

在我国，尽管有法律保证妇女不受侵犯，但家庭暴力事件很少能得到起诉，因此许多妇女敢怒不敢言，只得维持令人痛苦的婚姻关系，而有些人在长期的虐待下精神极度脆弱，最终走上伤人或自伤的极端道路。我国法律在因长期家庭暴力引起的以暴制暴的杀人案件上，有无自首情节对于量刑的审判相差非常悬殊。许多法官知道妇女以暴制暴实在是迫不得已，却也无法在量刑上为其争取更大利益，因此，我国对反家暴立法的执行程度的重要性也就不言而喻了。

2. 家庭暴力对家庭成员的危害

幸福的婚姻、美满的家庭需要一家人互相理解、互相扶持，尤其是需要夫妻双方共同经营，当矛盾积攒到一定程度且家庭成员没有通过正当途径进行沟通解决时，就非常有可能演变成家庭暴力，受害者因处于弱势一方而经常会被打骂压迫，长期下去必然会造成家庭氛围的极度不和谐。

许多家长将自己的生活紧张忙碌作为借口，轻者对孩子身心发展极不关心，重者则会将孩子作为出气筒，随心所欲地打骂。据统计，美国每年约有100万件儿童受虐案件。❷而在中国，由于我国传统的"不打不成才""棍棒底下出孝子"等观念的影响，家长似乎找到了对孩子实施家庭暴力的合理理由。再者，父母间的家庭暴力也会对孩子造成极大的不良影响。在一个充满争吵、暴力、怨恨或者无人问津的环境下长大的孩子，其心理、生理都会较同龄人有较大差异，主要表现为对外人冷漠、脾气暴躁、喜欢暴力等。其中的大多数孩子都患有自闭、自卑、抑郁等心理障碍，这对其日后的生活将会产生不可估量的影响，更有甚者会因反抗或效仿父母而走上违法犯罪的不归路。有证据显

❶ 吕荣海. 婚姻、离婚－法律顾问［M］. 台北：蔚理法律出版社，2005：110.
❷ 王有佳. 家庭暴力透视［N］. 人民日报，2003－04－03（2）.

示，父母之间的暴力会影响到下一代，在婚姻暴力中成长的孩子，会"认为那些令人反感的行为是控制世界与物质社会的一般作风，并且延续使用这种手法直至成年"❶。

此外，还需要注意的是，家庭暴力也会促使家庭环境的极度不和谐，家庭成员都无法在一个平等的地位上共同经营生活，又何谈幸福美满？我们必须意识到，只有在法律的制定和执行过程中充分体现性别平等意识，才能切实保证男女两性不仅在法律条文中，更在现实生活中得到公平公正的对待，体现社会主义和谐社会的核心价值。因此，笔者认为提倡男女平等、提升妇女权利在此也就有了现实意义。

3. 家庭暴力对社会的危害

其一，家庭暴力长期以来被认为是"自家事"而被免于向外人告知，甚至包括当事人的其他亲人。但实际上，因家庭暴力而导致的受害者伤亡并不在少数，这时的暴力行为本身就已成为一种违法犯罪。而受害者为妇女的弱势群体在不懂得用法律武器维护自己合法权益的情况下，就极有可能选择离婚或者"以暴制暴"的方式进行反抗。有资料表明：我国5成以上的女性犯人是因为不堪忍受家庭暴力而走上犯罪道路的。

其二，社会的每一位成员都是社会生产的重要劳动力，而受害者在身体和心理受到长时间压迫折磨的情况下，工作积极性就会受到巨大影响，根本无法完成其本身的工作，这也从侧面阻碍了社会生产的发展。

（二） 家庭暴力产生的原因

近年来，家庭暴力问题越来越成为人们关注的焦点问题。而家暴产生的原因并非单纯的婚姻不和，它的产生有深厚的历史渊源、特定的社会背景和经济原因等。这同时也告诫我们，只有不断完善我国相关立法，同时进行法制宣传教育，健全法律保障机制和社会综合维权机制，而且必须建立一套完整的家庭伦理道德体系，才能在更大程度上遏制家暴事件的发生，更好地维护受害者的权益，最终维护社会的秩序和安定！

1. 我国自古以来男尊女卑的思想和双方经济地位的差异

我国传统的封建教育一直持有重男轻女的态度，男人是一家之主在外打拼，女人则须三从四德在家相夫教子，这种封建思想的残余无形中壮大了一些男人的唯我独尊的意识，加上妇女本身的软弱和对自己丈夫、孩子无止境的迁

---

❶ Kevin Browne，Martin Herbert. 预防家庭暴力 ［M］. 周宁诗，译. 台北：五南图书出版公司，2008：67.

就，更是助长了一些教育水平不高、素质低下的男人对家暴不当回事的嚣张气焰，从而使得家暴事件频发。而在物质极大丰富的今天，金钱又确实成为生活质量的一个极大保障。李银河学者认为，暴力行为是社会的阶级差别所带来的挫折感和压抑感导致的❶，在一个家庭里，经济收入低的一方总是容易成为另一方的附属，而收入较高的一方无形中就形成了绝对权威，这也会促使家庭不和谐的因素加重。

2. 社会风俗败坏的影响

现代社会有许多男人错误地以为"包二奶""养情人"是自己事业成功的表现，是自己向外人炫耀的资本，从而产生了畸形的攀比思想。这些男人自身素质较低、家庭责任感弱、道德已经严重败坏，在外花天酒地无所不为，回家后对妻子的行为或语言稍有不满意就以恶相加，无端频繁地使用家庭暴力。

3. 公民法律意识弱

家暴产生的法律原因归根结底在于公民的法律意识不强。其一，施暴者不知道自己的行为并非单纯的"家务事"，而已经演变成侵犯他人人身权利的违法犯罪行为。其二，大多数受害者不敢或者不会用法律武器维护自己的合法权益，从而不仅助长了施暴者的嚣张气焰，同时也使得我国的立法、执法保护陷入"无人用"的尴尬局面。再者，家庭暴力和其他场合中发生的暴力一样，是一种犯罪行为，采取刑法等惩罚方式是非常必要的。但由于施暴者和受害人之间法定的亲属关系，受害人总会担心太过于严苛的惩罚会严重破坏家庭、婚姻的和谐，因此也就一忍再忍。这在一定程度上也减弱了我国法律的适用性。

4. 国家法律保护的空缺

我国在家庭暴力方面对受害者的法律保护处于一个比较尴尬的境地，不得不承认的是，我国在立法上仍有很大的不足，不仅是具体的法律条文保护不够全面，更重要的是各个部门的责任意识太弱，执法力度很难得到保障，使得受害者状告无门，即使有了法律也难以保护自己。正如张妮学者所言，公安部门的性别观念弱会直接导致妇女的现实利益得不到保障，而这又是因为我国自古以来男女不平等的封建思想。所谓环环相扣，只有从立法保障和社会普遍意识形态宣传共同下手，才能有效地防治家暴事件的恶化势头。

---

❶ 李银河. 中国女性的感情与性［M］. 呼和浩特：内蒙古大学出版社，2009：21.

三、我国与国外对家庭暴力的相关立法

（一） 我国的相关立法

家庭暴力普遍地存在于社会各个阶级，是对公民人身权利和基本尊严的严重侵犯，应当受到法律干预。我国自 1950 年的《中华人民共和国婚姻法》开始，便陆续出台了多个反对家暴的法律政策，旨在保护我国的家庭和谐和社会安定。虽然由于舆论压力等各种原因，我国关于家庭暴力的法律制度并不完善，但近几年来，各个地方的反家暴意识已越来越强，相关立法也根据各地发生家暴的数量、原因和范围等，在帮助受害者、惩治施暴者和提供社会援助方面不断努力，同时也获得了巨大效果。本文将主要以 2001 年《中华人民共和国婚姻法》（以下简称《婚姻法》）为例，列举相关法律条文，并对其在遏制家暴的效果上进行简要分析。

《婚姻法》第 3 条❶首次提到了禁止家暴的话题，虽然本条只是简单地提及，但确实显示出我国立法已经对家庭暴力所造成的不良影响开始重视。同时，该条禁止已婚者与他人同居，这在一定程度上可以减少由于婚外恋而带来的家庭不和谐，也就相应地控制了在这个方面的家暴产生。

《婚姻法》第 32 条❷就已经从具体细节维护受害者这类弱势群体的权益，在人身安全受到威胁时，受害者的离婚请求被准许，但这无形中增加了我国的离婚率，也成为立法上一个很矛盾的地方，因此，我们还是希望能从家庭成员自身寻得思想上的改正，以寻得防止家暴的最佳途径。正所谓解决家庭暴力最重要的问题是制止暴力，而非其他。对于遇到婚姻暴力的受害人，离婚不是解决问题的最优选择，更非唯一选择。❸并且，本条是基于不告不理的前提，也就是若无人提出则无法调查及保护，但在发生严重家暴的现实情况下，受害妇女根本没有人身自由，或者施暴方用威胁或强迫的方式使得受害者没有办法"告诉"，在这种情况下法律的保护就显得不那么周全。

---

❶ 《婚姻法》第 3 条：禁止包办、买卖婚姻和其他干涉婚姻自由的行为。禁止借婚姻索取财物。禁止重婚。禁止有配偶者与他人同居。禁止家庭暴力。禁止家庭成员间的虐待和遗弃。

❷ 《婚姻法》第 32 条：男女一方要求离婚的，可由有关部门进行调解或直接向人民法院提出离婚诉讼。人民法院审理离婚案件，应当进行调解；如感情确已破裂，调解无效，应准予离婚。

有下列情形之一，调解无效的，应准予离婚：（一）重婚或有配偶者与他人同居的；（二）实施家庭暴力或虐待、遗弃家庭成员的；（三）有赌博、吸毒等恶习屡教不改的；（四）因感情不和分居满二年的；（五）其他导致夫妻感情破裂的情形。一方被宣告失踪，另一方提出离婚诉讼的，应准予离婚。

❸ 蒋月．英国防治家庭暴力与保护受害人立法评述［J］．政法论丛，2011（4）：114．

《婚姻法》第 45 ～ 46 条❶已经明确规定家庭暴力构成违法犯罪行为，施暴者需要为自己的所作所为付出应有的代价，且该条在一定程度上保护了夫妻双方平等的法律地位。但同时，我国也应该加强检察官或居委会等对家暴事件的主动调查，并且应该根据受害者的真正需求来施予帮助，而非仅仅等待受害者来请求帮助或者千篇一律地按流程进行惩处。

《中华人民共和国刑法》（以下简称《刑法》）第 260 条❷对虐待的法律惩处方式已经有了明确的规定，并且根据所犯行为的轻重详细地规定了不同的惩罚力度，可谓较为严谨。但本条最后的解释，即"告诉的才处理"，就又牵扯到大多数受害者无力或不愿"告诉"的问题，使得许多受害者有法可依却不敢依、不能依，这样尴尬的立法局面依然不能完善地保全受害者的利益。

同时，我国《婚姻法》中还有许多关于夫妻婚后财产的分配规定，例如，夫妻对共同所有的财产有平等的处理权。这些规定都重视到了夫妻法律地位平等的问题，让人十分欣慰。但不得不承认的是，我国现在还没有一部关于家庭暴力的单独、完善的法律，不仅由于一些家暴中伤害的特殊性，更是由于受害方的大部分较为弱小这一单一性，单凭婚姻法或民法、刑法，对家庭暴力中受害方的保护是远远不够的。笔者在此也希望我国可以尽快出台一部反家庭暴力的法律，让施暴者受到更相应、更严厉的惩罚，也让受害者能享受到更全面、更完善的法律保护。除此之外，我们还应该注意到的是，当男女双方尚未结成婚姻关系，而只是同居，此时若发生了暴力事件，受害人又该以何样的形式维护自己的权利？关于此点，笔者认为，我国在出台反家庭暴力的专门法时，应该将这样的情况考虑进去，对在同居关系中的妇女遭遇暴力行为时，赋予她们与已婚妇女同样的法律保护权利。

（二） 国外的相关立法

1. 美国"保护令"

美国妇女对抗家庭暴力有一道特殊但效果显著的"民事保护令"。所谓"保护令"，即当受虐的妻子无法继续忍受丈夫的恶行时，就可以向警察寻求帮助，或自己直接到法院去申请，并提出自己需要何种方式的保护，经法院批准

---

❶ 《婚姻法》第 45 条：对重婚的，对实施家庭暴力或虐待、遗弃家庭成员构成犯罪的，依法追究刑事责任。受害人可以依照刑事诉讼法的有关规定，向人民法院自诉；公安机关应当依法侦查，人民检察院应当依法提起公诉。第 46 条：有下列情形之一，导致离婚的，无过错方有权请求损害赔偿：重婚的；有配偶者与他人同居的；实施家庭暴力的；虐待、遗弃家庭成员的。

❷ 《刑法》第 260 条：虐待家庭成员，情节恶劣的，处二年以下有期徒刑、拘役或者管制。犯前款罪，致使被害人重伤、死亡的，处二年以上七年以下有期徒刑。第一款罪，告诉的才处理。

则及时生效的保护政策。申请的要求可以是丈夫在一定时间内不准接触妻子，或是在一定时间内不准丈夫对孩子监护等。这种法律保护一来降低了法院的诉讼率，二来因为可操作性强，从形式上来讲也更加便利，可以在一定程度上更直接有效地缓解夫妻双方的矛盾。

2. 英国"家庭暴力注册簿"

英国政府规定，对妻子实施家庭暴力的人将被统统记录在案，并根据被判刑的时间长短来决定此人被记录在"家庭暴力注册簿"上的时间，而且在类似于企业招人或有女性对该人有好感而想进一步了解的情况下，都可以非常轻松地在网上查出此人之前是否有家暴的记录。这就有些类似于我国的"学生档案"，是要一直跟着本人走的。此项规定不仅能协助人们更好地识别将来可能要交往的人，更重要的是能用这样一种特殊的惩戒办法督促人们端正自己的言行。除此之外，英国还对受到或者可能受到虐待的儿童实施了法律保护政策，经地方当局或者其他经授权者的申请，法院可以签发监督令或照护令，包括临时监督令和临时照护令，目的是可以及时地保护儿童。

3. 挪威"无条件司法干预"

1988 年挪威《刑事诉讼法修正案》规定对配偶、儿童或其他亲密关系者的暴力侵害案件实行"无条件司法干预"的公诉原则，即便受暴妇女撤销了先前的指控，警察和公诉机关在没有被害人同意的情况下，也可以向施暴者提起诉讼。这是一个政治上的信号，反映出国家对家庭暴力问题态度的转变，即家庭暴力不仅是犯罪，而且是严重的犯罪。

四、防治家庭暴力的建议

1. 转变人们对家庭暴力的认识和看法

由于我国特殊的国情，笔者认为，要遏制家庭暴力，很重要的一点是转变社会态度，改变人们对反抗家暴的看法。吴云学者根据这点引申出要建立统一的家庭暴力认定标准，他认为，长期以来人们对家暴的认识非常模糊，觉得在家庭中发生一些轻度暴力是正常的，这就是家暴愈演愈烈的罪魁祸首。❶ 政府可以通过播放一些法制宣传片来增加社会舆论效果，或直接对民众进行教育以让大家明白家庭暴力不是单纯的私事，而是一种侵犯他人权利、违反社会道德的违法犯罪行为，加大社会舆论对家暴行为的曝光和谴责程度，提高受害者对

---

❶ 吴云. 家庭暴力认定在法律上存在的问题及其对策［J］. 广东石油化工学院院报，2011（4）：21.

通过法律手段维护自己合法权利的意识，使社会主流价值观高度一致认同施暴者应当受到法律制裁。

2. 引进适合我国国情的外国制度和政策

目前，世界上已经有 44 个国家建立了专门防止家庭暴力的法律，比如前文提到的英国、美国、挪威等，这些都可成为中国建立新法的可靠参照，然后再根据我国现有的国情现状，延展出适合我国的相关规定。同时，也可以学习国外，例如组织社会公益组织和志愿者来建立受虐妇女庇护所，使受虐妇女及其子女不仅能在庇护所得到安全的居所，也能得到较好的心理治疗和法律方面适当的建议。❶

3. 制定反家庭暴力的专门法律并加大惩治力度

我国现在已越来越关注家庭暴力事件对民众、对社会产生的影响。例如令人震惊的董珊珊事件，一个 26 岁刚结婚不久的年轻姑娘居然因家暴惨死，受害者在结婚半年后就向家人和警方反映过其丈夫施暴的事实，却都未引起重视，最终导致了无法挽回的结局。还有当时被舆论大幅谴责的李阳家暴事件，将自己的孩子视为实验的工具，而将妻子看作随意发泄的"出气筒"。而在这些骇人听闻的事件中，一些部门对防止家庭暴力的认识和责任意识却是如此虚无，这样的保护根本不能给予民众安全感。对此，我国应该尽快出台专门防止家庭暴力的法律，确立预防和制裁相结合的法律制度，强调执法机关及时介入，并明确责任制度，例如，各地方的警察人员在接到妇女报案后应尽快前往调查取证，有必要的，可以提前将妇女安全地保护起来，为之后的无论是调节还是诉讼做好充分的准备。各部门恪尽职守，让人民有法可依，部门执法必严，使家暴事件具有更强的"可诉性"，让民众能用好法律武器保护自己的合法权益。

事实上，由于两性所处的社会地位不同，大多数法律规定已经或将会对男女产生不同的影响，充分考虑这些不同影响，并将性别平等意识纳入相关法律和政策的制定与执行，也已成为国内外关注的重要议题。❷ 我们必须意识到，只有在法律的制定和执行过程中充分体现性别平等意识，才能切实保证男女两性不仅在法律条文中，更是在现实生活中得到公平公正的对待，体现社会主义和谐社会的核心价值。

---

❶ 黄鸣鹤. 反家庭暴力：我们还应当做些什么［N］. 人民法院报，2007 - 09 - 11.
❷ 谭琳，杜洁. 性别平等的法律与政策［M］. 北京：中国社会科学出版社，2008.

4. 建立多层次、多机构的社会救助体系

在我国，家庭暴力的受害人并不属于法律规定的法律援助对象，这就使得一些因其家庭地位低下而无法掌握经济主动权的受害妇女和未成年人难以支付诉讼所需的律师费等巨额费用。这就需要政府大力兴建多层次、多机构的社会救助机构，例如临时的妇女避难所，特别是在不具备由政府出面建立"妇女庇护所"的地方，可以借鉴国外的经验，组织社会公益组织和志愿者来建立受虐妇女庇护所，使受虐妇女及其子女不仅能在庇护所得到安全的居所，也能得到较好的心理治疗和法律方面适当的建议。❶

除此之外，要充分发挥基层组织如居委会等的调解作用：一来缓解政府、法院等的诉讼调解压力；二来也是从保护当事人隐私权的角度出发来减少家暴信息外传的必要。除此之外，妇联作为保护妇女权益的最大组织机构，应充分发挥自己在社会中的影响力，在反对家庭暴力上尽一切力量为受害的妇女同胞提供最贴心、最直接的帮助。

五、结语

家庭暴力作为一个日益严重的社会问题，对我国社会稳定和谐发展带来的不利影响已不容我们小觑，它的有效解决不仅需要国家政府在法律规定的强制力方面作出调整和改变，更重要的是民众要能从自身出发坚决反对家庭暴力。当然，我们已经能欣喜地看到国家和地方为此所作出的努力，已经出台的一些法律法规相较于过去更加集中、更为详细、更具有针对性，可操作性也大大加强，但我们仍期待国家能对反家暴立法予以更高的重视，能有多层次、多组织、更完善的保护。

同样，我们也相信，在个人与社会的共同努力下，在法律的切实保障下，我们一定能够遏制家庭暴力，为社会主义社会的进一步发展扫除障碍，解除枷锁。

参考文献：

[1] Domistic Violence: A Guide to Civil Remedies and Criminal Sactions [M]. L. C. D., transfer from Rebecca Probert, Cretney's Family, Sweet & Maxwell, 2003.

[2] 张树森，张妮. 婚姻之争——婚姻纠纷典型案例评析 [M]. 北京：法律出版社，2006.

[3] 蔡辉龙. 婚姻与家庭——法律面面观 [M]. 台北：洪叶文化事业有限公司，2006.

---

❶ 黄鸣鹤. 反家庭暴力：我们还应当做些什么 [N]. 人民法院报，2007 - 09 - 11.

［4］刘晓霞，王丽丽．反家庭暴力研究［M］．北京：中国政法大学出版社，2002.

［5］吕荣海．婚姻、离婚［M］．台北：蔚理法律出版社，2005.

［6］KEVIN BROWNE, MARTIN HERBERT. 预防家庭暴力［M］．周宁诗，译．台北：五南图书出版公司，2008.

［7］李银河．中国女性的感情与性［M］．呼和浩特：内蒙古大学出版社，2009.

［8］谭琳，杜洁．性别平等的法律与政策［M］．北京：中国社会科学出版社，2008.

［9］陈苇．亲属法与继承法专论［M］．北京：法律出版社，2009.

［10］谭琳．1995 年—2005 年：中国性别平等与妇女发展报告［M］．北京：社会科学文献出版社，2006.

［11］于东辉．家庭暴力防治法——立法建构的思考［J］．法学杂志，2007（4）.

［12］蒋月．立法防治家庭暴力的五个基本理论问题［J］．中华女子学院学报，2012（8）.

［13］朱渝．从法律援助角度审视反家庭暴力的立法与实践［J］．湖北社会科学，2006（5）.

［14］蒋月．英国防治家庭暴力与保护受害人立法评述［J］．政法论丛，2011（4）.

［15］吴云．家庭暴力认定在法律上存在的问题及其对策［J］．广东石油化工学院院报，2011（4）.

［16］姜忻．反家庭暴力立法的史学思考［J］．青岛大学师范学院院报，2014（7）.

［17］王冬霞．家庭暴力问题及法律对策［J］．开封大学学报，2010（9）.

［18］杨林生．婚姻法与女权保护论析［J］．湖北社会科学，2004（1）.

［19］吴国平．遏制家庭暴力之法律对策探究［J］．中华女子学院山东分院学报，2010（6）.

［20］郝艳梅．重新审视家庭暴力［J］．前沿，2001（9）.

［21］王有佳．家庭暴力透视［N］．人民日报，2003 – 04 – 03.

［22］黄鸣鹤．反家庭暴力：我们还应当做些什么［N］．人民法院报，2007 – 09 – 11.

知识产权专题

"复制"不限于"完全相同"

——嬗变视角下"复制"概念的理论再塑

薛　振　赵拥军❶

摘要："完全相同"之于"复制"的意义，可以说是经验层面产生的描述和总结，不应当成为理论层面对"复制"一词进行概念定义时确定的事物本质特征。对于"复制"一词的解释，应正视社会生活事实的变化，从不断变化着的生活事实中将"复制"的行为方式抽象为在一定载体上对原件的"同一性再现"。因此，在对"复制"概念从理论塑造而不被经验事实迷惑的方法论角度上，就应当承认这种"同一性再现"不局限于"自然语义"或"单纯生活用语例"认识下的"完全相同"，而应当包含社会生活事实不断变化下的"实质性相同"。

关键词：复制　实质性相同　同一性再现

引言

网络时代对著作权的冲击，在于它改变了作品的复制发行及传播方式，所以法律应当对此作出适当的回应。复制权是著作权人经济权利的核心，因此对于作品的利用一般离不开复制行为。如果从复制是"再现"作品意义上来说，则翻译、改编等都可被视为复制。然而《中华人民共和国著作权法》（以下简称《著作权法》）只将特定的"再现"作品的活动定义为复制，而将其他"再现"方式用其他权利予以调整，即只有未产生新作品的"再现"才可能是《著作权法》中的复制，如果发展原作品的表达并形成了新作品，则这种"再现"由演绎权进行调整。❷ 但对于这种特定的"再现"如何认定，即复制的判

---

❶ 作者单位：上海市徐汇区人民法院。

❷ 王迁. 网络环境中的著作权保护研究［M］. 北京：法律出版社，2011：7.

断标准,《著作权法》等相关法律及司法解释未明确规定。❶ 一般而言,"复制件"和原件完全相同,属于复制理当无异。但对于"复制件"和原件不完全相同能否认定为复制,理论界探讨得不够深入,实务中也做法不一。对此,笔者将在网络环境下以对一起使用反编译等手段获取并引用原游戏软件的部分程序制作的游戏"外挂"案的刑事规制为例,对"复制"的概念及其判断标准等问题展开研讨。

一、网络环境冲击下"复制"概念的不足之处

可以说,作品最普遍也最重要的传播利用形式便是通过复制行为完成的。复制权不仅作为著作权中的财产权,也是著作权中的一项最基本权利。因此,"只要能够有效地保护复制权,就能基本维护著作权人的经济利益,即使在网络环境中也是如此"❷。基于此,对复制进行合理的界定便成为复制权的应有之义。

大体而言,对复制概念的理解存在广义和狭义之分。狭义复制,一般是指以同样形式制作作品复制件,如书籍、杂志的原样复印。广义复制除了狭义复制之外,还包括以不同形式表现同一作品的方式,如将平面作品制作成立体作品或反而为之等。❸《著作权法》第10条第(5)项通过列举将"印刷、复印、拓印、录音、录像、翻录、翻拍"行为认定为复制,同时以"等方式"字样收尾,也未封闭复制的行为方式。《保护文学和艺术作品伯尔尼公约》(以下简称《伯尔尼公约》)第9条第1款认为,复制是"以任何方式和采取任何形式复制作品"。而现代汉语词典将"复制"解释为"依照原件制作成同样的(多指通过临摹、拓印、复印等方式)"❶。可以认为,《伯尔尼公约》和我国的《著作权法》是从广义的角度界定复制的概念。

不论是广义的还是狭义的,传统意义上对复制概念的理解只是表明复制件和原作品须一致,且通过"印刷、复印、拓印"等表述也可以表明"复制件"应当是和原件完全一致的,未包含存在不完全一致的情形。在以纸质等为媒介的传统环境下,这种对复制概念的界定是没有问题的,或许也有其合理之处。但在网络环境中,许多利用作品的行为都可能涉及对作品的"再现",如网络游戏中的"私服""外挂"等。由于"私服"运营商违法取得游戏源程序,并

---

❶ 《著作权法》以列举的方式将"印刷、复印、拓印等方式"认定为复制,但并未规定复制的判断标准。

❷ 刘杨东. 著作权法视域下复制行为的界定 [J]. 廊坊师范学院学报, 2013 (2).

❸ 同上。

❶ 现代汉语词典 [M]. 北京: 商务印书馆, 2005: 430.

设立服务器将"盗版"游戏提供给玩家，属于并未发展原游戏作品表达的"再现"，因而侵犯原游戏软件的复制权，若违法所得数额较大或有其他严重情节的，以侵犯著作权罪论处并无太大争议。❶若"外挂"在其制作、销售及相关行为中对原作品进行了复制、发行，当其侵害法益的严重性进入了刑法的评价范围，根据《中华人民共和国刑法》（以下简称《刑法》）第 217 条第 1 款、第 287 条，《关于办理侵犯知识产权刑事案件具体应用法律若干问题的解释（二）》第 2 条第 3 款，以及《关于办理侵犯知识产权刑事案件适用法律若干问题的意见》第 12 条第 2 款规定，应当首先考虑认定为侵犯著作权罪。

"外挂"，即"恶性游戏外挂程序"❷，一般是通过破解原游戏软件的技术保护措施并对其进行反向工程后找出该游戏程序的技术漏洞，从而拦截客户端发送给服务器的数据包并对之进行修改，即"外挂"和原游戏软件是不可能完全相同的。因此，对于通过反编译等手段获取并引用原游戏软件的部分程序制作的游戏外挂，是否由于只是"引用部分原软件程序，但还不能达到复制的标准"而不能以侵犯著作权罪论处，便成为实务中极具争议的一个问题。试看以下案例：

2010 年 7 月至 2011 年 1 月，余某等人通过反编译手段，破译《虎山崖》游戏的通信协议及客户端程序，从中复制大量的游戏核心数据库文件、登录文件等，加入自行编写的各类实现游戏人工智能、自动操作的脚本文件，制作了涉案的能实现自动后台多开登录、自动操作等功能的脱机外挂软件。其后招募章某等人设立若干"工作室"，每一工作室购置约 50 台电脑，安装上述外挂软件后，登录大量账户"生产"《虎山崖》游戏金币，通过网站销售获利 460 余万元。经两次鉴定，该外挂软件对官方游戏客户端程序的 1000 余个文件进行了复制，可以使《虎山崖》游戏系统在不运行游戏客户端的情况下直接运行该游戏，并具备《虎山崖》游戏本身不具有的自动操作功能，对整个游戏系统的正常运行造成了破坏。外挂程序与《虎山崖》游戏客户端程序的文件相似度为 84.5%，文件目录结构相似度为 84.92%，上述文件均系《虎山崖》游戏具有自主知识产权的核心数据库文件。鉴定意见为：该外挂程序与《虎山崖》游戏

---

❶ 典型案例有：上海市普陀区法院以（2005）普刑初字第 890 号刑事判决书认定游某等人侵犯著作权罪；上海市第二中级人民法院以（2010）沪二中刑初字第 85 号刑事判决书认定张某等人侵犯著作权罪。

❷ 实际中也存在不突破游戏自身规则，不影响游戏正常运行，只起到辅助游戏玩家进行游戏的软件程序，即"良性外挂"。有些"良性外挂"本身就是由游戏开发商等提供或授权进行制作并投入到游戏用户中应用的。其目的是对网络游戏中出现的错误和漏洞等问题作出弥补或其他帮助作用。

客户端程序存在实质性相同。

尽管该案中的脱机"外挂"程序与官方客户端程序并非完全一致，但两者在主体核心结构、功能上具备实质性相同。如此一来，引用原作品实质性相同的部分程序文件并加入自行编写的脚本文件后形成的"外挂"程序是否构成复制？将"实质性相同"纳入"复制"一词所能涵射的范围，进而以《刑法》第217条规定的侵犯著作权罪论处，是否违反了罪刑法定原则？不过，可以肯定的是，在网络时代，作品以数字化形式存在、传播等，传统意义上的"复制"概念受到冲击是不可避免的。若无视社会生活事实的变化，按照一般经验层面对"复制"一词的概念所做的"自然语义"上应当"完全相同"的经验总结性描述，其本身的不足之处是显而易见的，属于被经验事实迷惑的方法论错误。因此，在网络环境下理应正视"复制"概念的嬗变性，进而需要对其进行理论再塑。

二、嬗变视角下的"复制"

就复制权而言，虽然该权能所规制的行为是作品传播的前期准备行为，但复制权的最终目的旨在控制他人对原作品后续的"再现"活动。以纸质等有形的传播媒介为载体的传统意义上的"复制"，是通过印刷、复印、录音、录像等方式将作品固定于有形载体上的"再现"，进而实现对后续发行的控制，从而避免与权利人的作品发行市场构成利益竞争。可见，由于复制在传统印刷时期是传播发行的主要乃至唯一渠道，控制复制就等于控制住了作品的传播发行。❶ 但在网络环境中，在信息载体实已发生变化的情况下，复制的概念也必定会随着以纸质为主要传播媒介向以计算机等数字传播媒介扩展的情况发生变化。由《著作权法》中将复制定义为"印刷、复印、拓印、录音、录像等方式"也可以看出，立法者之所以用"等"字，也是对已经出现或即将出现的新的复制方式的一种认可。

同时，"发行"一般是指"发出新印制的货币、债券或新出版的书刊、新制作的电影等"❷。发行从一开始强调的是"新"，即传统意义上的发行应当是发行新的东西，或者说首次出现的。《著作权法》第10条第1款第（6）项规定的发行，是以出售或者赠与方式向公众提供作品的原件或者复制件。可见，提供复制件也属于发行，即没有强调"新"及首次。而《关于办理侵犯知识产

---

❶ 李杨. 从"复制"到"传播"：著作财产权的权利基础审视 [J]. 中国出版，2012（6）.
❷ 现代汉语词典 [M]. 北京：商务印书馆，2005：368.

权刑事案件具体应用法律若干问题的解释》第 11 条第 3 款规定，通过信息网络向公众传播他人文字作品、音乐、电影、电视、录像作品、计算机软件及其他作品的行为，应当视为《刑法》第 217 条规定的"复制发行"；《关于办理侵犯知识产权刑事案件具体应用法律若干问题的解释（二）》第 2 条第 2 款规定，侵权产品的持有人通过广告、征订等方式推销侵权产品的，属于《刑法》第 217 条规定的"发行"。可以肯定的是，按照《著作权法》中对发行的字面意思解释，即"出售或者赠与方式"，无法涵盖"通过网络传播"和"通过广告、征订"的方式。再进一步而言，《关于办理侵犯知识产权刑事案件适用法律若干问题的意见》第 12 条更是将发行解释为"包括总发行、批发、零售、通过信息网络传播以及出租、展销等活动"。需要注意的是，《著作权法》对发行权的解释是非常明确的，没有以"等"字兜底，这一点与对复制权的解释是明显不同的。所以，对于发行有如此"确定"的规定，都可以随着实践而修正、变动，那么对于复制尚无"确定"的规定（以"等"字兜底）如何不能随着实践而变动？

可见，法律条文传递的仅仅是字面意思，潜藏在条文后面、稳定一致的法理、公平正义的法律精神才是支撑条文的灵魂；法律条文是概括的、原则的，甚至是僵化的，仅仅依照其字面意思很难应对日新月异的社会生活，而隐藏于后的法理和法律精神则是灵动的，能够应付纷繁复杂的社会现实❶，这便需要对法律条文进行符合法律精神的客观目的解释。而"法律解释并不是单纯说明词句或者文理，因此在解释法律条文时不应局限于'自然语义'或'单纯生活用语例'，须考虑社会法学和自由法论，发现合理的立法意义"❷。这一点从司法实践中随着社会生活事实的变化而不断对"发行"一词的解释便可以看出。所以，在网络环境下，对"复制"也"不可能完全按照国民的语言习惯解释，而应穿梭于普通用语与规范概念之间"❸，正视社会生活事实的变化，从不断变化的生活事实中发现"复制"一词的真实含义。

三、"复制"概念的理论再塑

（一）法律解释路径下的再塑缘由

"法律是透过语言被带出的"❹，语言文字的特点决定了法律都有不明确之

---

❶ 于志刚. 刑法总则的扩张解释 [M]. 北京：中国法制出版社，2009：3.

❷ 马克昌，等. 刑法学全书 [M]. 上海：上海科学技术文献出版社，1993：880.

❸ 张明楷. 罪刑法定与刑法解释 [M]. 北京：北京大学出版社，2009：6.

❹ [德] 考夫曼. 法律哲学 [M] // 刘幸义，等译. 李立众，吴学斌. 刑法新思潮. 北京：北京大学出版社，2008：226.

处。这使得不明确性在法律中受到非难，可是极度的明确性反而有损明确性。[1]因此，法律条文只能以相对明确的方式来表述，而此时的语言文字便会使其产生模糊性，即"当语言能力不足以认识到一项表达是否适用于已知的事实的时候即是如此"[2]。是故，法律的适用便离不开解释，整个法律适用过程就是对法律理解、认识的过程。由于"法律的评价来源于社会上'大多数人'对一行为的普遍认识。立法程序的本身，即是一个'大多数'的包含社会功利主义内容的相对正义的过程"[3]，所以，解释者根据法律条文得出的解释结论也只能是相对的。可以说，"任何一种解释如果试图用最终的、权威的解释取代基本书本的开放性，都会过早地吞噬文本的生命"[4]。正因如此，法律条文没有固定不变的含义，对成文法的解释不可能有终局性的结论，一个用语的通常含义是在生活事实的不断出现中形成和发展的，法律文本的开放性使得任何解释的合理性都只是相对的。

（二） 刑法规制视角下再塑的正当性

知识产权类犯罪作为典型的行政犯（或称法定犯），其成立要以行为违反相关行政法规范为前提。在刑法条文对行政犯的相关概念作出了明确的规定，或明确了对该概念的理解依照行政法规范时，对行为的处理基本没有争议。但是，当刑法条文既没有对行政犯的相关概念作出明确规定，也未明确要求以行政法规范的规定为判断依据时，如，《刑法》第217条侵犯著作权罪，并未定义什么是"复制""发行"，也未要求以《著作权法》的规定为依据进行判断，对于此种情况的处理，理论和实务中也未见统一。不过，可以明确的是，由于我国的行政法规范并不创设罪名，也不设置法定刑，某一违反行政法规范的行为是否构成犯罪，最终的判断依据是刑法而非行政法规范，所以，行政犯既对行政法规范具有依附性，但又相对独立于行政法规范，即并不从属于行政法规范。作为刑法范畴内的行政犯立法，自然具有与行政法规范不同的目的、规制对象和价值取向。因此，对行政犯中相关概念的解释应当在刑法用语可能具有的含义内，不必然要按照行政法规范的规定进行解释。[5] 同时，刑法的目的是

---

❶ ［法］亨利·莱维·布律尔. 法律社会学 ［M］. 许钧，译. 李立众. 刑法新思潮. 北京：北京大学出版社，2008：226.

❷ ［英］蒂莫西·A. O. 恩迪科特. 法律中的模糊性 ［M］. 程朝阳，译. 北京：北京大学出版社，2010：13.

❸ 赵拥军. 在规则冲突中寻求生命权紧急避险的支撑——以"大多数"语境下的行为功利主义为标尺 ［J］. 安徽广播电视大学学报，2011（1）.

❹ ［英］韦恩·莫里森. 法理学 ［M］. 李桂林，等译. 武汉：武汉大学出版社，2003：555.

❺ 张绍谦. 试论行政犯中行政法规与刑事法规的关系 ［J］. 政治与法律，2011（8）.

保护法益，犯罪的本质是侵害（或威胁）法益。法益具有作为犯罪构成要件解释目标的机能。在解释某种犯罪的构成要件时，必须明确刑法规定该罪是为了保护何种法益并以此为指导。因此，在"他人著作权"❶的法益指导下，对《刑法》第217条侵犯著作权罪构成要件的解释便不能停留在法条的字面含义上，在遵循罪刑法定原则的前提下，当具有处罚的必要性与合理性时，应当对刑法用语做实质的扩大解释。"对于解释的允许扩大范围，与实质的正当性（处罚的必要性）成正比，与法文通常的语义距离成反比。"❷反之，当某种行为并不处于刑法用语的核心含义之内，为了使行为的违法性达到值得科处刑罚的程度，必须将字面上符合构成要件、实质上不具有可罚性的行为排除于构成要件之外。"解释者完全可能朝着理想的方向得出解释结论。事实上，解释者的智慧，表现在既遵守罪刑法定原则，不超出刑法用语可能具有的含义，又使解释结论实现正义理念，适合司法需求。"❸所以，在罪刑法定的原则下，当刑罚权的发动具有必要性时，当然可以将不超过一般国民预测可能性范围的行为通过法律解释予以刑法规制。

（三）理论层面的"复制"再塑

复制权就其本质来说，便是著作权人对其作品同一性表达的控制。所谓的同一性表达，即在表达方式上和原作品"实质性相同"，不具有独创性。换句话说，在复制权控制下"再现"的"作品"不是著作权法意义上的作品。《著作权法》第5条规定的具有立法、行政、司法性质的文件等之所以不受其保护，便在于其体现不出作者的独创性。也就是说，只有具备独创性的作品才受《著作权法》的保护，否则就不是创作作品，而是复制作品。所以，"复制行为的一个关键特征便在于非独创性，即行为仅为复制，不具有著作权法意义上的独创性，也就是说在复制过程中不产生新的作品"❹。在此意义上，和原件具有"实质性相同"的作品尚未超出原作品的"同一性表达"，便不能认为是一个新的作品。

笔者注意到，英文单词"copy"的解释有"抄本；复本；复制品等；抄写，复写，复制；模仿，抄袭"❺，"Plagiarism"的解释有"剽窃物；抄袭物；

❶ 柏浪涛. 侵犯知识产权罪研究［M］. 北京：知识产权出版社，2011：134.

❷ 李东海. 日本刑事法学者（下）［M］. 北京：法律出版社，成文堂，1999：328.

❸ 张明楷. 刑法学研究中的十关系论［J］. 政法论坛（中国政法大学学报），2006（3）.

❹ 吴汉东. 著作权合理使用制度研究［M］. 北京：中国政法大学出版社，2005：169－170.

❺ 现代英汉词典［M］. 北京：外语教学与研究出版社，1990：147.

剽窃；抄袭"❶。可以说，"复制"一词与"模仿""抄袭"等具有词义内核上的一致性，而"模仿"是指"照某种现成的样子学着做"❷，既然是学着做，再像也不可能是"完全相同"；而抄袭则是"把别人的作品或语句抄来当作自己的"❸，或是"将他人作品或者作品的片段窃为已有发表"❹，既然是"作品或语句"或者"作品的片段"，也就不可能和别人的作品"完全相同"。换言之，不"完全相同"，但也不可能是"完全不相同"，否则何谈"模仿"或"抄袭""复制"？而"有点相同"或许由"合理使用"予以正当化（要求未超出"合理使用"的范围）。因此，"实质性相同"便成为"模仿"或"抄袭""复制"等概念所应然涵盖的标准之一。由此，将"实质性相同"纳入"复制"一词的概念之中，是一个如何在理论上塑造概念而不被经验事实迷惑的方法论问题。把习惯印象当成必然规律，把经验总结当成理论概念❺，这可能是用"完全相同"来界定"复制"概念的观点在方法论上的偏差。

因此，从理论塑造而不被经验事实迷惑的方法论角度上，所谓的"复制"，应当是为了特定的目的、以一定的方式"同一性再现"作品，其在内容上不限于"完全相同"，也包含"实质性相同"。

比如，《计算机软件保护条例》第24条规定："……，触犯刑律的，依照刑法关于侵犯著作权罪、销售侵权复制品罪的规定，依法追究刑事责任：（一）复制或者部分复制著作权人的软件的；……"尽管附属刑事责任条款不决定行为的罪与非罪，但《计算机软件保护条例》对"复制"的规定能够表明其将"部分复制"❻的行为性质等同于"完全复制"。又如，行为人购买畅销书籍后数字化，在保证与原作品"实质性相同"的前提下进行技术性处理，或对个别段落增删，或将原章节打乱排序等，并虚拟作者后通过网络传播获利，难道不能认定为复制？

再如，《刑法》第363条第1款"以牟利为目的，制作、复制、出版、贩卖、传播淫秽物品的"，对于其中的"复制"，如果理解为"完全相同"，则当行为人将一段淫秽录像中的背景等其他非核心淫秽因素全部省去，而只是让核心的淫秽部分再现时，就不认为是复制？可能有人认为这是"制作"而非"复

❶ 现代英汉词典 [M]. 北京：外语教学与研究出版社，1990：518.
❷ 现代汉语词典 [M]. 北京：商务印书馆，2005：961.
❸ 现代汉语词典 [M]. 北京：商务印书馆，2005：158.
❹ 国家版权局版权管理司. 关于如何认定抄袭行为给××市版权局的答复 [EB/OL]. http://www.ncac.gov.cn/cms/html/205/1913/200303/672128.html，最后访问日期：2014-03-14.
❺ 车浩. "扒窃"入刑：贴身禁忌与行为人刑法 [J]. 中国法学，2013（1）.
❻ 此处的"部分复制"显然是指所复制的部分与原件具有"实质性相同"，否则"合理使用"所规定部分复制的行为将不具有正当性。本文的"部分复制"是在同一语境下使用。

制",但笔者认为,制作淫秽物品应当是指对淫秽物品的一种创造性的生产过程,并由此产生、形成具有原创性的淫秽物品❶,即如果著作权法保护淫秽物品,那么行为人所"制作"出来的淫秽物品应当是具有独创性的,否则便只能是"复制"所得。所以,在刑法等相关规范没有对"复制"的含义作出限定时,我们有理由认为,将"部分复制"包含于"复制"一词所能涵射的范围内并非类推解释,而是符合一般国民的预见可能性,并且是在遵循罪刑法定的框架内对其作出的合理的扩大解释。

最后,从反面来看,由于著作权的立法旨趣是为了保护著作权人的独创性成果,如果"实质性相同"不属于复制,则应当认为是再次创作,因而应予以著作权保护。若"部分复制"行为不能将其解释为是对原作品的复制,则"部分复制"的外挂游戏就应当是制作者"合理使用"了别人的作品后加上自己智力创造,因而是具有创造性的劳动成果,应当享有著作权,但事实并非如此。这从新闻出版总署等机构联合发布的《关于开展对"私服"、"外挂"专项治理的通知》将"私服""外挂"违法行为认定为非法互联网出版活动,应予以严厉打击,便可见一斑。而实践中,这些"外挂"的制作者轻则被以侵权起诉,重则被处以刑罚。

四、对"复制"行为的具体认定

在网络时代,数字技术一方面使得作品不再需要借助传统意义上的复制件来传播;另一方面作品内容许可交易替代了复制件买卖交易,进而使得数字作品的消费为作品内容的消费使用。同时,《著作权法》仅保护思想的表达,而不保护思想和内容。《著作权法》的这一基石性原则使得著作权法没有赋予著作权人控制作品内容的权利,而是赋予了其控制复制行为的权利(得容忍一定的私人复制和在创作中的合理使用)。❷ 所以,在网络环境下,对复制行为的认定应当是在能够有效维护著作权人的权利和社会公众利益并兼顾网络技术发展的平衡中进行。具体来说,对于复制行为的认定,一方面应当排除《著作权法》第22条关于合理使用的情形;另一方面只有当复制行为已经严重侵害(或)威胁到法益时,才需要对其进行法的干预。

一般而言,两个作品(以下称"被评价对象"和原作品)之间会存在完

❶ 张明楷. 刑法学 [M]. 北京:法律出版社,2011:1030;周光权. 刑法各论 [M]. 北京:中国人民大学出版社,2011:396;高铭暄,等. 刑法学 [M]. 北京:北京大学出版社,2010:603. 刘宪权. 刑法学 [M]. 上海:上海人民出版社,2008:798.

❷ 高富平. 数字时代的作品使用秩序 [J]. 华东政法大学学报,2013(3).

全相同、实质性相同和一部分相同。如果是完全相同，认定为复制不存在问题；而一部分相同属于合理使用的讨论范围。因此，当"被评价对象"和原作品之间不是完全相同的时候，认定行为是否属于复制实质上也就是区分"实质性相同"和合理使用。实务中对复制行为的具体认定，主要从"被评价对象"与原作品之间的量和质两个要素进行判定。❶

（一） 量的判断

所谓量的判断，是指"被评价对象"和原作品之间相同的字数、情节等在数量上较大，从而达到整体相似，便可认定为实质性相同。但关于具体判断量的比率，实践中无法确定明确的标准，需要法官的自由裁量。可以说，当相同的量达到50%的时候，将其认定为是合理使用是明显不妥当的，但这并非意味着49%的时候就可以认定为是合理使用。不过可以肯定的是，由于作品的性质不同，构成"实质性相同"所要求的量也有不同。比如，作品是历史小说，由于人物、年代、背景等受限于历史事实，从而相似度可能较高，因此，构成"实质性相同"所要求的量也相对较高。反之，如果该作品是科幻小说，由于不受年代、人物及场景的限制，相似可能性较低，因而构成实质性相同所要求的量也相对较低。

（二） 质的判断

当"被评价对象"和原作品之间相同的部分涉及作品的关键或重要组成部分时，即便相同的量的成分不多，也属于"实质性相同"，即所谓质的判断。至于如何判断关键或重要部分，可以综合采用抽象测试法、外观及感觉测试法等。❷

此外，不排除在某些罕见情形下的巧合之处。在此种情形下，判断是否有复制行为存在，要看行为人是否有接触原作品的可能性机会等因素。但需要注意的是，由于在网络环境下接触原作品的方便、快捷性，要具体判断以更好地维护两者之间的利益平衡，以不致有所偏颇。❸

对于本文所引案例，不仅司法鉴定意见表明涉案外挂与原作品之间存在"实质性相同"，且在一般人看来也不可能得出涉案外挂是具有独创性的作品的结论。因此，行为人的行为应当认定为复制，并以侵犯著作权罪论处。

五、结语

"完全相同"之于"复制"的意义，可以说是经验层面产生的描述和总

---

❶ 刘科. 是二次创作还是复制［J］. 科技与法律，2012（10）.
❷ 刑事领域中判断是否构成实质性相同则主要依靠合法有效的司法鉴定。
❸ 王晓. 论网络环境下的复制权［D］. 长沙：中南大学，2010.

结，不应当成为理论层面定义"复制"所确定的事物本质特征。对网络环境下"复制"一词的解释，不能停留在完全按照一般经验层面的描述和总结上，应正视社会生活事实的变化，从理论塑造而不被经验事实迷惑的方法论角度上，从不断变化着的生活事实中，将"复制"解释为为了特定的目的、以一定的方式"同一性再现"原作品，这种"再现"不限于"自然语义"或"单纯生活用语"认识下的"完全相同"，而应当包含日新月异而灵动的社会生活事实不断变化下的"实质性相同"。

参考文献：

［1］ 王迁. 网络环境中的著作权保护研究［M］. 北京：法律出版社，2011.

［2］ 刘杨东. 著作权法视域下复制行为的界定［J］. 廊坊师范学院学报，2013（2）.

［3］ 李杨. 从"复制"到"传播"：著作财产权的权利基础审视［J］. 中国出版，2012（6）.

［4］ 于志刚. 刑法总则的扩张解释［M］. 北京：中国法制出版社，2009.

［5］ 马克昌，等. 刑法学全书［M］. 上海：上海科学技术文献出版社，1993.

［6］ 张明楷. 罪刑法定与刑法解释［M］. 北京：北京大学出版社，2009.

［7］［德］考夫曼. 法律哲学［M］. 刘幸义，等，译. 北京：法律出版社，2004.

［8］［法］亨利·莱维·布律尔. 法律社会学［M］. 许钧，译. 上海：上海人民出版社，1987.

［9］ 李立众，等. 刑法新思潮［M］. 北京：北京大学出版社，2008.

［10］［英］蒂莫西·A. O. 恩迪科特. 法律中的模糊性［M］. 程朝阳，译. 北京：北京大学出版社，2010.

［11］ 赵拥军. 在规则冲突中寻求生命权紧急避险的支撑——以"大多数"语境下的行为功利主义为标尺［J］. 安徽广播电视大学学报，2011（1）.

［12］ 韦恩·莫里森：法理学［M］，李桂林，等译. 武汉：武汉大学出版社，2003.

［13］ 张绍谦. 试论行政犯中行政法规与刑事法规的关系［J］. 政治与法律，2011（8）.

［14］ 柏浪涛. 侵犯知识产权罪研究［M］. 北京：知识产权出版社，2011.

［15］ 李东海，等. 日本刑事法学者（下）［M］. 北京：法律出版社，1999.

［16］ 张明楷. 刑法学研究中的十关系论［J］. 中国政法大学学报，2006（3）.

［17］ 吴汉东. 著作权合理使用制度研究［M］. 北京：中国政法大学出版社，2005.

［18］ 国家版权局版权管理司. 关于如何认定抄袭行为给××市版权局的答复［EB/OL］. http：//www. ncac. gov. cn/cms/html/205/1913/200303/672128. html，最后访问日期：2014 - 03 - 14.

［19］ 车浩. "扒窃"入刑：贴身禁忌与行为人刑法［J］. 中国法学，2013（1）.

［20］ 高富平. 数字时代的作品使用秩序［J］. 华东政法大学学报，2013（3）.

［21］ 刘科. 是二次创作还是复制［J］. 科技与法律，2012（10）.

［22］ 王晓. 论网络环境下的复制权［D］. 长沙：中南大学，2010.

澳大利亚版权改革与合理使用新思考

王红珊❶

摘要： 本文从澳大利亚现行版权法改革切入，说明版权权利限制在版权改革中的重要地位和复杂性；思考网络时代版权合理使用新形式。一方面，数字技术的进步极大地促进了新作品的创作与传播；另一方面，快速发展的数字技术使版权法受到严重挑战。

关键词： 版权法　改革　合理使用　新思考

一、澳大利亚版权法改革

（一）背景

1. 普通法的历史源流

在英国殖民统治后的 1905 年，澳大利亚联邦政府制定了首部本土版权法。因长期的英国海外领地传统，统一实施英国普通法体制，澳大利亚首部版权法基本源于 19 世纪英国普通法。1912 年修订的版权法，宣布不再在澳大利亚适用英国 1911 年版权法，奠定了 20 世纪初澳大利亚版权法基础，直到被 1968 年版权法取代。1968 年版权法经过历次修改，其中 2000 年、2006 年修改主要涉及版权侵权例外和数字形式代理问题。2006 年修订版规定侵权例外增加研究、学习，批评、评论，新闻报道，专业咨询，模仿和讽刺五大目的；主要指 fair dealing（合理使用）例外规定。

fair dealing 被规定在澳大利亚现行版权法第 40～43 条（SS 40－43）中，不像美国的 fair use（合理使用）呈开放式，声明列举项为非排他。澳大利亚版权法规定了五种特别情形，于特殊目的范围的行为表现为合理。fair dealing 作

---

❶　作者单位：上海商学院。

为抗侵权措施，必须符合特定目的。该五种目的是：研究、学习；批评、评论；新闻报道；律师或专利、商标代理人的专业咨询；模仿、讽刺。研究、学习包括文学、戏剧、音乐和艺术作品及这些作品的运用，如以研究、学习为目的的录音、电影、广播和作品的出版编辑，除大学教学和学生学习复制外，不以复制为目的的使用；评论、批评指以评论、论文、短文为表达的，对文学、艺术作品质量的艺术分析和判断；新闻报道指在报纸、杂志、广播、电视媒体中的各类作品；用于律师或专利、商标代理人的专业咨询为合理使用，不构成侵权；模仿、讽刺倾向于认为以幽默方式讽刺、嘲笑，以引起注意，模仿直接有关讽刺，是对作品的直接评论。除符合上述目的外，还要求是合理的，该条款长期被认为很难被证实。英国丹宁勋爵认为，不可能定义 fair dealing，首先要考虑引用的目的、数量和范围，在什么程度和数量上使用是合理的，然后考虑是否批评、评论，若为竞争目的将相同信息传递他人，这就不合理；再者必须考虑比例。❶

由于 fair dealing 被认为复杂、模糊，1980 年对 1968 年版权法进行了修改，增加了指导性的第 40 条（3）至（4）［S40（3）—（4）］，第 40 条第 2 款［S40（2）］规定合理使用考虑因素：（a）行为性质和目的；（b）作品或改编的性质；（c）在合理时间内以普通商业价格获得作品或改编作品的可能性；（d）对版权物潜在市场、价值的影响；（e）被复制部分占整部作品的比例。2006 年修订第 40 条第 3 款［S40（3）］规定，研究、学习目的的复制包括：以此为目的的期刊复制，排除不同教学、研究中的复制，要求指出版期刊的文章和用在同一研究、学习中，同一出版期刊的多份复制；并增加第 40 条第 5 款［S40（5）］，规定因研究、学习目的在合理比例内的复制不侵权。该合理比例认定为所编辑页数的 10%，或独立章节的 10%。该款还规定文学作品的电子形式适用该比例，计算机软件除外。❷ 在英国，fair dealing 被考虑作品是否出版、如何获取作品、使用数量以及作品利用目的、动机、结果，目的的有无则可能产生不同定义。这在澳大利亚则有所不同。

2006 年，澳大利亚联邦政府修订版权法规定，不同时间转换使用不侵权，其中第 111 条第 1 款［S111（1）］规定，视听作品在行为人便利时使用不侵权；并允许不同格式的转换，包括报纸、杂志、书籍之间的数字复制、照片电

❶ Leanne Wiseman with M. Davison and A. Monotti, Australian Intellectual Property Law, Cambridge University Press, 2012: 273 – 280.

❷ Leanne Wiseman with M. Davison and A. Monotti, Australian Intellectual Property Law, Cambridge University Press, 2012: 280 – 282.

子格式复制、CD、录音下载到其他数字格式、电影转化成数字格式；同时，还须满足限于私人、家庭使用的复制，限于合法购买或拥有原创的复制，不用于销售、出租或分销的复制，在所给格式内限于复制一份。❶

在澳洲版权法的 fair dealing 项下，图书馆、档案馆也是例外规定之一。图书馆、档案馆在收集、保持、存贮信息以及传播信息到广大社区方面起到重要作用。澳大利亚 1963 年版权法对此做了大量例外规定，以第 49～50 条规定图书馆、档案馆非营利使用不侵权加以明确；2006 年修订的版权法增加了新例外要求：用于图书馆、档案馆保存、运作的材料，排除商业目的、有关法的特别规定，不与作品正常开发相冲突，并合乎版权人的法定利益。其中，后三者被称为"三步测试"，见于版权保护方面的《保护文学和艺术作品伯尔尼公约》（以下简称《伯尔尼公约》）。❷

2. 问题的提出

对于版权权利限制，教育机构总有优越的使用版权例外，极大地源于学校、大学在社会中的重要公共角色。澳大利亚 1968 年版权法第 200 条规定，学校考试、答案或问题、课堂展示、教育机构的广播使用不侵权，作品简短概要包括在阅读等教育过程中，即允许师生在教学过程中例外使用版权。艺术作品特别是建筑作品和视听作品允许二维平面复制，2006 年修订增加新形式，允许照片转化为电子格式或互相转换；并规定了独立的电影制作权。该法第 47 条（B）项〔S47B（1）〕规定，为防止丢失，在电脑中使用、存贮、复制行为不侵权，但须用于下列目的：原始程序中的纠错、测试、安全程序、程序的指导、使用、经许可的程序。关于暂时和偶然复制，该法规定，用于技术过程或取得交流的临时复制不侵权，如网上浏览、存贮版权作品，在不影响权利人使用条件下不侵权，作为一个技术流程一部分的偶然使用亦被允许。但 2006 年修订依然对 fair dealing（合理使用）项下所要求的非商业使用未作规定，不仅给研究和学习带来困惑❸，尤其给数字环境下的版权使用造成阻碍，导致消费者、版权相关团体对澳大利亚版权法的滞后提出批评。

澳大利亚消费者保护团体 CHOICE 的研究结论为：约有 8% 的澳大利亚人把音乐从一设备（如 IPOD）转移到另一设备（如 IPAD），并未意识到依据现

---

❶ Leanne Wiseman with M. Davison and A. Monotti, Australian Intellectual Property Law, Cambridge University Press, 2012: 284–285.

❷ Act 9 (2) of Berne Convention for the Protection of Literary and Artistic works (1886).

❸ Leanne Wiseman with M. Davison and A. Monotti, Australian Intellectual Property Law, Cambridge University Press, 2012: 295.

有澳洲版权法构成侵权行为；而且，几乎59%的澳洲人认为该行为合法。他们认为现行版权法尚停留在盒式录音录像时代，只有改革才能跟上数字式发展步伐。该组织倡导对数字形式内容的购买和传播适用合理使用条款。澳大利亚版权评论委员会（Copyright Law Review Committee，简称CLRC）早在1998年就推荐使用开放式fair dealing，认为其应与使用的目的、性质、一般商业价值（合理期限内以普通价格获得版权物的可能）及版权物潜在市场有关。该委员会认为，版权应给予成分弹性，以适应未来技术发展。在2000年，澳大利亚知识产权与竞争评论委员会认为，交易价值是合理与否的重要因素。2012年8月，澳大利亚版权协会发布题为"澳大利亚版权工业的经济贡献"的报告，突出了版权对经济的推动。同年9月，版权评论高级法务亮相媒体，解说对版权改革报告展开讨论；10月，即组织许可协会、大学律师协会在墨尔本、堪培拉等地展开讨论；11月，特别邀请美国版权专家到澳洲与法学院教授研讨版权合理使用。2012年8月，"版权与数字经济议题报告"首发；2013年6月，在收纳相关各界讨论的基础上，第二次发布该报告（缩写DP 79）；2013年12月，报告第三版发布（缩写ALRC 122 Summary）；2014年2月，报告最新版出版（缩写ALRC Report 122）。

（二）主要内容

本次版权改革内容详见已出版报告。根据该报告，版权改革围绕版权与创新、研究和经济发展，通过比较、评论2013年美国版权法以及英国、爱尔兰新近已修订的版权法，有意在澳大利亚建立一个适应数字经济变化的，既保护权利人利益，亦促进使用者权益的，更广泛、更易懂的版权法体系。

2014年2月，澳大利亚法律改革委员会（Australian Law Reform Commission，缩写ALRC）最新报告更是明确指出，本改革主要讨论澳大利亚现行版权例外与法定许可是否与数字经济相符，核心则是讨论版权法中的合理使用例外在数字经济环境下的使用。合理使用成为本次版权改革的中心。自2012年起，ALRC官方推荐在澳大利亚适用美国fair use（合理使用），包括六点：用更具弹性的fair use替代具体的版权例外；限制简化一些具体例外，如用于图书档案馆保存的复制，以及政府和司法使用的例外；对政府和教育法定许可进行改革；限制使用孤儿作品的补偿；保存图书馆例外；建议政府考虑实行广播媒体商业政策。❶ 经过2年多的工作，在1000多份提交意见和100多份相关方讨论

❶ Australia Commits To Overhaul Of Copyright Act〔EB/OL〕. http：//www. ip-watch. org/2014/02/18/infojustice-org-australia-commits-to-overhaul-of-copyright-act/.

的基础上，ALRC 出炉了 400 多页的最新报告。❶ ALRC 意在尊重作者利益的同时，鼓励公共利益和转化使用，以促进创新。根据该推荐框架，决定是否合理要求平衡下列四要素：使用目的和性质；版权物性质；使用部分占版权物的数量和质量比例；对版权物价值和潜在市场的影响。依据美国法，更大的非排他表现是如下目的：研究、学习，批评、评论，模仿、讽刺，新闻报道，专业咨询，引用，非商业私人使用，附带或技术使用，图书、档案馆、教育使用和残疾人使用。这些新例外包含 fair dealing 的所有种类，但取消了基于 fair dealing 例外的诸目的要求，以说明性目的广泛涵盖 fair dealing 规定的目的。若该推荐不被立法认可，ALRC 已推荐修订 fair dealing，覆盖更宽泛的目的。该新推荐的 fair dealing 包括：研究和教学、批评和评论、模仿和讽刺、新闻报道、专业咨询、引用、非商业性私人使用、附带或技术使用，以及图书馆、档案馆、教育使用，残疾人使用，并规定在决定是否合理时，除这些因素外，不排除其他相关因素。简单地说，澳大利亚法律改革委员会（ALRC）力促使用更宽泛的版权合理使用范围，加大了法官自由裁量权，更多地限制作者权而扩大版权使用者权，由此引发各界对版权法律价值的广泛讨论。

二、版权合理使用解读

无论在大陆法国家还是普通法国家版权法中，版权合理使用都以权利限制或例外为主要内容，更为版权国际条约、协定所必不可少，成为专有版权的例外。但是，大陆法国家通常做法是通过成文法列举这些例外，如我国《中华人民共和国著作权法》第 2 章第 4 节规定的权利限制；普通法更多是通过司法判例适用版权例外，成文法规定一些法律原则居多，如英国版权法规定的 fair dealing 关于美国版权法、fair use 的规定。

（一） 合理使用与版权例外

合理使用是知识产权领域的权利限制概念，由于版权客体作为思想表达的文化因素，其成为知识产权领域专有权限制最多、最复杂的部分，主要指允许人们无须征求版权权利人的同意，即可以自由使用版权作品，意求在版权权利人的利益和公众利益之间取得平衡，在兼顾原创者利益的同时又鼓励创新。

早在 1886 年，《伯尔尼公约》首次规定了为研究、教学目的使用出版物中一定比例的内容作为版权例外。后续的相关立法相继包括该规定，如，1948

---

❶ Copyright and the Digital Economy，ALRC 122 Summary，简称 ALRCReport 122。

年，欧洲国家规定文学、艺术作品作为例外使用已出版作品须符合正当目的。1967 年，《伯尔尼公约》做了重大修订，首次包含研究、教学使用例外，引用则作为强制性例外使用。1967 年修订，对例外所规定的目的允许有自己的标准，以三步测试法加以区分，三步测试法规定于《伯尔尼公约》第 9 条第 2 款❶，该条规定，成员国国内立法规定，在不与作品一般使用和权利人法定利益相冲突的条件下，允许复制使用作品，但公约未对此做详细说明❷，后来也成为《Trips 协议》第 13 条的来源。《Trips 协议》第 13 条规定，各成员国针对具体案件，在不与作品一般使用和对权利人法定利益相冲突的条件下，规定专有的例外或限制。

在英国，自 1911 年版权法为使用者利益规定了版权例外和限制以来，在1988 年版权、设计和专利法的相关章节占了相当篇幅。❸ 国际规则认可这些例外规定。最主要的是 1967 年《伯尔尼公约》第 9、10、13 条的相关规定❹，就是著名的"三步测试法"规定，该例外允许在确定案件中使用，不与一般的版权开发相冲突，并不损害作者的合法利益。❺ 这些开放式规定，既影响又始终与各国版权例外相区别，但已成为版权法国际发展的核心。以后，三步测试又成为《Trips 协议》、1996 年《世界知识产权组织（WIPO）版权条约》第 90条的指导性标准。值得注意的是，《伯尔尼公约》讲的三步测试是对该例外的承认，后来的制度加以了限制利用。各国立法表现为：在版权法中的版权例外项下规定合理使用，并加以不同的限制条件。版权例外除合理使用外，还有法定许可等，合理使用则构成例外的核心。

（二）普通法体系中的版权合理使用 （fair dealing 和 fair use）

fair dealing 是为抵御侵权而规定的版权法例外，存在于诸多英联邦国家的普通法裁判中，如，澳大利亚、加拿大、英国、新加坡、新西兰、南非、印度、中国香港等地版权法中均有规定。在英国，根据 1988 年版权、设计和专利法（CDPA），fair dealing 限于下列目的：非商业性研究和私人所用、批评和评论、新闻报道；同时，该法第 29 条规定，不限于研究人员、学生对文学、戏剧、

---

❶ Article 9 (2) of the Berne Convention.

❷ Statement of the CSC at SCCR 26, on copyright exceptions for education in the Berne Convention and the Three-step test (20/12/13).

❸ CDPA 1988 Part I Chapter III (ss 28 – 76, also including ss 31A – F, 40A, 44A and 50A – D).

❹ Berne Convention, arts 2 bis (political and legal speeches, lectures, addresses), 10 (quotations, illustration for teaching), 10 bis (news reporting), 13 (musical works once recording authorised).

❺ Edinburgh School of Law Research Paper No. 2014/24, Hector Lewis MacQueen, "Appropriate for the Digital Age? Copyright and the Internet", 13 – 15.

音乐、艺术作品非商业性研究、私人学习以及合理比例的复制。

类似于 fair dealing 的 fair use 起源于美国，同样是对作者版权的例外或限制，是平衡权利人利益和公共利益的传统安全阀。美国 1976 年版权法承认不经版权人许可，合理使用版权作品不构成侵犯版权。该合理使用包括评论、批评、模仿、新闻报道、教学、图书档案和学术研究。fair use 例外被规定在美国 1976 年版权法第 17 版权项下、第 107 条，题为专有权的限制部分。该条规定，用于诸如批评、评论、教学、学术研究目的的复制、录音不侵犯版权，除上述目的外，决定是否合理使用时还须考虑下列因素：是否用于商业使用或非教育目的；版权物的性质；使用版权作品的具体数量和实质内容的比例；对版权价值和潜在市场的影响，而不论作品出版与否。该四因素可独立适用，不同于"三步测试法"累计要求。❶

fair dealing 与 fair use 虽源自不同国家，但本质都是版权权利限制、利益平衡制度，简称合理使用。而从英美两国各自版权规定的差异来看，fair use 更具弹性，其法官在判认复制行为是否为合理使月时，须查看版权物性质、使用数量和价值、使用可能对版权物销售的侵害程度、版权利益的减少，以及版权标的的可替代性。❷

三、澳大利亚现行版权法改革对合理使用的讨论

自 2012 年澳大利亚法律改革委员会（ALRC）出版"版权与数字经济议题报告"以来，版权改革的中心是对澳大利亚法律改革委员会推荐将美国式的合理使用（fair use）介绍进澳大利亚版权法所引发的激烈讨论。

澳大利亚法律改革委员会认为，更弹性的 fair use 规定将使版权法适应技术变化和使用，澳大利亚版权法现有的 fair dealing 缺乏 fair use 的有利原则，对此，引起双方争议。

（一）正方——版权通过限制权利人垄断来推动创新

澳大利亚法律改革委员会考虑推荐 fair use 立法有益于澳大利亚吸引更多的技术投资和创新。fair use 是标准，不是规则，它要求以公平合理为考虑要素，而不是给出一个精确的例外情形，表明 fair use 更具弹性以更好适应新技术和新商业实践。一些人认为通过立法而不是司法确定合理使用例外，由议会

---

❶ M. Ficsor, Santiago de, "Report workshop on copyright limitations and exceptions", Asia – Pacific E-conomic Corporation 2012：158.

❷ Benedict Atkinson, Brian Fitzgerald, "A short history of copyright", 12.

决定合理使用的新目的，以及立法过程中的公众参与、讨论，比仅仅是相关当事方参与的司法庭审更民主。fair use 的好处是当有人希望利用版权物创新时，只要是合理使用，则无须经过法院、权利人认可同意；而在目前的澳大利亚，若侵权程序启动，使用者将不能主张合理使用来对抗反驳。若权利人不能确定是否能够开发他的专有权，则这可能阻止创新和转让；而 fair use 足以确保权利人有信心开发其权利。早在世界上首部版权法——安妮法就认为，授权垄断不仅保护出版者财产，而且要确保有用的书提供给公众阅读。诸多相关国际条约均确认了需要保持作者权和公共利益的平衡。fair use 表现利益平衡，它保护版权人利益，以创新为目的，不鼓励有害于传统市场的不公平行为。许多人认为未经许可的合理使用是变相的使用，是开发、变革市场。fair use 意味着一般澳大利亚人在不损害权利人利益的市场下利用版权物不侵犯版权，符合消费者要求。fair use 对版权物潜在市场、价值的考虑有助于确定创新者和权利人不因合理使用而受到损害。

（二）反方——fair use 缩小权利范围，损害作者、出版商利益

也有许多人认为将 fair use 介绍进澳大利亚，将缩小权利范围，降低控制版权能力，可能损害作者、出版商利益。现行澳大利亚版权法的 fair dealing 规定列有特定目的或使用形式，fair use 则无此严格要求，这使其有更大的不确定性，允许法院在具体案件中裁量定夺，影响成文法的稳定性。艺术界则认为介绍 fair use 进入澳大利亚可能降低道德权利。

在将 fair use 作为标准还是规则的争论中，来自大学法学院教授们的讨论无不充满学理的思辨。他们认为，规则和标准通常在法理中规定，规则是更多的说明和规定，标准是更多的弹性并允许应用时做规定，并尊重核心事实。当行为类型被简单规定时，并不包含大经济利益的规则比原则更能确定化；当行为（被规定）复杂时，或变化、涉及大经济利益时，以原则来规范比规定更确定化，以禁止性原则来规定比独立性原则更具确定性；如果是导致分担责任的争议性规则，相对禁止性规则的禁止性原则也更确定。如此说来，充满弹性的 fair use 进入澳大利亚版权法，作为规则缺乏确定性，有违版权法维护权利人利益的第一要义，是对权利人利益的损害。

2014 年 3 月，前美国版权办公室首席顾问 David Carson 在澳大利亚参加悉尼版权研讨会时说，fair use 给予了美国法官过多许可裁量，希望澳大利亚不要

步美国后尘；美国版权法中的 fair use 定义正在被误解，并正掏空知识产权。❶
David Carson 认为，fair use 曾经用于对书籍、电影的批评、评论，现在已经改
变了；他认为，给予法官对作者作品滥用更多裁量权是非常危险的，与版权法
对著作权保护的基本价值相背离。

上述讨论虽主要发生在普通法国家，但为同样数字环境下的其他国家版权
法发展提供了更多思考，提醒人们版权法发展已进入新阶段，合理使用成为版
权法改革的重要领域。

四、结论

澳大利亚版权法改革提供给我们的新思考是：我国版权法的新修订应加强
对公民个人、公众权利的保护；通过研究合理使用的精神，识别数字环境下合
理使用新形式，既鼓励新创作，又保障公众利益，培育创作环境，激发创作动
力，引导版权新发展。

参考文献：

[1] LEANNE WISEMAN, M. DAVISON AND A. MONOTTI. Australian Intellectual Property Law
[M]. Cambridge University Press, 2012.

[2] PHILIP GRIFFITH, JUDITH BANNISTER AND ADAM LIBERMAN. Intellectual Property in
Australia [M]. 5th ed, LexisNexis, Sydney, 2014.

[3] BRAD SHERMAN WITH L. BENTLY. Intellectual Property Law [M]. Oxford University
Press, 2001.

[4] M. FICSOR, SANTIAGO DE. Report workshop on copyright limitations and exceptions. Asia-
Pacific Economic Corporation, 2012.

[5] HECTOR LEWIS MACQUEEN. Appropriate for the Digital Age? Copyright and the Internet.
Edinburgh School of Law Research Paper, 2014 (24).

[6] BENEDICT ATKINSON, BRIAN FITZGERALD. A short history of copyright.

[7] ARTHUR R. MILLER, MICHALE H. DAVIS. 知识产权法 [M]. 北京：中国人民大学出
版社，2004.

[8] Intellectual Property Laws Amendment Bill 2014 – C2014B00040 [EB/OL]. http：//com-
law. gov. au/Details/C2014B00040，最后访问日期：2015 – 02 – 27.

[9] How to copyright your creative work [EB/OL]. http：//www. copyright-australia. com/regis-
ter_ an_ invention_ a_ creative_ work. aspx，最后访问日期：2015 – 03 – 09.

---

❶ THE AUSTRALIAN 2014 – 4, "U. S. copyright law is being hollowed out ".

［10］ Australia Commits To Overhaul Of Copyright Act ［EB/OL］. http：//www. ip-watch. org/ 2014/02/18/infojustice-org-australia-commits-to-overhaul-of-copyright-act/，最后访问日期： 2015 – 03 – 12.

［11］ Copyright and the Digital Economy（ALRC Report 122）［EB/OL］. http：//www. alrc. gov. au/publications/copyright-report – 122，最后访问日期：2015 – 02 – 27.

［12］ Copyright information ［EB/OL］. http：//www. ag. gov. au/RightsAndProtections/Intellectu-alProperty/Pages/Copyright-information. aspx，最后访问日期：2015 – 04 – 06.

［13］ Ip Australia ［EB/OL］. http：//www. ipaustralia. gov. au/get-the-right-ip/copyright ［EB/OL］. 最后访问日期：2015 – 03 – 11.

［14］ Fair Use and Its Politics-At Home and Abroad ［EB/OL］. http：//infojustice. org/archives/ category/positive-agenda/limitations-exceptions-to-copyright ［EB/OL］. 最后访问日期： 2015 – 03 – 21.

［15］ 中国保护知识产权网 ［EB/OL］. http：//www. ipr. gov. cn，最后访问日期：2014 – 10 – 12.

商标与反不正当竞争案件中界定"相关公众"的地域考量

张克伟❶

摘要："相关公众"是判断商标法或反不正当竞争法相关权利之间是否存在混淆、误认的主体，包括两大类：一是商标标识的商品或服务的消费（应该含购买和使用）者，二是商标标识的商品或服务生产、经营和流通中的参与人员。司法实践中，考量"相关公众"的因素一般包括相关商品或服务的类别和相关公众的一般注意力，且通常不考虑相关公众的规模，但是就空间范围来说，界定"相关公众"要考虑其所处的地域因素。这是因为：一方面，有些商品或服务本身的性质就决定了其面向的"相关公众"具有地域性，而不同地域的"相关公众"对相同商品或服务来源的判断也不同。对相关公众进行地域考量的背后，是对涉案商标所标识的商品或服务的市场利益的争夺。

关键词：商标与反不正当竞争　相关公众　地域考量

在商标与反不正当竞争案件中，"相关公众"是判断混淆的主体，主要包括商标所标识的商品或服务的消费者和其他经营者。值得注意的是，消费者或者经营者总是属于某一地理空间的，那么"相关公众"的界定除了考量商品或服务类别、相关公众的一般注意力之外，是否也要考量其所在的地域因素呢？本文通过一则案例予以考察分析。

一、相关公众的概念

在商标与反不正当竞争案件中，常常从"相关公众"的视角来判断相关权利之间是否会导致混淆、误认。❷ 因此，厘清相关公众的概念，对于客观地判断相关权利之间是否存在混淆、误认，进而认定是否构成商标侵权与反不正当

---

❶ 作者单位：华东政法大学在读博士研究生，上海市徐汇区人民法院。
❷ 张爱国．商标法中的"消费者"与"相关公众"[J]．中华商标，2011（5）．

竞争至关重要。众多法规和国际条约对"相关公众"的概念进行了界定。

最高人民法院《关于审理商标民事纠纷案件适用法律若干问题的解释》第8条规定:"商标法所称相关公众,是指与商标所标识的某类商品或者服务有关的消费者和与前述商品或者服务的营销有密切关系的其他经营者。"

《驰名商标认定和保护规定》第2条规定:"驰名商标是在中国为相关公众所熟知的商标。相关公众包括与使用商标所标示的某类商品或者服务有关的消费者,生产前述商品或者提供服务的其他经营者以及经销渠道中所涉及的销售者和相关人员等。"

有关国际条约中多将"相关公众"作为驰名商标和混淆的认定标准。根据已经被《巴黎公约》和世界知识产权组织(WIPO)所采纳的"关于驰名商标保护规定的联合建议"(Joint Recommendation Concerning Provisions on the Protection of Well-Known Marks),在有权部门决定某一商标是否构成驰名的过程中应当考虑相关公众对其的认知程度。相关公众应当包括但不限于:

(1)商标应用其上的某种商品或服务的实际的和潜在的消费者;

(2)商标应用其上的某种商品或服务的销售渠道的参与者;

(3)商标应用其上的某种商品或服务商业圈的交易者。

由此可见,关于"相关公众"的概念尽管表述上有所不同,但都包括两大类:一是商标标识的商品或服务的消费(应该含购买和使用)者;二是商标标识的商品或服务生产、经营和流通中的参与人员。他们是判断商标法或反不正当竞争法相关权利之间是否存在混淆、误认的主体。

二、界定相关公众的一般考量因素

作为商标或反不正当竞争相关权利间是否存在混淆或误认的一个判断主体,"相关公众"是法律上拟制的一个抽象概念,并不指某个或某些具体的人,而是一个群体。因此,界定"相关公众",往往体现为法官在考量相关因素的情况下所进行的一种事实推定和逻辑推理。司法实践中,考量"相关公众"的因素常常有:

1. 相关商品或服务的类别。商标是附着于商品或服务之上的,字号也是用于生产经营具体商品或服务,不同类别的商品或服务,其消费群体和参与生产、经营或流通的人员也不同。即使在同类别的商品或服务里也存在不同档次、价格的具体商品,其面对的消费群体和与其有密切联系的经营者也不同。作为混淆认定的主体,对相关公众的考量首先是相关商品或服务的类别,相同或类似商品或服务的"相关公众"才是该类商品或服务的判断主体。

2. 相关公众的一般注意力。相关公众不是泛指普通群众,但也不是具有专业商标知识或从事商标研究的从业人员,因为该类群体对于商标或其他标识的认知度要比普通群众更为敏感,其对商标或其他标识进行判断时往往会秉持更为审慎的态度和注意力,如果依据他们的视角去判断商标的混淆或近似,未免过于严苛,也不够客观,而是要求相关消费者或经营者以一般的注意力去辨识商标或其他标识,不要求刻意地仔细核对,从而判断是否发生混淆或误认。

当然,相关公众施以的这种注意力,会因商品或服务的类别、性质、价格等因素的不同而有所变化,如与一般商品或服务项比较,汽车消费或金融服务的相关公众对于商品或服务来源的注意程度要高得多;也会受到相关公众的身份、年龄、消费偏好、消费经验等因素的影响,如,同样是超市的消费者,忙碌的年轻上班族对于超市提供的商品或服务的注意力一般会低于退休后的老年消费者。因此,对相关公众注意力的考量可能与其他考量因素是交织在一起的。

3. 不要求相关公众的规模。这是考量相关公众的消极因素,即在对相关公众的考量中,不以其规模或数量的大小为限,"比混淆数量更重要的也许是哪些人产生混淆及其混淆的程度"❶,所以,司法实践中,仅以相关消费者的具体抽样调查数据不足以构成有说服力的混淆判断主体。

三、对相关公众进行地域考量的必要性

根据上文分析,作为判断相关权利的并存是否造成混淆的主体的相关公众,考量因素主要是相关商品或服务的性质、类别和领域以及相关公众的一般注意力。2006 年《北京市高级人民法院关于审理商标民事纠纷案件若干问题的解答》第 10 条的规定中有过类似阐述——"在确定相关公众时,应当考虑商品性质、种类、价格等因素对其范围及其注意程度的影响",但是没有提到地域因素对确定相关公众的影响,司法实践中似乎也很少考量"相关公众"的地域因素。

实际上,尽管相关公众是一个抽象的法律拟制群体,法律也没有给出具体的界定标准,但是在司法实践的具体个案中,"相关公众"在法官的判断视野中是一种抽象的具体化,这种"具体存在"因商品和服务不同,必然有其特征

---

❶ 孔祥俊. 商标与不正当竞争法 [M]. 北京:法律出版社,2009:283.

和时间、空间范围，是一种客观存在，而不是全然空想的抽象概念。就空间范围来说，界定"相关公众"要考虑其所处的地域因素。这是因为有些商品或服务本身的性质就决定了其面向的"相关公众"具有地域性，而不同地域的"相关公众"对相同商品或服务来源的判断也不同。

就商标来说，注册商标的取得系基于一国中央行政机构的授权，其空间效力应及于全国。但是商标的生命在于使用，没有予以实际使用的商标不会在"相关公众"中产生知名度，自然不会令"相关公众"对该商标所标识的商品或服务的来源产生混淆，某种意义上甚至可以视其为没有实际存在，却因其在名义上占用商标资源而有被撤销的可能。因此，只有使用商标，商标所有人才能积累商誉，商标本身才会产生知名度，才会具有指示商品或服务提供者的作用。这种指示作用则因商标的使用地域不同而不同，某一具体商标总是在某一或某些具体地域范围内有更强的指示作用，在当地的"相关公众"间具有更强的知名度，该地域的"相关公众"对混淆的判断才有意义。在商标使用强度大的地域，"相关公众"对该商标有了可以比较的参照，一旦出现其他相同或近似商标，"相关公众"更容易产生混淆。而对于商标从未涉足的地域，其他涉嫌侵权商标的出现则会在"相关公众"中产生先入为主的印象，根本不会造成对商品或服务来源的混淆。

在我国，由于企业名称实行分级登记管理，根据《企业名称登记管理规定》，"企业名称经核准登记注册后方可使用，在规定的范围内享有专用权"，而且"企业只准使用一个名称，在登记主管机关辖区内不得与已登记注册的同行业企业名称相同或者近似"。应该说，从管理的角度来说，企业名称或字号等商业标识权利存在地域性，不正当竞争法意义上的"相关公众"也有其地域性。而从知识产权的角度来说，企业名称或字号的相关权利是否具有较强的地域性，本身却是值得讨论的。

因此，最高人民法院在（2010）民提字第 113 号判决书中曾经就"相关公众"的全国性与地域性有过阐述："相关公众一般是指全国范围内的相关公众，但如果被指称的行业或者商品由于历史传统、风土人情或者自然条件、法律限制等原因而被局限在特定地域市场或者其他相关市场内，则以该相关市场的公众作为判断标准。"最高人民法院的这项表述至少阐明了三项观点：一是相关公众的全国性是原则；二是对相关公众存在地域性的考量；三是对相关公众进行地域性考量的原因是开放的，只要形成的客观效果是被指称的行业或者商品（应该包含服务）的市场存在地域局限性。

四、对相关公众进行地域考量的具体分析

作为判断混淆的主体，相关公众主要包括商标所标识的商品或服务的消费者和其他经营者，下面结合一则典型案例，分别就消费者和其他经营者的地域考量进行分析。

（一） 案情及裁判

原告苏果超市有限公司（以下简称江苏苏果超市）于 1996 年 7 月 18 日在南京注册成立，注册资本 58282 万元。原告是第 1284817 号"**苏果**"商标、第 5147733 号"**SG SUGUO**"商标、第 8120783 号"**SG苏果**"商标的专用权人，上述商标核定服务项目为第 35 类推销（替他人）等。原告主要从事大型连锁超市的经营活动，2008 年经营规模达到 303.58 万元，增幅达到 15.1%；门店 1802 家，增幅 2.5%。原告经营范围遍及苏、皖、鲁、豫、鄂、冀 6 个省份。2009 年 4 月的《连锁》杂志发布的 2008 年中国特许经营连锁百强名单中，原告在零售行业中总店数位列全国第 5 位，总就业人数位列全国第 1 位，经营规模位列全国第 2 位。

被告上海苏果超市有限公司（以下简称上海苏果超市）于 2009 年 5 月 7 日在上海注册成立，注册资本 100 万元，在上海市松江区有两家中大型超市门店。原告指控被告在其店招、招聘广告、宣传标语、价格标签、购物小票、员工服装、店内玻璃门、楼梯、服务台等处，大量单独或突出使用"苏果""SU-GUO""SG"字样，侵害了原告对"**苏果**""**SG SUGUO**""**SG苏果**"注册商标享有的专用权。同时，被告上海苏果公司明知原告企业及相关注册商标有极高知名度，却利用原告在上海没有经营的实际情况，以"苏果"为企业字号在上海注册公司，并在宣传中突出使用"苏果"和"苏果超市"字样，明显具有攀附原告企业知名度的主观故意，客观上也会使相关公众将被告与原告产生关联联想，构成不正当竞争。原告要求被告停止商标侵权及不正当竞争、更改企业名称、更改后的企业名称不得含有"苏果"字样，并赔偿经济损失等。

被告则辩称，原告在上海未开设门店，超市提供的是相对固定的服务，而非流动的商品，上海的超市消费者不会将其开设的超市误认为是江苏苏果超市，故而被告的行为不会造成相关公众的混淆，请求法院驳回原告诉请。

法院经审理认为：原被告的主营业务均系经营超市，被控侵权的标识使用范围与注册商标核定使用的服务相同。被告未经原告许可，擅自在同类服务上

突出使用"苏果""SUGUO""SG"标识，与原告的"苏果" "![SG SUGUO]"

"![SG苏果]"商标构成相同或近似，构成商标侵权；被告作为同业者，理应知晓原告企业名称中的"苏果"标识，但仍将其注册登记为自己的企业字号，主观上存在攀附故意。虽然原告在上海并无连锁网点，但江苏省与上海市同属长三角经济发达地区，地理位置毗邻，人口流动频繁，消费者完全有可能对原被告经营主体之间的关系产生关联联想，并且被告的供货商对被告与原告之间是否系连锁品牌关系也存在误认，故被告的行为在客观上容易导致相关公众对于原被告服务的来源产生混淆，构成不正当竞争。因此，法院依法判决被告停止侵权；刊登声明、消除影响；限期更改企业名称，更改后的企业名称不得含有"苏果"二字；赔偿原告经济损失及合理开支。［上海市徐汇区人民法院（2012）徐民三（知）初字第 340 号判决书］

（二） 对消费者的地域考量

苏果商标系注册商标，商标权的地域效力自然及于全国范围之内，对这一点没有争议。苏果商标经过多年经验和广告宣传，在全国许多省市的消费者中形成了较高知名度，并在零售行业中名列前茅。但是，超市等零售行业提供的服务是直接面向终端消费者的日用品销售，经营地的交通便利性是保持其吸引力的重要因素，因此，其消费者往往集中在经营地周边，具有很强的地域性。相关的知名度也更容易在该地域的消费者中形成。

也就是说，判断超市等零售服务商标是否构成混淆的主体，应局限于零售地域的消费者，而不是泛指全国的消费者。如本案中，虽然原告江苏苏果超市的经营范围遍及苏、皖、鲁、豫、鄂、冀6个省份，但其并未在被指称侵权行为地（上海）开设门店，应该说，其苏果商标难以在被指称侵权行为地形成足够的知名度，并造成消费者混淆。这是对商标权基于其所标识的服务的特定而对本应覆盖全国的空间效力的限缩性突破。本案被告就据此辩称：原告在上海未开设门店，超市提供的是相对固定的服务，而非流动的商品，上海的超市消费者不会将其开设的超市误认为是江苏苏果超市，故而被告的行为不会造成相关公众的混淆。

然而正如"相关公众"的全国性不是绝对的，其地域性也不是保持固定不变或者局限于某一行政区划范围内。以本案为例，虽然涉案商标的主要使用地和被指称侵权行为地分属江苏和上海两个不同的区域，但是二区域同属于长三角经济带，地理位置毗邻，经济发达，人口流动较为频繁，商品流通的可能性也更大，消费者接触并知晓原告商标的机会也更多，因而造成混淆的可能性就更大。消费者如果在原告经营的苏果超市中进行过消费，那么在上海市松江区虹泾路或新育路看到被告经营的苏果超市，完全有可能对被控侵权的苏果超市与原告的经营主体间产生关联联想，对服务来源产生混淆或误认。法院正是基于长三角区域经济往来特点，认定被告上海苏果超市将与原告江苏苏果公司的注册商标相同的"苏果"字样注册登记为自己的企业字号，实际造成了相关公众对于原被告服务的来源产生混淆，构成不正当竞争。

（三） 对经营者的地域考量

"相关公众"的范围中除了消费者之外，最高人民法院《关于审理商标民事纠纷案件适用法律若干问题的解释》第 8 条同样确认了相关公众的范围应当包括"与商品或服务的营销具有密切联系的经营者"。所谓与营销"具有密切联系"，应指相关经营者的业务活动与涉案商品或者服务提供者的生产经营具有紧密的联系，前者是后者不可缺少的合作者。比如，与汽车销售相关的经营者应当包括对汽车提供售后、维修等服务的经营者，与超市零售相关的经营者应当包括为超市提供产品和货源的供应商。

构成"相关公众"组成部分的消费者和其他经营者都是判断混淆的主体，二者对商品或服务的评价及认知状况都是司法裁判者的重要考量因素，但在具体个案中，二者的重要性则因涉案行业的不同以及被指称侵权经营者所处的经济环节的不同而有所偏重：如果涉案经营者系生产商或批发商，则应同时考量其他经营者（合作者）和消费者；如果涉案经营者系零售环节的超市，其相关公众的考察应该主要是终端消费者。

但是，与一般街头小店等零售商简单的低价买进、高价卖出的传统经营模式不同，大型超市的经营业态决定了其往往与供货商有着更为复杂紧密的合作关系，超市供货商的认知状况对于判断涉案权利是否产生混淆或误认具有重要价值。而且，作为大型品牌超市常见的经营业态，连锁经营意味着同样一款产品可能在全国各地的不同超市门店均有销售，供货商对品牌超市间的关联关系是否产生误认和混淆也是判断被告是否构成不正当竞争的一个重要参考。在分析了供货商作为"与商品或服务的营销具有密切联系的经营者"的价值之后，回归其地域因素的考量。与超市的消费者往往局限于超市经营地周边的特性不同，连锁经营的大型超市的供货商往往遍布在全国各地，对其的地域考量有两个要点：一是法官选取作为"相关公众"的供货商的地域范围不再局限于被指称侵权行为地及其扩展区域，而是为原告提供货源的全国范围内不特定地域的供货商；二是从供货商的角度来看，由于连锁经营的江苏苏果超市已然分布在苏、皖、鲁、豫、鄂、冀6省,供货商对超市分店的地域认知可能也是宽泛的,对于以"苏果"名义存在于上海的涉案超市自然不会施加更多的辨别注意力,容易认为处于上海的所谓"苏果"超市与遍布于其他6省市的苏果超市存在关联关系。本案中,被指称侵权的上海新育路苏果超市曾有"创维电视携手苏果超市提前掀起节能补贴风暴"的巨幅海报,作为电视机的生产商和供货商,"创维电视"仅从被告的企业名称上就容易对被告与原告的关联关系产生混淆或误认。法院在综合考量其他因素的基础上,据此认定上海苏果超市的行为构成不正当竞争。

五、相关公众地域考量的实质

在商标与反不正当竞争案件中,对相关公众进行地域考量的背后,是对涉案商标所标识的商品或服务的市场利益的争夺。❶ 无论是界定消费者的地域范围,还是对与生产经营密切联系的各个环节的其他经营者的地域考量,都服务于经营者对市场的谋篇布局。

在商品通用名称纠纷以及涉外定牌加工商标侵权纠纷中,这种相关公众的地域考量及其背后的市场利益之争尤为明显。最高人民法院于2010年在《关于审理商标授权确权行政案件若干问题的意见》中将商品通用名称分为法定通用名称和约定俗成的通用名称,后者是指"相关公众普遍认为某一名称能够指代一类商品的,应当认定该名称为约定俗成的通用名称"。该意见第7条则认为"一般以全国范围内相关公众的通常认识为判断标准……对于由于历史传统、风土人情、地理环境等原因形成的相关市场较为固定的商品,在该相关市场内通用的称谓,可以认定为通用名称"。近期北京市高级人民法院审理的"金骏眉"商标注册异议纠纷和最高人民法院审理的关于"沁州黄"商标侵权纠纷申诉案〔(2013)高行终字第1767号二审判决书和最高人民法院(2013)民申字第1642号申诉裁定书〕,表面上是某地域范围内的通用名称与商标之争,实质上是争议名称上所承载的商誉究竟应当由某个企业独享其利,还是应当由该地域内所有经营者共享其利的市场布局问题。

同理,在涉外定牌加工商标侵权纠纷中,持不侵权观点者认为,由于定牌加工中的商品并未在出口国领域内的市场流通,而是最终进入进口国领域内的市场进行销售,而出口国和进口国的市场不同,相关公众不同,二者根本没有

---

❶ 张玉敏. 凯撒的归凯撒,上帝的归上帝 [J]. 人民司法,2014(10).

比较判断是否混淆的必要，遑论混淆或误认的产生。

总之，相关公众是商品或服务提供者借以积累商誉的基本对象，在不同地域的相关公众中积累了良好商誉，就意味着相关商品或服务在该地域拥有了市场优势。无论商标侵权案件还是不正当竞争纠纷中，都是以"相关公众"作为判断是否对有关商品或服务的提供者产生混淆、误认的主体。对相关公众进行地域考量，则是因为与相关权利具有经济利益关系的人们总是局限于该地域范围内，而对有关案件纠纷的裁判正是为了解决和平衡商品或服务在相关地域间的市场布局问题。

参考文献：

［1］张爱国. 商标法中的"消费者"与"相关公众"［J］. 中华商标，2011（5）.

［2］孔祥俊. 商标与不正当竞争法［M］. 北京：法律出版社，2009.

［3］张玉敏. 凯撒的归凯撒，上帝的归上帝［J］. 人民司法，2014（10）.

我国知识产权"三审合一"诉讼程序探讨

张　放[①]

摘要： 当前我国的知识产权审判正处于由原来"三审分立"向"三审合一"的试验过渡阶段，关于在过渡的过程中如何健全、规范和完善我国知识产权"三审合一"诉讼程序的问题，仍需不断实践与探讨。本文结合我国相关法院对"三审合一"的试点实践，以武汉模式、浦东模式、深圳模式为例，分析其在"三审合一"诉讼程序中存在的司法审级混乱、是否适用刑事附带民事诉讼等问题，对该诉讼程序应当如何规范司法审级、完善机制建设、解决好"民刑交叉"问题提出建议，为知识产权审判体制和工作机制的进一步改革提供参考，以期更好地推动我国知识产权审判"三审合一"改革试点工作迈上新台阶。

关键词： 知识产权　三审合一　诉讼程序　审判模式

一、引言

随着知识经济时代的来临和全球经济一体化的不断加速，知识产权在经济社会发展中的地位不断提升，加强知识产权保护日趋成为世界各国的首要任务之一。自进入 WTO 以来，我国一直十分注重知识产权保护研究，尤其是对知识产权审判"三审合一"改革进行了有益而又深入的试点实践与探索。《中国法院知识产权司法保护状况（2013 年）》报告要求：稳妥推进知识产权审判"三合一"试点，增强"三合一"试点工作的系统性、整体性和协同性，积极引导地方人民法院稳步推进试点进程。2014 年 4 月 22 日，在广州召开知识产权审判"三合一"改革试点工作座谈会，总结交流了我国各地法院 10 多年"三审合一"的改革试点工作的经验和做法，分析了存在的问题并研究了下一阶段的工作。

[①] 作者单位：上海商学院。

2014 年 8 月 31 日，第十二届全国人民代表大会常务委员会第十次会议通过全国人民代表大会常务委员会关于在北京、上海、广州设立知识产权法院的决定。通过这一决定的实质就是进一步确立了"三审合一"的知识产权案件审判模式。在 10 多年来的司法实践中，全国不同层级的许多法院都为"三审合一"审判模式进行了一系列符合当地特色的有益尝试，但"三审合一"的审判模式如何在全国范围内进行推广和运行，如何使之更加符合知识产权案件审理的特点和规律，仍然是亟待解决的问题。笔者认为，国家实行知识产权法院试点对三合一审判体制来说无疑是实现了形式上的合一，但是知识产权审判与诉讼程序密不可分，在我国要实现真正的"三审合一"必须要实现诉讼程序的合一，因此，对"三审合一"诉讼程序进行实际性的探讨是具有非常重要的历史意义的。

二、我国"三审合一"的历史沿革与发展

（一）"三审合一"的起源

知识产权"三审合一"制度，是指将知识产权案件统一交由知识产权庭或专门知识产权法院进行管辖，依照现行三大诉讼法的规定对案件进行审理的制度。由于传统的"三审分立"制度在知识产权审判实践中存在很多弊端，各国根据知识产权的特点并结合自己的国情进行探索，逐渐创建了符合自己情况的知识产权审判模式，这些模式的相同之处就是在知识产权审判中将涉及民事、刑事和行政的案件集中于一个审判庭审理，这就是现在我们所称的知识产权"三审合一"，但是各国法院的名称又不尽相同，例如：在日本有知识产权高等法院，在德国有德国联邦专利法院，在英国亦有知识产权专业法院。❶

"三审合一"是和"三审分立"相对立的审判机制，按照我国司法审判机构整体分工设计的原则以及三大诉讼法的具体规定，有关知识产权的刑事、民事以及行政案件在人民法院内部过去一直是由刑事、民事和行政审判庭分别审理。这种"三审分立"虽然体现了我国在设置审判机构时对程序优先普遍价值的尊重，却相对淡化了对知识产权案件程序特异性的关注，尤其是没有对它自身功能是否流畅、功效发挥是否充分的问题给予足够的重视。❷ 在实行了一段时间的司法实践之后，"三审分立"的弊端和问题开始逐渐显现出来，因此，探索一条符合我国知识产权审判特点的新路子成为我国知识产权审判工作的重要任务，也正是在此时"三审合一"机制呼之而出。由此可见，"三审合一"

---

❶ 郝虹延. 知识产权"三审合一"审判制度研究［D］. 湘潭：湘潭大学，2011：1.
❷ 沈杨. 知识产权"三审合一"改革的启示［J］. 人民司法，2009（23）：53.

在我国的起源并非偶然，它是由于原机制自身存在固然的弊端而出现的。

然而"三审合一"源于何处？纵然学界中不同学者用不尽相同的表述对我国知识产权"三审合一"的起源进行了阐明，但是综合来看不难发现，学者的观点大多趋于一致，皆认为"浦东模式"的出现即为我国"三审合一"的起源。由于我国知识产权"三审合一"的实践最早不是国家号召而是地方自发兴起的，因此，笔者认为"三审合一"的起源问题可以分为实质性起源和政策性起源两个角度来理解。

1. 实质性起源

笔者认为，实质性起源是指"三审合一"审判机制在我国最早出现并开始实践的地方。从这点上来理解，毫无疑问，"三审合一"的实质性起源以 1995 年浦东法院受理的吉列公司"飞鹰"商标系列案为标志。在该案中，为弥补刑事、行政法官审理知识产权案件经验的不足，浦东人民法院知识产权庭联手刑庭、行政庭对案件进行集中审理并作出慎重裁决，取得了较好的社会效果。❶ 笔者认为这就是我国知识产权"三审合一"审判机制的雏形，是对"三审合一"审判机制的一次初探，是"三审合一"的一次自下而上的试点改革，而此时的"三审合一"制度只是处于国家政策边缘而没有纳入国家政策保护范围，因此学者将之称为"三审合一"审判机制的实质性起源。

2. 政策性起源

所谓政策性起源，是指在国家政策范围内，得到国家认可，受国家政策支持、声明、保护的一种源起。2008 年 6 月颁布的《国家知识产权战略纲要》中明确提出"完善知识产权审判体制，优化审判资源配置，简化救济程序。研究设置统一受理知识产权民事、行政和刑事案件的专门知识产权法庭"❷ 之后，我国法院系统内的知识产权庭正在大面积地试点推广"三合一"审判模式。2009 年 3 月，《人民法院第三个五年改革纲要（2009—2013）》和最高人民法院《关于贯彻实施国家知识产权战略纲要若干问题的意见》都明确提出了要健全符合知识产权案件特点的审判体制和工作体制，优化审判资源配置，简化救济程序，研究设置统一受理知识产权民事、刑事和行政案件的专门知识产权法庭，也就是要建立知识产权"三审合一"综合审判机制。此时，知识产权"三审合一"在我国正式在政策的高度进行试点与推广，正式纳入了我国知识产权发展战略范围。因此，也可以说知识产权民事、行政、刑事案件"三合一"审

---

❶ 徐雁. 知识产权"三审合一"诉讼制度研究：以平行程序和技术问题为切入点 [M]. 福建：厦门大学出版社，2014：15.

❷ 国务院. 关于印发国家知识产权战略纲要的通知 [EB/CD]. http：//www. sipo. gov. cn/ztzl/ywzt/zscqzl/200806/t20080611_ 406176. html，最后访问日期：2014 - 09 - 27.

理模式的尝试及其推广是我国知识产权司法审判的第二块里程碑❶，对开创我国知识产权审判新局面有着指导和引领的作用。

（二）　"三审合一"　的发展

到目前为止，知识产权"三审合一"在我国走过了十几年发展历程，从实质性来说，大家公认的知识产权"三审合一"最早实践出现在浦东新区人民法院，肇始于"飞鹰"商标审判的需要与启发；其实早在 1996 年上海浦东法院知识产权庭就已建立了一整套"立体审判模式"，即由该院知识产权审判庭按照中国民事、行政、刑事诉讼法规定的程序，统一审理辖区范围内的各类知识产权案件，包括知识产权刑事案件。在此之后，各地方法院关于"三审合一"的实践也一直都在进行，只是随着《国家知识产权战略纲要》的明确规定，各地的热情开始高涨，积极响应国家号召，掀起了"三审合一"试点实践的新高潮。

与此同时，大多省份还出台了"三审合一"试点实施方案，如，广东省高级人民法院根据最高人民法院要求进行了"知识产权民事、行政、刑事诉讼程序的衔接"的调研，并在此基础上于 2006 年 8 月颁布了《关于在我省部分基层人民法院开展知识产权刑事、民事、行政"三审合一"审判方式改革试点的实施方案（试行）》❷，这就是一个典范。

据近年数据统计，截至 2009 年年底，全国已有 5 个高级人民法院、44 个中级人民法院和 29 个基层人民法院开展了相关试点。❸ 截至 2010 年 12 月底，全国已有 5 个高级人民法院、49 个中级人民法院和 42 个基层人民法院开展了相关试点。❹ 截至 2011 年年底，全国已有 5 个高级人民法院、50 个中级人民法院和 52 个基层人民法院开展了相关试点。❺ 截至 2012 年年底，全国已有 5 个高级人民法院、59 个中级人民法院和 69 个基层人民法院开展了相关试点。❻ 截

---

❶ 陶鑫良．建立知识产权法院的若干思考［N］．上海法治报，2014 − 07 − 16（B06）：2.

❷ 北大法宝．广东省高级人民法院关于印发《广东省高级人民法院关于在我省部分基层人民法院开展知识产权刑事、民事、行政"三审合一"审判方式改革试点的实施方案（试行）》的通知［EB/CD］．http：//vip.chinalawinfo.com/newlaw2002/slc/slc.asp? db = lar&gid = 16974609，最后访问日期：2014 − 09 − 28.

❸ 最高人民法院．中国法院知识产权司法保护状况（2009 年）［EB/CD］．http：//www.court.gov.cn/zscq/bhcg/201004/t20100426_ 4544.html，最后访问日期：2014 − 09 − 28.

❹ 最高人民法院．中国法院知识产权司法保护状况（2010 年）［EB/CD］．http：//www.court.gov.cn/zscq/bhcg/201304/t20130407_ 183079.html，最后访问日期：2014 − 09 − 28.

❺ 最高人民法院．中国法院知识产权司法保护状况（2011 年）［EB/CD］．http：//www.court.gov.cn/zscq/bhcg/201304/t20130407_ 183080.html，最后访问日期：2014 − 09 − 28.

❻ 最高人民法院．中国法院知识产权司法保护状况（2012 年）［EB/CD］．http：//www.court.gov.cn/zscq/bhcg/201304/t20130426_ 183661.html，最后访问日期：2014 − 09 − 28.

至 2013 年年底，全国已有 7 个高级人民法院、79 个中级人民法院和 71 个基层人民法院开展了"三审合一"试点工作。❶ 详细数据对比如图 1 所示。

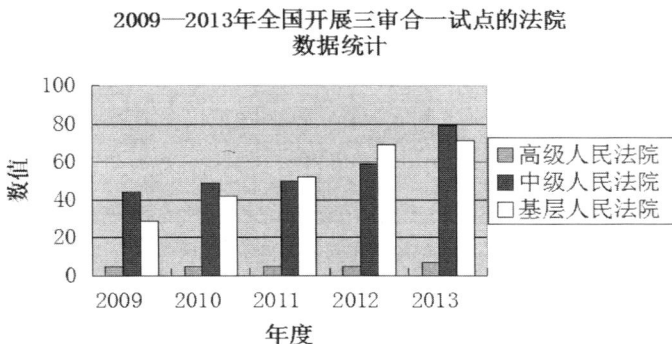

图 1 2009—2013 年全国三级开展"三审合一"试点法院数据统计表

三、"三审合一"诉讼程序与传统诉讼程序的比较探讨

"三审合一"是指近年来在法院的知识产权审判工作中，将原本分散在不同业务庭的民事、刑事、行政知识产权案件，集中统一由知识产权庭审理，实现知识产权审判专业化，促进审判质量和效率全面提高的一项改革措施。❷ 笔者认为，我国"三审合一"得到推广的最主要原因并不在于知识产权案件审理的复杂性，而是"三审分立"体制存在固有的弊端和缺陷使得我国知识产权刑事、行政、民事案件由于管辖的不同规定造成的三种案件交叉的冲突问题。而与我国传统的"三审分立"的诉讼程序相比，"三审合一"在知识产权司法实践中有其独特的优势。

改革开放 30 多年来，我国知识产权审判水平在改革中也不断得到提升。根据唯物主义的观点，事物是不断发展的，一切事物都在处于发展变化的状态中，而且不同发展阶段会呈现出不同的特点。大体上看，根据不同阶段的发展特点可以把我国知识产权审判分为三个阶段，分别为完全"三审分立"审判阶段、大民事审判阶段和"三审合一"试点改革阶段，亦即知识产权专业化审判起步阶段、独立的知识产权民事审判组织日臻完善阶段和逐步建立知识产权综

---

❶ 最高人民法院. 中国法院知识产权司法保护状况（2013 年）［EB/CD］. http：//www. court. gov. cn/zscq/bhcg/201404/t20140425_ 195314. html，最后访问日期：2014 - 09 - 27.

❷ 阮思宇. 知识产权审判的"三审合一"改革［J］. 特区实践与理论，2012（1）：70.

合审判阶段。❶ 按照这个划分我们可以看出，完全"三审分立"审判阶段和大民事审判阶段同属于"三审分立"的范畴。"三审分立"是指根据我国人民法院组织法、三大诉讼法的规定将知识产权相关的民事、行政、刑事案件分别交由民事审判庭、行政审判庭和刑事审判庭单独进行审理。❷ 我国《中华人民共和国刑事诉讼法》（以下简称《刑事诉讼法》）规定一审案件的审理期限为至迟不得超过 3 个月，而《中华人民共和国民事诉讼法》（以下简称《民事诉讼法》）则规定一审民事案件应当在立案之日起 6 个月内审结，审限的不同加上知识产权案件自身极强的特殊性，无疑使得在"三审分立"体制下民刑交叉案件审理中裁判尺度不一的问题显得更加突出。

而知识产权"三审合一"的出现恰恰弥补了当前我国"三审分立"审判体制在诉讼程序上存在的固有缺陷。农工党中央在调研广东人民法院"三审合一" 2009 年的试点工作后认为，当前"三审合一"存在以下几个优点：一是统一了司法尺度，有效化解了民事、刑事和行政之间的交叉冲突问题；二是优化配置了审判资源，减低了当事人的诉讼成本；三是在很大程度上提高了审判效率，能够比较充分地保护知识产权权利人的合法权益；四是有力地维护了行政机关的权威，有利于促进行政机关依法行政水平的提高；五是有效地打击了知识产权刑事犯罪，产生了比较好的社会警示作用。❸ 我国"三审合一"审判机制目前还处于试点推广阶段，但是从众多省份的试点实践经验来看，"三审合一"试行的成绩突出、效果显著，在很大程度上克服了"三审分立"弊端；"三审合一"还实现了知识产权案件的民刑行三结合，形成三位一体的审判机制，做到了诉讼程序合理利用审判资源、提高知识产权审判效率、降低诉讼成本，充分维护了我国知识产权人的合法权益。

以浦东、武汉、深圳三个试点为例，浦东新区人民法院虽然没有单独发布知识产权司法保护白皮书，但是从《上海法院知识产权审判白皮书》中我们可以看到，2013 年，全市法院受理各类知识产权案件 6682 件、审结 6331 件，同比分别增加 25.4%、19.9%（数据分析见图 2、图 3）。❹

---

❶ 钱锋. 中国知识产权审判研究［M］. 北京：人民法院出版社，2010：380 – 381.
❷ 黄天一. 知识产权三审合一模式研究［D］. 长沙：中南大学，2013：4.
❸ 中国人大网. 知识产权审判的机制探讨［EB/CD］. http：//www. npc. gov. cn/npc/zgrdzz/2013 – 02/19/content_ 1755142. htm，最后访问日期：2014 – 09 – 28.
❹ 上海法院知识产权司法保护网. 2013 年上海法院知识产权审判白皮书［EB/CD］. http：//www. hshfy. sh. cn/shzcw/gweb/zcbps2013. htm，最后访问日期：2014 – 09 – 29.

一审知识产权民事案件数量
（单位：件）

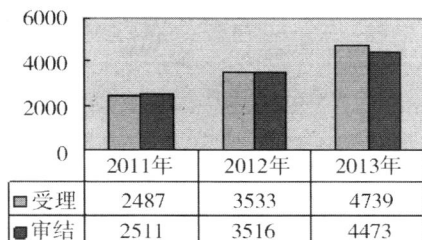

	2011年	2012年	2013年
受理	2487	3533	4739
审结	2511	3516	4473

图2　2011—2013 年上海法院一审知识产权民事案件收结案数统计表

一审知识产权刑事案件数量
（单位：件）

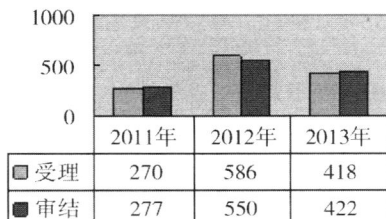

	2011年	2012年	2013年
受理	270	586	418
审结	277	550	422

图3　2011—2013 年上海法院一审知识产权刑事案件收结案数统计表

据数据显示，武汉市法院 2013 年全年共受理和审结各类知识产权案件 5245 件和 4594 件，结案率为 87.59%，与 2012 年相比，收案数增加 1238 件，结案数增加 913 件。其中，调解、撤诉 2726 件，调撤率为 59.93%❶，如图 4 所示。

---

❶　武汉市中级人民法院．武汉法院知识产权司法保护状况白皮书 ［EB/CD］．http：// whzy. hbfy. gov. cn/DocManage/ViewDoc？ docId＝d99e24ce－c1c4－4123－8ecb－6d0abb31dd2a，最后访问日期：2014－09－29.

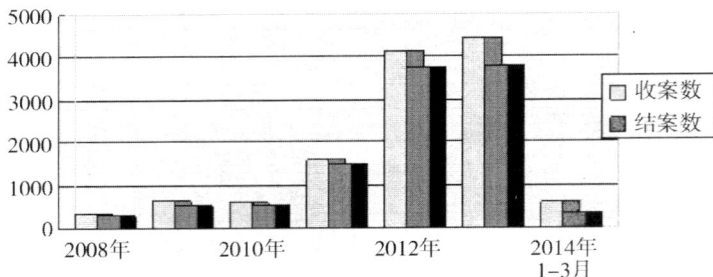

图4 2008—2014年3月武汉法院知识产权案件收结案数统计表

2006年1月至2010年8月，深圳市两级法院累计新收知识产权民事案件8556件，其中一审知识产权民事案件7927件，二审知识产权民事案件629件；累计审结知识产权民事案件6787件，其中一审知识产权民事案件6311件，二审知识产权民事案件476件。5年来，深圳两级法院案件收结数量呈现持续增长态势，近两年增势尤为明显，2009年新收案件数比2008年上升84.67%，2010年1—8月份新收案件数比2009年同期上升134.28%。总体而言，2006年至2010年（截至8月），两级法院一、二审知识产权民事案件收结案数量分别呈如下增长趋势❶如图5、图6所示。

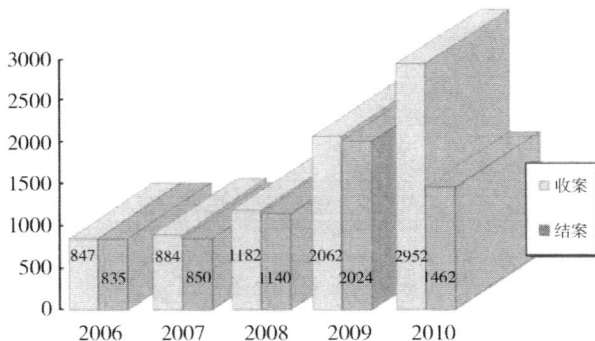

图5 2006年1月—2010年8月深圳市知识产权一审

民事案件收结案数量趋势图

---

❶ 最高人民法院. 深圳法院知识产权司法保护状况（2006—2010年）［EB/CD］. http：//www. court. gov. cn/zscq/dcyj/201101/t20110120_ 13220. html，最后访问日期：2014－09－29.

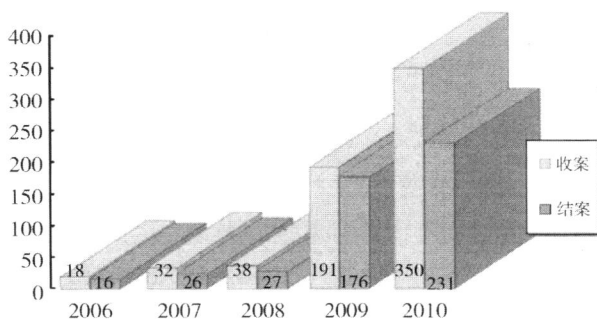

图6　2006年1月—2010年8月深圳市知识产权二审
民事案件收结案数量趋势图

　　另外，据了解，2012年5月—2012年4月，深圳法院知识产权民事案件结案率达到96.81%；新收知识产权刑事案件705件，审结674件；新收知识产权行政案件9件，审结9件，结案率达100%。这是自2010年《深圳市中级人民法院关于在全市法院推进知识产权审判"三审合一"改革工作的方案》实施以来，深圳法院知识产权案件结案率的又一新高。深圳法院真正做到了科学管理知识产权民事案件审理期限，严格控制审限延长审批程序，使知识产权法定期限内结案率保持在99%以上。❶深圳法院知识产权案件的超高结案率充分证明了知识产权"三审合一"制度对提高审判效率的作用。

　　上述数据说明，推行知识产权试点的个别地方在提高审判效率、合理充分利用诉讼资源的问题上都取得了明显的成效。从全国范围数据的反映来看，2013年全国地方人民法院共新收和审结知识产权民事一审案件88583件和88286件，分别比2012年上升1.33%和5.29%；共新收和审结知识产权民事二审案件11957件和11553件，同比分别上升24.80%和24.33%；共新收和审结知识产权民事再审案件75件和96件（含旧存），同比分别下降56.40%和56.95%。❷2013年知识产权民事审判成果显著，审结案件比例上升趋势凸显，达到了提高审判效率、节约诉讼成本的良好效果。

---

　　❶　深圳市中级人民法院．深圳法院知识产权司法保护状况（2012.5 – 2013.4）［EB/CD］．http：//www．szcourt．gov．cn/ArticleInfo．aspx？id＝5804，最后访问日期：2014 – 09 – 29．

　　❷　最高人民法院．中国法院知识产权司法保护状况（2013年）［EB/CD］．http：//www．court．gov．cn/zscq/bhcg/201404/t20140425_ 195314．html，最后访问日期2014 – 11 – 15．

四、"三审合一"机制之评述——以武汉、浦东、深圳三大模式为例

继上海浦东模式之后，我国各地法院争先开展了自下而上的"三审合一"审判实践，尝试由一个审判庭统一审理辖区范围内的知识产权民事、行政、刑事案件，开创知识产权专门化审判的新局面，后来就形成了我国知识产权"三审合一"审判的六大模式，其中又以"浦东模式""武汉模式"及"深圳模式"为典型。我国知识产权"三审合一"的试点改革工作几乎是根据各地自身需要及发展阶段的不同来开展的，因此各种模式呈现出不同的特点。

武汉模式是指在江岸区人民法院成立知识产权庭（全国首个基层法院知识产权庭），主要负责受理本辖区内除专利、植物新品种、集成电路布图设计之外的一审知识产权民事案件。后来，武汉市中级人民法院以文件形式，把之前由全市各基层人民法院管辖的知识产权一审行政案件指令给江岸法院集中管辖。市中院知识产权庭则集中审理知识产权刑事、行政、民事二审案件，同时中院也将自身管辖的知识产权行政一审案件集中到知识产权庭审理。❶ 至此，武汉彻底地实现了两级法院在全市范围内的三类诉讼合一，实现了真正意义上的、小范围内的"三审合一"。

浦东模式始于浦东新区人民法院在全国率先运用了知识产权民事、行政、刑事案件统一由知识产权庭审理的方式，后来被我国著名知识产权法学专家郑成思教授称为"浦东模式"。它的具体做法是将知识产权民事、行政、刑事案件统一归口由民事审判三庭（即负责知识产权案件审理）负责，知识产权的上诉案件均由市中级人民法院知识产权审判庭统一受理，即基层法院知识产权庭统一审理辖区内知识产权民事、刑事和行政案件，上诉审也集中于中院知识产权庭，从而实现了横向和纵向上的"三审合一"。

深圳模式是在总结南山法院改革试点经验、深入调研论证的基础上逐步形成的。早在 2006 年 8 月，深圳市南山区人民法院知识产权庭就已经着手实施"三审合一"新机制，成为全省知识产权审判改革试点工作的排头兵。该院的试点工作实践为后面深圳市中院作出《关于在全市法院推行知识产权审判"三审合一"改革的决定》（以下简称《决定》），在全市两级法院全面推行知识产权审判刑事、民事、行政"三审合一"提供了宝贵经验。《决定》还在南山模式的基础上进行了改革，其中包括统一知识产权审判机构设置。其要求深圳市

---

❶ 何震．武汉市江岸区法院知识产权"三审合一"制解析［J］．人民司法，2010（15）：9.

中院、各区法院均设立专门的知识产权审判机构（即知识产权审判庭）；将涉及知识产权的民事、行政、刑事案件统一由各自的知识产权审判庭审理，并编制统一的专门案号，增强知识产权审判工作的针对性，让知识产权审判更加符合自主创新的发展需要。❶

（一） "三审合一" 的司法成效

正如前面的数据分析，知识产权"三审合一"诉讼模式在我国的司法实践既符合知识产权案件复杂的本质属性，又符合我国知识产权审判的现实需求。在试点中，"三审合一"模式也产生了良好的社会效果：一是充分发挥了知识产权民事审判的资源优势，提升了刑事和行政审判水准；二是有利于培养专业化的审判队伍，提高了我国知识产权综合审判能力；三是有效实现了民刑行三大诉讼的衔接，避免了同案不同判的尴尬审判局面；四是"三审合一"的推行在很大程度上减轻了交叉诉讼案件当事人的诉讼成本，有利于更好地维护当事人的合法权益。

（二） "三审合一" 存在的弊端

毋庸置疑，知识产权"三审合一"的诉讼制度在我国司法实践中的确发挥着不可或缺的作用，在推进我国知识产权审判制度改革、提升我国知识产权综合审判水平等方面产生了积极的、不可替代的影响，在规范我国知识产权审判的同时，也维护了我国司法审判的威严。然而不可否认，现行的"三审合一"诉讼制度毕竟还处于试点阶段，仍属于探索中的制度，因此在实践中不可避免会出现这样那样的问题，对此我们必须要从"三审合一"的审判实践改革经验出发，用审慎和批评的目光进行审视，以更好地推进和完善"三审合一"诉讼制度改革。

（1）从之前对深圳、浦东、武汉三大模式的论述中我们不难发现，深圳模式与武汉模式相比较而言，深圳模式在一定程度上混乱了我国司法实践的审级，使我国司法管辖权出现违背相关诉讼法的规定，不利于维护国家司法的公信力。在深圳模式中，深圳全市所有区级法院（基层法院）都已取得部分知识产权一审民事案件的管辖资格。❷ 值得肯定的是，深圳法院的这一做法是对"三审合一"审判体制的创新，同时也是实现知识产权一体化审判、提高我国知识产权审判水平的一重大变革举措，这也有利于推动我国知识产权审判的进

---

❶ 深圳. 知识产权案件审判"三审合一"［EB/CD］. http：//www. ipr. gov. cn/gndtarticle/updates/localupdates/201009/948395_ 1. html，最后访问日期：2014－09－29.

❷ 吴汉东. "三审合一"：知识产权审判改革的特区模式［N］. 人民法院报，2011－11－24.

一步发展；但是，在我国目前的法律体系中尚未对类似做法作出相关的法律规定，而这一做法恰恰与我国现行三大诉讼法关于案件管辖权的相关规定相悖，属于违反国家强制性规范的行为，从大局来看，这种做法不利于维护现行法律的公信力和威慑力。

（2）在"三审合一"诉讼程序中是否适用刑事附带民事诉讼的问题，仍值得进一步探究。目前理论界关于在知识产权刑事诉讼活动中是否适用附带民事诉讼的问题主要存在两大观点：一种观点认为应当在知识产权中适用刑事附带民事诉讼的规定，原因是在我国司法实践中曾经出现过刑事附带民事诉讼的案例，《最高人民法院公报》也对相关案例进行了刊登，在我国，最高人民法院公布的案例虽然不具有判例的效力，但对类似司法审判活动具有指导性意义，加之我国法院中也有借鉴外国判例进行审判的实例；另一种观点认为《刑事诉讼法》和最高人民法院相关的司法解释对刑事附带民事诉讼范围的界定中并不包括知识产权侵权❶，因此在知识产权侵权刑事案件中不应适用刑事附带民事诉讼的规定。相比于第二种观点，笔者更赞同第一种观点。原因有二：其一，在知识产权刑事案件中适用附带民事诉讼的规定契合我国"三审合一"诉讼程序的精神，有利于进一步减少诉讼程序、降低当事人诉讼成本，从而更好地为当事人提供法律保护。其二，附带民事诉讼是指司法机关在刑事诉讼过程中，在解决被告人刑事责任的同时，附带解决因被告人的犯罪行为所造成的物质损失的赔偿问题而进行的诉讼活动。这就表明，法官在审理知识产权刑事案件时，如果被害人提出附带民事诉讼，法庭认为合理的，就可以对被害的诉求一并处理，这有利于进一步避免出现同案不同判的尴尬。

（3）在知识产权"三审合一"诉讼程序中是否一定要遵循"先刑后民"的诉讼原则？"先刑后民"是指在民事诉讼活动中，一旦发现涉嫌刑事犯罪的，法院只有在侦查机关对涉嫌刑事犯罪的事实查清后，才能对刑事犯罪进行审理，然后再就涉及的民事案件进行审理，或者在法院审理刑事犯罪的同时，对其民事责任问题进行附带审理。❷ 知识产权具有极强的特殊性，对于在知识产权的审判中是否适用"先刑后民"的原则，浦东人民法院进行了探讨，并提出了相关理论。其观点认为应当视情况而定：在刑事自诉案件中，"先刑后民"或"先民后刑"可以任意选择适用，因为其中的诉讼都是由权利人发起，如何

❶ 钱锋. 中国知识产权审判研究 [A]. 丁寿兴，陈惠珍. 知识产权保护"三审合一"的实证分析：以浦东新区法院 13 年立体审判实践为视角. 北京：人民法院出版社，2009：82.
❷ 黄娟. 知识产权刑民交叉案件解决之"先民后刑"思路：选择理由与实施机制 [J]. 暨南学报（哲学社会科学版），2011（2）：41.

适用对当事人都不会造成影响；在刑事公诉中，则提倡适用"先刑后民"原则，因为公诉案件需要经过侦查、立案、审判等阶段，程序比较烦琐，适用"先刑后民"更有利于减轻权利人的诉讼负担，并快捷而有效地追究侵权人的法律责任。❶

知识产权又称知识（财产）所有权或智慧（财产）所有权。❷ 知识产权属于财产权，同时具有私权性质，加之一般知识产权案件的诉讼标的都不低，知识产权一旦受到侵害，损失都是不可忽视的。笔者认为，在知识产权"三审合一"诉讼过程中，应当尽可能优先适用"先民后刑"的原则，把受害人的经济利益保护放在第一位。这既可以使受害人的经济损失得以尽快赔偿，保护知识产权人的合法权益；同时，也有利于打击惩罚和震慑犯罪分子，提升我国知识产权保护的国际声望。但需要强调的是，无论在刑事公诉还是自诉案件中，我们都不能单纯考虑只适用"先刑后民"的原则，而需要通盘考虑刑民两案的衔接问题，做到公正、公平审判，在保护财产权的过程中实现尊重人权。

五、构建我国知识产权"三审合一"诉讼程序的建议

（一）规范司法审级

在我国知识产权"三审合一"审判实践中，司法审级混乱的问题仍然存在，如，深圳市在推行"三审合一"试点时规定：所有区级法院（基层法院）都有权管辖部分知识产权一审民事案件，而民事案件的二审则全部由中级人民法院受理和审理。这一现象的存在正是混乱我国司法审级的一个表现，而司法审级往往又是正确处理案件的先头环节，正确适用司法审级的规定是实现司法公正的关键。

笔者认为，完善"三审合一"诉讼程序首先要进一步规范司法审级，具体做法如下：其一，对于知识产权的一审案件，我们可以根据不同地区的情况因地制宜，授权部分基层人民法院管理辖区及周边区（县）的知识产权案件，对于上诉的二审案件，可以考虑在各地指定一个中级人民法院作为知识产权案件的上诉法院，实现三级法院联动，管辖互相分离；其二是加强知识产权审判队伍建设，注重知识产权审判的专业性人才培养，加强法官及法院人员的职业技

❶ 陈惠珍. 知识产权司法保护"三审合一"实践中若干问题的探讨［EB/CD］. 载上海法院知识产权司法保护网，http：//www. hshfy. sh. cn/shzcw/gweb/xxnr_ view. jsp? pa = aaWQ9MTY4NDY2JnhoPTEmdHlwZT0xz，最后访问日期：2014 – 09 – 29.

❷ 吴汉东. 知识产权总论（第3版）［M］. 北京：中国人民大学出版社，2013：3.

能水平培训，可以尝试建立引进专家和专业人士参与审判的制度，同时优化各级人民法院的人才结构，实现法官及审判人员资源的合理调配，打造出与三级法院分离相适应的知识产权审判团队。

（二） 完善机制建设， 解决好 "民刑交叉" 问题

民刑交叉是指在一个知识产权案件中同时涉及刑事和民事两个方面的情况。现阶段，我国诉讼法上对于知识产权"民刑交叉"的问题尚没有作出特别的规定或出台相关司法解释，但是在知识产权审判司法实践中，民刑交叉问题又是比较突出的。当遇到民刑交叉的问题时，法院只能依照《民事诉讼法》和《刑事诉讼法》分别作出判决，这就有可能导致同案不同判、裁判尺度不一的问题出现，因此，知识产权"民刑交叉"的问题亟待解决。

我国知识产权"三审合一"试点中民刑交叉的问题主要表现为两个方面：一是刑事附带民事诉讼的问题；二是"先刑后民"和"先民后刑"原则的适用问题。究其原因，主要是由于机制建设不完善引起的，把这个机制缩小，笔者认为准确来说应该是立法机制不完善。我国知识产权"三审合一"审判体制尚处于实践探索阶段，而在实际知识产权诉讼过程中又仍然是运用现行三部诉讼法的相关规定，因此可以说"三审合一"在我国只是形式上的合一，而没有实现真正意义上的合一，形式上的合一又恰恰是"民刑交叉"问题存在的主要原因之一。那么到底是什么原因使得在我国实践多年的"三审合一"体制只能是实现形式上的合一，而没有走向真正意义上的合一呢？笔者认为，这归根结底还是立法机制不完善的问题。实体正义需要程序正义做保障，知识产权的"三审合一"建设之路也一样需要程序为其保驾护航，因此，完善立法机制建设、出台新的专门的法律法规显得尤为重要。

我们可以把视野转向域外立法，对知识产权"三审合一"实施得比较彻底而又富有成效的当属我国台湾地区，台湾地区的知识产权诉讼主要通过其现行的"智慧财产案件审理法"进行规定，全文分为总则、民事诉讼、刑事诉讼、行政诉讼、附则五章。我们也知道，目前我国法律体系中针对某个领域特定的诉讼特别程序法只有一部，它是关于海事诉讼方面的特别程序法，其全称为《中华人民共和国海事诉讼特别程序法》（以下简称《海事诉讼特别程序法》），于2007年7月1日正式施行。这部法律对我国海事诉讼方面的相关问题作出了详细的规定，作为特别法存在的它根据普通法优于一般法的适用原则，具有其独到的作用。我国大陆地区各地高级人民法院在"三审合一"试点过程中也出台了一些地方性法规，似乎解决了"民刑交叉"的问题，但其实不然。上海市高级人民法院颁布的法律与上述台湾地区的"智慧财产案件审理法"和《海事诉讼特别程序法》相比不具备大范围推广的功能，只可以作为地方性法规存在，法律效力不及特别程序法。所以，笔者建议在现阶段我们应当将知识产权诉讼的问题从我国现行的三大诉讼法中独立出来，通过《中华人民共和国知识产权诉讼特别程序法》进行规定。在不违反《中华人民共和国宪法》的根本规定和《中华人民共和国专利法》《中华人民共和国著作权法》《中华人民共和国商标法》《民事诉讼法》《刑事诉讼法》《中华人民共和国行政诉讼法》等一系列与知识产权有关的法律法规以及最高人民法院司法解释的相关规定的前提下，对知识产权诉讼"三审合一"诉讼程序中的问题分别作出规定，将该特别程序法的体系分为总则、民事诉讼、刑事诉讼、行政诉讼、"三审合一"、涉外知识产权诉讼和附则七章。

六、结语

知识产权保护是我国法律保护的重要组成部分，近年来我国对知识产权的保护也日益受到重视，同时，完善和加强知识产权保护也是实现法律的实体正义和程序正义的充分体现，而法律实体正义的实现离不开程序正义的保障，因此，构建我国知识产权"三审合一"诉讼程序立法是关键。笔者认为，现阶段我国知识产权"三审合一"诉讼程序在实践中存在的众多问题总的来说皆可通过具体法律来解决，正如文中提到的《中华人民共和国知识产权诉讼特别程序法》，这部法律如果能够出台，必将会把我国知识产权"三审合一"诉讼程序的发展推上一个新的台阶。十八届四中全会提出全面推进依法治国的治国方略，依法治国的首要任务就是要做到有法可依，知识产权的"三审合一"建设应当借依法治国之东风，从完善和健全立法做起，规范知识产权诉讼程序，以实现程序正义来推动知识产权实体正义的发展，从而推进我国知识产权保护事业的发展。

参考文献：

[1] 郝虹延. 知识产权"三审合一"审判制度研究 [D]. 湘潭：湘潭大学，2011.

[2] 沈杨. 知识产权"三审合一"改革的启示 [J]. 人民司法，2009（23）.

[3] 徐雁. 知识产权"三审合一"诉讼制度研究：以平行程序和技术问题为切入点 [M]. 福建：厦门大学出版社，2014.

[4] 国务院. 关于印发国家知识产权战略纲要的通知 [EB/CD]. http：//www. sipo. gov. cn/ztzl/ywzt/zscqzl/200806/t20080611_ 406176. html，最后访问日期：2014 – 09 – 27.

［5］陶鑫良．建立知识产权法院的若干思考［N］．上海法治报，2014 – 07 – 16（B06）．

［6］北大法宝．广东省高级人民法院关于印发《广东省高级人民法院关于在我省部分基层人民法院开展知识产权刑事、民事、行政"三审合一"审判方式改革试点的实施方案》的通知［EB/CD］．http：//vip. chinalawinfo. com/newlaw2002/slc/slc. asp？ db = lar&gid = 16974609，最后访问日期：2014 – 09 – 28.

［7］最高人民法院．中国法院知识产权司法保护状况（2009 年）［EB/CD］．http：//www. court. gov. cn/zscq/bhcg/201004/t20100426_ 4544. html，最后访问日期：2014 – 09 – 28.

［8］最高人民法院．中国法院知识产权司法保护状况（2010 年）［EB/CD］．http：//www. court. gov. cn/zscq/bhcg/201304/t20130407_ 183079. html，最后访问日期：2014 – 09 – 28.

［9］最高人民法院．中国法院知识产权司法保护状况（2011 年）［EB/CD］．http：//www. court. gov. cn/zscq/bhcg/201304/t20130407_ 183080. html，最后访问日期：2014 – 09 – 28.

［10］最高人民法院．中国法院知识产权司法保护状况（2012 年）［EB/CD］．http：//www. court. gov. cn/zscq/bhcg/201304/t20130426_ 183661. html，最后访问日期：2014 – 09 – 28.

［11］最高人民法院．中国法院知识产权司法保护状况（2013 年）［EB/CD］．http：//www. court. gov. cn/zscq/bhcg/201404/t20140425_ 195314. html，最后访问日期：2014 – 09 – 27.

［12］阮思宇．知识产权审判的"三审合一"改革［J］．特区实践与理论，2012（1）．

［13］钱锋．中国知识产权审判研究［M］．北京：人民法院出版社，2010.

［14］黄天一．知识产权三审合一模式研究［D］．长沙：中南大学，2013.

［15］中国人大网．知识产权审判的机制探讨［EB/CD］．http：//www. npc. gov. cn/npc/zgrdzz/2013 – 02/19/content_ 1755142. htm，最后访问日期：2014 – 09 – 28.

［16］上海法院知识产权司法保护网．2013 年上海法院知识产权审判白皮书［EB/CD］．http：//www. hshfy. sh. cn/shzcw/gweb/zcbps2013. htm，最后访问日期：2014 – 09 – 29.

［17］武汉市中级人民法院．武汉法院知识产权司法保护状况白皮书［EB/CD］．http：//whzy. hbfy. gov. cn/DocManage/ViewDoc？ docId = d99e24ce – c1c4 – 4123 – 8ecb – 6d0abb31dd2a，最后访问日期：2014 – 09 – 29.

［18］最高人民法院．深圳法院知识产权司法保护状况（2006 – 2010 年）［EB/CD］．http：//www. court. gov. cn/zscq/dcyj/201101/t20110120 _ 13220. html，最后访问日期：2014 – 09 – 29.

［19］深圳市中级人民法院．深圳法院知识产权司法保护状况（2012. 5 – 2013. 4）［EB/CD］．http：//www. szcourt. gov. cn/ArticleInfo. aspx？ id =5804，最后访问日期：2014 – 09 – 29.

［20］最高人民法院．中国法院知识产权司法保护状况（2013 年）［EB/CD］．http：//www. court. gov. cn/zscq/bhcg/201404/t20140425_ 195314. html，最后访问日期：2014 – 11 – 15.

［21］何震．武汉市江岸区法院知识产权"三审合一"制解析［J］．人民司法，2010（15）．

［22］深圳．知识产权案件审判"三审合一"［EB/CD］．http：//www. ipr. gov. cn/gndtarticle/updates/localupdates/201009/948395_ 1. html,最后访问日期:2014 - 09 - 29.

［23］吴汉东. "三审合一":知识产权审判改革的特区模式［N］. 人民法院报,2011 - 11 - 24.

［24］钱锋. 中国知识产权审判研究［A］. 丁寿兴,陈惠珍. 知识产权保护"三审合一"的实证分析:以浦东新区法院 13 年立体审判实践为视角. 北京:人民法院出版社,2009.

［25］黄娟. 知识产权刑民交叉案件解决之"先民后刑"思路:选择理由与实施机制［J］. 暨南学报(哲学社会科学版),2011(2).

［26］陈惠珍. 知识产权司法保护"三审合一"实践中若干问题的探讨［EB/CD］. 上海知识产权司法保护网,http://www. hshfy. sh. cn/shzcw/gweb/xxnr _ view. jsp? pa = aaWQ9MTY4NDY2JnhoPTEmdHlwZT0xz,最后访问日期:2014 - 09 - 29.

［27］吴汉东. 知识产权总论(第 3 版)［M］. 北京:中国人民大学出版社,2013.

审判前沿与案例精解专题

抢夺罪既遂与未遂之辨析

——刘某抢夺案

盛　斌　朱以珍　蒋　骅❶

一、案情

（鉴于本案为真实案件，案中涉及相关人员、单位均作化名处理）

公诉机关：上海市徐汇区人民检察院

被告人（上诉人）：刘某

2012 年 11 月 24 日 11 时许，被告人刘某步行至本市广元西路、恭城路路口，趁被害人杨某某不备，从其手中抢走钱包（内有现金人民币 866 元等物）及手机一部（价值人民币 3318.66 元）。被害人杨某某即大声呼救并追赶刘某，行人赵某某、民警印某和吴某某闻讯后相继加入追赶，将刘某人赃俱获。到案后，被告人刘某如实供述了自己的罪行。

二、裁判

一审法院根据被害人的陈述、监控录像截图、扣押物品、文件清单、赃证物品照片、价格鉴定结论书及被告人的供述等证据认定，被告人刘某以非法占有为目的，乘人不备，公然夺取他人价值人民币 4100 余元的财物，数额较大，其行为已构成抢夺罪，应予处罚。鉴于被告人刘某到案后如实供述自己的罪行，且赃款赃物已被追回，依法予以从轻处罚。依照《中华人民共和国刑法》（以下简称《刑法》）第 267 条第 1 款、第 67 条第 3 款、第 53 条、第 64 条之规定，被告人刘某犯抢夺罪，判处有期徒刑 2 年，并处罚金人民币 2000 元；已被追回的赃款赃物予以发还被害人。

一审宣判后，刘某以原判量刑过重为由提出上诉。上海市人民检察院第一

---

❶　作者单位：上海市徐汇区人民法院。

分院出庭意见认为，原判认定上诉人刘某犯抢夺罪的事实清楚，证据确实、充分，定性准确，量刑适当，且审判程序合法，建议二审法院驳回上诉，维持原判。二审法院认为，原判认定的事实清楚，证据确实、充分，应予以确认；同时认为，刘某实施抢夺行为后，被害人杨某某即大声呼救并追赶刘某，行人赵某某、民警印某和吴某某闻讯后相继加入追赶，将刘某人赃俱获，故可以认为被害人的财物仍处于被害人及抓捕者的目击控制范围而未失控，应认定刘某系抢夺未遂，可以比照既遂犯从轻处罚。依照《刑法》第 267 条第 1 款、第 23 条、第 67 条第 3 款、第 53 条、第 64 条及《中华人民共和国刑事诉讼法》（以下简称《刑事诉讼法》）第 225 条第 1 款第（2）项之规定，对一审作出改判："一、维持上海市徐汇区人民法院（2013）徐刑初字第 195 号刑事判决第二项，即已被追回的赃款赃物予以发还被害人；二、撤销上海市徐汇区人民法院（2013）徐刑初字第 195 号刑事判决第一项，即被告人刘某犯抢夺罪，判处有期徒刑二年，并处罚金人民币二千元；三、上诉人刘某犯抢夺罪，判处有期徒刑一年六个月，并处罚金人民币二千元。"

二审判决发生法律效力后，上海市人民检察院按照审判监督程序向上海市高级人民法院提出抗诉。上海市人民检察院抗诉认为，二审判决认定原审被告人刘某抢夺未遂，属适用法律错误。（1）二审判决认定涉案财物仍处于被害人及抓捕者的目击控制范围而未失控与案件事实不符。刘某从被害人处夺取钱包和手机后，财物一直处于刘某的实际控制之下，涉案财物已完全脱离了被害人的控制。（2）二审判决认定原审被告人刘某抢夺未遂与刑法规定不符。刘某夺取被害人手中的钱包和手机后逃离现场，致使被害人对自己的财物失去有效控制，抢夺犯罪已经既遂。（3）二审判决以事后追捕且人赃俱获为由认定犯罪未遂与司法逻辑不符。如果因事后追捕且人赃俱获而否定犯罪既遂的成立，无疑是要求被害人只有放弃追捕行为才能认定行为人犯罪既遂并使其得到严惩，这显然不符合司法逻辑。刘某及其辩护人认为，刘某在实施抢夺犯罪过程中并未实际非法占有或者控制财物，刘某在抢夺的第一时间即被被害人发现、呼救、追赶，之后又被闻讯而来的民警、路人追赶直至被抓获。众人抓捕行为使得客观上刘某无法实现非法占有或控制的目的，共同围追的人员形成对刘某的目击控制，建议再审维持二审判决。经再审审理查明的事实证据与原一、二审判决相同。再审法院认为，被告人刘某以非法占有为目的，乘人不备，公然夺取他人价值人民币 4100 余元的财物，数额较大，其行为已构成抢夺罪。刘某从被害人处夺取钱包和手机后即逃离，被害人对自己的财物已经失去控制，刘某抢夺犯罪行为已经完成，其行为应以犯罪既遂论处。被害人、路人、民警追赶的行为属于事后抓捕行为，不影响刘某抢夺罪既遂的成立。原二审判决认定本案构成抢夺未遂，且适用《刑法》第 23 条确有瑕疵，应予纠正。上海市人民检察院关于本案构成抢夺既遂的抗诉意见成立。鉴于被告人刘某系初犯，且到案后如实供述自己的罪行，以及赃款赃物已被追回等因素，原二审判决对刘某以抢夺罪判处一年六个月有期徒刑的量刑并无不当。依照《刑事诉讼法》第 245 条，以及最高人民法院《关于适用〈中华人民共和国刑事诉讼法〉的解释》第 389 条第（2）项之规定，裁定维持上海市第一中级人民法院（2013）沪一中刑终字第 394 号刑事判决。

三、评析

（一）抢夺罪既遂与未遂标准之认定

侵占型财产犯罪的既未遂认定标准在司法实践中存在不同观点，主要有失控说、控制说、失控＋控制说。失控说认为，只要被害人丧失了对自己财产的控制，不管行为人是否实际控制了该财物，都应当认为犯罪既遂。控制说认为，应当以行为人是否已经取得对财物的实际控制作为犯罪既未遂的标准。失控加控制说认为，犯罪既遂的认定应当以财物脱离被害人控制，且置于行为人实际控制下为标准。这种学说综合了失控说和控制说两种观点，表面上看更加全面，但从实质上看等同于控制说，因为两者都强调行为人对财物的控制。

抢夺罪作为侵占型财产犯罪的一种，应当采用失控说还是控制说的标准？笔者认为，失控说更加符合刑法设立抢夺罪所要保护的法益。抢夺罪的罪状是以非法占有为目的，乘人不备，公然夺取公私财物的行为，保护的法益是公私财物的所有权，因此，抢夺罪的既遂应当以公私财物的所有权是否遭到破坏为界点。当财物的所有人失去了对财物的控制，所有权即遭到破坏，无论行为人在抢夺后有无实现对财物的实际控制和占有，都无法改变被害人已经丧失所有权的状态，犯罪已经既遂。正如张明楷教授所言：既遂与未遂的区别，在于行为对法益的侵犯程度不同，而不是行为人是否获得利益的不同。

本案中，二审法院认为："刘某实施抢夺行为后，被害人杨某某即大声呼救并追赶刘某，行人赵某某、民警印某和吴某某闻讯后相继加入追赶，将刘某人赃俱获，故可以认为被害人的财物仍处于被害人及抓捕者的目击控制范围而未失控，应认定刘某系抢夺未遂。"其结论虽然是抢夺未遂，但在判断既遂与未遂的问题上还是以"失控说"为标准。市检察院的抗诉认为："刘某从被害人处夺取钱包和手机后，财物一直处于刘某的实际控制之下，涉案财物已完全脱离了被害人的控制。""刘某夺取被害人手中的钱包和手机后逃离现场，致使被害人对自己的财物失去有效控制，抢夺犯罪已经既遂。"该抗诉意见反复强调"涉案财物脱离了被害人的有效控制"，也是采用了失控说的标准。再审也支持了这一观点，认为："刘某从被害人处夺取钱包和手机后即逃离，被害人对自己的财物已经失去控制，刘某抢夺犯罪行为已经完成，其行为应以犯罪既遂论处。"

如果采用控制说的观点，被害人丧失公私财物的占有，而行为人没有取得对财物的实际控制，均不构成既遂，实际是不适当地推迟了抢夺罪既遂的成立时间。此外，在抢夺罪的客观构成要件外又凭空构架出行为人必须"实际控制财物"才能达到犯罪既遂这一事实，也不利于司法实践中对犯罪的打击。

（二） 抢夺罪中财物控制与失控之辨析

本案争议的焦点是对"控制"概念的理解。一审和高院再审的观点认为，财物已经被夺取，脱离被害人的有效控制，处于失控状态，属犯罪既遂。二审的观点认为，财物虽然被夺取，但尚处于被害人的目击控制范围而未失控，属犯罪未遂。因此，有必要就"控制"和"失控"进行分析。基于失控说的标准，笔者认为，评判财物是否失控，应以财物控制主体被害人为标杆。❶

认定人对财物的控制关系，应当从两个要素进行判断：一是主观上对财物有形成控制的意识；二是客观上对财物有实际控制的行为。❷ 所谓实际控制，应当具有以下特征。

1. 有效性

权利人具有支配财物的可能。权利人对财物的控制应当是现实、具体的控制，而非虚拟、概念的控制。所有权包括占有、使用、收益和处分四项权能。被害人的"目击控制"是一种学说构建的控制状态，被害人实际无法行使上述权能。相反，行为人抢夺财物后，对财物进行具体控制，具有支配财物的可能性，能够部分行使上述权能，比如，行为人在夺得财物后，为逃避抓捕而将财物弃置，这也是一种处分行为。从量化分析的角度而言，被害人"目击控制"的有效性远不及行为人对财物的实际控制，故"目击控制"说在有效性上存疑。

2. 有限性

权利人对财物的控制是具有一定物理范围的，与私有空间具有一致性。抢

---

❶ 黄祥青. 盗窃罪的认定思路与要点 ［J］. 上海审判实践，2013（11）.

❷ 黄祥青. 论刑法上控制关系的认定 ［J］. 人民司法，2006（12）.

夺行为是针对被害人的随身财物进行的不法侵害，一旦财物脱离被害人的私人空间而被行为人带向不确定的公共空间时，应当认为被害人对财物失去控制，抢夺行为既遂。有观点认为，观察财物是否失控，"控制连接现象"是不可忽视的议题。所谓控制连接，是指不同主体相继采取相同的控制方式对同一财物实施控制。例如，被害人在财物被抢后穷追不舍，并大声呼救，路人应声加入追捕。此时，被害人与加入追赶的路人就形成共同控制财物的意识联络，并实际共同目击控制财物。如果被害人最终无力追赶，抢夺犯被一并追捕的路人抓获，则不能认定为财物已脱离被害人的目击控制范围而成立抢夺罪既遂；应当认为财物并未失控且抓获抢夺犯，因而成立抢夺罪未遂。笔者认为，这种控制连接论不当扩大了被害人对财物控制的物理范围。随着现代科学技术的不断发展，在上海中心城区已经逐步建立了"鹰眼"治安布控，街面探头形成全网覆盖，如此情形下，当被害人财物被抢夺而大声呼救、触动警情，继而由街面探头"无缝衔接"并接力追踪，则今后凡街面的"两抢"案件都将成为"未遂"。无论是"目击控制"还是进阶版的"控制连接"理论，都不仅会给司法实践带来更多的不确定因素，也有悖于普通民众对犯罪既遂的一般性认识。

3. 持续性

权利人对财物的控制应当是持续、稳定的，一旦这种控制的持续性被打破，就意味着失控。❶ 持续性的特征较好地区分了抢夺财物未遂和事后抓捕追赃两种情况。前者如行为人欲夺取被害人的背包，但因包带卡住或被害人发现而未能得手，被害人的所有权虽因抢夺行为受到妨害，但权利人对物的控制、占有是持续的，应认定为犯罪未遂。后者如行为人趁被害人不备夺取财物逃逸，被害人随即呼救、追赶将财物夺回，在权利人的控制、占有的持续状态中断这一时空节点，抢夺罪已经既遂，不能因为被抢财物的"失而复得"，再令犯罪逆回至未遂状态。本案中，高院再审意见也认为："被害人、路人、民警追赶的行为属于事后抓捕行为，不影响刘某抢夺罪既遂的成立。"在犯罪形态呈一维发展的过程中，行为人犯罪得逞后的任何行为都不具有改变犯罪终结状态的作用。❷

实际控制的上述三个特征应当是同时具备的，实际上是对同一事实判断的

---

❶ 李克锋. 盗窃犯罪既遂标准的确定与适用［J］. 湖北警官学院学报，2012（6）.

❷ 徐光明. 盗窃未遂的实践难题及其解决［OL］. http：//192. 168. 116. 12/law/OnlineView. aspx? - filename = kdFe4RDdBNjMWpkVrdUSTpEZRRWOVB1KhV3MMh3ZhpkNFhmVtlEd5UGOuV2L0kzUt5EWMZkd-aBFRTNWQFV0VVV3M6pnVydXYpBzcipVbmNzYykkTkR1ZSpGc5hEbRFzVyR0VvlVSFNWYzQ1Ul1GM3hGcF-hkMMB3T&dflag = readonline&tablename = CLKM.

三个不同纬度，其中有效性居于核心地位。

本案历经一审、二审、再审程序，经过"否定之否定"，最终将被告人的犯罪形态定性为犯罪既遂，对司法实践中纷争已久的"目击控制"和"控制连接"作出了解答，唯因刑法理论不断前进和创新，各种学说也在互相批判和借鉴中更趋完善。这种否定不是简单的纠错，我们应当看到"否定之否定"过程中不断明晰的法律适用标准，以及各种观点碰撞所迸发出来的法律经验和法律智慧的光芒。在一起简单的抢夺案件一波三折的审理中，体现出当代法律工作者对准确司法的不断钻研和对公平正义的执着追求。

参考文献：

［1］黄祥青．盗窃罪的认定思路与要点［J］．上海审判实践，2013（11）．

［2］黄祥青．论刑法上控制关系的认定［J］．人民司法，2006（12）．

［3］李克锋．盗窃犯罪既遂标准的确定与适用［J］．湖北警官学院学报，2012（6）．

［4］徐光明．盗窃未遂的实践难题及其解决［OL］．中国知网，http：//192.168.116.12/law/OnlineView.aspx？filename＝kdFe4RDdBNjMWpkVrdUSTpEZRRWOVB1KhV3MMh3Zh-pkNFhmVtlEd5UGOuV2L0kzUt5EWMZkdaBFRTNWQFV0VVV3M6pnVydXYpBzcipVbmNzYy-kkTkR1ZSpGc5hEbRFzVyR0VvlVSFNWYzQ1Ul1GM3hGcFhkMMB3T&dflag＝readonline&tab-lename＝CLKM，最后访问日期：2014－04－18．

利用影响力受贿罪主体不应当包含国家工作人员

—— 张某受贿案

罗　涛　赵拥军❶

一、案情

（鉴于本案为真实案件，案中涉及的相关人员、单位均作化名处理）

公诉机关：上海市徐汇区人民检察院

被告人：张某、欧阳某某

被告人张某原系国有独资上海 A（集团）有限公司下属全资子公司 B 物业第二小区经理，被告人欧阳某某系张某朋友（非国家工作人员）。房产中介人纪某于 2010 年间通过朋友介绍，请托张某帮忙解决非其直接管辖的本市徐汇区 C 房屋更户事宜。被告人张某在明知上述房产属于代管产，且更户具有严格限制的情况下，名义上拒绝了纪某的请托，私下却将被告人欧阳某某介绍给对方。欧阳某某接受纪某请托后，向张某咨询具体操作程序时，张某不仅指点欧阳某某通过虚构更户上下家存在亲属关系等方式进行更户，还要求欧阳某某准备虚假的户籍资料等待通知。2010 年 7 月、11 月，为使上述更户手续顺利通过审核，张某利用其系单位小区经理的身份，在通知递交材料时两次向时任 B 物业副总经理汪某、经租部一门式管理员吴某某打招呼，要求加快更户手续的办理速度，从而帮助请托人将 C 房屋 2 层、3 层先后违规过户给非该处户口人员董某某、姜某。事后纪某根据事先与欧阳某某的约定，向欧阳某某支付好处费人民币 20 万元，欧阳某某将其中 10 万元给了张某。

2013 年 5 月 22 日，被告人张某在上海 A（集团）有限公司纪委工作人员陪同下至上海市徐汇区人民检察院投案，并如实供述了上述犯罪事实。当天，该院反贪污贿赂局通知被告人欧阳某某至该院协查，期间其主动交代了上述犯

---

❶　作者单位：上海市徐汇区人民法院。

罪事实。

二、裁判

一审法院经审理认为，被告人张某身为国有企业中从事公务的人员，利用本人职务形成的便利条件，伙同被告人欧阳某某，通过其他国家工作人员职务上的行为，为请托人谋取不当利益，非法收取他人人民币20万元，两名被告人的行为均已构成受贿罪，且系共同犯罪，应予处罚。公诉机关指控罪名成立。被告人张某在共同犯罪中起主要作用，是主犯；欧阳某某起辅助作用，是从犯，依法应当从轻、减轻处罚。鉴于两被告人均系初犯，有自首情节，并积极退赃，依法予以减轻处罚。依据《中华人民共和国刑法》（以下简称《刑法》）第388条、第386条、第383条第1款第（1）项、第25条第1款、第26条第1款和第4款、第27条、第67条第1款、第64条之规定，判决被告人张某犯受贿罪，判处有期徒刑五年六个月，并处没收财产人民币一万元；被告人欧阳某某犯受贿罪，判处有期徒刑五年，并处没收财产人民币一万元；违法所得及伪造的户口簿、身份证等予以没收。一审宣判后，被告人未上诉，公诉机关未抗诉，判决发生法律效力。

三、评析

本案的争议围绕着利用影响力受贿罪的特殊主体和共犯问题展开：一方面，该罪中"近亲属""其他关系密切的人"应如何界定？被告人张某是利用本人职权或者地位形成的便利条件受贿（斡旋受贿犯罪），还是利用影响力受贿？另一方面，被告人欧阳某某的行为构成行贿罪，还是与被告人张某构成共犯？

（一） 利用影响力受贿罪特殊主体的界定

《刑法》第388条第2款规定："国家工作人员的近亲属或者其他与该国家工作人员关系密切的人，通过该国家工作人员职务上的行为，或者利用该国家工作人员职权或者地位形成的便利条件，通过其他国家工作人员职务上的行为，为请托人谋取不正当利益，索取请托人财物或者收受请托人财物，数额较大或者有其他较重情节的，处三年以下有期徒刑或者拘役，并处罚金；数额巨大或者有其他严重情节的，处三年以上七年以下有期徒刑，并处罚金；数额特别巨大或者有其他特别严重情节的，处七年以上有期徒刑，并处罚金或者没收财产。"此即所谓的利用影响力受贿罪（由于争议最大的是该条的第2款，故本文仅就第 2 款进行探讨）。对于《刑法修正案（七）》新增该条文的重要意义不再赘述，但自从该条文开始实施以来，司法实务和刑法理论界对于该条文的构成要件和司法适用等问题争议不断，实践中，特别是对于该条的犯罪主体问题则更加富有争议。

根据刑法规定，本罪的犯罪主体是特殊主体，包括国家工作人员的近亲属或者其他与该国家工作人员关系密切的人。关于近亲属的概念，我国《中华人民共和国刑事诉讼法》（以下简称《刑事诉讼法》）、《中华人民共和国行政诉讼法》和《中华人民共和国民事诉讼法》等相关法律和司法解释对其的规定都不一致。《刑事诉讼法》规定的近亲属概念最为狭窄，仅指配偶、父母、子女和同胞兄弟姐妹；《关于贯彻执行〈中华人民共和国民法通则〉若干问题的意见》中将近亲属的范围界定为"配偶、父母、子女、兄弟姐妹和祖父母、外祖父母、孙子女、外孙子女"；而《关于执行〈中华人民共和国行政诉讼法〉若干问题的解释》则进一步扩大范围，将其他具有抚养、赡养关系的亲属也包含在内。因此，对于本罪中的近亲属应当采取何种界定范围，亦存在争议。一种观点认为，近亲属的范围不局限于配偶、父母、子女和同胞兄弟姐妹。❶ 另一种观点认为，本罪中近亲属的概念采民法意义上的近亲属范围更为妥当。因为刑事法律和民事法律中对近亲属的规定，其立法着眼点是不同的。前者着重于程序权利义务的行使，在特定情况下由近亲属为当事人代为委托辩护人、诉讼代理人等相关诉讼权利。而后者则着眼于近亲属与本人日常生活中的实体关系。因此，近亲属凭此种关系，在特定条件下可以依法履行监护职责，保护被监护人的人身、财产及其他合法权益，代理被监护人进行民事活动；但这种关系也可能被滥用，为自己谋取不正当利益，甚至进行收受贿赂等犯罪活动，因而进入刑法调整的领域；并且，若对刑法中的近亲属范围过于严格限制，可能导致大量危害行为游离于刑法规制之外，对打击腐败犯罪不利。❷

但笔者认为，由于刑法的谦抑性以及刑事法用语的统一性，本罪中的近亲属范围应当以范围最小为界，即配偶、父母、子女和同胞兄弟姐妹。在罪刑法定的原则下，当恪守该原则时，就必然会使得有些本应当纳入刑法评价的行为无法进行刑法评价。并且，若以民法意义上的近亲属来认定，只有孙子女和外孙子女才有可能利用其祖父母和外祖父母的职务行为或其职权或地位之便，通过其他国家工作人员职务上的行为，为请托人谋取不正当利益，索取请托人财

---

❶ 周光权. 刑法各论［M］. 中国人民大学出版社，2011：424.
❷ 黎宏. 刑法学［M］. 北京：法律出版社，2012：965.

物或者收受请托人财物。但这在实际生活中，一般也不可能发生，因为若以 25 岁为一代人，则孙子女或外孙子女（年满 16 周岁）利用其祖父母或外祖父母的影响力受贿，则其祖父母或外祖父母已经 66 周岁，一般也早已退休。即便实践中的确发生了此种案件，也完全可以将其纳入关系密切的人来处理，没有必要以牺牲刑事法用语的统一性来处理这种罕见的情形。而对于如何界定"关系密切的人"的概念，则争议最大。

一种观点认为，应当根据 2007 年最高人民法院、最高人民检察院《关于办理受贿刑事案件适用法律若干问题的意见》中的"特定关系人"的范畴来进行界定。❶ 另一种观点认为，其他关系密切的人是指除近亲属之外的其他关系亲近、可以间接或无形的方式对国家工作人员的行为、决定施加影响的人。❷

可以肯定的是，本罪中的"关系密切的人"不能等同于上述《关于办理受贿刑事案件适用法律若干问题的意见》中的"特定关系人"。一方面，《刑法修正案（七）》出台的时间要晚于《关于办理受贿刑事案件适用法律若干问题的意见》，立法者专门使用"其他与国家工作人员关系密切的人"这一概念，显然是为了有别于"特定关系人"。❸

所以，一般而言，"关系密切的人"是与国家工作人员等有共同利益的人，但也并非局限于此。其可以是物质利益，也可以是其他方面的利益，比如情人关系、恋人关系、前妻前夫关系、秘书司机关系，以及姻亲或者血亲关系等。但也没有必要对其作出特别的限定，因为客观上能够通过国家工作人员职务上的行为，或者利用国家工作人员职权或者地位形成的便利条件，通过其他国家工作人员职务上的行为，为请托人谋取不正当利益的人，基本上都是与国家工作人员有密切关系的人。❹

（二） 利用影响力受贿罪的主体不应当包含国家工作人员

"关系密切的人"能否包含国家工作人员？一种意见认为，《刑法修正案（七）》在文字上没有表述为国家工作人员不能成为本罪的主体，即国家工作人员若利用本人职权或地位形成的便利条件，通过其他国家工作人员职务上的行为，为请托人谋取不正当利益，索取或者收受请托人财物的，属于斡旋受贿；若利用非权力性影响力受贿，则构成利用影响力受贿罪。例如，国家工作人员

---

❶ 胡隽. 刑法修正案（七）对照公约的三大进步 [N]. 检察日报，2009 – 03 – 23.

❷ 高铭暄，马克昌，赵秉志. 刑法学 [M]. 北京：北京大学出版社，高等教育出版社，2011：635.

❸ 沈志先. 职务犯罪审判实务 [M]. 北京：法律出版社，2013（3）：240.

❹ 张明楷. 刑法学 [M]. 北京：法律出版社，2011：1081.

利用与其他国家工作人员的老乡、亲友关系为请托人谋取不正当利益，索取或者收受请托人财物，则在这种情况下，行为人的国家工作人员身份不在刑法评价之列，行为人是作为其他国家工作人员近亲属或者关系密切的人而列入刑法评价的范围。❶ 另一种意见认为，本罪的主体不能包含国家工作人员。❷

笔者认为，本罪的主体不能包含国家工作人员。理由如下：

首先，将国家工作人员纳入本罪主体的观点认为其利用的是非权力性影响力受贿，即国家工作人员利用与其他国家工作人员的老乡、亲友关系为请托人谋取不正当利益，索取或者收受请托人财物，则在这种情况下，行为人的国家工作人员身份不在刑法评价之列，行为人是作为其他国家工作人员近亲属或者关系密切的人而进入刑法评价的范围。然而这一观点在实践中不具有可操作性。因为此种情形下，国家工作人员的权力性影响和非权力性影响都是确实存在的，到底是基于权力性影响，还是基于非权力性影响无法加以明确区分。比如，某市公安局长在培训时结识了市税务局长，两人志趣相投，无话不说，相见恨晚。某日，公安局长的朋友来培训班探望他，发现市税务局长也在，且刚好公安局长的朋友正在投标市税务局的一项工程，于是便给公安局长 10 万元，托其去给税务局长打个招呼，让其中标。该公安局长便这样做了，而税务局长也让公安局长的朋友中标了。此案中，税务局长到底是因为公安局长的身份还是因为无话不说的好友情分而让其朋友中标的？关于如何界定其中的非权力性因素，在实践中除了被告人的供述外，没有客观的操作标准。

其次，若将国家工作人员纳入利用影响力受贿罪的主体，将会与《刑法》第 388 条规定的斡旋受贿罪产生竞合，而后者的法定刑远高于前者，极有可能会轻纵犯罪。此外，由于受贿罪的保护法益是职务行为的不可收买性，当行贿人收买的既可能是国家工作人员的职务行为（权力性因素），也可能是非权力性因素时，必须从规范上切断其避重就轻的意图，在实践中从严把握，以断绝其职务行为被收买的任何可能性。

综上，本案中的被告人张某系涉案房产所属物业公司小区经理，其在明知违规的情况下，仍接受他人所托为涉案房产更户打招呼。虽然张某与吴某某没有直接行政隶属关系，但根据汪某、吴某某对"帮忙"的理解，也印证了两人是基于张某的职务身份。辩护意见所认为的张某虽系 B 物业经租部第二小区经

---

❶ 沈志先. 职务犯罪审判实务 ［M］. 北京：法律出版社，2013 (3)：241.
❷ 全国人大常委会法制工作委员会刑法室. 中华人民共和国条文说明、立法理由及相关规定 ［S］. 2009.

理,但涉案房产位于该物业公司第三小区,非张某管理范围,其向吴某某、汪某打招呼完全系基于个人私交,与其职权、地位无关的说法在本案中尽管可能存在,但是无法排除利用的是张某的职务身份。根据前述观点,应当以受贿罪(斡旋受贿)论处。

(三) 被告人欧阳某某的行为构成受贿共犯

本案中的被告人张某明知纪某的请托不符合更户的相关规定,口头上拒绝了纪某的请托,私下却将欧阳某某介绍给纪某,并与相关人员共同查看涉案房产现场情况,主观上明显具有为自己与欧阳某某共同谋取不法利益的故意。虽然张某未参与欧阳某某与纪某关于具体"好处费"金额的协商,但由案件具体情节均可认定二人具有共同受贿的故意,而非辩护人认为的纪某通过欧阳某某请托并行贿张某的事实。第一,欧阳某某接受纪某请托后,张某不仅将涉案房产更名程序及要求尽其所知予以告知,还指使欧阳某某伪造假户籍资料,并安排特殊日期报送材料及向具体办理更名的单位同事打招呼。第二,根据欧阳某某供述,张某指使其伪造假户籍等系在其首次向张某送钱之后,而第二次向张某送钱系根据张指使去纪某处收取了余款后才送的;同时,张某曾供述与欧阳某某约定请托事项办成后平分纪某给予的好处费。因此,故两被告人张某和欧阳某某构成受贿罪共犯。

参考文献:

[1] 周光权. 刑法各论 [M]. 北京:中国人民大学出版社,2011.

[2] 黎宏. 刑法学 [M]. 北京:法律出版社,2012.

[3] 胡隽. 刑法修正案(七)对照公约的三大进步 [N]. 检察日报,2009 – 03 – 23.

[4] 高铭暄,等. 刑法学 [M]. 北京:北京大学出版社,高等教育出版社,2011.

[5] 沈志先,等. 职务犯罪审判实务 [M]. 北京:法律出版社,2013.

[6] 张明楷. 刑法学 [M]. 北京:法律出版社,2011.

"混淆性近似"的理解与适用

——刘某诉上海某某信息咨询有限公司侵害商标权纠纷案

张克伟[1]

一、案情

原告：刘某

被告：上海某某信息咨询有限公司

2004 年 8 月 10 日，原告刘某在第 35 类广告等服务上向国家工商行政管理总局商标局（以下简称国家商标局）提出商标注册申请。2008 年 1 月 7 日，国家商标局核准注册第 4213221 号"🧍"商标，注册人刘某，核定服务项目为第 35 类室外广告、广告传播、广告、广告代理、广告设计、广告策划、电视广告、广告宣传版本的出版、张贴广告、直接邮件广告，注册有效期限为 2008 年 1 月 7 日至 2018 年 1 月 6 日止。

2004 年 7 月 21 日，重庆某某广告传媒有限公司注册成立，刘某的名片显示其任该公司副总经理，名片上有桔红色的"🧍"标识和主流传媒®标识。2010 年 12 月 20 日，嘉兴某某科技信息有限公司（以下简称优咔公司）注册成立，法定代表人刘某，其名片显示其为该公司总经理，名片上突出标识了橙色的"🧍"图形和"优咔科技"文字；优咔公司的网站注册于 2011 年 7 月 30 日，该网站使用橙色的"🧍"图形和"优咔科技"文字作为标识；优咔公司在淘宝网（域名为 www.taobao.com）上开设店铺的时间为 2011 年 1 月 24 日，店铺标识为橙色的"🧍"图形和"优咔科技"文字；原告刘某在新浪微博也注册了用户名为"言吾言视觉"的账号，使用橙色的"🧍"图形和"优咔科

---

❶ 作者单位：华东政法大学在读博士研究生，上海市徐汇区人民法院。

技"文字作为账号标签，用以宣传优咔公司。

此外，原告刘某于 2012 年 5 月 30 日就 "" 图形向国家版权局申请了著作权登记。2012 年 7 月 2 日，国家版权局向原告颁发了 "" 美术作品的著作权登记证书。

被告某某公司注册成立于 2003 年 9 月 23 日，注册资本 100 万元，经营范围为商务咨询、计算机软件专业技术领域内的四技服务、市场调研策划、设计、制作、代理各类广告等。

被告某某公司主办的大众点评网于 2011 年 11 月 9 日通过审核备案，网站前置审批项为电子公告服务，网站首页地址为 www. zsurvey. com，网站域名有 51dianping. com、dianping. com、dianping. com. cn 等。http：//www. zsurvey. com 网站最早创立时间为 2004 年 5 月 20 日，网站左上角有 "" "大众点评" "zSurvey. com" 组合标识，网页下方有 "Copyright© 2003 – 2004 大众点评网 – 餐馆指南 zSurvey. com All Rights Reserved" 字样。

在大众点评网网站的页面上，左上角有 "" 标识，部分页面有 "" 或 "" 标识，部分团购信息图片的右下角有 "" 及 "点评团" 组合图案。在一则某日韩料理的团购页面右侧有两个图标，图标为红底橙色小人 "" 图形，下附 "点评团_ 上海 V" "我们都爱点评团 V" 文字，下方有 "一键关注" 按钮。大众点评网在包括手机、平板电脑等移动客户端上的应用程序图标为橙底白色 "" 小人图形，下附 "大众点评" 字样。

截至 2012 年第三季度，大众点评网月活跃用户数超过 5400 万，点评数量超过 2200 万条，收录商家近 180 万家，覆盖全国 2300 多个城市，月综合浏览量（网站及移动客户端）超过 12 亿，其中移动客户端的浏览量已经超过总体浏览量的 60%，移动客户端的独立用户数超过 4500 万。除上海总部外，大众点评网在北京、天津、重庆等 26 个城市设立了分公司。某某公司经营的大众点评网自 2006 年 10 月至今获得了中国最具投资价值企业 50 强、中国商业网站百强、生活服务行业第一名、中国十大团购网站、中国团购行业消费者满意十大最具影响力品牌、网民眼中 2011 年最靠谱产品等数十项荣誉称号。2012 年 12 月 7 日，在百度新闻的 "新闻全文" 中搜索 "大众点评网"，相关新闻有约 2. 18 亿篇。

2010 年 9 月 1 日，被告某某公司在第 38 类服务上向国家商标局申请注册第 8630310 号 "点评团" 商标。2011 年 9 月 21 日，国家商标局核准注册该商标，有效期限至 2021 年 9 月 20 日止。2011 年 9 月 1 日，被告某某公司在第 38 类服务上向国家商标局申请注册第 9919691 号 "大众点评" 商标。2012 年 11 月 7 日，国家商标局核准注册该商标，有效期限至 2022 年 11 月 6 日止。

2010 年 9 月 1 日和 2011 年 9 月 1 日，被告某某公司在第 35 类广告、为消费者提供商业信息和建议（消费者建议机构）、广告空间出租、数据通信网络上的在线广告、在通信媒体上出租广告时间、商业管理和组织咨询、市场研究、商业信息、民意测验、计算机数据库信息系统化服务上分别向国家商标局递交了第 8630294 号 "点评团" 商标及第 9919734 号 "大众点评" 注册申请。2011 年 8 月 15 日和 2012 年 5 月 28 日，国家商标局以某某公司申请注册的第 8630294 号 "点评团" 商标和第 9919734 号 "大众点评" 商标在图形部分与在先注册的原告刘某在类似服务上注册的第 4213221 号 "" 商标和案外人叶永青在类似服务上注册的第 4826492 号 "新南 + 图形" 商标构成近似为由，驳回了某某公司的注册申请。

原告认为，被告某某公司在第 35 类广告服务上使用 "" 标识与原告第 4213221 号 "" 商标构成近似，造成了相关公众的混淆误认，侵害了原告的商标专用权，故诉至法院，请求判令被告立即停止侵害原告第 4213221 号 "" 注册商标专用权，停止在经营活动中和互联网移动客户端使用 "" 标识，停止在 www. baidu. com 网站进行百度推广，在相关媒体刊登声明、消除影响，赔偿原告经济损失和合理开支。

被告某某公司辩称：大众点评网 2003 年 4 月即上线，2003 年 9 月，某某公司成立，由公司员工王宏开始设计大众点评的小人 LOGO ""。2003 年 12 月，"" 开始作为网站 LOGO 使用，早于原告 "" 商标申请注册的时间；某某公司拥有第 8630310 号 "点评团" 注册商标和第 9919691 号 "大众点评" 注册商标的专用权，两个商标的核定服务项目均为第 38 类信息传送、电信信息、计算机辅助信息和图像传送等，被告提供的服务属于第 38 类电信信息服务，被告没有跨类别在第 35 类广告服务上单独或突出使用 "" 小人图形或 "点评团" "大众点评" 注册商标；被告的 "点评团" "大众点评" 商标及"🤸"小人图形及原告的"🤸"商标具有明显区别,既不相同也不近似,相关公众不会产生混淆误认,不构成商标侵权。

二、裁判

一审法院经审理认为,被告某某公司虽然未向普通消费者、注册会员及收录的普通商户收取费用,但其提供关键词搜索推广、签到推广等服务时会向合作商户收取一定的信息费,为合作商户进行优先或特别的宣传及推广;团购和优惠券则直接向消费者介绍特定商户提供的服务的内容和价格,符合商业广告的一般特征。因此,被告某某公司运营的大众点评网存在向相关公众提供广告服务的行为,与原告"🤸"商标核定使用的服务项目中的广告构成相同服务。

对于被告的"🤸"标识与原告的"🤸"标识是否构成近似,依据本案查明的事实,头部为小球型、四肢为半个圆圈的小人图形结构较为简单,不同表达的演绎空间较小,且案外人亦在不同类别的商品或服务上注册了其他类似商标,小人图形的固有显著性较弱,但被告某某公司及大众点评网通过长期经营取得了较大的商业成就,获得了众多行业内外的褒奖和荣誉,"🤸"图形的知名度远远大于原告刘某注册的"🤸"商标,相关公众已将"🤸"图形与大众点评网建立了固定而持续的联系,对"🤸"商标和"🤸"图形的区别有着清晰的认知和判断,而附加了中文文字和网址的"🤸点评团""🤸大众点评"标识与"🤸"商标的区别则更为明显;从图形的使用时间来看,虽然"🤸"图形以美术作品的形式进行了著作权登记,刘某虽然在著作权登记申请表中填写该作品创作完成于 2003 年 10 月 1 日,但并未提供其他证据佐证;而相关网站的记录显示"🤸"最迟于 2004 年 5 月在线使用,早于"🤸"商标的申请注册时间及核准注册时间,被告主观上无依附原告"🤸"商标的可能和故意。

一审法院认为,被告某某公司及其经营的大众点评网并未在原告的"🤸"商标核定相同或类似的服务上使用相同或近似的商标,因而并未侵害原告的注册商标专用权,无须承担侵权责任。据此,上海市徐汇区人民法院依照《中华人民共和国商标法》(以下简称《商标法》)第 4 条第 3 款、第 52 条第(1)项,最高人民法院《关于审理商标民事纠纷案件适用法律若干问题的解释》(以下简称《商标解释》)第 9 条、第 10 条之规定,判决驳回原告刘某的全部诉讼请求。

刘某不服一审判决，向二审法院提起上诉，请求撤销一审判决，依法改判支持其原审全部诉请。主要理由为：原审判决认定被控侵权标识与上诉人的权利商标不构成近似属定性不当。两者在整体视觉上不存在明显差异，原判认定两者不构成近似的理由过于牵强，且与国家商标局认定两者近似的结果相反。

二审法院经审理认为，被控侵权标识"🕺"与涉案商标"🕺"在构成要素上虽有一定的相似，但并不构成混淆性近似，故上诉人指控被上诉人某某公司构成商标侵权的主张不能成立。商标行政程序与商标侵权诉讼并无必然关联，两者对于标识近似的审查标准也不完全相同，上诉人认为原审判决对于近似标识的认定与国家商标局的认定相冲突，属于认定错误的主张不能成立，亦不支持。相关公众客观上能够将被控侵权标识与上诉人的权利商标相区分，不会造成市场混淆的后果。因此，一审法院认定事实清楚，适用法律正确，上诉人的上诉请求不能成立。据此，二审法院依照《中华人民共和国民事诉讼法》第 170 条第 1 款第（1）项、第 175 条之规定，判决驳回上诉，维持原判。

三、评析

传统商标保护中以"混淆可能性"作为侵权判定标准，符合商标保护的功能要求和目的。我国第三次修订前的《商标法》第 52 条关于商标近似侵权没有规定"混淆"侵权标准，直接以"类似商品"和"近似商标"认定商标侵权，未采用"混淆"标准，与商标法基本理论不符。但最高人民法院《商标解释》则引入了"混淆"标准，其第 9 条第 2 款规定：（2001 年修正）商标法第 52 条第（1）项规定的商标近似，是指被控侵权的商标与原告的注册商标相比较，其文字的字形、读音、含义或者图形的构图及颜色，或者其各要素组合后的整体结构相似，或者其立体形状、颜色组合近似，易使相关公众对商品的来源产生误认或者认为其来源与原告注册商标的商品有特定的联系。2014 年生效的新《商标法》第 57 条确认了上述司法解释中的"混淆"标准。本案中，尽管被控侵权标识与涉案商标在构成要素上很相似，但法院依然以二者并不构成混淆性相似为由，判决驳回了原告诉请。因此，何谓"混淆性近似"，如何认定构成混淆性近似，行政授权与法院侵权认定中对商标近似的理解有何不同，是值得探讨的问题。

（一）混淆性近似的含义

与近似相关的概念有"商标标识近似""商标近似""混淆性近似"等，

厘清其含义对于商标侵权认定至关重要。

商标标识的近似，强调的是商标的自然状态或者说物理意义上的近似，即司法解释中所谓"文字的字形、读音、含义或者图形的构图及颜色，或者其各要素组合后的整体结构相似，或者其立体形状、颜色组合近似"。当然，新《商标法》中纳入了声音商标，关于如何认定声音商标的相似，本文暂且不做讨论。

而商标近似不仅包括商标标识的近似，还包括因两种商标使用在同一种或者类似商品上而存在足以造成相关公众对商品来源混淆的可能性。因此，可以说，商标近似包括商标标识近似和混淆可能性两部分内容。换个角度来说，商标的生命在于使用，认定商标是否近似，不应仅仅停留在对商标标识构成要素的对比分析上，而应把更多的注意力转向商标在商业活动中的使用情况上。通过商标标识的使用，商标标识成为商品和消费者沟通的媒介，商标的基本功能即识别功能得以发挥，使相关公众不会对商品来源产生混淆。商标标识近似是一种静态的近似，混淆可能性更多的是商标使用中的动态近似。静态的商标标识近似不一定造成相关公众混淆，也就不会有损商标的识别功能，只有存在混淆可能性时，商标的识别功能才有受损之虞，从而构成对商标权的侵害。

因此，从商标侵权认定的意义上来说，所谓商标近似指的是一种混淆性近似。混淆性近似意味着仅仅商标标识近似不足以造成相关公众对商品来源产生混淆，不宜认定为商标侵权。

（二） 认定混淆性近似的考量因素

如上所述，仅仅商标标识本身近似，如果相关公众客观上能够将被控侵权标识与权利商标相区分，则不会造成市场混淆的后果，因而没有构成混淆性近似，不足以认定商标侵权。而引起混淆性近似的原因有很多，这是一个复杂的命题，需要综合考量多种因素才能准确予以判断。

引起混淆的最直接因素是商标的标识本身近似，其前提则是商品类似，否则，如果商标标示的商品或服务分属于不同的类别，不同类别的商品或服务面向的相关公众存在交集的可能性较小，自然不会在相关公众中产生混淆。因此，判断混淆的前提是对商标标示的商品类别进行甄别，如本案中，法院首先认定被告某某公司运营的大众点评网存在向相关公众提供广告服务的行为，与原告"￥"商标核定使用的服务项目中的广告构成相同服务。

商标标识本身近似只是一种物理意义上的静态近似，商标的价值体现于商业活动中的动态使用情况。商标的使用，使该商标标识获得了更强的显著性，在相关公众中具有了更大的知名度，为商品提供者积累了良好的商誉，从而使得商标与特定提供者的商品建立了稳定持续的对应关系，具备了指示和区分商品来源的能力，避免了混淆。因此，除了商标标识构成要素是否近似之外，还要从相关公众的角度考察涉案商标标识的注册情况、使用时间、使用方式、营销渠道、业务领域、面向的主要相关公众群体等因素，借以衡量商标的显著性和知名度。法院在本案中经审理认为，被告某某公司及大众点评网通过长期经营取得了较大的商业成就，获得了众多行业内外的褒奖和荣誉，"✖"图形的知名度远远大于原告刘某注册的"✖"商标，相关公众已将"✖"图形与大众点评网建立了固定而持续的联系，对"✖"商标和"✖"图形的区别有着清晰的认知和判断，不会造成混淆和误认，二商标不构成混淆性近似，因而被告标识不构成对原告商标权利的侵犯。

本质上，法律维护商标识别功能的目的在于推动商标使用者积极开拓属于自己的市场，而不必存有市场混淆之虞。一旦商标的识别功能遭到损害，消费者有混淆商品来源的可能性，则意味着市场的划分界限不再明晰，商标侵权者可能侵犯了商标权利人经过辛苦经营取得的市场成果。❶ 反过来，法院判定涉案商标或标识不构成混淆性近似，则意味着法院是在通过定纷止争的手段明晰权利界限，尊重被控侵权标识使用者业已创造的市场格局。

（三） 商标行政程序与商标侵权诉讼对混淆性近似的不同审查标准

《商标法》第9条第1款规定："申请注册的商标，应当有显著特征，便于识别，并不得与他人在先取得的合法权利相冲突。"商标标识获得行政注册的首要条件是该标识具有显著性。而在商标注册阶段，一般情况下申请注册的标志并未经过市场的实际使用，因此，是否足以防止混淆只能通过商品的类似性和商标标识的相似性进行推定，标志本身的构成、标志与对象之间的关系、标志与在先商标的关系当然地成为审查的重点，某一标志只要不含有法律禁止的内容，就直接推定其具备显著特征，可以获得注册。反过来，如果商标标识与在先商标的标识从其构成要素等自然属性判断，可以推定已然有混淆之虞，则不予注册，如《商标法》第30条的规定："申请注册的商标，凡不符合本法有关规定或者同他人在同一种商品或者类似商品上已经注册的或者初步审定的商标相同或者近似的，由商标局驳回申请，不予公告。"

---

❶ 姚建军. 识别功能是确定商标侵权行为的基础［N］. 人民法院报，2013－12－26.

《商标法》第 57 条规定："有下列行为之一的，均属侵犯注册商标专用权：……（二）未经商标注册人的许可，在同一种商品上使用与其注册商标近似的商标，或者在类似商品上使用与其注册商标相同或者近似的商标，容易导致混淆的……"这表明在商标侵权诉讼中，法院考察的仍然是被控侵权标识与权利商标之间的混淆可能性，而不一定是实际发生的混淆情况，但这种混淆可能性的判断基础不是商标标识本身相同或近似的推定，而是综合考虑被控侵权标识在实际商业使用中所形成的显著性和知名度，以及这种显著性和知名度是否足以使消费者（相关公众）得以区别商品或服务的来源，从而避免混淆误认。

应该说，在维护商标的识别功能、避免相关公众对商品来源产生混淆这一目的上，商标行政授权与商标侵权认定是一致的。商标行政程序是从商标标识构成要素本身是否相同或近似把好第一关，如果商标标识近似，则推定有混淆可能性，而商标侵权诉讼则从商标实际使用中是否构成混淆性近似的考察中更加贴近了商标的实质。因为脱离了商品或服务，任何标志符号都不是真正的商标，也就无所谓"商标权"。商标保护的客体不是商标标志本身，而是商标标志经过商业使用所积累和承载的商誉，是商标标志与商品提供者之间的稳定而持续的对应关系。这一认识对于进一步理解商标侵权认定中的"混淆标准"有着十分重要的意义。

参考文献：

[1] 姚建军. 识别功能是确定商标侵权行为的基础 [N]. 人民法院报，2013 - 12 - 26.
[2] 孔祥俊. 商标与不正当竞争法 [M]. 北京：法律出版社，2009.

含有动物形象美术作品的著作权保护

——A 株式会社诉周某、（上海）某咨询有限公司
著作权权属、侵权纠纷案

刘秋雨❶

一、案情

（鉴于本案为真实案件，案中涉及的相关人员、单位均作化名处理）

原告：A 株式会社

被告：周某、（上海）B 咨询有限公司

原告 A 株式会社系一家注册成立于日本，主要从事宠物用品、食品生产及销售的企业。2011 年 12 月，原就职于某设计工作室、后就职于原告公司担任创意总监的桐原某某出具了一份宣言书，称其于 1999 年接受原告委托，完成了 "Minimal Goods" 的标识（作品 2）的设计，并将著作权一并转移至原告所有。2000 年 11 月，原告在公开出版发行的《宠物产业年鉴 2000/2001 年版》刊物上，使用了 "[标识]" 标识。2002 年 4 月，原告在日本注册了 "minimal land" 及图 [标识] 商标。2003 年，原告在新产品宣传中使用了涉案鼬头、兔头图形 [标识]。

2004 年 8 月，被告 B 公司员工通过某专利商标代理有限公司以被告周某名义申请注册了 5 件商标，并分别于 2007 年、2008 年获核准注册。该 5 件商标图形均为 "minimal goods" 及图 [标识]，与桐原某某出具的宣言书附图中的 "作品 2" 图形相同。另外，该 5 件商标的付费均系被告 B 公司所为，被告 B 公司亦书面确认，周某对此完全不知情，该公司愿独自承担一切法律后果。

---

❶ 作者单位：上海市徐汇区人民法院。

原告认为，被告周某未经许可擅自将原告享有著作权的美术作品申请注册商标并获核准，构成著作权侵权，被告 B 公司协助周某实施上述行为，构成共同侵权，故请求判令两被告立即停止使用涉案商标、书面赔礼道歉并赔偿经济损失及合理开支合计人民币 10 万元。

被告周某与 B 公司辩称，涉案商标图形与原告主张保护的图形相似的部分源于公有领域，且动物头像图形十分写实，是一个有限的表达，不具有独创性，原告不能主张对动物头像图形享有著作权，原告的权利证据也不足以证明在涉案商标注册之前原告对涉案图形享有著作权，故请求法院驳回原告诉请。

二、裁判

法院经审理认为，本案主要存在以下争议焦点：（1）原告主张保护的兔子、鼬头像及其组合图形能否成为著作权法意义上的作品，受我国著作权法保护；（2）如上述图形构成作品，原告是否享有著作权；（3）将上述图形申请注册为商标是否构成著作权侵权；（4）如构成侵权，两被告应如何承担民事责任。

关于焦点（1），法院认为，虽然兔子、鼬是众所周知的动物，但在具体创作动物形象时可以有不同的表达方式，呈现不同形态的动物形象。原告主张保护的由桐原某某创作完成的涉案图形，以线条、圆点、阴影勾勒出兔子和鼬的头像，呈现的动物头像憨态可掬、活泼可爱，并以圆形的阴影将兔子和鼬的头像结合起来构成组合图形，整体图形简洁、风格一致，体现了作者的选择、判断，具有独创性，可以构成著作权法意义上的作品，属于美术作品范畴。鉴于中国与日本均为《保护文学和艺术作品伯尔尼公约》的成员国，根据《中华人民共和国著作权法》第 2 条第 2 款的规定，原告主张权利的作品受我国著作权法保护。

关于焦点（2），法院认为，对于案件的全部证据，应当从各证据与案件事实的关联程度、各证据之间的联系等方面进行综合审查判断。本案中，原告提交的权利证据中不仅有设计者桐原某某的书面证言，证明 1999 年其接受委托完成了涉案作品的设计，并且著作权已转移至原告名下所有，而且还有原告将涉案作品公开使用的证据，证明 2000 年原告在公开发行的《宠物产业年鉴 2000/2001 年版》刊物上刊登的宣传广告中使用了兔子头像图形，2002 年原告获准注册的商标图像中包含了兔子头像，2003 年原告在新产品推广中使用了兔子、鼬头像图形，而且原告商标图像及宣传广告、新产品推广中使用的标识图像均是以圆形的线条或阴影将动物头像结合起来构成的组合图形，与桐原某某

设计完成的"作品 2"从整体上相近似。原告商标图像及宣传广告中的兔子头
像与"作品 2"中的兔子头像相比，仅在耳朵细节上略有差异，两者属实质性
相似。

综上，原告提交的设计者的书面证言及其公开使用的证据与涉案作品权属
相关联，各证据之间相互呼应、相互衔接，能够形成证据优势，在两被告无相
反证明的情况下，可以认定原告对涉案美术作品享有著作权。

关于焦点（3），法院认为，根据查明的事实，原告主张保护的由桐原某某
创作完成的"作品 2"与涉案 5 件商标图形相同，涉案 5 件商标并已获核准。
在案证据表明，在涉案 5 件商标申请注册之前，涉案作品已创作完成，原告并
已将涉案作品公开使用。原告指控被告将涉案美术作品申请注册为商标构成著
作权侵权，涉及注册商标与在先著作权的权利冲突问题。根据最高人民法院
《关于审理注册商标、企业名称与在先权利冲突的民事纠纷案件若干问题的规
定》，此类著作权纠纷可以纳入民事诉讼的范围。处理此类权利冲突，应遵循
保护在先权利的原则。未经原告许可，将涉案美术作品申请注册为商标，侵害
了原告在先享有的著作权。

关于焦点（4），法院认为，在本案审理过程中，被告 B 公司向法院确认，
涉案 5 件商标系该公司员工私自利用周某此前向该公司寄送的应聘材料中的身
份证复印件，并利用周某名义委托中科公司提出注册申请并获准注册，周某对
注册行为不知情，事后亦未追认，该公司向中科公司提供的商标代理委托书上
委托人的签名也非周某本人的签名，结合中科公司出具的《商标申请情况说
明》及附件证明委托中科公司代理 34 件商标申请、汇付申请费用均系 B 公司
所为等事实，可以认定被告 B 公司以被告周某的名义将涉案作品申请注册为商
标。被告 B 公司未经原告许可，以他人名义将涉案作品申请注册为商标，侵害
了原告享有的著作权，依法应当承担停止侵权、赔偿损失的民事责任。被告周
某未共同实施侵权行为，对侵权事实的发生不存在过错，故被告周某在本案中
不应承担侵权民事责任。

鉴于涉案作品并未在商业活动中被实际使用，故对原告要求被告赔偿经济
损失的诉讼请求，法院不予支持。因停止侵害的民事责任对被告行为的约束具
有向将来持续发生效力的效果，故对原告停止侵权的诉讼请求，法院予以支
持。鉴于原告系企业法人，不存在人格权遭侵害的问题，故对其赔礼道歉的诉
讼请求，法院不予支持。

综上，法院判决：被告 B 公司停止将原告享有著作权的兔子、鼬头像及其
组合图形作为商业标识使用；被告 B 公司赔偿原告合理费用人民币 20000 元；

驳回原告其余诉讼请求。

一审判决后，当事人均未提出上诉。

三、评析

本案涉及含有动物形象的美术图案的著作权保护问题，从系争图案的性质、权属认定，到侵权行为的判断、侵权责任的承担，蕴含多层法律关系。就含有动物形象的图案是否构成作品来说，关键在于该图案是否具有独创性，被控侵权行为是否成立依然按照"接触＋实质性相似"的原则来判断。

（一） 对真实动物形象的独创性表达受著作权法保护

虚构的动物形象构成美术作品往往比较容易认定，但对于刻画自然界中真实动物形象的美术图案是否构成作品则不能轻易下结论。由于对真实动物的表达形式往往比较单一，为了描绘某一种真实的动物，创作者只能使用基本相同的线条、构图、造型等要素这些基本相同的线条、构图、造型等要素，构成了该动物形象的思想观念，与其有限单一的表达方式难以区分，则该表达不受著作权法保护，作为公有领域的创作素材，他人可以自由使用。因为如果给予这些基本要素著作权保护，则相当于垄断了该动物形象。

但是如果对真实动物形象进行独特的抽象化设计或构思，则该表达体现了一定的独创性，符合著作权法认定作品的条件。当然，需要注意的是，此种情形下，著作权法保护的只是作者独创的那一部分，其他体现真实动物共有特征的部分仍然留在公有领域，供公众自由利用。

本案中，一方面，涉案图案截取了鼬、兔的头部形象，以线条加以抽象化的演绎，并非对真实动物的简单临摹，体现了作者的选择、取舍等独特绘图手法和构思，是具有独创性的表达；另一方面，涉案图案不仅包含具有独创性表达的鼬头、兔头图形，还有"minimal goods"等字眼并予以了阴影处理，从整体来看，涉案图案也构成具有独创性的美术作品。

（二） "接触＋实质性相似"的判断

在著作权侵权案件中，证明被告复制原告作品的直接证据很少，实践中，往往依据客观情形进行推定，如所谓的"接触＋实质性相似"的判断方法，即若被告接触了原告的作品，被告的作品与原告的作品之间存在实质的相似，则可推定被告抄袭了原告的作品。

首先，所谓接触，是指被告有机会接触原告作品的可能性。本案中，2000年11月，原告在公开出版发行的《宠物产业年鉴2000/2001年版》刊物上使

用了涉案标识。2002 年 4 月，原告在日本注册了包含相关图案的商标，2003
年，原告在新产品宣传中使用了涉案鼬头、兔头图形，与桐原某某设计完成的
"作品 2"从整体上相近似。而被告于 2004 年 8 月申请注册了图形与涉案作品
相同的商标。从时间角度来说，原告使用涉案图案在前，被告以相关标识申请
商标在后；从地理距离来讲，尽管原被告相距遥远，但考虑到现代网络传播技
术十分发达，被告完全有可能接触到原告的作品。

其次，被告于 2007 年、2008 年获准注册的 5 件商标图形不但与原告在日
本注册的"minimal land"及图商标图案的构图、动物形象以及文字设计
极其相似，而且与原告享有著作权的"作品 2"图案完全相同，足以认定被告
的商标图案与原告作品构成实质性相似。

（三） 作品完全相同是推定接触的重要证明

在著作权法领域存在一种可能，即独立创作的作品即使与他人的作品完全
相同，仍然可以获得著作权法的保护。但是如果有其他证据作为旁证，排除被
告独立创作的可能，则涉案作品完全相同这一事实本身也可以成为推定被告接
触原告作品的重要证明。

如本案中，被告注册为商标的标识与原告享有著作权的"作品 2"图形存
在细节上的一致，如兔子的两只耳朵都是一只伸展一只半垂，在文字和整体构
图上也一模一样。这种完全相同的事实不是偶然的，可以推论被告接触并复制
了原告的作品。

公司以高管违反竞业禁止义务行使
归入权的认定标准

——A 国际贸易（上海）有限公司诉赖某某损害公司利益责任纠纷案

孙建伟❶

一、案情

（鉴于本案为真实案件，案中涉及的相关人员、单位均作化名处理）

原告（上诉人）：A 国际贸易（上海）有限公司（以下简称 A 公司）

被告（被上诉人）：赖某某

原告诉称，2004 年 5 月，被告被任命为副总裁，主要负责公司经营管理及市场营销、推广，任职期间至 2011 年 8 月 31 日。在被告担任副总裁期间，其在中国香港地区设立了 B 科技有限公司（以下简称香港 B 公司），并担任该公司的法定代表人及董事长；2011 年 8 月，被告开始申请注册公司，并于同年 12 月成立 C 国际贸易（上海）有限公司（以下简称上海 C 公司），被告担任执行董事兼法定代表人。该两家公司设立后主要经营业务与原告相同。被告的上述行为损害了原告利益，违反了公司高级管理人员应当对公司负有的忠实勤勉义务以及竞业禁止义务，故原告诉至法院请求判令：（1）被告违反竞业禁止义务所得收入共计人民币 2297096 元（以下币种同）归原告所有；（2）被告承担本案诉讼费用及公证费用 1500 元。

被告辩称，被告并非原告高管人员，仅辅助从事销售工作，虽称为副总裁，系当初为方便办理工作签证所签劳动合同；被告是在确定离职后才筹划设立自己的公司，没有违反竞业禁止义务，且原告亦非美国 D 公司的独家代理商；被告自 2011 年 7 月底从原告处离职，原告现起诉超过诉讼时效。

原告为证明被告利用其在香港地区及上海设立的公司，以及其任职的新加坡 C 公司进行侵权的事实，向一审法院提供了如下证据：美国 D 公司与原告在

---

❶ 作者单位：上海市徐汇区人民法院。

2013 年 4 月的往来电子邮件及翻译件、（2013）沪徐证经字第 9075 号公证书各一份，装箱单、发票及翻译件各两份（订单号分别为 80110602、80110708，该组证据的电子文档保存于被告在原告处任职期间使用的电脑桌面上），（2013）沪徐证经字第 9728 号公证书一份（对核实 80110602 订单真实性的电子邮件进行公证），到货通知、装箱单、发票及翻译件各一份（订单号为 80110615）、（2012）沪东证经字第 12197 号公证书一份，上海 C 公司的宣传资料及照片一份 5 组证据。

被告对上述证据的真实性、合法性、关联性均不予认可，9075 号公证书仅能证明原告进行过公证操作的行为，但公证的邮件内容系原告自行携带的电脑中的文件，被告无法确认该邮件是否进行过制作和修改；对于宣传资料，被告从未印制；装箱单和发票均没有原件，无法核实真实性，且该证据系新加坡 C 公司的交易，与被告无关，对相应公证书的关联性亦不予认可，12197 号公证书亦是对原告携带至公证处的电脑中的本地邮件进行页面公证，真实性与合法性有异议。

一审中，原告认为 80110602、80110708、80110615 这三份订单编号即能显示下单时间，即分别发生在 2011 年 6 月 2 日、同年 7 月 8 日和同年 6 月 15 日，故三笔业务均发生在被告从原告公司离职之前。另外，原告表示在本案中仅主张被告赖某某在原告公司任职期间违反高管忠实勤勉义务而对原告造成的侵权行为，并不主张被告在离职后的竞业禁止侵权行为。最后，原告称现无证据证明被告对新加坡 C 公司进行过出资及对该公司收入享有收益权。

一审法院经审理查明，被告赖某某自 2004 年起在原告处任职。原告系外国法人独资企业，经营范围包括国际贸易、转口贸易、计算机软件及玻璃制品的批发、进出口、佣金代理及其他相关配套服务等。2011 年 7 月 22 日，被告向原告递交《员工离职交接清单》。被告任职期间曾受聘为原告公司的副总裁。2011 年 6 月 15 日，香港 B 公司注册成立，公司股东及董事均系被告赖某某。2011 年 12 月 5 日，上海 C 公司注册成立，法定代表人为被告赖某某，公司类型系有限责任公司（外国自然人独资），经营范围包括玻璃制品、金属制品、陶瓷制品等的批发、进出口、佣金代理，并提供相关的配套服务。2013 年 12 月 13 日，原告为涉案邮件的公证事宜向上海市徐汇公证处支付了公证费 1500 元。

二、裁判

一审法院认为，被告答辩时自认在签订劳动合同时被任命为副总裁系为了方便办理工作签证，其对副总裁的工作岗位应属明知，且被告无相反证据予以证明其辩称意见；被告曾为原告的高级管理人员。

关于侵权行为是否成立，被告成立的香港 B 公司是否与原告从事同类经营业务，原告并未进一步提供证据予以证明；上海 C 公司成立于其离职后。至于原告另提供三份装箱单及发票等证据用以证明被告还于 2011 年 5 月以新加坡 C 公司的名义向美国 D 公司申请代理权并下订单，因上述证据存有瑕疵，其真实性、关联性无法采信。即便上述证据系客观真实的，现无证据证明新加坡 C 公司系由被告控制，亦无证据证明被告对该公司的收入享有收益权，故原告所述无事实及法律依据，本院不予采信。

关于 A 公司主张的归入权有无依据的问题，依据《中华人民共和国公司法》（以下简称《公司法》）的相关规定，董事、监事、高级管理人员违反忠实义务所得收入归公司。鉴于原告在本案中明确了其系行使归入权，因此，原告需要证明被告占有其违法行为所得之收入。即使新加坡 C 公司的交易行为真实存在，原告既无证据证明该交易所得收入由被告直接占有，亦无证据证明将来被告可能对新加坡 C 公司的财产权益进行分享。因此，原告认为被告的行为对原告利益构成损害，所得收入应归于原告的诉请依据不足，本院难以支持。

一审法院依照《中华人民共和国民法通则》第 137 条，《公司法》第 147 条、第 148 条，《最高人民法院关于民事诉讼证据的若干规定》第 2 条、第 11 条之规定，判决如下：驳回原告 A 国际贸易（上海）有限公司的全部诉讼请求，不予支持。

原告 A 公司不服一审判决，提出上诉称：香港 B 公司与上诉人从事的是同类业务；被上诉人在职期间即为上海 C 公司的成立开展了相关办公用房租赁事务；被上诉人在职期间即向美国 D 公司申请了新加坡 C 公司的代理权并下订单，新加坡 C 公司与香港 B 公司均由被上诉人一人操控；等等。被上诉人赖某某辩称，原判认定事实清楚，适用法律正确，应予维持。

二审法院经审理查明，原判认定的上述事实正确。二审审理期间，A 公司就其原审时提供的电子邮件证据重新进行了公证，此次公证的电子邮件系从互联网取得，内容与原审时公证的内容相同。二审法院据此认定如下事实：（1）美国 D 公司确认：赖某某于 2011 年 5 月 5 日向美国 D 公司提交了新加坡 C 公司的客户信用申请，自 2011 年 5 月 27 日开始新加坡 C 公司与美国 D 公司发生订单往来；（2）订单 NYC147849 的商业发票由美国 D 公司开具给新加坡 C 公司，收货人为 SD OPTICS % WU ZHOU INTERNATIONAL，收货地址为香港九龙土瓜湾落山道 108 号志昌工业大厦底层 E 铺，而香港 B 公司的注册办事处地址为香港干诺道中 137－139 号三台大厦 12 字楼全层。

二审法院认为，首先，美国 D 公司与上诉人之间并非独家代理关系，即便新加坡 C 公司、香港 B 公司、上海 C 公司从美国 D 公司进口同类货物，亦不构成篡夺了上诉人的商业机会。从新加坡 C 公司将货物销售给国内公司是否侵犯了上诉人的商业利益角度考量，一方面，上诉人关于此节事实的举证不足；况且在现今商品快速流通和信息高度透明的经济社会，买方就交易商家和交易价格具有充分的选择权，不能因此认定上诉人就此丧失了固有的商业利益。另一方面，从被上诉人是否从中获取收入方面考量，根据本案事实，被上诉人在职期间，虽然新加坡 C 公司与美国 D 公司直接发生了交易，但无有效证据表明被上诉人与新加坡 C 公司具有直接关联关系且被上诉人从中获取了收益。二审中，虽然上诉人对电子邮件证据进行了补强，但证据中订单 NYC147849 的收货人和收货地址均不是与被上诉人相关的香港 B 公司及其登记地址。另外，即便被上诉人在离职之前即开展了上海 C 公司的房屋租赁等筹备工作，也不足以证明被上诉人在职期间实施了竞业行为。据此，A 公司的上诉欠缺事实依据，应予驳回。原判正确，本院应予维持。据此，依照《中华人民共和国民事诉讼法》第170 条第 1 款第（1）项之规定，判决如下：驳回上诉，维持原判。

三、评析

（一） 公司行使归入权的要件

现行法律关于公司归入权的规定有两处：一是《公司法》关于公司董事、高级管理人员（以下简称高管）违反忠实义务的规定；二是《中华人民共和国证券法》关于上市公司内部人短线交易的行为。本案例所涉及的归入权是指《公司法》有关高管违反忠实义务的规定。

高管的忠实义务是对高管的内心道德法律化的内容，要求高管在任职过程中及离职后的合理期间内不得从事有损公司利益之活动，忠于公司利益，并以公司利益为最高利益。《公司法》第 147 条对公司高管的忠实义务进行了原则性规定。该法第 148 条对公司高管的忠实义务进一步作出了详细的规定。其中，该条第 1 款第（5）项规定："未经股东会或者股东大会同意，利用职务便利为自己或者他人谋取属于公司的商业机会，自营或者为他人经营与所任职公司同类的业务"；该条第 2 款规定："董事、高级管理人员违反前款规定所得的收入应当归公司所有。"

从上述规定中可以看出，公司行使归入权，须同时符合高管有违反忠实义务的行为、取得财产收益两个要件。前者是基础行为要件，即高管违反了忠实义务；后者为财产收益要件，即违反忠实义务取得收益。两者共同构成公司行使归入权的基础事实。当基础事实均具备时，公司可以单方行使归入权。基于此，笔者认为归入权的性质是形成诉权。"形成权来源于两个合理的基础：权利人的自主意思，或者法律的直接赋予。"❶ 公司在行使归入权时无须证明自身受到了损害，亦无须证明自己对归入的收益享有所有权，只要以自己的单方意思表示就可以使将公司高管依据原法律关系所取得的收益归于公司所有，这种法律关系的改变源于法律的直接规定。但是，公司归入权的行使涉及高管违反忠实义务的认定及其收益所有权的剥夺，应以诉讼的方式行使，由人民法院对归入权行使的基础事实进行审查。

根据本案事实，赖某某在职期间，新加坡 C 公司与美国 D 公司直接发生了交易，但无有效证据表明赖某某与新加坡 C 公司具有直接关联关系且赖某某从中获取了收益。本案的财产收益要件并不具备，A 公司行使归入权的事实基础不成立。

（二）　高管竞业禁止义务的界定

公司法框架下，公司可行使归入权的竞业禁止义务是指公司高管不得篡夺公司的商业机会后进行竞业的行为，即篡夺公司的商业机会必须与自营或者为他人经营与所任职公司同类的业务同时存在。因为篡夺公司的商业机会只是一种手段，通过自营或他营方式开拓商业机会获得利益才是目的。❷ 此处的经营也应理解为实际经营，而非开展经营同类业务前的准备工作。可见，《公司法》并未禁止公司高管从事的一切竞业行为，对于非恶意的、无损害性的竞业行为，高管不应承担民事赔偿责任。《公司法》上的高管忠实义务仅指篡夺公司商业机会并从事同业经营的行为，即恶意的、损害性的竞业行为。当然，公司可以与高管通过合同形式来约束高管的所有竞业行为。

就本案而言，认定赖某某是否有违反忠实义务的行为，须从篡夺公司的商业机会和经营与公司同类业务两个方面考量，两者缺一不可。暂且不论赖某某是否篡夺公司的商业机会，就经营与公司同类业务而言，A 公司均不能举证证明赖某某的竞业行为成立：对于 2011 年 6 月 15 日成立的香港 B 公司，A 公司仅举证证明赖某某系该公司的股东及董事，未进一步举证证明该公司与 A 公司从事的是同种或同类业务；且就两者的企业名称来看，亦看不出任何关联性。对于 2011 年 12 月 5 日成立的上海 C 公司，A 公司提供了宣传资料及照片，但

---

❶ 孙宇．我国公司归入权制度探究［J］．经济师，2009（12）．

❷ 郭敬波，何建君．谋取属于公司的商业机会的认定［J］．人民司法（案例）2008（8）．

该证据并不能证明该公司实际从事了竞业行为，且该公司成立于赖某某离职后，即便赖某某在离职之前即开展了该公司的房屋租赁等筹备工作，亦不足以证明赖某某于在职期间实施了竞业行为。对于新加坡 C 公司，本案未有有效证据显示赖某某与该公司具有关联关系。

（三） 篡夺公司商业机会的辨明

从现行《公司法》第 148 条第 1 款第（5）项的规定分析，我国已引入了"禁止篡夺公司机会原则"。所谓"禁止篡夺公司机会原则"，是指禁止公司受信人将公司拥有的期待利益、财产利益或财产权利的交易机会，或从公平角度而言应属于公司的交易机会予以篡夺自用。❶ 该原则是英美法系国家公司法中的一条重要原则，是公司高管忠实义务的重要内容。

对"禁止篡夺公司机会原则"的司法适用，应把握以下几个方面：一是发生在高管任职期间。高管任职前或任职后所获得的商业机会，一般不属于公司的商业机会。二是未经股东会同意。股东会的同意是一种合法的授权，基于此种情形利用公司的商业机会，是合理利用。三是属于公司的商业机会。对于公司自愿放弃和财力不能的商业机会，不应纳入此原则的适用范围。四是高管有"篡夺"行为。公司的举证义务因商业机会的类型差异而有所不同：若系争的是公司独家商业机会，公司尽到初步举证义务即可，转移由高管证明其不存在篡夺行为；若系争的是非独家商业机会，公司不仅应举证证明系争商业机会属于公司的商业机会，而且须举证证明公司高管存在篡夺的行为。

本案中，美国 D 公司与 A 公司之间并非独家代理关系，对于 A 公司而言，与美国 D 公司进行买卖交易并非其独家商业机会。因此，A 公司应首先证明本案中新加坡 C 公司与美国 D 公司发生买卖关系的标的物属于其商业机会；然后进一步证明，赖某某利用职务之便获取了该商业机会并将其提供给新加坡 C 公司。基于美国 D 公司与 A 公司之间并非独家代理关系，A 公司理论上难以且实际上亦未完成此举证义务。因此，即便新加坡 C 公司从美国 D 公司进口同类货物，亦不能证明新加坡 SD OPTICS 利用了 A 公司的商业机会，更不能证明赖某某篡夺了 A 公司的商业机会。赖某某篡夺 A 公司商业机会的事实并不成立。

综上，本案中，未有证据显示赖某某篡夺公司商业机会，并通过香港 B 公司、上海 C 公司经营与 A 公司同类业务，亦未有证据证明赖某某从新加坡 C 公司与美国 D 公司的买卖交易中取得收益，A 公司行使归入权的基础事实并不成立。

---

❶ 侯怀霞. 我国"禁止篡夺公司机会原则"司法适用研究［J］. 法商研究，2012（4）.

同饮人构成过错认定标准以及保障
义务的判断标准

——顾某某等诉上海 A 酒店有限公司等生命权纠纷案

陈　强　杨　锋

一、案情

（鉴于本案为真实案件，案中涉及的相关人员、单位均作化名处理）

原告：顾某某。

原告：罗某某。

被告：上海 A 酒店有限公司。

被告：邢某。

被告：陈某某。

被告：贾某。

死者顾小某出生于 1985 年 10 月 4 日，系两原告之子。被告邢某、贾某与顾小某系在参加打台球活动期间相识，且相识不久，被告陈某某就成为顾小某女友。2011 年 12 月 23 日晚，邢某与贾某、顾小某相约在贾某住处附近的饭店聚餐。19 时许，邢某、贾某先到并共同喝了近一瓶半（一瓶约一斤，下同）的白酒。顾小某、陈某某于 20 时 30 分许到场后，邢某、贾某与顾小某又喝完剩余的大半瓶白酒。之后，贾某及顾小某先后外出各买回一瓶白酒并与邢某一起喝完了其中的大部分，陈某某则喝了啤酒。饮酒期间，贾某曾表示顾小某晚到，应多喝点。顾小某在买回最后一瓶白酒后，与贾某为喝酒多少问题发生过争执，双方各扔过一个空酒瓶在地，后在邢某劝阻下平息。22 时许，四人准备结束聚餐，顾小某先至饭店外并曾在店外摔倒，后因醉酒而不醒人事，陈某某、邢某及贾某见状先后予以扶助，三人商量欲将顾小某送至医院，为此贾某回住处推来助动车，但无法将顾小某安置在车上。后三人扬招了出租车，因顾小某躺进出租车内后，车内难以再容纳三人，故贾某先行回家。因顾小某上车后一直在打呼噜，邢某、陈某某认为其首先需要休息，故决定将其送至附近的被告 A 酒店入住。到达 A 酒店楼下后，邢某请人将顾小某抬至楼上酒店并安置在酒店的行李车上。由于顾小某随身未带身份证，A 酒店拒绝了邢某、陈某某要求以顾小某名义登记入住的请求，后在邢某、陈某某的坚持下，A 酒店同意邢某以其身份证登记，为顾小某办理了入住手续，时间为 23 时许。期间，顾小某则一直处于昏睡及打呼噜状态。之后，A 酒店保安协助邢某、陈某某将顾小某送至酒店 9204 房间，至 12 月 24 日凌晨 1 时 13 分及 14 分许，陈某某与邢某先后离开 A 酒店，酒店工作人员虽看到，但未予以询问及阻止。2011 年 12 月 24 日 16 时许，A 酒店因顾小某房间的房费押金不足而进行了查房，发现顾小某已呼之不应，经查看后拨打了 120 急救电话并报警处置，120 急救人员到场后确认顾小某已死亡，死亡原因为猝死。

2011 年 12 月 26 日，经上海市公安局城市轨道和公交总队刑侦大队委托，上海市公安局物证鉴定中心出具了法医学尸体检验鉴定书，鉴定认为，死者顾小某全身体表未见暴力性致死损伤，故可排除暴力致死的可能，其心血中未检出常见安眠镇静药物，检出乙醇成分，其含量为 4.68mg/ml（达到致死浓度），故符合生前因乙醇中毒而死亡。

二、裁判

法院认为，公民的生命权受法律保护，侵害人因过错造成他人人身损害的，应根据其过错程度及其与受害方损害后果之间的因果关系，依法承担赔偿责任。本案两原告之子顾小某作为成年人，具有完全行为能力，其首先应知悉自身的身体状况，包括对酒精的耐受程度，并据以控制自己的行为。而事发时，其却在与被告邢某等人饮酒期间，过快、过量饮酒，最终造成醉酒后暂时丧失意识，并因酒精中毒而死亡，对此，顾小某自身应承担直接且主要的责任。被告邢某、贾某、陈某某作为与顾小某同饮者，本应尽到善良人的义务，提醒顾小某适度饮酒并劝阻顾小某的不当饮酒行为，但当时三人均未履行上述义务，故存在过错。需要指出，顾小某的饮酒行为是其个人行为，且同饮者即使履行了提醒或劝阻义务也未必能起到作用，为此，三被告的上述过错及其与顾小某醉酒之间的因果关系程度均是轻微的。在案证据不能证明被告邢某、贾某、陈某某在饮酒期间对顾小某曾有主动乃至强制的劝酒行为，即便贾某有"你最后到，要多喝点"的言辞，原告方主张三被告为此承担责任仍缺乏依据。顾小某醉酒后，最稳妥的处置措施当然是将其送至医院救治，但就普通人来说，判断醉酒之人的身体状况已达到需要就医的程度显然过于困难，通常的方法是让其通过休息以醒酒，故被告邢某、陈某某在不知顾小某住址的情况下将其送至 A 酒店休息虽有不当，但过错亦属轻微。事发时，被告贾某未与邢某、陈某某一同陪护顾小某，系出于当时条件的限制，符合情理，故贾某不因此而担责。被告邢某、陈某某将顾小某送至 A 酒店休息后，本应看护顾小某直至其恢复意识，以防止突发情况的出现，但两人均未尽到上述义务，先后离开酒店，置顾小某于不顾，对此两人存在一定的过错，且与顾小某的死亡之间存在相当的因果关系。

被告 A 酒店虽违反了旅馆业治安管理的有关规定，在顾小某未带身份证明的情况下，以邢某的身份证登记安排顾小某入住，但由于上述行政规定系出于治安管理目的，并非是为保护入住者本人，而在当时情况下，A 酒店接纳醉酒的顾小某入住显然出于善意，故原告主张 A 酒店因此承担责任缺乏依据。但 A 酒店作为公共责任人，在接待醉酒的人入住时，首先，其未尽相应提示义务，提醒同行人是否需要将顾小某送医。其次，在接纳顾小某入住后，其一方面是以邢某的身份证登记，另一方面正如其主张的，邢某、陈某某是承诺一直看护顾小某的，但其却在邢某、陈某某离开酒店时未阻止或询问情况，之后在相当长的一段时间内又未至客房了解顾小某的情况，直至房费不足时才查房。为此，本案中被告 A 酒店亦存在过错，且与顾小某的死亡之间存在一定的因果关系。

综上，法院认为，本案四被告均应就顾小某的死亡承担一定的赔偿责任，具体的赔偿数额根据被告方各自的过错情况及其与顾小某死亡之间的因果关系程度，结合两原告的损失情况予以酌定，判决如下：（1）被告上海 A 酒店有限公司应于本判决生效之日起 3 日内赔偿原告顾某某、罗某某 30000 元；（2）被告邢某应于本判决生效之日起 3 日内赔偿原告顾某某、罗某某 35000 元；（3）被告陈某某应于本判决生效之日起 3 日内赔偿原告顾某某、罗某某 25000 元；（4）被告贾某应于本判决生效之日起 3 日内赔偿原告顾某某、罗某某 8000 元。

三、评析

在中国，喝酒向来是社交的一种重要手段，以"喝酒论英雄""喝酒观人品"的酒场文化，使许多人以酒桌上有人喝醉、喝倒为快事，而共同饮酒人却不知这其中存在巨大的法律风险。本案即是一起因共同饮酒导致他人死亡而产生的纠纷。本案的争议焦点在于共同饮酒人是否应承担责任，A 酒店安全保障义务的判断标准如何认定，死者顾小某本身是否应承担责任，以及赔偿数额如何确定等问题。

（一）共同饮酒人与受害人均存在过错，共同饮酒人应承担相应赔偿责任

1. 本案共同饮酒人存在先行为义务

共同饮酒行为是一种先行行为，受害人因为与他人共同饮酒而增加了受到伤害的安全风险，共同饮酒人此时有义务减少该安全风险对受害人可能造成的伤害，并且其作为与受害人共同饮酒的密切接触者，也最有可能对受害人可能造成的伤害进行控制。共同饮酒人的上述义务即是一种先行为义务。如果不履行先行为义务，即存在过错，造成共同饮酒人损害，应当承担相应的侵权责任。这实际上是一种因不作为所承担的侵权责任。其法律依据为《中华人民共和国侵权责任法》（以下简称《侵权责任法》）第 6 条第 1 款规定："行为人因过错侵害他人民事权益，应当承担侵权责任。"

2. 共同饮酒人构成过错的认定标准

认定共同饮酒人是否构成过错的标准，应该是"理性人"的标准。理性人是法律消灭了所有人在容貌、脾气、智力、教育等方面的差别而创造出的一个只具备社会中一般人所拥有的经验见识和逻辑推理能力的普通人的模型。也就是说，即使你判断问题或预知风险的能力比这个理性人更高，这个标准也不会水涨船高，但是反过来，假如你在某些方面达不到理性人的要求，却不会使得这个标准俯就你的特殊情况。❶ 更确切地说，一个群体里所有成年人通常知道的事实都为一个"理性人"所知晓，如万有引力或者燃烧致热的实施等。即使被告是该群体的陌生人并且对有关问题实际上并不知情，被告的行为标准也不会有任何区别。❷ 如果被告以一个"理性人"的标准，在合理范围内采取了必要的措施，比如在饮酒时提醒和告知受害人过量饮酒的危害、饮酒时劝阻饮酒人过量饮酒、饮酒后采取必要合理措施安置和照顾受害人等，以避免因饮酒导致的风险的扩大或者造成的损害，那么被告应该尽到了其义务，不存在过错，不应当承担侵权责任。反之，其应承担侵权责任。需要指出的是，要运用理性人的标准判断共同饮酒人是否存在过错，法官还需要根据被告当时当地所处的环境、被告自身的状况、被告掌握的信息等来决定其行为是否等于或者大于理性人的标准，而不能根据法官所掌握的案件全部事实情况来主观判断被告人的行为是否达到了理性人的标准。本案被告邢某、贾某、陈某某作为与死者顾小

---

❶ 李响. 美国侵权法原理及案例研究［M］. 北京：中国政法大学出版社，2004：194.

❷ ［美］文森特·R. 约翰逊. 美国侵权法［M］. 赵秀文，等译. 北京：中国人民大学出版社，2004：77.

某同饮者，存在先行为义务，本应尽到善良人提醒、注意义务，提醒顾小某适度饮酒并劝阻顾小某的不当饮酒行为，但当时共同饮酒者均未履行上述义务，故存在一定过错。另外，在顾小某过量饮酒后，其身体并未出现任何异常，比如面色发青、呼吸急促等，其只是昏睡。以一个理性人的标准来看，判断醉酒之人的身体状况已达到需要就医的程度显然过于困难，通常的方法是让其通过休息以醒酒，被告邢某、陈某某在不知顾小某住址的情况下将其送至 A 酒店休息，应该说是达到了理性人的标准，是无过错的。事发时，被告贾某未与邢某、陈某某一同陪护顾小某，系出于当时条件的限制，符合情理，故贾某亦无过错。但被告邢某、陈某某将顾小某送至 A 酒店休息后，本应尽到看护顾小某直至其恢复意识的义务，以防止突发情况的出现，但两人均未尽到上述义务，先后离开酒店，置顾小某于不顾，对此两人存在一定的过错，且与顾小某的死亡之间存在相当的因果关系，应承担相应侵权责任。

3. 本案受害人本身亦存在过错，应减轻共同饮酒人责任

《侵权责任法》第 26 条规定："被侵权人对损害的发生也有过错的，可以减轻侵权人的责任。"本案中，死者顾小某作为有民事行为能力的成年人，明知饮酒可能直接或者间接造成的危害，但是自愿选择去面对该危险，其行为对结果的产生存在助力作用，而他人即使提醒和劝阻其饮酒也未必能起到作用，本案中也无证据证明共同饮酒人有主动强制劝酒的行为。根据比较过失原则❶，本案中顾小某的过错是明显的，共同饮酒人的过错是轻微的，因此，本案法官综合案情，认定受害人本身亦存在过错，共同饮酒人的过错轻微，仅应承担相应的赔偿责任。

（二） 本案共同饮酒人不存在法律意义上的安全保障义务

目前的法律实务中，有一种观点认为共同饮酒人具有安全保障义务。但实际上，共同饮酒人不存在法律意义上的安全保障义务，因为法律上共同饮酒人的主体不适格。虽然最高人民法院《关于审理人身损害赔偿案件适用法律若干问题的解释》第 6 条❷中关于安全保障义务主体的规定包括"其他社会活动的

---

❶ 比较过失原则即通过比较原被告双方的过错在整体过失责任中所占的比例来分配损害赔偿责任，如果原告的过错比较小，那么被告就要多赔，而如果原告的过错比较大，被告就可以少赔甚至不赔。李响. 美国侵权法原理及案例研究［M］. 北京：中国政法大学出版社，2004：416.

❷ 从事住宿、餐饮、娱乐等经营活动或者其他社会活动的自然人、法人、其他组织，未尽合理限度范围内的安全保障义务致使他人遭受人身损害，赔偿权利人请求其承担相应赔偿责任的，人民法院应予支持。

自然人、法人、其他组织",但是《侵权责任法》第 37 条第 1 款❶中安全保障义务的主体缩小为"群众性活动的组织者"。从立法的本意来看,群众性活动不包括饮酒。即使共同饮酒算作群众性活动,实际上也是共同饮酒,界定组织者仍然困难。因此,要共同饮酒人承担法律意义上的安全保障义务没有法律依据。

(三) A 酒店未全面尽到安全保障义务

本案中,虽然共同饮酒人不具有法律意义上的安全保障义务,但依据《侵权责任法》第 37 条第 1 款之规定,A 酒店具有安全保障的义务,它是一种法定义务,需要安全保障义务人履行一定积极行为。判断安全保障义务人是否尽到了安全保障义务的标准,应该根据最高人民法院《关于审理人身损害赔偿案件适用法律若干问题的解释》第 6 条规定的"合理限度范围"标准。该合理限度范围应该从以下四个层面进行理解:一是法定标准。法律有规定的,应该严格遵守法律的规定。二是特别标准。对于未成年人或者暂时丧失意志的人,应当采用特别标准。对于未成年人,应当采用最高的安全保障义务;对于暂时丧失意志的人,需要采取特别的保护措施。三是善良管理人的标准。如果法律没有特别规定相应的标准,则适用善良管理人的标准,该标准需要高于一般人的标准,亦即一旦他人进入行为人管理的领域,行为人应当尽到高度的注意义务,保障他人的合理安全。四是一般标准。这是指经营者或者社会活动组织者对于隐蔽性的危险负有告知、提示、注意的义务。❷

本案中,A 酒店作为公共管理的责任人,在接待醉酒的人入住时,其在合理限度范围承担的安全保障义务应该是:提醒同行人是否需要将醉酒人送医;当同行人离开酒店时适时阻止或询问情况;适时至客房了解醉酒人的情况。而A 酒店并未尽到上述义务。首先其并未提醒同行人是否需要将顾小某送医;其次,在邢某、陈某某离开酒店时其未阻止或询问情况;最后,在相当长的一段时间内其又未至客房了解顾小某的情况,直至房费不足时才查房。正如法院最后认定的,"本案中被告 A 酒店亦存在过错,且与顾小某的死亡之间存在一定的因果关系"。因此,A 酒店应就顾小某的死亡承担相应赔偿责任。

---

❶ 宾馆、商场、银行、车站、娱乐场所等公共场所的管理人或者群众性活动的组织者,未尽到安全保障义务,造成他人损害的,应当承担侵权责任。
❷ 奚晓明.《中华人民共和国侵权责任法》条文理解与适用 [M]. 北京:人民法院出版社,2010:273.

（四）　赔偿数额的确定——法官自由裁量权的运用

本案系生命权纠纷，适用过错责任原则。如前所述，四被告均存在过错，应就顾小某的死亡承担一定的赔偿责任。然而关于赔偿数额如何确定，却无明确的法律规定，这就需要法官运用自由裁量权，根据具体情况进行认定。

本案实际分为三个阶段。第一阶段：共同饮酒阶段。第二阶段：顾小某醉酒后被送往 A 酒店。第三阶段：顾小某到达 A 酒店直至死亡。

在第一阶段过程中，共同饮酒人——被告邢某、贾某、陈某某违反先行为义务，未尽到提醒、告知、劝阻的义务，存在一定的过错，但是由于顾小某本身是成年人，即使三被告劝阻也并非一定有效，故被告邢某、贾某、陈某某在第一阶段中的过错轻微，其与顾小某死亡无必然因果关系。

在第二阶段过程中，顾小某过量饮酒后，其身体并未出现任何异常，比如面色发青、呼吸急促等，其只是昏睡。以一个理性人的标准来看，判断醉酒之人的身体状况已达到需要就医的程度显然过于困难，通常的方法是让其通过休息以醒酒，被告邢某、陈某某在不知顾小某住址的情况下将其送至 A 酒店休息，应该说是达到了理性人的标准，是无过错的。事发时，被告贾某未与邢某、陈某某一同陪护顾小某，系出于当时条件的限制，符合情理，故贾某亦无过错。

在第三阶段过程中，被告邢某、陈某某将顾小某送至 A 酒店休息后，本应尽到看护顾小某直至其恢复意识的义务，以防止突发情况的出现，但两人均未尽到上述义务，被告陈某某先离开酒店，被告邢某后离开酒店，置顾小某于不顾，对此两人存在一定的过错，且与顾小某的死亡之间存在相当的因果关系，应承担相应侵权责任。至于 A 酒店，如前所述，作为公共管理的责任人，其未尽到安全保障义务，存在过错，与顾小某的死亡之间存在一定的因果关系。因此，A 酒店应就顾小某的死亡承担相应赔偿责任。

综上，法官根据四被告在不同阶段中存在的过错、因果关系，运用自由裁量权，酌情判决被告贾某赔偿 8000 元、被告邢某赔偿 3.5 万元、被告陈某某赔偿 2.5 万元、被告 A 酒店赔偿 3 万元，是合法、合情、合理的。

参考文献：

［1］李响. 美国侵权法原理及案例研究［M］. 北京：中国政法大学出版社，2004.

［2］文森特·R. 约翰逊. 美国侵权法［M］. 赵秀文，等，译. 北京：中国人民大学出版社，2004.

［3］奚晓明.《中华人民共和国侵权责任法》条文理解与适用［M］. 北京：人民法院出版社，2010.

高校处分决定的司法审查尺度

——刘某不服 A 大学"开除学籍处分决定"案

叶晓晨❶

一、案情

（鉴于本案为真实案件，案中涉及的相关人员、单位均作化名处理）

原告（上诉人）：刘某

被告（被上诉人）：A 大学

原告原系被告 A 大学商学院 2010 级工商管理硕士（MBA）研究生。2012 年 6 月 16 日，原告在参加大学英语 6 级考试（CET－6）中使用手机接收信息作弊，被当场发现并带离考场。原告于当日写下《情况说明》，承认了在考试中使用手机作弊。2012 年 7 月 2 日，经校长办公会研究决定，被告对原告作出开除学籍的处分决定。7 月 6 日，原告向校学生申诉委员会提出申诉申请，请求从宽处理。7 月 16 日，学生申诉仲裁委员会就学校对原告等学生的处分决定进行了投票表决。同日，学生申诉仲裁委员会向原告发出《复查决议通知书》，告知原告委员会对处理依据、处理尺度等进行了认真审查，认为学校作出的处分决定事实清楚，依据准确，程序合法，不存在不当问题。原告而后向上海市教育委员会提出申诉。10 月 10 日，上海市教育委员会作出复核决定，认为被告给予原告开除学籍处分，事实清楚，证据充分，程序正当，依据明确，维持被告的处分决定。原告不服，遂向上海市人民政府申请行政复议。2013 年 9 月 30 日，上海市人民政府以原告的行政复议申请不符合行政复议受理条件为由，驳回原告的行政复议申请。原告遂向本院提起行政诉讼。

原告诉称，原告系被告下设的商学院 2010 级工商管理硕士（MBA）研究生，因在参加 2012 年 6 月 CET－6 考试中被认为使用通信设备，被告对原告作

出了开除学籍的处分决定。原告认为被告该处罚行为程序违法，无事实与法律依据，处罚过重，剥夺了原告的受教育权，起诉请求撤销被告的处分决定。

被告辩称，被告对原告的考试作弊行为作出开除学籍处分，事实清楚，证据充分，依据明确，定性准确，处分恰当，程序正当、规范，请求驳回原告的诉讼请求。

二、裁判

一审法院经审理认为，被告 A 大学作为普通高等学校，具有对其学生进行依法管理及对有违法、违规、违纪行为的学生给予纪律处分的自主权。根据《普通高等学校学生管理规定》第 54 条第（4）项的规定，学生由他人代替考试、替他人参加考试、组织作弊、使用通信设备作弊及其他作弊行为严重的，学校可以给予开除学籍处分。《A 大学研究生违纪处分条例》第 13 条规定，由他人代替考试、替他人参加考试、组织作弊、使用通信设备作弊及其他作弊行为严重的，给予开除学籍处分。本案中，原告于 2012 年 6 月 16 日在参加大学英语 6 级考试（CET－6）中使用通信设备作弊，原告对该作弊事实当场承认，并无异议。事后，被告依据《普通高等学校学生管理规定》的规定，经校长办公会研究决定，对原告作出开除学籍的处分决定，同时告知了原告可提出申诉的权利。原告其后亦行使了申诉救济权利，向有关部门提出了申诉。综上所述，被告对原告作出的处分决定事实清楚，证据充分，适用依据正确，处理程序符合规定。原告要求撤销被告处分决定缺乏事实和法律依据，本院难以支持。依照最高人民法院《关于执行〈中华人民共和国行政诉讼法〉若干问题的解释》第 56 条第（4）项之规定，判决驳回原告刘某的诉讼请求。判决后，原告提起上诉。第一中级人民法院于 2014 年 2 月 25 日作出"驳回上诉，维持原判"的判决。

三、评析

（一）本案突破了对高校行为进行行政审查的受案范围

根据法律规定，高校可以基于法律法规的授权而成为行政主体。然而哪些权利属于"行政性"权利，哪些权利属于自主"管理性"权利，理论上对此存在争议。❶ 通常认为，颁发证书系教育部授权高校的行为，该行为对学生的权利、义务产生重大、实质性影响，故以往的司法实践仅将高校不予颁发学历、学位的行为视作可诉的具体行政行为；同时认为，开除学籍等处分行为从性质上来说属于学校内部自主管理权限范围❷，由此发生争议的，不属人民法院行政诉讼受案范围。学生不服高校作出"开除学籍处分决定"，经历了"不予受理（不予立案）——程序上受理（虽然立案，但庭审后认定不属于行政诉讼范围）——实体上审查"的历史沿革。一审法院对该案进行了实体审查，并认为，判断高校行为是否属于行政行为，不仅可以考察具体行为是否经法律授权，还可以考察具体行为是否对当事人的权利产生实质性影响。《中华人民共和国行政诉讼法》第 12 条规定："人民法院受理公民、法人或者其他组织提起的下列诉讼：……（十二）认为行政机关侵犯其他人身权、财产权等合法权益的。"第（12）项兜底条款说明，行政案件的启动应当基于当事人的财产、人身权受到侵害。现代社会的教育权，是指由当今世界各国法律所普遍规定、确认和维护的教育权利或权力，教育之重要性在于其对于个人生存、发展与价值实现之意义。❸ 随着社会对教育的日益重视，无论是不予颁发学历、学位抑或开除学籍处分，均系对学生教育权的重大处分，亦实质性影响了当事人受教育权和今后前途。❹ 因此，该案被纳入实体审查范围体现了社会观念的变迁、对学生教育权保护力度的加大以及行政诉讼受案范围的扩大，标志着司法审查的触角伸展到看似封闭的独立王国——教育领域，为今后进一步扩展涉高校的行政诉讼范围预留了空间。

（二）　法律适用存在争议

本案的基本事实，即原告考试使用手机作弊并无争议。对于作弊是否意味着可以开除学籍，适用法律的问题构成了本案的争议焦点：原告认为应适用《教育部关于修改〈国家教育考试违规处理办法〉的决定》（教育部令第 33 号），被告认为应适用《普通高等学校学生管理规定》（教育部令第 21 号）。前者规定，携带具有发送或者接受信息功能的设备的，属于考试作弊，可视情节轻重，给予暂停参加各种国家教育考试 1 至 3 年的处理。此系对该种作弊程

❶ 成协中. 高校信息公开义务的展开与个案解读——以复旦大学教师职称评审案为例［J］. 行政法学研究，2013（3）.
❷ 周玮. 高校学生受教育权的保护和救济［J］. 法制博览，2013（7）.
❸ 程小芹. 浅议受教育权宪法平等保护问题［J］. 法制与经济，2013（4）.
❹ 殷继国. 我国社会教育权的新现代性解读——以基本公共教育服务均等化为视角［J］. 高等教育研究，2013（5）.

度最高的处罚。而后者第 54 条第（4）项规定，学生由他人代替考试、替他人参加考试、组织作弊、使用通信设备作弊及其他作弊行为严重的，学校可以给予开除学籍处分。该规定适用于普通高等学校、承担研究生教育任务的科学研究机构对接受普通高等学历教育的研究生和本科、专科（高职）学生的管理。比较两部门规章，第 33 号令及第 21 号令均为教育部公开颁布、实施的规章，故不存在"位阶之分"。第 33 号令的颁布时间为 2012 年，第 21 号令的颁布时间为 2005 年，但由于两规章在调整范围、适用对象和规范侧重点上不同，内容亦并不矛盾和冲突，且均为现行有效，故不存在"后法优于先法"之说。第 33 号令第 2 条规定："本办法所称国家教育考试是指普通和成人高等学校招生考试、全国硕士研究生招生考试、高等教育自学考试等，由国务院教育行政部门确定实施，由经批准的实施教育考试的机构承办，面向社会公开、统一举行，其结果作为招收学历教育学生或者取得国家承认学历、学位证书依据的测试活动。"因此，尽管第 33 号令针对考试作弊的处罚幅度更小，对原告更有利，但本案中大学英语 6 级考试系能力资格考试，并非获取学历、学位的必考测试项目，也并非招生或者结业考试，属于学业过程中的考试，因此并不适用该决定，故第 33 号令的规定并不能穷尽、限制和排斥教育部其他规章如第 21 号令对可予开除学籍处分的情形的规定。

（三） 对高校自主权实体审查尺度的把握

考试作弊具有现场性的特点，对事实认定一般不存在争议。在已有的判例中，外省市法院在对"开除学籍"类案件进行审查时，即使撤销被告的行为也系因高校处罚程序和适用法律上有瑕疵，如学校规定，为表示慎重应将处罚决定亲手交至被处罚学生手中，但被告并未按规定送达。目前，国内尚未有法院因高校的处理尺度不当而判决其败诉，这表明了司法机关对高校自主性的充分尊重。本案亦充分尊重高校的自主管理权：被告制定的《A 大学研究生违纪处分条例》第 13 条规定："由他人代替考试、替他人参加考试、组织作弊、使用通信设备作弊及其他作弊行为严重的，给予开除学籍处分。"第 21 号令中使用的用语是"可以开除学籍"，而被告制定的处分条例中表述为"给予开除学籍处分"，虽然处罚更加严厉，但确系第 21 号令的框架范围之内，与法并不相悖。笔者认为，在充分尊重高校自主权的前提下，对高校行为进行实体审查的尺度需要把握好两方面内容：

1. 社会导向

有观点认为，在对违纪学生作出直接影响受教育权利的处分决定时，应当坚持处分与教育相结合原则，做到育人为本、罚当其责，仅一次作弊就开除学籍有违常理。但有人亦认为，考试作弊成风，对该行径的严惩系整肃不良风气，更不能因为工商管理硕士（MBA）研究生的学费高昂就区别宽待。笔者认为，在利用通信设备作弊态势严峻之际，如果宽待作弊行为不仅会置其他考生于不公之地，影响他人的公平竞争权，长远看来更会影响文凭的含金量、公信程度，进而对社会的发展带来负面影响。考试作弊行为本身不具有合法性、正当性，无论情节轻重均应受到惩处。用 "严刑峻法" 遏制该势头，利大于弊。

2. 程序正义

法院对高校处理尺度等合理性问题一般不予过多干涉，而事实认定亦争议不大，故高校应完善作出处罚的程序。如在本案中，虽然能证明被告在作出被诉决定前已听取过原告陈述、申辩，并给予原告申诉的救济途径，但第 21 号令第 60 条规定："学校应当成立学生申诉处理委员会，受理学生对取消入学资格、退学处理或者违规、违纪处分的申诉。学生申诉处理委员会应当由学校负责人、职能部门负责人、教师代表、学生代表组成。"原告在庭上曾提出申诉处理委员会的组成人员不明。据查，被告出示的材料中仅有签名册和投票统计，虽然程序上并未违法，但是应在各人签名后注明身份，以利于原告更好地了解人员构成情况。国家权力对高校自治的监督是有限度监督，以不侵犯高校的正当自治权为前提；但高校自治亦不能脱离法律的约束，要遵循法治的基本要求与内在精神，完善处分程序和救济途径。高等学校对学生的处分应遵守《普通高等学校学生管理规定》第 55 条规定，做到证据充足、程序正当、定性准确、处分恰当。❶

参考文献：

［1］成协中 . 高校信息公开义务的展开与个案解读——以复旦大学教师职称评审案为例 ［J］. 行政法学研究，2013（3）.

［2］周玮 . 高校学生受教育权的保护和救济 ［J］. 法制博览，2013（7）.

［3］程小芹 . 浅议受教育权宪法平等保护问题 ［J］. 法制与经济，2013（4）.

［4］殷继国 . 我国社会教育权的新现代性解读——以基本公共教育服务均等化为视角 ［J］. 高等教育研究，2013（5）.

---

❶ 肖萍，辛振宇 . 论受教育权纠纷及其解决机制的重构——以高等教育为视角 ［J］. 南昌大学学报，2012（7）.

社会管理专题

中国特色社会主义法治发展道路的探索与思考

于淑清❶

摘要： 法治是治国理政的基本方式，依法治国是中国共产党领导人民治理国家的基本方略。这一方略的不断推进，为中国特色社会主义法治道路的形成奠定了坚实的法治基础。新中国成立以来，党对建设社会主义法治国家进行了长期不懈的探索，经历了社会主义法制建设的初步探索与曲折发展、社会主义法制建设的恢复与发展、依法治国基本治国方略的确立与发展、法治中国建设的提出与推进的历程，中国的法治建设取得了巨大成就，但同时也存在诸多问题。在实现中华民族伟大复兴中国梦的历史进程中，进一步完善中国特色社会主义法治发展道路尤为重要。

关键词： 中国特色社会主义　法治发展道路　依法治国　对策

一、中国特色社会主义法治发展道路的实践和探索历程

（一）　新中国成立前夕到改革开放前对社会主义法制的初步探索

新民主主义法制是社会主义法制的前奏，这一时期的法制建设实践为新中国社会主义法制建设和改革开放新时期中国特色社会主义法治建设提供了宝贵的经验。早在新民主主义革命时期，毛泽东同志就明确提出要以法治政、治军、治党的法治主张，指出："我们现在的任务是要强化人民的国家机器，这主要地是指人民的军队、人民的警察和人民的法庭，借以巩固国防和保护人民利益。以此作为条件，使中国有可能在工人阶级和共产党的领导之下稳步地由农业国进到工业国，由新民主主义社会进到社会主义社会和共产主义社会，消灭阶级和实现大同。"❷ 1931 年 11 月，在江西瑞金召开了第一次全国工农兵代

---

❶　作者单位：上海商学院。本文为 2014 上海商学院教师教学发展专项课题。
❷　毛泽东选集（第四卷）[M].北京：人民出版社，1991：1476.

表大会，其后陆续制定了土地法、劳动法、婚姻法、地方苏维埃组织法、选举法、诉讼法等法规。新中国成立前夕，毛泽东主持制定了当时起着临时宪法作用的《中国人民政治协商会议共同纲领》，还制定了《中国人民政治协商会议组织法》和《中华人民共和国中央人民政府组织法》，这些法律文献为新中国的法制建设奠定了基础。

新中国成立后，以毛泽东同志为核心的党中央第一代领导集体，领导全党全国人民开启了我国法制建设的新纪元。1950 年，在党的领导下，制定了婚姻法、土地法和工会法三部重要法律。之后又颁布了相当于当时刑法的《镇压反革命条例》。毛泽东同志积极倡导宪法的制定，他指出："一个团体要有一个章程，一个国家也要有一个章程，宪法就是一个总章程，是根本大法。"● 1954 年，我国第一部社会主义宪法——《中华人民共和国宪法》（以下简称《宪法》）正式颁布，标志着我国社会向"法治"轨道迈出了第一步，这是中国社会主义法制实践最为重要的开端，以国家根本大法的形式规定了新中国的国体、政体、国家机构、公民基本权利和义务等。我国后来又制定了《全国人民代表大会组织法》《国务院组织法》《人民法院组织法》《人民检察院组织法》和《地方各级人民代表大会和地方各级人民委员会组织法》等一批基本法律和重要法令，基本实现了人民民主的法律化、制度化，确立了我国的基本政治制度、立法体制、司法制度以及社会主义法制的基本原则。在新中国成立初期的两三年时间里，我国颁布了近 1000 件法律、法令和法规，同时还启动了刑法、民法、民事诉讼法、刑事诉讼法等基本法律的起草工作，构建了我国社会主义法律体系的基本框架。1956 年，党的八大提出了逐步地、系统地制定比较完备的法律和"有法可依，有法必依"的社会主义法制原则。至此，我国已逐步树立了"依法治国"的社会主义法制思想。但从 1957 年到"文革"期间，我国的法制建设停滞不前，甚至倒退，尤其是十年"文化大革命"，法制遭到了严重的践踏，有法不依，宪法和法律形同虚设。"据统计，1957—1976 年人大的立法工作几乎停滞。在此阶段，全国人大除通过 1975 年宪法外，未制定一部法律。"❷

（二）　改革开放以来对中国特色社会主义法治道路的探索

1. 社会主义法制建设的恢复和发展

从党的十一届三中全会开始，我国的法治建设进入了一个新的历史时期。"依法治国的方针与实践，是在党的十一届三中全会实现了在指导思想上的拨

● 毛泽东文集（第六卷）［M］. 北京：人民出版社，1999：328.
❷ 秦前红. 宪政视野下的中国立法模式变迁［J］. 中国法学，2005（3）.

乱反正之后，才逐步开始的。"❶ 在中国特色社会主义法治道路形成和发展过程中，邓小平同志发挥了重要作用。以邓小平同志为核心的党的第二代中央领导集体，在恢复和重建被"文革"破坏的基本法律制度和司法、执法机构的基础上，提出要"健全社会主义民主，加强社会主义法制"，并确立了"有法可依、有法必依、执法必严、违法必究"❷ 的社会主义法制建设的基本方针。邓小平同志指出："现在的问题是法律很不完备，很多法律还没有制定出来，往往把领导人说的话当做'法'。所以，应该集中力量制定刑法、民法、诉讼法和其他各种必要的法律。"❸ 在邓小平同志的大力提倡下，我国的社会主义法制建设得到迅速恢复。

1978 年全国人大五届一次会议上，叶剑英在《关于修改宪法的报告》中指出："我们的国家要大治，就要有治国的章程。新宪法就是新时期治国的总章程。"❹ 1982 年我国颁布的新《宪法》，标志着我国法制建设进入了一个新的发展阶段。新《宪法》中规定：一切国家机关和武装力量、各政党和各社会团体、各企业事业组织都必须遵守宪法和法律；任何组织和个人都不得有超越宪法和法律的特权。党的十二大通过的党章，重申了"党必须在宪法和法律的范围内活动"。党的十二届三中全会通过的《中共中央关于经济体制改革的决定》提出，经济体制的改革和国民经济的发展，使越来越多的经济关系和经济活动准则需要用法律的形式固定下来。国家立法机关要加快经济立法，法院要加强经济案件的审判工作，检察院要加强对经济犯罪行为的检查工作，司法部门要积极为经济建设提供法律服务。1986 年 9 月，党的十二届六中全会通过的《中共中央关于社会主义精神文明建设指导方针的决议》指出，只有大力加强以宪法为根本的社会主义法制建设，才能推进并保证经济建设和全面改革的顺利发展，维护国家的长治久安。邓小平同志还强调："要通过改革，处理好法治和人治的关系，处理好党和政府的关系。"❺ 党的十三大报告又明确提出，政治体制的改革，必须逐步健全社会主义民主，完善社会主义法制，努力克服官僚主义现象和封建主义影响，促进经济体制改革和对内对外开放。这一时期，党和国家进一步强调了法制建设要保障改革开放的顺利进行。从党的十一届三中全会到党的十三届四中全会，社会主义法制得到逐步建立和健全，为提出"依法

❶ 郭道晖. 法的时代精神［M］. 长沙：湖南出版社，1997：531.
❷ 十一届三中全会以来重要文献选读（上）［M］. 北京：人民出版社，1987：11.
❸ 邓小平文选（第二卷）［M］. 北京：人民出版社，1994：146.
❹ 叶剑英. 关于修改宪法的报告［J］. 新华月报，1978（3）.
❺ 邓小平文选（第三卷）［M］. 北京：人民出版社，1993：177.

治国、建设社会主义法治国家"奠定了理论及实践基础。

2. 依法治国基本方略的确立和进一步推进

以江泽民同志为核心的党的第三代中央领导集体，继承和发扬邓小平的社会主义民主和法制建设思想，把"依法治国，建设社会主义法治国家"确立为我国社会主义现代化建设的重要目标。1996 年，"依法治国"作为一项基本国策予以确立。全国人大八届四次会议把"依法治国、建设社会主义法治国家"作为一条基本方针，明确载入我国《国民经济和社会发展"九五"计划和2010 年远景目标》。1997 年，党的十五大把依法治国正式确立为党领导人民治国理政的基本方略，报告指出："我国经济体制改革的深入和社会主义现代化建设跨越世纪的发展，要求我们在坚持四项基本原则的前提下，继续推进政治体制改革，进一步扩大社会主义民主，健全社会主义法制，依法治国，建设社会主义法治国家。"❶ 报告中阐述了依法治国的含义：依法治国，就是广大人民群众在党的领导下，依照宪法和法律规定，通过各种途径和形式管理国家事务，管理经济文化事业，管理社会事务，保证国家各项工作都依法进行，逐步实现社会主义民主的制度化、法律化，使这种制度和法律不因领导人的改变而改变，不因领导人看法和注意力的改变而改变。十五大第一次用"法治"代替"法制"，提出了"法治"目标，这标志着中国共产党在治国目标的认识上的飞跃，是党的领导方式和执政方式的重大转变。1999 年 3 月，全国人大九届二次会议将"依法治国，建设社会主义法治国家"正式写入宪法修正案，从根本大法的高度确立了"依法治国"的基本方略和"建设社会主义法治国家"的奋斗目标。2002 年，党的十六大明确提出实行依法治国，指出："发展社会主义民主政治，最根本的是要把坚持党的领导、人民当家做主和依法治国有机统一起来。"❷

党的十六大以后，党继续推进依法治国建设。胡锦涛同志在建设社会主义法治国家的实践过程中，以新的理论观点丰富和发展了依法治国理论。他指出："要坚持依法治国，建设社会主义法治国家，健全社会主义法制，加强立法工作，提高立法质量，推行依法行政，维护司法公正，提高执法水平，加强法制宣传教育，为推进改革开放和发展社会主义市场经济，为保持良好的社会秩序和维护社会政治稳定提供有力的法律保障。"❸ 他同时强调："依法治国，

---

❶ 十五大以来重要文献选编（上）［M］．北京：人民出版社，1998：30．

❷ 十六大以来重要文献选编（上）［M］．北京：人民出版社，2005：24－25．

❸ 胡锦涛．2003 年 2 月 26 日在党的十六届二中全会上的讲话［J］．学习与研究，2003（4）．

前提是有法可依，基础是提高全社会的法律意识和法制观念，关键是依法执政、依法行政、依法办事、公正司法。"❶ 这标志着党对实施依法治国基本方略有了更加全面的认识。胡锦涛同志在深刻总结共产党执政经验和法治建设经验的基础上，在党的十六届四中全会上提出依法执政是新的历史条件下党执政的一个基本方式。2007 年，党的十七大明确提出了全面落实依法治国基本方略、加快建设社会主义法治国家的法治发展战略。2012 年，党的十八大进一步强调要"全面推进依法治国，加快建设社会主义法治国家"，明确提出"要推进科学立法、严格执法、公正司法、全民守法，坚持法律面前人人平等，保证有法必依、执法必严、违法必究"❷。这表明，加强中国特色社会主义法治建设，全面推进依法治国，是我们党和国家长期坚持的一项基本方针。

3. 法治中国建设的提出与推进

党的十八大以后，以习近平同志为总书记的新一届党中央，对依法治国提出了一系列新思想、新论断，这是党在新时期法治思想的重要发展。习近平同志就做好新形势下的政法工作作出了重要指示，提出"法治中国"概念。在主持第十八届中央政治局第四次集体学习时，他强调，要"全面推进科学立法、严格执法、公正司法、全民守法，坚持依法治国、依法执政、依法行政共同推进，坚持法治国家、法治政府、法治社会一体建设，不断开创依法治国新局面"❸。法治中国是中国梦的重要组成部分，它是对依法治国、建设社会主义法治国家基本方略和目标的进一步丰富与深化。2013 年年底，党的十八届三中全会通过的《中共中央关于全面深化改革若干重大问题的决定》提出要大力推进"法治中国建设"，并明确地提出，建设法治中国，必须坚持依法治国、依法执政、依法行政共同推进，坚持法治国家、法治政府、法治社会一体建设。同时，习近平同志在很多重要场合不断强调法治建设对于国家、政府、社会以及作为执政党的中国共产党的重要性。党的十八届四中全会通过的《中共中央关于全面推进依法治国若干重大问题的决定》指出："依法治国，是坚持和发展中国特色社会主义的本质要求和重要保障，是实现国家治理体系和治理能力现代化的必然要求，事关我们党的执政兴国，事关人民的幸福安康，事关党和国家的长治久安。"❹ 这标志着我们党全面推进依法治国进入了新的历史阶段，也

---

❶ 胡锦涛. 在纪念全国人大成立 50 周年大会上的讲话［N］. 人民日报，2004 - 09 - 16.

❷ 胡锦涛. 坚定不移沿着中国特色社会主义道路前进 为全面建成小康社会而奋斗［M］. 北京：人民出版社，2012：55.

❸ 习近平. 在中共中央政治局第四次集体学习时的讲话［N］. 人民日报，2013 - 02 - 25.

❹ 中共中央关于全面推进依法治国若干重大问题的决定［N］. 人民日报，2014 - 10 - 29.

标志着中国特色社会主义法治发展道路迈上了一个新台阶。现在，全面建成小康社会进入决定性阶段，改革进入攻坚期和深水区。我们党面对的改革发展稳定任务之重前所未有、矛盾风险挑战之多前所未有，依法治国在党和国家工作全局中的地位更加突出，作用更加重大。全面推进依法治国，是全面建成小康社会和实现中华民族伟大复兴中国梦的法律保障，也是全面深化改革、完善和发展中国特色社会主义制度的必然要求。

二、进一步完善中国特色社会主义法治发展道路的对策与建议

党的十八届四中全会提出："全面推进依法治国，总目标是建设中国特色社会主义法治体系，建设社会主义法治国家。"❶ 建设中国特色社会主义法治体系的表述，为新时期的法治建设阐明了性质、方向和任务。为了早日建成社会主义法治国家，全面推进法治中国建设进程，必须从以下几个方面着手。

（一）完善社会主义法律体系

2011 年 3 月 10 日，十一届全国人大四次会议宣告中国特色社会主义法律体系已经形成。但是，目前我国现行的法律规范体系还不够完备，在法治建设和依法治国过程中还存在一些体制机制的问题。为此，必须要民主科学立法，提高立法质量，完善法律体系，加强重点领域的立法，防止立法腐败。党的十八大以来，习近平同志对如何充分实现国家和社会生活的制度化、法制化，提出了具体而明确的要求："我们要以宪法为最高法律规范，继续完善以宪法为统帅的中国特色社会主义法律体系，把国家各项事业和各项工作纳入法制轨道，实行有法可依、有法必依、执法必严、违法必究，维护社会公平正义，实现国家和社会生活制度化、法制化。"❷ 十八届四中全会则强调，"法律是治国之重器，良法是善治之前提"，必须"坚持立法先行，发挥立法的引领和推动作用，抓住提高立法质量这个关键。要恪守以民为本、立法为民理念，贯彻社会主义核心价值观，使每一项立法都符合宪法精神、反映人民意志、得到人民拥护"❸。因此，要使立法真正解决实际问题，维护最广大人民群众的利益，必须要进一步提高立法质量，切实增强每一部法律法规的科学性、针对性和有效性。要深入推进科学立法、民主立法，完善立法项目征集和论证制度，健全立

---

❶ 中共中央关于全面推进依法治国若干重大问题的决定［N］. 人民日报，2014 – 10 – 29.

❷ 习近平. 在首都各界纪念现行宪法公布施行 30 周年大会上的讲话［N］. 人民日报，2012 – 12 – 05.

❸ 中共中央关于全面推进依法治国若干重大问题的决定［N］. 人民日报，2014 – 10 – 29.

法机关主导、社会各方有序参与立法的途径和方式，增强法律的规范性和可操作性，确保立法真正体现人民的意志和利益诉求，而不是体现某些行政部门或某些特殊集团群体的利益，实现立法的公平正义，从体制机制和工作程序上有效防止部门利益和地方保护主义法律化。要重视制定社会管理和民生方面的法律，特别是保障社会弱势群体的法律、建立特殊人群的法律保护和权利救济制度等，从而把社会管理纳入法治的轨道。通过加强重点领域立法和改进立法体制，使立法适应于改革开放和社会主义现代化建设的需要。

（二）全面深化行政体制改革，加快建设法治政府

十八届四中全会要求继续推进法治政府建设，依法全面履行政府职能，健全依法决策机制，强调公正文明执法，全面落实行政执法责任制，并且要全面推进政务公开。要依法全面履行政府职能，必须推进机构、职能、权限、程序、责任法定化，推行政府权力清单制度。要建设法治社会，离不开政府的法治化。凡有行政权力适用的地方，都需要法律对其进行控制。要使行政管理有效实施，必须做到行政行为的合法，依法行政的实质是法治行政。法治行政的核心则是依法治权、依法治政，使法律对行政能够有效控制和支配。依法行政是依法治国的关键，法治政府建设是法治中国建设的重点。当前，由于认识上的片面性，部分行政机关漠视法律，随意将"国家权力部门化，部门权力个人化"，党政不分，政企不分，政府越位、错位、不到位的情形时有发生。为此，必须全面深化行政体制改革，否则会使不合理的行政体制"合法化""法治化"，从而增加行政体制改革的难度。因为相对于行政权力、行政体制、行政职能、行政机构、行政关系、行政行为、部门利益等实体行政而言，法律、行政法规、依法行政、法治政府等可能会成为一种法治化的外包装，成为一种法律化或者法规化的确认。为防止行政权力的膨胀和滥用，必须采取有效手段约束行政权力的行使，使其在规范有序的框架内使用。要在法治统一的基础上全面推进依法行政，弱化行政立法，强化行政执法，完善行政程序，加强行政监督。要公开行政行为，严惩行政腐败，努力建设透明廉洁政府，从而在有效约束权力的同时，提高依法决策、依法管理、依法办事的能力和水平，加快法治政府的建设。

（三）进一步深化司法体制改革

司法体制改革是全面推进法治中国建设的重大举措，是全面实施宪法和法律的重要基础。司法公正对社会公正有重要引领作用，司法不公对社会公正则有致命的破坏作用。因此，建设法治中国，必须深化司法体制改革，加快建设公正高效权威的社会主义司法制度，维护人民权益。全面深化司法体制改革应做到以下几点：一要维护宪法法律权威。人民法院和人民检察院作为法治中国的建设者、维护者和捍卫者，应牢固树立宪法和法律至上原则，确立宪法和法律的权威，要完善确保依法独立公正行使审判权和检察权的制度，推动实行审判权和执行权相分离的体制改革试点，实行办案质量终身负责制和错案责任倒查问责制，从而努力让人民群众在每一个司法案件中感受到公平正义，不断提高司法公信力和权威，充分发挥审判和检察职能作用，维护社会主义法制的统一、尊严、权威，确保宪法法律的正确实施。二要健全司法权力运行机制。优化司法职权配置，实现分工负责、互相配合、互相制约；改革审委会制度，完善主审法官负责制。三要全面推进司法公开。畅通民意沟通渠道，使司法权自觉接受社会监督，扩大司法公开的内容和丰富司法公开的方式，走向司法公开之路。四要针对"信访不信法""信闹不信法"等现象，把涉诉涉法信访全盘纳入法制轨道，充分发挥司法作为解决矛盾纠纷最后一道防线的功能，重建司法终结涉诉涉法矛盾纠纷的良性循环机制，努力构建长治久安的法治秩序。五要正确处理党组织和司法机关的关系。党通过法律对司法工作进行领导，司法机关依照法律行使审判权和检察权。党组织不要干预司法机关依法独立公正行使审判权和检察权，对于任何枉法裁判以及任何权力、人情、利益等干预司法机关依法履职的行为，都必须追究法律责任。

（四）强化严密的法治监督体系

实践证明，没有健全的法律和制度以监督保障法律的实施，要保证执政者始终清正廉洁是比较困难的。权力导致腐败，绝对的权力导致绝对的腐败。要防止滥用权力，就必须以权力制约权力。因此，必须健全宪法实施监督机制和程序，加强对实施国家权力的行为和各种执法行为进行有效的法律监督，同时，将法律监督与其他形式的监督有机结合起来。要按照习近平同志的要求，"健全权力运行制约和监督体系，有权必有责，用权受监督，失职要问责，违法要追究，保证人民赋予的权力始终用来为人民谋利益"❶。要完善检察机关行使监督权的法律制度和人民监督员制度，绝不允许法外开恩，绝不允许办关系案、人情案、金钱案。要严格规范权力行使，加强对领导干部特别是主要领导干部行使权力的监督，防止滥用权力，严惩执法犯法、贪赃枉法、徇私舞弊等行为。要把权力关进制度的笼子里，形成不敢腐的惩戒机制、不能腐的防范机

---

❶ 习近平．在首都各界纪念现行宪法公布施行 30 周年大会上的讲话［N］．人民日报，2012 - 12 - 05.

制、不易腐的保障机制，要加强党内监督、民主监督、法律监督、舆论监督，让人民监督权力，让权力在阳光下运行。行政机关要坚持法定职责必须为、法无授权不可为，推行政府权力清单制度，坚决消除权力设租寻租空间。执法工作要自觉接受各级人大及其常委会的监督、政协的民主监督和人民法院依法实施的监督。要拓宽群众监督渠道，完善群众举报投诉制度，依法保障人民群众监督国家机关的权力。要建立行政机关内部重大决策合法性审查机制，建立重大决策终身责任追究制度及责任倒查机制，完善纠错问责机制。要完善惩治和预防腐败、防控廉政风险、防止利益冲突、领导干部个人财产申报公开、报告个人有关事项、任职回避等方面法律法规，健全惩治和预防腐败法律制度体系，坚持法治化反腐。

参考文献：

［1］毛泽东选集（第四卷）［M］．北京：人民出版社，1991．

［2］毛泽东文集（第六卷）［M］．北京：人民出版社，1999．

［3］秦前红．宪政视野下的中国立法模式变迁［J］．中国法学，2005（3）．

［4］郭道晖．法的时代精神［M］．长沙：湖南出版社，1997．

［5］十一届三中全会以来重要文献选读（上）［M］．北京：人民出版社，1987．

［6］邓小平文选（第二卷）［M］．北京：人民出版社，1994．

［7］叶剑英．关于修改宪法的报告［J］．新华月报，1978（3）．

［8］邓小平文选（第三卷）［M］．北京：人民出版社，1993．

［9］十五大以来重要文献选编（上）［M］．北京：人民出版社，1998．

［10］十六大以来重要文献选编（上）［M］．北京：人民出版社，2005．

［11］胡锦涛同志2003年2月26日在党的十六届二中全会上的讲话［J］．学习与研究，2003（4）．

［12］胡锦涛．在纪念全国人大成立50周年大会上的讲话［N］．人民日报，2004－09－16．

［13］胡锦涛．坚定不移沿着中国特色社会主义道路前进 为全面建成小康社会而奋斗［M］．北京：人民出版社，2012．

［14］习近平．在中共中央政治局第四次集体学习时的讲话［N］．人民日报，2013－02－25．

［15］中共中央关于全面推进依法治国若干重大问题的决定［N］．人民日报，2014－10－29．

［16］习近平．在首都各界纪念现行宪法公布施行30周年大会上的讲话［N］．人民日报，2012－12－05．

在优秀传统文化中寻找安身立命之所

王艳秋❶

摘要： 自 20 世纪 80 年代起，中国文化回望传统，开始告别几十年来对传统文化单一的批判否定，转而关注其优秀内容对当今社会发展的正面作用。然而现实生活中，千疮百孔的自身文化内涵薄弱，与经济的快速发展不相适应，造成严重的道德滑坡。我们的努力就是要寻找根植于本民族文化的精神归属，让传统中好的思想、好的价值观重新回到生活中来。

关键词： 优秀传统文化　精神归属　尊严　爱　自省能力

一、在优秀传统文化中寻找精神的归属

经过几十年的改革开放，中国在真正对外打开大门一段时间之后蓦然发现，传统文化也是我们社会进步不可或缺的资源。优秀传统文化不是我们进步的阻力，而是我们进步的助力。

20 世纪 80 年代改革刚刚起步的时候，已经有一些先知先觉者感觉到经济起步需要文化先行。经济若没有文化之根是很难腾飞的。然而告别了过去那个时代畸形文化的新的文化应该是什么样的呢？对于这个问题，此时还处在思考阶段。传统文化作为一种选择，必然会重新回到社会生活之中。然而由于那时单一的、正统的、僵化的思维还没有完全从人们的头脑中退去，加上打开国家大门之后，西方的文化扑面而来，带着新时代的气息，虽然不像 100 多年以前那样带来震撼，也让长期处于知识饥渴状态的中国人有久旱逢甘霖的感觉。其吸引力超过了传统文化。所以，首先出现的是西方文化热，大量的西学著作翻译过来，西方思想家轮番走进中国广大学人的视野。学术界虽然不能主导全社会的思想，却有着显而易见的引领作用。可以这样说，改革开放后，中国人一

---

❶ 作者单位：上海商学院。

直是期望自己的思想能够跟上时代的步伐。就如同经济要跟上美国等发达国家的经济步伐一样，思想也要跟上世界最新的时代潮流。

对传统文化的关注就不一样了，我们的心情似乎更为复杂，因为我们走向现代化的道路一直伴随着对传统的质疑、批判、否定，我们早已认定中国的复兴一定是对传统文化的远离甚至颠覆。先后经过五四时期的"打倒孔家店"和"文革"时期的全面摧毁传统，传统的抱残守缺形象即使在改革开放之后也挥之不去。所以，20世纪80年代的回望传统更多地指向传统文化的现代转化，就是传统文化怎样才能为今天所用，即所谓的去其糟粕，取其精华。去粗取精本来是所有文化传统扬弃过去、自我更新、向前发展的相同道路，西方从古希腊走到现在，抛弃了多少过时的东西。可在中国，去其糟粕却成了接受传统文化的一个必要前提，我们不是在继承传统的基础上去其糟粕，而是在去其糟粕的前提下接受传统，这种对继承传统开出的条件，说明我们对自己祖先留下来的文化遗产没有信心，认同感是打折扣的。虽然我们的出发点是好的，是希望让传统文化在现代化进程中发挥积极作用，但这也留下了一个缺陷，我们对本民族传统文化的认知、认同、接受、传承被实用主义的工具理性压制着，无法深入人的内心。

传统价值观没有真正进入人的内心，只是浮在表面作为一种外在要求规范着我们，有时甚至只是我们装点门面的花朵，是我们的行头，而不是我们的血肉。文化的影响力不同于法律，没有强制性，它发挥作用的方式是作为自觉的规范或精神追求而成为人对自己的要求。比如，我们为什么要诚信，害怕不诚信受到惩罚，这主要源于法律而不是道德的力量。如果说我认为人就应该讲诚信，我借钱还钱，我内心真诚地接受诚信是我的行为准则，我在行为中拒绝任何不诚信的事情。这是道德的力量，价值观的力量，文化的力量。若把传统文化中的优秀内容视为外在的引导人去行为的准则，由于无法唤起人内心深处根植于自己祖先文化的善念，即便愿望是好的，实践起来结果也不会理想。

我们没有在传统文化中找到培植自信和力量的土壤，很快就尝到了苦果。

改革开放30多年来，经济获得了高速发展。本来应该和经济一同前进甚至还要比经济先行一步的文化建设却没有跟上经济腾飞的步伐，一直是被动地应付由于经济的快速发展所带来的各种问题，处于一个十分尴尬的局面。现在我们明显感到，几十年的经济快速发展缺乏一个很好的价值观导向。道德滑坡到难以想象的地步，这也是对我们自己祖先文化的又一次摧残。

而在全世界面前，有着数千年文明的历史、唯一没有中断的文明，号称礼仪之邦，我们却成了只会赚钱，不够文明，不讲信用，甚至冷漠自私的人。我们是全世界廉价商品的提供者，又是全世界高档商品的消费者。名贵手表、名牌包包、高档汽车甚至海外豪宅都成了部分国人追逐的对象。我们是名副其实的全世界高档商品的消费者，却没有赢得全世界的尊敬。

特别让中国人颜面扫地的，是英国前首相撒切尔夫人的一席话。她说，中国根本不要怕，成不了世界强国，"因为中国没有那种可以用来推进自己的权力，进而削弱我们西方国家的具有'传染性'的学说。今天中国出口的是电视机，而不是思想观念"。在撒切尔夫人看来，一个不能向世界输送精神的国家是不可能真正强大起来的。文化的影响力是巨大的。撒切尔夫人的话应该让我们警醒。从对内要防止道德滑坡到对外要赢得世界的尊敬，这两方面都需要我们重视自己的文化，需要我们重塑价值观。一个不尊重自己文化传统的民族怎么可能赢得别人的尊重？

现实道德的糟糕状况则提示我们，人们的思想游离没有着落，原来的价值体系崩溃了，新的价值体系没建立起来，呈现出价值观混乱的局面。社会主义核心价值的提出，某种意义上就是为解决这一问题所做的探索。这也是我们今天更多地把目光投向传统文化以寻找精神资源的原因。

价值观问题是一个做人的问题，在不同国家、不同民族，解决方式不同。这一问题在西方是交由宗教——基督教解决的，上帝负责，《圣经》引领。上帝是爱、公平、正义等的保证。而中国对待同样的道德问题并不需要一个人格神，我们的先贤用另一种方式形成了一整套社会伦理规范。这是至今西方很多人所不能理解的。儒家就给人们提供了一套适用于从日常生活到治国安邦等各种生活的行为准则，再加上道家、法家、墨家、佛教等文化的补充，可以说我们的文化呈现出非常自足的状态。孔子就讲过，"为仁由己，岂由人乎哉"❶，"我欲仁，斯仁至矣"❷。如果我要想成为一个有道德、有修养的好人，我自己完全可以通过自己的努力做到，完全不需要外在的引领和约束。这也是为什么中国没有全民性的宗教却有那么悠久的礼仪文化；没有上帝的引领，却有有序的社会；没有发达的法律，百姓却时有畏途；没有宗教，却有信仰。

可以说，中国传统价值观在以前的社会生活中的作用是十分巨大的。可是现在，这些传统的东西很多已经失去了它的作用。为人处世、待人接物都基本上不再具有前人的风范了。今天我们的努力就是试图唤醒沉睡的文化，让传统中好的思想、好的价值观重新回到生活中来。我们要寻找根植于本民族文化的精神归属。

---

❶　论语·颜渊，诸子集成［Z］. 卷一，论语正义. 上海：上海书店影印，1986：262.

❷　论语·述而，诸子集成［Z］. 卷一，论语正义. 上海：上海书店影印，1986：150.

二、在优秀传统文化中寻找人的尊严和爱的力量

如果我们把中国数千年的思想看作波涛滚滚的历史长河，那么儒家学说就是这条长河的主流。

仁是儒家的价值观，也是中国传统价值观中最核心的内容之一。仁的核心是爱。《论语》中说："樊迟问仁，子曰，爱人。"❶ 这是对仁的最具有普遍意义的解释。以爱人作为仁的基本内容，主要有两方面的内涵：一是就人与物的关系而言，人比物更重要；二是就人与人的关系而言，应该相互尊重，相互友爱。这两个方面共同构成一个原则：肯定人的价值和尊严。

就人和物的关系来说，人的价值高于其他一切事物，包括自然物和神灵。有一个常被引用的故事：孔子在鲁国做官，他家的马厩着火了，孔子退朝回家，目睹焦土断垣，急切地说："伤人乎，不问马。"❷ 马、牛、厩这些物是不可以和人的生命相提并论的。即使把人和鬼神灵明相比，孔子认为也应当更重视人。由于当时认识水平所限，大多数人对鬼神充满敬畏。然而"季路问事鬼神，子曰，未能事人焉能事鬼"❸，即认为只需要"敬鬼神而远之"即可。❹ 鬼神被认为是超自然的神灵，掌管着赏善罚恶的权力，既然鬼神和人相比都没有人重要，可见人的地位和尊严在所有事物之上。所以孔子说"君子不器"❺，具有人格尊严的人不能将自己混同于自然界的任何器物。用今天的话说就是，人是目的，不是工具。"人是目的"在西方是由康德提出来的，是一个具有近代意义的命题。儒家很早就表达了这样的思想。

在人和人之间的关系上，"爱人"思想要求把抽象的道德理想转化成具体的道德品质。"子张问仁于孔子。孔子曰：能行五者于天下，为仁矣。请问之。曰：恭、宽、信、敏、惠。"❻ 这些都是体现人与人之间友爱关系的品德。

儒家的伦理道德主要是处理人与人之间的关系，这一关系的出发点是家庭内的伦理关系，所以，仁爱是以孝悌为基础的。"孝弟也者，其为仁之本与。"❼ 人与人之间的仁爱关系是由孝悌这种亲子关系、手足关系推衍出来的，"弟子

❶ 论语·颜渊，诸子集成 [Z]. 卷一，论语正义. 上海：上海书店影印，1986：278.
❷ 论语·乡党，诸子集成 [Z]. 卷一，论语正义. 上海：上海书店影印，1986：228.
❸ 论语·先进，诸子集成 [Z]. 卷一，论语正义. 上海：上海书店影印，1986：243.
❹ 论语·雍也，诸子集成 [Z]. 卷一，论语正义. 上海：上海书店影印，1986：126.
❺ 论语·为政，诸子集成 [Z]. 卷一，论语正义. 上海：上海书店影印，1986：120.
❻ 论语·阳货，诸子集成 [Z]. 卷一，论语正义. 上海：上海书店影印，1986：371.
❼ 论语·学而，诸子集成 [Z]. 卷一，论语正义. 上海：上海书店影印，1986：4.

入则孝，出则弟，谨而信，泛爱众，而亲仁"❶。在家孝敬父母，出门尊敬兄长。围绕亲情之爱，发展出"老吾老以及人之老，幼吾幼以及人之幼"的社会伦理关系。❷ 然而这种仁爱缺乏一种超越的内涵，纠缠着过多的利益和情感。

所以，儒家讲仁爱也有局限性，其把血缘之爱即亲子手足之爱放在优先地位，亲子手足之爱高于其他一切仁爱。即使父亲偷了别人的羊，儿子也不能举报，并且还要隐瞒，"父为子隐，子为父隐，直在其中矣"❸。在现代社会中，这样的价值观显然应该扬弃。儒家的差等之爱也压抑了"泛爱众"所包含的博爱思想的萌芽，窒息了平等精神的生长。

墨家的仁爱叫兼爱。"兼以易别"用兼爱代替差等之爱，"使天下兼相爱，爱人若爱其身"❹。墨家的仁爱思想和兴利除弊联系在一起，用今天的话说有功利主义色彩。这方面也弥补了儒家的不足。儒家只讲义而不讲利，仁义是纯粹的，没有物质利益的干扰。"君子喻于义，小人喻于利"❺，"子罕言利与命与仁"❻。孟子更是这样，向一国之君的梁惠王大谈仁义。这在帮助人树立理想人格、担当社会道义方面确实有帮助。但他过于忽视人的基本需求，从马斯洛的需求层次理论来说，其不关心最底层次的生存需求，只关心最高层次的自我实现问题。这种做法不要说在今天不现实，就是在当时也显得迂阔，司马迁对他的评价是"迂远而阔于事情"❼。与孟子相反，墨子认为仁者就是兴利除害。他说："仁人之所以为事者，必兴天下之利，除天下之害，以此为事者也。"❽

总之，儒墨等不同学派的仁爱思想相互补充，为我们提供了寻找人的尊严和相互关爱的精神力量。

三、在优秀传统文化中寻找快乐的源泉

2010 年《福布斯》杂志出了一个幸福指数排行榜，排在前面的是丹麦、芬兰、挪威、荷兰、瑞典和新西兰，中国排在第 125 位。按说中国处于经济上的上升期，人民普遍比过去富有很多，幸福指数不应该如此之低。可反过来一想，这也很正常。我们各个阶层都感到自己是弱势群体（不仅包括底层民众，

❶ 论语·学而，诸子集成［Z］. 卷一，论语正义. 上海：上海书店影印，1986：10.
❷ 孟子·梁惠王上，诸子集成［Z］. 卷一，孟子正义. 上海：上海书店影印，1986：51.
❸ 论语·子路，诸子集成［Z］. 卷一，论语正义. 上海：上海书店影印，1986：291.
❹ 墨子·兼爱上，诸子集成［Z］. 卷四，墨子间诂. 上海：上海书店影印，1986：63.
❺ 论语·里仁，诸子集成［Z］. 卷一，论语正义. 上海：上海书店影印，1986：82.
❻ 论语·子罕，诸子集成［Z］. 卷一，论语正义. 上海：上海书店影印，1986：172.
❼ 司马迁. 史记［M］. 北京：中华书局，1982：2343.
❽ 墨子·兼爱中，诸子集成［Z］. 卷四，墨子间诂. 上海：上海书店影印，1986：64.

还包括医生、教师、公司白领和公务员），甚至银行也说自己是弱势群体（2015 年的两会上），大家都快乐不起来。当一个人说自己是弱势群体时，就从内心上抽掉了自己快乐的根源。我们似乎正在日渐失去快乐的能力。

古人讲乐、讲福，类似于我们今天的幸福。儒家的快乐观念伴随着忧患意识。道家的快乐观念伴随着与自然的融合。

忧患和快乐看似矛盾，儒家却能做到让二者不矛盾、不冲突。其要求分为两个层次：对于统治者，要与民同乐；对于士大夫和老百姓，要"贫而乐，富而好礼"❶。"富者连田阡陌，贫者亡立锥之地"❷，老百姓怎么能快乐呢？老百姓不快乐，统治者不就危险了吗，哪还有快乐可言？所以，孟子警告统治者，一定要与民同乐，否则会江山不保。这是对领导者的要求。至于士人和百姓，孟子的要求是"君子有终身之忧，无一朝之患"❸。忧的是能不能成就圣人那样的伟业，能不能博施济众，能不能救民于水火。一朝之患，患的是一己的得失，是个人的利害，所以孟子说不要对自己患得患失，要把国家和人民的利益时常挂在心上。面对国君汲汲渴求的功利之心，他当头浇了一盆冷水："王，何必曰利？亦有仁义而已矣。王曰，何以利吾国？大夫曰，何以利吾家？士庶人曰，何以利吾身？上下交征利而国危矣。"❹ 一个国家从上到下都只关心自己的利益，很可能大难临头还浑然不知。乐是好事，是所有人的追求，问题是一个人的快乐若以剥夺别人的快乐为条件，那就会包含祸患，乐极生悲。近代西方的功利主义者追求的也是"最多数人的最大幸福"❺。

对于普通百姓，孔门有三乐："学而时习之，不亦说乎？有朋自远方来，不亦乐乎？人不知而不愠，不亦君子乎？"❻ 孟子也说："君子有三乐，而王天下不与存焉。父母俱存，兄弟无故，一乐也。仰不愧于天，俯不怍于人，二乐也。得天下英才而教育之，三乐也。君子有三乐，而王天下不与存焉。"❼

今天我们之所以感到快乐不容易，是由于我们认为快乐总需要一些外在的条件，比如一定的经济收入和一定的社会地位，而这些条件不是人人都具备的，别人有而我没有，我就不可能快乐。然而孟子告诉我们，我们生而为人已经具备了快乐的一切条件，"万物皆备于我矣，反身而诚，乐莫大焉。强恕而

---

❶ 论语·学而，诸子集成［Z］. 卷一，论语正义. 上海：上海书店影印，1986：18.
❷ 王先谦. 汉书补注［M］. 北京：中华书局，1983：512.
❸ 孟子·离娄下，诸子集成［Z］. 卷一，孟子正义. 上海：上海书店影印，1986：351.
❹ 孟子·梁惠王上，诸子集成［Z］. 卷一，孟子正义. 上海：上海书店影印，1986：22.
❺ 约翰·斯图亚特·穆勒. 功利主义［M］. 北京：中国社会科学出版社，2009：18.
❻ 论语·学而，诸子集成［Z］. 卷一，论语正义. 上海：上海书店影印，1986：1 – 3.
❼ 孟子·尽心上，诸子集成［Z］. 卷一，孟子正义. 上海：上海书店影印，1986：533 – 534.

行，求仁莫近焉"❶。"强恕而行"，贯彻的是孔子的恕道。孔子讲忠恕之道，朱熹解释为"尽己之谓忠，推己之谓恕"❷。忠的要求比较高，是"己欲立而立人，己欲达而达人"❸。一个人若做不到忠，可以行恕道，"己所不欲，勿施于人"，自己不想要的不能强加于别人。❹ 在孟子看来，忠恕是诚，有诚才会快乐，是成就别人完善自己的快乐。比如，我们做慈善，是让别人在得到物质上帮助的同时也获得人格的提升，而不是让自己站在道德至高点上获得对别人施舍的快乐。如果我们给贫困的学生捐助一些钱让他们上学，或者给看不起病的人一些钱让他看病，而同时我们又把大幅的照片登在报纸上，或者在电视上、互联网上传播，把别人的窘困展示出来，自己享受到了施舍的快乐，却伤害了别人的自尊心，这样的行为就不是真诚的，这样的快乐就远离了儒家兼善天下的目标，是不能被认可和接受的。

道家和儒家不同，其追求的是因顺自然、率性而为的快乐，以及无所依傍、游于无穷的自由之乐。鲲鹏展翅九万里，麻雀只能在树丛蓬蒿间飞来飞去。然而小鸟并不羡慕大鹏，它顺物自然，自足其性，自得其乐。天下人"所尊者，富贵寿善也；所乐者，身安厚味美服好色音声也"，若得不到这些，则大为忧惧，在庄子看来，"其为形也，亦愚哉"❺。儒家是在处理各种社会关系中获得快乐，不管是博施济众、立己立人、达己达人，还是"老吾老以及人之老，幼吾幼以及人之幼"，都是快乐的事情。庄子则是要摆脱所有社会关系的束缚，跳出人世间伦理关系的樊篱，和大自然完全彻底地融为一体，最后甚至要形同槁木、心同死灰、离形去知、同于大道，体会一种与天地万物共生存、共呼吸的"至乐"。

四、在优秀传统文化中寻找自省的能力

我们有自省的文化。人不是神，总要犯错误。犯错误怎么纠正？西方文化是上帝帮助，只要你向上帝忏悔，就可以得救。我们的文化中没有上帝这样的人格神的帮助，我们靠自己帮助自己，就是反省、反思。儒家学说就是帮助人学会反思、学会自省，教人掌握完善自己的方法。人遇到自我身心的矛盾时，通过反思、反省解决问题。通过内在的自我追问达到身心平衡，并获取向前的

---

❶ 孟子·尽心上，诸子集成［Z］. 卷一，孟子正义. 上海：上海书店影印，1986：520 – 521.
❷ 朱熹. 四书集注［M］. 长沙：岳麓书社，1985：97.
❸ 论语·雍也，诸子集成［Z］. 卷一，论语正义. 上海：上海书店影印，1986：134.
❹ 论语·颜渊，诸子集成［Z］. 卷一，论语正义. 上海：上海书店影印，1986：263.
❺ 庄子·至乐，诸子集成［Z］. 卷三，庄子集解. 上海：上海书店影印，1986：109.

动力。曾子对自己提出"吾日三省吾身"的要求。

自省是有条件的。

1. 良心、良知

这是人有自省能力的保障。良心哪儿来的？培养的，学习获得的。孟子讲性善，人有善端，扩充而成伦理道德；荀子讲性恶，通过化性起伪、变化性情而成为有修养、有道德的人。到王阳明，主要讲"致良知"，把孟子的良知说发扬光大，"致良知是学问大头脑，是圣人教人第一义"❶。有了良心或良知，自身就有了判断是非善恶的能力。良知是一个标准，是一个人自己的上帝。泯灭良知就意味着失去了人生正确的导向。孟子说："人之所以异于禽兽者几希，庶民去之，君子存之。舜明于庶物，察于人伦，由仁义行，非行仁义也。"❷ 儒家像维护自己生命一样地维护良知。

有良知就会反省，就会找自己的不足，发现自己做得不好就会产生羞耻感。耻感是中国价值观中一个非常重要的原则。

2. 知耻

中国是耻感文化，西方是罪感文化。基督教认为人都有原罪。原罪的存在会大大削弱人们的耻感，因为他们身上的罪恶是祖先带来的，是遗传的，是与生俱来的，不是自己的过错。然而自己有责任赎罪。人从生到死就是赎罪的过程。赎罪是一种责任，一个义务。赎罪靠什么？靠对上帝的信仰，只要你信仰上帝，上帝就会救你，就是义的，基督教的有些派别讲因信称义。按基督教教义，人自犯有原罪以来，已经失去理性能力，因而不能自行有正义的行为，成为正义的人。成为正义的人只能出于上帝的拯救。

儒家文化是让人凭借理性的力量认识行为的界限，知耻也靠自己的认识和修养，需要良心、良知和智慧所建立起来的善的力量。孟子说："人不可以无耻。"❸ 人不知羞耻是很可怕的事情，没有回头向善的机会了。因为没有上帝告诉你什么是对的，没有圣经，没有神父引导。圣人存在，但圣人也是人，不会随时观察你的行动，不能深入你的内心。你只有自己去学习，去思考，去反省。它是建立在自觉自愿基础上的。羞耻心会产生一种内在的张力，引导人前进。

什么是应该感到羞耻的事情呢？

孔子说："邦有道，贫且贱焉，耻也。邦无道，富且贵焉，耻也。"❹ 国家

---

❶ 王阳明. 王阳明全集［M］. 上海：上海古籍出版社，1992：71.

❷ 孟子·离娄下，诸子集成［Z］. 卷一，孟子正义. 上海：上海书店影印，1986：334.

❸ 孟子·尽心上，诸子集成［Z］. 卷一，孟子正义. 上海：上海书店影印，1986：522.

❹ 论语·泰伯，诸子集成［Z］. 卷一，论语正义. 上海：上海书店影印，1986：163.

兴旺繁荣，蒸蒸日上，你却很贫贱，可见不努力，不奋斗，可耻。国家危难，饿殍遍野，你却大发国难财，可耻。"君子耻其言而过其行。"❶ 夸大其词，自表其功，其实做得并不好，邀功取利，可耻。

就如同基督教把赎罪看成一种责任一样，儒家也把知耻和责任联系在一起，认为只有有羞耻心的人才能担当重任。知耻，意味着知道行为的界限。由于知耻和发现自己的过错有关，有时内心很挣扎，很痛苦，所以"知耻近乎勇"❷。其鼓励大家在错误面前敢于承认，勇于纠正。这是中国很有特色的耻感文化。

3. 慎独

在个人的品格方面，儒家有一个要求，即慎独。理学家朱熹非常重视慎独。《大学》说："所谓诚其意者，毋自欺也。如恶恶臭，如好好色，此之谓自谦。故君子必慎其独也。"❸

什么是慎独？慎独就是"意诚"，不自欺，就是真正把伦理道德内化，变成自己对自己的要求，就如同讨厌恶臭气味、喜欢美色一样，是发自内心的，自然而然的。慎独是意志的一种品格，即专注、专一的品格，专注于"仁义礼智信"的理想，不矫情，不伪饰，不自欺，不自弃，人前人后一样，内在外在统一，发乎内而形于外。儒家要培养的是至真至诚的人，是纯儒。

中国人要靠自身的力量完成西方人靠上帝帮助才能完成的使命，需要大智大勇。佛教传到中国后，也充实了这个方面的文化。所谓"一阐提人"也能成佛，是说只要知错改错，恶人也能成佛。

参考文献：

[1] 诸子集成［Z］．卷一．上海：上海书店影印，1986.

[2] 诸子集成［Z］．卷四．上海：上海书店影印，1986.

[3] 王先谦．汉书补注［M］．北京：中华书局，1983.

[4] 司马迁．史记［M］．北京：中华书局，1982.

[5] 朱熹．四书集注［M］．长沙：岳麓书社，1985.

[6] 伊曼努尔·康德．道德形而上学原理［M］．上海：上海人民出版社，2012。

[7] 约翰·斯图亚特·穆勒．功利主义［M］．北京：中国社会科学出版社，2009.

[8] 诸子集成［Z］．卷三．上海：上海书店影印，1986.

[9] 王阳明．王阳明全集［M］．上海：上海古籍出版社，1992.

---

❶ 论语·宪问，诸子集成［Z］．卷一，论语正义．上海：上海书店影印，1986：319.
❷ 礼记·中庸，诸子集成［Z］．卷一，论语正义．上海：上海书店影印，1986：47.
❸ 朱熹．四书集注［M］．长沙：岳麓书社，1985：9.

优抚工作社会化服务研究

——以上海浦东新区优抚对象社会工作干预项目为例

陈蓓丽❶

摘要： 经济体制深刻变革、社会结构深刻变动、利益格局深刻调整、思想观念深刻变化对优抚工作提出了巨大的挑战。国家层面的优抚政策不断完善，但社会力量在优抚工作中的影响和作用尚未体现。本文以"优抚对象社会工作介入项目"作为个案研究对象，通过案例研究和行动研究的方法，审视优抚工作社会化的探索实践，梳理优抚工作社会化的有效路径和长效机制，并对优抚工作社会化的主体准入机制进行研究，旨在探索以政府购买服务的方式推进优抚工作社会化服务的模式。

关键词： 优抚工作　社会组织　政府购买服务

优抚工作是我国军民在长期的革命和建设实践中逐步形成并发展起来的一项传统工作，它通过对以军人及其家属为主体的优抚对象实行物质照顾和精神抚慰，直接服务于军队和国防建设，是我国社会保障体系的重要组成部分。长期以来，优抚工作一直是以政府作为单一主体开展管理和服务工作。

近年来，围绕"创新驱动、转型发展"的主题，面对优抚工作出现的新问题、新需求、新矛盾，浦东新区主动顺应优抚工作的发展趋势，回应优抚对象的新期待、新要求，通过引入专业社会工作服务，整合社会资源和力量，创新工作方式方法，提升优抚工作质量，不断探索优抚工作的社会化服务模式。

一、优抚工作社会化开展的背景

优抚工作社会化主要是指对政府统包统管的优抚工作模式的创新与变革，政府不再承担优抚工作的"无限责任"，而是在政府保障的基础上将某些优抚

---

❶　作者单位：上海商学院。本文为上海商学院《应用技术型本科高校教师课堂教学改革研究》（课题编号：JX2014A0202）阶段性成果之一。

工作内容尤其是满足一些优抚对象个性化服务需求的工作内容转移给社会组织承担，并积极动员社会力量共同关爱优抚对象的工作新形式，其目标指向是搭建"政府主导推动、专业机构运作、社会力量参与"的优抚工作新模式。

优抚工作社会化的主要动因是面对优抚对象不断出现的个性化、专业化需求背景下的"政府失灵"。作为一项具有鲜明政治性的工作，优抚工作是国家政治行为的一部分，理论上国家应负有无限的责任，必须无条件"买单"，但这种无限责任并不意味着所有的工作由政府承担。随着市场经济的发展，政府在公共权力领域呈现收缩状态，在配置资源中的绝对强势地位逐渐削弱，优抚工作运行机制日益受制于市场经济规律的制约，市场和非市场的张力使得"政治任务的市场化"面临考验，直接影响优抚工作的开展。另外，政府的职能转移和编制压缩，也使得政府难以有效应对如此多的对象和问题。同时，优抚对象分散在社会的各基层、各行业，只要涉及人头的改革，都会给他们带来影响。在渐进式改革的过程中，原有的保障机制被打破，新的保障机制尚未建立或完善，一些优抚工作服务对象的保障成为难题。优抚对象面临老龄化、生活照料困难、就业难、社会地位维护等问题，这些问题不可能全部由政府全权解决。与此同时，协助优抚对象解决自身问题也需要专业方法，因此，优抚工作社会化、专业化是必然趋势。

2006 年起上海市民政局开始研究"优抚工作社会化"的新思路，让优抚工作逐渐地从以政府为主导，慢慢向社会参与、依托社会组织力量完成来发展。在 5 年的时间里，上海相继开展了"优抚业务进社区事务受理中心""社工介入优抚工作"等新的工作模式。2010 年以来，上海各区县民政部门通过"公益创投""招投标"的平台鼓励引导社会组织设计开展与优抚工作有关的社会服务项目，尝试优抚工作的社会化。

5 年的探索，服务成效逐渐彰显。优抚工作的社会化通过发动更多的社会力量来关心优抚对象，与他们进行交流，让优抚对象的沟通平台多元化，并慢慢淡化政府部门组织主导的情况，既充分地满足了优抚对象的社交需求，也优化了政府服务流程，加快了政府职能的转变，促进了服务型政府的形成。

5 年的探索也带来一系列值得思考的问题：优抚工作社会化的内涵具体是什么？优抚工作社会化的路径有哪些？优抚工作社会化的长效机制是什么？优抚工作社会化的主体准入机制是什么？

为此，本文以优抚对象社会工作介入项目作为个案研究对象，通过案例研究和行动研究的方法，审视优抚工作社会化的探索实践，梳理优抚工作社会化的有效路径和长效机制，并对优抚工作社会化的主体准入机制进行了研究。

二、浦东新区优抚工作社会化服务的初步探索

（一） 政府主导推动， 以购买服务为形式， 引入专业社工服务

1. 分析供给与需求，确定优抚工作社会化的内容

早在 20 世纪 60 年代，美国学者就提出了区分公共服务的"提供"和"生产"的问题。"提供"是指政府通过征税和支出决策，决定适当类型的服务及其供给水平，并安排生产和监督生产。一个公共服务的提供者，不一定要生产该项服务。特定公共物品或者公共服务到底应由谁来生产，或者换言之，公共物品或者公共服务的提供者与生产者是否应当分离，取决于分离与否的核算成本。企业、社会组织或者个人等其他社会主体"生产公共服务"而由政府购买是政府积极履行职能的一种方式，借此可以更为有效地促进公共服务事业的发展。

为更好地开展优抚工作，满足优抚对象的需要，浦东新区民政部门通过开展焦点小组和访谈重点优抚对象的形式，对优抚对象的需求及优抚工作的现状进行了评估分析。结果显示，现有优抚工作基本运行良好，在解决优抚对象的普遍性问题方面发挥了很好的作用，但目前也面临一些新的问题：优抚对象需求日趋多元，个性化强，现有政策无法一一回应，而现有的专兼职优抚工作者队伍人数少，任务多，行政角色重，专业性不突出。基于此，浦东新区民政局对自己的职责进行了梳理，将职能主要定位到政策制定、监督管理、服务保障上来，并探索借鉴已在社会救助领域取得一定成效的政府购买社会工作专业服务的社会化运作方式，尝试依托社会组织，在社区开展优抚对象社会工作介入项目。项目旨在配合街镇优抚条线开展直接面对服务对象的个性化、专业化的优抚安置工作，通过个案、小组和社区工作等专业方法，宣传优抚有关政策，加强优抚对象对相关政策的理解；畅通利益诉求渠道，加强优抚对象和家属对优抚工作的认识，形成良性沟通；动员整合社会力量，共同开展经济帮扶和精神慰藉服务，帮助服务对象解困排忧；通过专业方法，促进优抚对象之间形成互助支持网络，加强自身能力建设；等等。

2. 根据工作特殊性，确定服务购买方式

从国外实践来看，政府向社会组织购买公共服务的工作模式一般有四种❶，包括独立关系竞争性购买、独立关系非竞争性购买、依赖关系非竞争性购买、

---

❶ 王浦劬. 政府向社会组织购买公共服务研究——中国与全球经验［M］. 北京：北京大学出版社，2010：19.

依赖关系竞争性购买。在我国，较少涉及依赖关系竞争性购买模式。

就独立关系竞争性购买模式和独立关系非竞争性购买模式比较而言，前者通常采用公开竞争的程序，在这一过程中存在公开的竞争性，其优势在于政府可以挑选承接服务的社会组织，用招标的方式来选择最合适的服务提供者，以达到最小成本和最大收益效果，体现物有所值的原则。后者则是政府直接选择有良好声誉的社会组织，不再面向社会公开招募，以此降低购买风险。

由于优抚工作的对象比较特殊，优抚工作是一项具有较强政策性、政治性的工作，要有效规避政治风险。浦东新区民政局对优抚工作社会化的现有经验进行了梳理，对可能产生的风险进行了评估，核算了该项目进行社会化的成本，结合优抚工作的强政策性、强政治性以及优抚社会工作的创新性，决定采取独立关系非竞争性的购买形式。

3. 进行综合评估，确定项目承接方

浦东新区当时有近 30 家社工机构，业已在为老服务、司法矫正、青少年服务、少数民族服务、低收入家庭服务等领域开展社会工作服务，但在优抚社会工作领域的探索几乎为零。基于这种情况，民政局将政治可靠、管理规范、服务专业、具有良好的社会声誉作为选择承接方的基本标准。经过专家推荐以及根据上述标准的评估比对，民政局确定了上海公益社工师事务所作为项目承接方，在全区范围的 7 个街镇试行政府出资向专业社工服务机构购买服务，探索优抚工作社会化服务的新模式，促进优抚工作的专业化、规范化和社会化发展。

4. 严格购买程序，规范合作内容

政府向社会组织购买服务尚处于试点阶段，政府的相关制度机制和法律需要进行相应的规范和调整，所以，政府向社会组织购买公共服务缺乏统一的法律法规及规章可循。民政局和上海公益社工师事务所经过多次协商，尝试制定所购服务的服务内容细目和品质标准，设定了公开合理的人员成本、活动成本、办公成本以及管理成本，确保政府购买服务程序简单规范。在双方洽谈达成一致之后，签署了优抚对象社会工作介入项目的委托协议，承诺承接方和购买方共同进行过程和结果评估，并最终邀请第三方进行结果评估。

（二） 专业机构运作， 以对象需求为导向， 设计实施项目

项目签约后，上海公益社工师事务所根据协议内容，坚持"需求导向、问题导向和项目导向"，精心设计服务项目，认真组织项目实施，积极探索优抚工作社会化、专业化的机制和内容。

优抚工作社会化服务研究——以上海浦东新区优抚对象社会工作干预项目为例

1. 对接街镇，确定服务人群

基层街镇是优抚工作的一线部门，长期的工作积累了一定的工作经验，并且对优抚对象的情况有了深入的了解。街镇的优抚工作讲求政策全覆盖，并着力关注重点对象。一般来讲，"烈属"是街镇优抚工作的重点对象，因此，烈属能得到较好的经济保障和一定的精神慰藉。相比而言，革命伤残军人、复员退伍军人在政策保证、物质帮扶和精神慰藉方面得到的支持较少，存在情绪不稳定、认知有偏差的情况，甚至会出现一定的过激行为。另外，现役军人的优抚工作也较难深入开展。为确保该项目能将服务带入每户重点优抚对象的家庭，项目团队首先积极主动对接街镇，了解重点对象名单，并提供入户访谈，掌握他们的需要，通过滚雪球的方式接触周边的其他优抚对象，进行面谈，掌握其需求和主要问题，最终确定服务名单，并梳理了重点对象的相关需求。

2. 开展调研，了解对象需求

对象需求是项目设计和实施的源头，也是服务的方向和归宿。项目正式启动前，社工已经得到了7个街镇优抚对象名单，共计798名。项目社工采取等距抽样，结合各街镇样本的大小，通过入户访谈、电话访谈和民政干部代为发放等形式，共计回收问卷566份，调研覆盖率达71%。调研发现，优抚对象集中反映的问题主要有：

（1）医疗保障问题。健康状况总体不佳，医疗费用居高不下。优抚对象中有52%的年龄超过60岁，总体年龄偏大，大部分优抚对象的身体状况不佳，绝大部分患有高血压、心脏病、糖尿病、慢性气管炎等一系列慢性疾病，医药费用及康复费用居高不下导致优抚对象家庭经济压力非常大。

（2）养老护理问题。优抚对象中空巢老人或独居老人现象较为普遍，养老养护精力不足，有29.60%的服务对象表示存在养老养护精力不足问题。

（3）社会适应问题。社会支持网络单一、心理失调或角色失调较为严重，优抚对象中也有不少的离退休干部，这一群体在部队服役了几十年，甚至可以说是一辈子，在退休之后回到地方生活，军队生活与日常生活有着很大的区别，这也导致一部分离退休干部的不适应情况。

（4）政策沟通问题。政策及信息沟通不畅，沟通渠道较单一，优抚工作作为一项比较特殊的工作，政策性强。现行有效的民政法律、行政法规、部门规章中，优抚安置的政策法规约占1/4，居各方面业务之首，同时，政策的时效性也非常之强，不同时期、不同阶段、不同类型的优抚政策可谓纷繁复杂。服务对象由于年龄偏大，接收这些政策及相关信息的渠道比较单一，往往集中在电视、报纸或者邻里的口口相传中，其准确性往往不高，导致谣言和误解的产生。

这些集中问题中，有些是专职优抚工作可以应对的，有些是现有优抚工作内容涉及较少的。同时，调研结果也表明服务对象对于优抚政策咨询、家庭探访关怀和保健护理辅导的需求很高。这就向传统优抚工作和专业社会工作提出了要求，为专业化、社会化的服务提供了介入空间。

3. 需求导向，设计实施方案

项目组在原有项目书的基础上，结合需求调研的结果，形成了以"社会融合"和"增能"为主线的项目实施方案。"功能性融合"包括优抚对象身心康复和职业技能提升，"文化融合"主要是促进优抚对象从部队文化向社区文化的转化，"规范性融合"主要指优抚对象适切优抚政策规范，"增能"——生活、职业技能提升，人际交往能力提升，等等。项目组将社会融合和增能贯穿在日常社区探访、个案、小组和社区活动之中。

4. 家庭为基，突出专业运用

服务过程中，上海公益社工师事务所从系统角度出发，十分注重家庭为本的服务，积极采用家庭访问服务的方法开展专业服务。

家庭访问服务是专业社会工作的起源，近些年来一些欧美国家由于成本等因素渐渐减少了家庭探访服务，但也有一些国家和地区一直坚持开展家庭访问，因为家庭访谈有利于社工接触到服务对象的生活空间，有利于迅速建立信任关系。该项目安排了全年的暖心家庭探访活动，为80%以上的优抚对象提供到宅服务，到宅服务的内容包括：上情下达（最新优抚政策的传递）、下情上达（服务对象共性问题和需求的专题报告）、项目服务内容的普及与宣传、个性化问题的收集和预估。

在家庭访问基础上，社工进一步明确了需要提供专业服务的重点对象。对于个性化问题，社工采取个案管理的方式，以个案或者家庭社会工作的方法进行干预。对于共性问题，社工则采用支持性、治疗性小组，运用小组动力，使优抚对象之间建立互助关系，共同缓解压力、解决问题。为丰富优抚对象的生活，促进社区融合，社工组织了涉及健康、娱乐、互助和社会回馈的社区活动。

（三） 社会力量参与， 以志愿服务为载体， 开展辅助服务

社会力量的参与程度可以检验优抚工作社会化的广度与深度。在项目开展过程中，项目组首先巧借"地缘优势"，致力于整合当地有利资源。项目组所在的各街镇都有标准化的康乐、健身设施，社区学校更是面向社区内的所有居民开设，为社区内有需要学习的人群提供良好的学习环境和学习的机会。同时，项目组积极拓展企业资源，为优抚对象争取更多的机会。

优抚社会工作项目也以志愿服务为载体，尝试形成社工引领志愿者的服务模式。目前的志愿者包括高校志愿者、社区志愿者和优抚对象志愿者。在活动中，高校志愿者可以发挥专业特长，协助社工在专业上进行服务。社区志愿者有着一定的社会阅历和经验，对于社区内的居民也较为熟悉，可以协助社工招募人员，以及为其他需要帮助的人服务。优抚志愿者通过自己的经历可以帮助和他有相同经历的人群走出困境，彼此之间相似的经历可以更好地拉近心与心的距离，沟通起来也更为顺畅。社工有了志愿者的协助，可以更好、更有效地开展专业服务。

三、优抚工作社会化的初步成效

优抚工作社会化项目依托社区，引入专业，整合资源，服务群众，取得了初步成效。

（一）传统工作与专业工作的对接，拓宽了优抚工作的内容

传统的优抚工作，职责和内容都比较清晰，而且是"硬工作"，大多涉及物质照顾。而社会工作则主要致力于能力增长和关系拓展，是"软服务"。优抚工作中介入社会工作，这就向"提供方"和"生产方"提出了挑战，尤其是引入社工机构后双方该如何对接的问题。一般来讲，区级优抚工作的具体内容包括：拟订优待抚恤的实施办法；负责烈士的审核报批和褒扬；负责民政部门管理的伤残人员的伤残等级评定等报批事项；指导优抚事业单位和革命烈士纪念建筑物的管理工作；负责拥军优属工作和军民共建工作。街镇优抚工作的主要内容包括：对义务兵优待金的征收、对义务兵优待金发放的给付、对拒领取安置介绍信退役士兵档案的受理、对军烈属优待的管理、对伤残抚恤申请的审批（初审）、对支持拥军优属基金会的发展、专项储存的给付等。综上可以看出，区级和街镇的优抚工作主要是政策制定与实施、行政审核与批准以及各项经费的核定与发放，主要满足的是优抚对象的普遍化需求，基本停留在生理需要层面，很少考虑到满足服务对象安全、社交、尊重和自我实现的需要。民政局和上海公益社工师事务所在本次政府购买服务的整个过程中都强调对接。

1. 管理和服务理念对接

原有的优抚工作主要以托底和"消防工作"为主，一方面落实优抚的相关政策，另一方面则是应对优抚对象一些临时性和突发性问题，以及时解决问题为主。社会工作介入优抚是对原有工作理念的延伸和拓展，包括预防和治疗，

例如对于现役士兵的提前介入、对于丧偶家庭的哀伤辅导等。

2. 管理和服务内容对接

民政局在项目签约之前，就与有意开展优抚社会工作的街镇民政分管副主任以及民政科长就优抚社工涉及的内容和落地进行了交流。项目签约后，项目事务所总干事和项目主管就到每个项目点进行实地走访，了解每个街镇在原有优抚工作中嵌入新的社会工作服务元素所面临的问题和期望，尝试将专业社会工作者的工作有效嵌入原有工作，形成服务内容对接。

3. 管理和服务方法对接

传统的优抚工作方式是情况告知、现场接待、集中慰问、紧急情况干预以及座谈会等形式。这些传统优抚工作方法在原有的社会背景和社会态度下起到了很好的成效。但是在和平年代，由于社会的进步，人们生活节奏不断加快，生存所带来的各种压力让每个人都有点自顾不暇，这逐渐造成了全社会对优抚对象的尊重程度正慢慢降低，一纸"光荣人家"就很能反映优抚工作面临的问题和挑战。同时，优抚对象的需求也在近10年发生了剧烈的变化，需求的个别化和多元化并存。因此，优抚社会工作的方法必须与原有的工作方法对接。第一，继续运用原有工作方法，迅速打开优抚工作社会化的工作局面。优抚对象熟悉原有的优抚工作者，他们时常会来基层民政部门"串门"或者寻求帮助，这时优抚社会工作者的出现较为恰当。座谈会及集中慰问的方式也深得优抚对象的好评，特别是座谈会，既可以了解优抚对象的心声，又有利于建立优抚对象与优抚对象、优抚对象与优抚工作者之间的专业关系。第二，探索运用社会工作的传统方法，包括个案、小组和社区工作方法，为有个别化、复杂需要的优抚对象提供个案辅导，为有同质性需要的优抚对象开展康乐性、治疗性的小组，同时开展丰富且有品质的社区活动，使优抚对象融入所在社区，实现真正的角色适应。第三，打造本土化优抚社会工作方法，例如到宅探访服务及俱乐部服务等。

（二） 组织优势与专业优势的叠加，提升了优抚工作的效果

1. 发挥社工机构的专业优势

传统的优抚工作主要是负责优抚对象的抚恤金发放，在物质层面给予补助。项目组形成了兼具亲和力和专业能力的服务标准，提出了实效性、反应性、亲和性和公正性四大标准。在实效性方面，个案工作的开展帮助了100余位优抚对象或其家属在精神层面以及生活品质上得到提升，及时缓解了可能发生的严重家庭问题及社会矛盾，把问题尽可能地解决在家庭中，化解在社区中，为社会和谐起到了积极的影响作用。在反应性方面，项目组形成了危机案例及时干预、政策问题两天回复、其他相关问题和需求一周内给予回应等工作机制。这些服务要求和机制提升了优抚工作的服务品质。

2. 强化了民政工作的组织优势

民政工作者对重点优抚对象和优抚政策都非常熟悉，社会工作者则有其自身的专业能力。社会工作者和民政优抚工作者之间积极的沟通和互动为项目成功开展奠定了基础。社工每月至少一次和民政优抚工作者面对面会谈交流工作，互通信息，针对具体的个案展开细致的讨论。民政优抚工作者给予了项目组很大的支持，是社工链接资源的提供者和支持者。社工和民政优抚工作者的双向沟通也确保了信息渠道的通畅性。这种合作和对接机制发挥了优抚工作社会化的成效。

（三） 政府资源和社会资源的整合， 初步形成多方关爱优抚对象的格局

优抚社会工作的社会化有效促成了政府资源和社会资源的整合。优抚社会工作项目采取政府购买服务的方式，项目的人员经费和部分活动经费来自民政条线，可基本保障项目的运作。但是，考虑到优抚对象多元化和深层次的需求，社工必须动员企业、社区以及志愿者共同参与关爱优抚对象的项目。经过一年多的努力，多家企业表示愿意结合企业社会责任参与关爱优抚对象的项目，社区内的各类文体团队也派出骨干力量为优抚对象提供文体方面的培训，志愿者的身影更是在社区活动和社区探访中频频出现，初步形成多方关爱优抚对象的格局。

（四） 开启优抚社工的先河， 形成了社会工作介入优抚的规范化流程

区级和街镇的优抚工作主要是政策制定与实施、行政审核与批准以及各项经费的核定与发放，主要满足优抚对象的基本需要，无法满足服务对象安全、社交、尊重和自我实现的需要。通过一段时间的摸索，优抚社会工作的服务内容以社会融合和个人增能为目标，力求全面提升优抚对象及其家属生活品质。

四、优抚工作社会化过程中存在的问题和困难

目前，优抚工作仍处于在探索中前行的阶段，不可避免地面临一些问题和挑战。

（一） 优抚工作社会化尚未形成长效机制

目前，优抚工作社会化仅仅是"政社"合作的一种尝试，整体上还是零星

推进状态。很多购买公共服务的资金没有纳入政府财政预算，相当多的购买服务来源于福利彩票公益金、预算外资金或者专项资金。❶ 优抚社工项目其实也是专项资金，该项目的可持续性依然令人担忧。

同时，社会化的路径也值得探讨。在上海，主要有公开竞标、单一来源采购、委托管理、项目申请、意向性谈判、资助、凭单等形式。在深圳，主要有竞争性招标、邀请招标、竞争性谈判、单一来源采购、委托、项目资助等。优抚工作作为一项政治性强、政策性强的工作，应该采取哪一种或者哪几种社会化模式依然没有明确的答案。

（二） 优抚工作社会化的让渡空间不明确

优抚工作是一项具有很强政治性的工作，其工作内容大多与政策有关，是"硬"工作，这些硬工作中哪些可以让渡给社会组织、企业来承担，尚须进一步梳理明确。即使社会组织和企业能够承担一些"软"工作，如何对这些工作效果进行客观评估，以及软工作是否能得到政府和优抚对象的共同认可，也需要不断验证和实践。

（三） 优抚工作的社会化主体较为单一

社会管理创新特别强调多元主体的参与，在本次调研中发现，优抚工作的社会化主体仍然相对比较单一。实际上，优抚工作引进社工机构开展社会化的服务，已经为多元主体参与提供了桥梁和平台。在该项目探索中，项目组就整合了企业资源，为优抚对象提供低收费的服务。但值得关注的是，这种形式的合作存在不稳定性，多主体的参与仍然需要制度层面的顶层设计。

（四） 优抚社会工作的专业化还不强

社会工作实务领域的专业性往往体现在三个方面：人群需求的精确把握、专业知识和技能的灵活使用以及该实务领域的服务标准。从本次优抚工作社会化的尝试来看，人群需求的精确把握基本可以做到，社工通过家庭访问、个案走访、电话随访等形式摸清了服务对象的需要。但就实务领域的服务内容和标准来看，优抚社会工作正处在明确工作内容、形成工作标准的阶段，专业性有待提升。

五、进一步促进优抚工作社会化发展的建议

---

❶ 黄晓勇．中国民间组织报告（2010－2011）［M］．北京：社会科学文献出版社，2011：102.

（一） 加大政府投入， 完善服务购买机制

目前，承接政府购买服务的社会组织大多面临发展经费不足问题，迫切需要政府提供稳定的财政扶持。对此，应建立制度化的公共财政支持社会组织开展优抚社会工作的政策体系，关键是确保资金来源的稳定性，并完善政府购买服务机制。在资金来源方面，可将优抚社工服务纳入政府购买服务的范围，每年划拨一定的资金，并保持逐年增长，以确保服务的长效性和稳定性。在政府购买服务方面，要明确政府购买服务的具体事项和标的，规范政府购买服务的流程，建立竞争性政府购买机制，把握政府委托和招投标之间的关系，并积极探索将竞争、公开、第三方监督等程序作为政府购买服务的一般性原则，逐步建立一套完整可操作的政府购买项目的流程。

（二） 形成服务标准， 规范优抚工作的运作

优抚社会工作是涉军的社会工作，政府在购买服务的过程中自身必须起到主要指导作用，必须提供某种形式的服务标准和提供优抚社会工作服务的社会组织的准入机制。

对于从事优抚社会工作的社会组织，要实施严格的公益认定和专业认定制度：一方面，给予财政方面最大限度的优惠待遇，在进行政府购买服务时可以优先考虑；另一方面，政府也应对其进行更为严格和规范的行政监督、专业监督及社会监督，以确保其公益性质和专业能力。对此，可以在省市层面的民政系统设立优抚社会工作社会组织准入机制，实施年检制度，真正承担起业务主管单位监督、服务、管理和指引的作用。

同时，优抚社会工作还是一项创新型的服务，优抚社会工作的服务内容、服务标准和服务方式有待进一步明确。

（三） 加强舆论宣传， 引导社会力量参与

优抚工作的社会化亟须社会力量的广泛参与、社会资源的多元投入、社会环境的不断优化。对此，要通过强化舆论宣传，提高公众对优抚工作的认知程度，积极营造支持优抚工作、关爱优抚对象的良好社会氛围；要通过媒体，加大宣传普及优抚工作的力度，通过报纸杂志、广播电视、网站等媒体，宣传优抚工作的重要性，增强公众的关注程度；要积极倡导社会志愿精神，鼓励志愿服务，提倡领导干部、公务员、明星、企业家、知名学者、大学生等积极参与社会志愿服务工作，积极关爱优抚工作对象。

参考文献：

［1］ 戴维·奥斯本．改革政府：企业家精神如何改革着公共部门［M］．上海：上海译文出

版社，2006.

［2］珍妮特·登哈特．新公共服务：服务，而不是掌舵［M］．北京：中国人民大学出版社，2004.

［3］B. 盖伊·彼得斯．政府未来的治理模式［M］．北京：中国人民大学出版社，2001.

［4］王名．中国民间组织30年［M］．北京：社会科学文献出版社．2008.

［5］王浦劬．政府向社会组织购买公共服务研究——中国与全球经验分析［M］．北京：北京大学出版社，2010.

［6］赵荣，等．从政府公益到社会化公益［M］．北京：社会科学文献出版社，2011.

［7］周雪光．组织社会学二十讲［M］．北京：社会科学文献出版社，2003.

［8］迈克尔·哈里森．组织诊断——方法、模型与过程［M］．重庆：重庆大学出版社，2007.

［9］彼得·赫斯特罗姆．解析社会：分析社会学原理［M］．南京：南京大学出版社，2010.

［10］敬嘉．合作治理：再造公共服务的逻辑［M］．天津：天津人民出版社，2009.

［11］秦晖．政府与企业以外的现代化——中西公益事业史比较研究［M］．杭州：浙江人民出版社，1999.

［12］王颖，折晓叶，孙炳耀．社会中间层——改革与中国的社团组织［M］．北京：中国发展出版社，1993.

［13］陈辉．论政府购买社区公共服务［J］．云南行政学院学报，2009（2）.

防止利益冲突的理论基础分析❶

李红艳❷

摘要： 防止利益冲突不仅是当今世界各国公认的治理腐败、进行廉政建设的有效途径，也是各国反腐败的通行做法。我国党和政府一直高度重视党风、政风廉政建设和腐败治理问题。党的十七届四中全会特别明确提出"建立健全防止利益冲突制度"，首次把"防止利益冲突"作为反腐倡廉的范畴写进中央文件；党的十八大报告进一步突出强调了防止利益冲突是反腐倡廉制度建设的关键环节之一。因此，研究防止利益冲突及其相关问题对推进反腐败工作具有积极意义。本文拟从人民主权理论、公共选择理论、分权制衡理论、社会冲突理论、公民社会理论与公共治理理论等视角探讨防止利益冲突对廉政制度建设的重要性。

关键词： 利益冲突　人民主权　公民社会　权力制约

反腐倡廉是当今世界各国面临的一项共同课题。随着各国反腐败力度的加大，防止利益冲突正日益受到世界各国的重视，成为各国廉政制度体系建设的关键与核心。究其原因，笔者认为，除了防止利益冲突自身所具有的预防冲突和权力滥用的功能以外，还有其重要而广泛的理论基础，其中的人民主权理论、公共选择理论、分权制衡理论、社会冲突理论、公民社会理论和公共治理理论等都是防止利益冲突的重要理论支撑，这些理论从不同的角度解释了防止利益冲突在廉政建设中的重要性。

一、人民主权理论

人民主权理论（也称主权在民理论）是关于保障、维护与促进人民权利与

---

❶ 本文是 2013 年度上海市工商行政管理局课题研究成果之一。
❷ 作者单位：上海商学院。

自由的理论。人民主权理论强调国家的一切权力来源于人民的授予，人民是一切国家权力的最终拥有者；国家权力尊重和保障公民的权利与自由，人民能自主、平等地参与国家权力的运转和公共政策的形成；政府官员的权力是人民赋予的，他们只是人民权利的具体执行者，必须忠实于人民和承担起为人民服务、维护人民权力的义务；为了防止政府滥用职权和侵犯民权，人民可以通过各种形式来监督政府的行为；在国家权力体系中，通过制度设计建立起对政府各种越轨行为的监督机制。因此，人民主权的归属主体是人民。

现代意义上的人民主权理论形成于 17 世纪和 18 世纪欧洲的启蒙运动时期，是伴随着资产阶级反对封建君主专制斗争的进程，适应新兴资产阶级对主权的要求而逐步形成的以"主权在民""公民基本权利神圣不可侵犯"为核心内容的政治理论。该理论由英国的霍布斯和洛克、法国的卢梭等启蒙思想家提出和完善。其中，卢梭的天赋人权、社会契约论及主权在民的民主思想最为典型和最具代表性。卢梭的主权在民思想是马克思主义人民主权理论的主要思想来源之一。马克思、恩格斯在继承卢梭人民主权理论的合理内核并对其进行了彻底的唯物主义的批判和改造的基础上，提出了为世界无产阶级服务的人民主权理论，成为无产阶级革命的强有力的思想武器。

人民主权理论和人民主权原则在世界各国的政治理论体系中都拥有十分重要的地位，深深地影响着当代世界各国的廉政政策的制定，已经成为世界各国行政监督的理论依据。在我国，中国共产党在领导中国人民进行新民主主义革命、建立社会主义制度、建设中国特色社会主义和小康社会的过程中始终正确运用了马克思主义人民主权理论。从我党"全心全意为人民服务"的宗旨、"三个有利于"的评判标准、"三个代表"的重要思想，到"以人为本"的科学发展观，都始终体现了人民当家做主这一马克思主义人民主权理论的本质和核心，体现了中国共产党对马克思主义人民主权理论与时俱进的时代发展。人民当家做主、人民利益是中国共产党和各级政府工作的立足点和出发点，是防止利益冲突、建设中国社会主义和谐社会的强有力的政治保证，已经成为我国进行廉政建设、惩治腐败的重要理论依据之一。

二、公共选择理论

公共选择理论是运用经济学的分析方法研究政府行为、政治决策机制及其运作的理论，它集经济学、政治学等多学科为一体，是当代西方经济学中具有强大影响力的重要学派之一。美国当代著名经济学家詹姆斯·布坎南被公认为公共选择理论的领袖人物。布坎南认为，"国家理论、选举规则、选民行为、党派政治、官僚体制等"既是公共选择的主题，也是政治科学的主题；[4]公共选择理论的主要使命就是运用经济学的方法分析研究上述主题，力图从经济学意义上解释政府行为和政治过程。因此，公共选择理论为我们理解当代世界各国的政府改革和政府廉政建设提供了一个新的视角。

公共选择理论的主要内容可以归纳为三点，即个人主义方法论、经济人方法论以及经济学的交换模式。第一，个人主义方法论。个人主义方法论就是指把个人作为集体行为的出发点，把个人的选择作为公共（或集体）选择的基础。公共选择理论认为，人类的一切行为，不论是政治行为还是经济行为、集团行为还是个人行为，都可以采用个人主义的分析方法，从个体角度寻找原因；个人是决策的基本单位，而且个人是唯一的最终决策者。第二，经济人方法论（也即经济人假说）。公共选择理论把个人看作理性的、自私的个人主义行为，认为无论处于什么地位的人，其本性都是追求个人利益（或效用）及满足程度的最大化。这就是经济人假说，即假定人都具有经济人特点。公共选择理论通过类似的行为假设，还对集体选择的结构特征进行了一些基本的预测，认为人的自利行为会从市场决策领域扩展到政治决策领域，从而解释了政治决策中的利己主义。第三，经济学的交换模式。公共选择理论认为经济学就是交换的科学，进而把经济学的交换模式用于对政治过程的观察和研究，把政治过程看成与市场交换过程相类似的活动，把人们参与政治活动并且同其他政治组织或个体发生相互关系的场所看作"政治市场"，认为政治市场与经济市场相类似，其交易活动也是由供求双方决定的，其中供给方是政府、政治家和各级官员，需求方是公众、选民和纳税人等；同时，政治市场交易中的双方也都要遵循效用最大化准则。因此，政治市场的各活动主体也是通过对"成本——收益"的权衡，不断地进行着"供给——需求"的交易选择。

基于上述分析，公共选择理论认为，政府也是经济人。政府利益、官员利益并不完全等同于社会公共利益，政府及其官员本身存在生存和发展问题，因而政府及其工作人员在决策和工作过程中就会考虑部门和自身的利益，而在某种程度上忽视公共利益；同时，缺乏竞争和政府自身行政能力的限制也导致政府政策和政府机构工作等方面存在垄断、低效率、高成本和资源浪费；此外，由于政府权力的过分运用和不当管理，政府还存在寻租（政府行政权力形成的租金）等缺陷。而寻租行为的后果则是社会资源的巨大浪费和政府腐败。这就表明，政府同市场一样也不是万能的，政府同样也存在自身难以克服的缺陷或难以超越的限度，即"政府失灵"。

针对政府官员的"经济人"特征和"政府失灵"问题，公共选择理论认为有效的解决途径和出路就是进行制度改革。通过制度改革准确界定私人活动和政府活动的范围，打破政府的垄断地位，建立政府之间以及公私机构之间的相互竞争与制约机制，从而使公众得到更多自由选择与发展的机会，同时，对政治活动的程序，特别是对政府工作人员权力的运用施加制度约束与监督，以此防止公共权力的滥用和腐败发生。因此，以制度矫正政府失灵、防范腐败是公共选择理论的重要立场。公共选择理论是当代各国防止利益冲突、惩治腐败的又一重要理论依据。

三、分权制衡理论

分权制衡理论是关于国家的立法机关、行政机关和司法机关之间，国家的整体和部分之间权力分工与制衡的学说。分权是指国家权力在行使过程中的职能分工，即把国家权力划分为立法权、司法权与行政权三种权力，并分别由立法机关、司法机关与行政机关掌握和行使；制衡是指国家的三种权力虽然分立并各自独立，但彼此之间又是相互牵制和制约的关系，当授予某一权力主体一定权力时，必须同时授予和它相对应的权力主体相应的权力，以实现国家各项权力的平衡与协调。分权制衡理论的核心内容是"用权力制约权力"，以防止权力的腐败或滥用。分权制衡理论在当代西方国家的政治生活中受到高度重视，被看作"西方立宪主义全部格局的核心"。同时，分权制衡理论所体现的权力制约原则及其民主法治精神，被很多国家作为国家的宪法原则及其国家权力体系设计、政治体制建构的基础。因此，分权制衡理论是属于人类政治文明的一项有益成果。

现代意义上的分权制衡理论是在近代 17 世纪和 18 世纪由英国的思想家洛克、法国著名思想家孟德斯鸠确立起来的完整理论体系，其中，孟德斯鸠的三权分立思想更完备，也更具影响力。孟德斯鸠在对洛克思想继承和改进的基础上，明确提出防止专制最好的办法就是分权，认为"从对事物的支配来看，要防止滥用权力，就必须以权力制约权力"；在此基础上，他提出并分析了其三权分立的思想。孟德斯鸠主张立法权属于代议机关，行政权归国王，而司法权属于独立的审判法院，三种权力分立并相互制衡。孟德斯鸠的分权制衡理论首先在美国的政治实践中得到了验证，成为美国政治制度设计的基础。

根据分权制衡理论，美国 1787 年联邦宪法规定：联邦政府由国会、总统和联邦法院三个部门组成，分掌立法、行政和司法三种权力。三个部门行使权力时，彼此互相牵制，以达到权力平衡。国会有立法权，总统对国会通过的法案有权否决，国会又有权在一定条件下推翻总统的否决；总统有权任命高级官员，但须经国会认可，国会有权依法弹劾总统和高级文官；最高法院法官由总统任命并经国会认可，最高法院又可对国会通过的法律以违宪为由宣布无效。❶可见，美国各权力部门之间形成了有效的制约与平衡机制，能够从制度保障上防止利益冲突。美国政治制度设计的实践证明了分权制衡理论的科学性和有效性，为其他国家提供了可资借鉴的经验，并为这一理论发展成为现代宪法的重要原则奠定了坚实的基础。

由于"分权制衡"是基于解决如何防止暴政、防止腐败和防止国家重大决策失误等问题，达到"以权力限制权力"宪法原则的作用，实现捍卫公民自由、保障公民权利的最终目的而发展起来的完备的理论，这一理论也得到了世界无产阶级的伟大导师马克思和恩格斯的肯定。马克思认为，即使是资本主义国家的代议机关，如果它能体现人民的意志而确立权力分工的国家制度，也同样是可以得到无产阶级的支持的。马克思在总结巴黎公社政权建设的经验时认为，有效地制约和监督公共权力才能实现真正的民主。马克思指出，"分权和权力互相监督"是"为了自由的利益所十分必需的"，公共权力的制约和监督能够"防止国家和国家机关由社会公仆变为社会主人"，能够"可靠地防止人们去追求升官发财"。可见，马克思、恩格斯同样指出了即使是无产阶级专政的政权，公共权力缺乏有效的制约也会产生腐败等重大问题。因此，分权制衡理论同样适用于社会主义国家。不仅如此，分权制衡理论还广泛适用于政治体制和行政体制，据此，国家可以把行政权力更多地分给政府以外的组织，依靠社会力量对政府实施更大范围的制约与监督。

分权制衡符合马克思主义辩证法关于事物互相依存和互相制约的基本原理。同时，分权制衡理论因其对国家权力的合理划分及其相互间的制约和监督，在防止专制、防止权力的滥用、遏制寻租、防止国家重大的决策失误及防止公民权利与自由被践踏方面产生了重大的积极作用，为世界各国国家权力体系的设计、国家政治的现代化提供了有效的借鉴和理论支撑，也成为各国防止利益冲突、反腐倡廉的又一重要的理论依据。

---

❶ 美利坚合众国宪法（The Constitution of the United States），通称美国联邦宪法或美国宪法（U. S. Constitution）。它是美国的根本大法，奠定了美国政治制度的法律基础。美国宪法是世界上第一部成文宪法。1787 年 5 月，美国各州（当时为 13 个）代表在费城（Philadelphia）召开制宪会议，同年 9 月 15 日制宪会议通过美利坚合众国宪法。1789 年 3 月 4 日，该宪法正式生效。其后又附加了 27 条宪法修正案。

四、社会冲突理论

社会冲突理论是应对和解决社会发展过程中出现的社会矛盾及社会问题的社会建设理论，它突出强调社会生活中广泛地存在着冲突性，并以此解释人类社会的演进过程。因此，社会冲突理论在世界范围内受到了广泛的关注，成为马克思主义经典作家以及各国政治学家、社会学家研究的重大课题之一。

马克思和恩格斯较早地论述过社会冲突理论，他们在批判资本主义社会时指出："社会的物质生产力发展到一定阶段，便同它们一直在其中运动的现存生产关系或财产关系（这只是生产关系的法律用语）发生矛盾。于是这些关系便由生产力的发展形式变成生产力的桎梏。那时社会革命的时代就到来了。随着经济基础的变更，全部庞大的上层建筑也或慢或快地发生变革。"马克思认为，社会冲突在表面上往往表现为人们在社会交换中的一种对抗性行为和关系，但其根源则是人们在社会生产中的地位不平等以及由此带来的获取利益、权力等资源的不均衡。这种不平等表现在生产力与生产关系的冲突、经济基础与上层建筑的冲突、阶级与阶级之间的冲突等社会结构的各个层面。由此可见，社会发展的各阶段、社会体系的各部分都包含着冲突、矛盾与不和谐的因素，这是社会革命和变迁的根源所在。马克思指出，避免阶级和社会冲突的有效途径是通过制度设计与构建，并保证在制度设计、制度构建与制度运行的每个环节都体现社会的公平与正义，从而从制度上彻底消除人们在社会发展中的不平等地位并最终消除社会冲突。

马克思的社会冲突理论对后世的影响很大，在马克思之后，对社会冲突理论作出重要贡献的达伦道夫、科赛、哈贝马斯都继承了马克思的社会冲突思想，并发展了社会冲突理论。达伦道夫、科赛、哈贝马斯社会冲突理论的主要内容包含以下方面：第一，解释了社会冲突的根源。他们认为，社会冲突的根源是多元的，但首先源于社会的不平等。在此基础上，社会组织成员对权力和权威等稀缺资源的争夺、权力分配的不均，以及价值观念的差异等都可成为冲突的基础，当过多的人要求得到有充足报酬的机会而无法得到满足时，冲突就会发生。第二，论述了社会冲突的作用。关于社会冲突的作用，科塞的观点更具代表性。科塞在分析社会冲突的作用时指出冲突具有正功能和负功能，并且突出强调了冲突的正功能。科塞认为，在一定条件下，冲突具有保证社会连续性、减少对立两极产生的可能性、防止社会系统的僵化、增强社会组织的适应性和促进社会的整合等正功能。借助于可控制的、合法的和制度化的机制可以释放社会紧张并消解任何社会系统在运行过程中产生的敌对情绪，避免最终出现灾难性冲突，使社会系统处于均衡与和谐的状态。第三，提出了社会冲突的解决途径。针对如何解决社会冲突问题，达伦道夫认为，消除社会冲突的首要方法是对社团等社会组织中的权威进行再分配；而控制社会冲突的必要条件和根本途径则是建立法治国家，构造公民社会，实现法律上、政治上的人人平等。哈贝马斯则从交往行为理论视角，对社会冲突做了有益的探讨。哈贝马斯认为，现代社会是不断地进行政治、经济分化与整合的过程，而交往理性、沟通理性的力量能够解决社会整合的问题。

总之，马克思及其以后的学者关于社会冲突的根源、作用和解决方法的分析和见解对当代社会冲突理论产生了积极影响，对各国避免重大的社会冲突以及各国都在进行的防止利益冲突、廉政建设具有重要的指导作用和现实意义。

五、公民社会理论

公民社会理论形成的前提是国家与社会的二元划分，即承认存在着国家与社会、政治与经济的分离，以及在此基础上形成的公共领域和私人领域，这也是西欧和美国资产阶级反对专制主义国家和重商主义国家、用以捍卫个人自由和权利的重要武器。

公民社会就是公民在官方政治领域和市场经济领域之外自愿结社、自由讨论公共问题和自主从事社会政治活动而自发形成的不受干预的活动领域，它包含一组特定的权利和保障权利实现的社会制度。首先，公民社会是一种非官方的公共领域，它介于私人领域和公共权威之间，是各种公众聚会场所和民间舆论交流平台的总称，公众在这一领域对公共权威、公共政策和其他共同关心的问题可以自由地、理性地、批判性地进行讨论并作出自己的评判。其次，公民社会是国家和市场之外的所有民间组织（非政府组织）或民间关系的总和，这些组织都是建立在成员基于共同利益或信仰而自愿合作的基础之上的社会团体，具有明显的志愿性与合作性特征，它一方面为公民提供了参与公共事务的机会，另一方面也体现了公民社会的价值与规范。此外，公民社会理论强调国家公共**管理**活动应对全体社会成员公开，政府应保障公民在公共领域的参与权，并要时刻接受社会公众的监督和约束。因此，公民社会的发展能够减少政府决策的失误，从而有效地预防公共权力的滥用和腐败。

公民社会理论阐释了社会团体和社会公众参与国家公共事务管理及其对政府行为与决策过程进行监督的必要性和重要性，突出了国家与公民社会之间的互动和适度制衡关系。因此，公民社会理论成为防止利益冲突的又一重要理论支撑。

六、公共治理理论

治理理论是在对政府与市场、政府与社会、政府与公民这三对基本关系的反思中产生的，并且在全球范围内引起了广泛的重视，对社会各个领域产生了极大影响，成为各国公共管理的重要价值理念和取向。

治理就是各种公共的或私人的机构管理其共同事务的诸多方式的总和。它是使相互冲突的或不同的利益得以调和并且采取联合行动的持续的过程，既包括有权迫使人们服从的正式制度和规则，也包括各种人们同意或以为符合其利益的非正式的制度安排。它有四个特征：治理是一个过程；治理过程的基础是协调；治理既涉及公共部门，也包括私人部门；治理体现的是持续的互动。当代条件下，治理已经实际上是政府寻求与社会合作、实现双赢的一条新的途径，它意味着在公共利益的实现方式上由一元、强制和垄断日益趋向多元、民主与合作。首先，治理主体日益多元化。治理理论认为，政府并不是国家唯一的权力中心，私营部门、第三部门（如非政府组织、志愿性组织等）同样是合法权力的来源，只要私营部门和第三部门（非政府组织）行使的权力能够得到公众的认可，就可能成为不同层面上的权力中心。其次，治理主体之间责任界限的模糊性和相互依赖性。治理理论认为，政府与社会、政府与市场、公共部门与私营部门和第三部门之间存在相互依赖与合作伙伴关系。因此，治理理论特别强调各治理主体之间的合作与共赢，提倡通过协商对话、谈判等方式加强相互之间的互利合作，模糊它们之间的界限。政府更多地把原先由它承担的责任移交给私营部门和第三部门去履行，让后者承担起越来越多的原先由国家政府承担的责任，以促进国家与社会的合作，加强各治理主体之间的相互依赖与合作关系。最后，自主自治的网络体系的建立。治理理论所强调的治理主体的多元化以及多元化主体之间的相互依赖与合作关系，必然会形成一种自主自治的网络，各个治理主体在这一网络中通过各自的优势和拥有的资源分担各种公共事务和责任、发挥其作用，以达到最终在全社会范围内建立一种公共事务的管理联合体，提高公共产品和服务的整体效率。

治理理论作为一种新的公共管理理论，着重强调的是政府与社会、政府与市场、公共部门与私营部门和第三部门之间的合作和互动，追求的是一种通过各种力量和资源的整合达到"善治"的社会体制。因此，治理理论对我们重新认识和理解政府、市场与公民社会间的相互关系，以及防止腐败与公共权力的滥用都具有重要的理论意义。公共治理理论同样成为防止利益冲突的又一重要理论依据。

综上所述，人民主权理论、公共选择理论、分权制衡理论、社会冲突理论、公民社会理论和公共治理理论，分别从国家主权的本质、经济人假设与政府失灵的应对、国家权力体系与制度的设计、社会演进过程中社会矛盾和社会冲突产生的根源及解决途径，以及政府与公民社会之间的互动制衡关系等角度，解释了防止利益冲突的必要性和重要性，它们共同成为政府廉政建设、防止利益冲突和惩治腐败的理论基础。

参考文献：

［1］肖君拥．人民主权论［M］．济南：山东人民出版社，2005.

［2］卢梭．社会契约论［M］．北京：商务印书馆，2006.

［3］胡锦涛．高举中国特色社会主义伟大旗帜为夺取全面建设小康社会新胜利而奋斗［M］．北京：人民出版社，2007.

［4］丹尼斯·缪勒．公共选择理论［M］．北京：商务印书馆，1992.

［5］丹尼斯·缪勒．公共选择理论［M］．北京：中国社会科学出版社，2010.

［6］BUCHANAN. Theory of public choice［M］. AnnArbor：University of Michigan Press，1972：22.

［7］黎海波．公共选择理论与政府改革的"选择"［J］．陕西行政学院学报，2010（2）.

［8］张星炜．"议行合一"与"三权分立"再认识［J］．社会科学研究，2007（2）.

［9］孟德斯鸠．论法的精神（上册）［M］．北京：商务印书馆，1985.

［10］徐大同．西方政治思想史［M］．天津：天津人民出版社，2005.

［11］马克思恩格斯选集（第2卷）［M］．北京：人民出版社，1972.

［12］拉尔夫·达仁道夫．现代社会冲突［M］．北京：中国社会科学出版社，2000.

［13］L.科塞．社会冲突的功能［M］．北京：华夏出版社，1989.

［14］任剑涛．从冲突理论视角看和谐社会建构［J］．江苏社会科学，2006（1）.

［15］王晓升．哈贝马斯的现代性社会理论［M］．北京：社会科学文献出版社，2006.

［16］王建芹．非政府组织的理论阐释［M］．北京：方正出版社，2005.

［17］吴东民，等．非营利组织管理［M］．北京：中国人民大学出版社，2003.

［18］俞可平．中国公民社会的兴起及其对治理的意义［OL］. http：//www. comment-cn. net，2006－08－16.

［19］周义程．治理理论与我国第三部门的培育［J］．南京行政学院学报，2003（3）.

核心价值观融入大学生人格养成刍议

沈　全❶

摘要：近年来大学生思想、政治、道德和价值观领域出现了一些问题，大学生群体的人格精神正面临挑战。大学生核心价值观的培育，关乎大学生健全人格的养成，也关乎中国特色社会主义的发展方向。社会主义核心价值体系是社会主义意识形态的本质体现，而大学生是国家意志的继承者和社会主义核心价值观的建构者，如何将社会主义核心价值观融入大学生人格养成，引导大学生逐步形成正确的社会主义核心价值观并成为社会主义核心价值观的倡导者，是一项重大的战略任务，加强当代大学生社会主义核心价值观是培育中国特色社会主义建设者的客观要求。

关键词：人格　养成　核心价值观

一、人格养成的内涵

人格，是指个人显著的性格、特征、态度或习惯的有机结合。人格是构成一个人思想、情感及行为的特有模式，这个特有模式包含了一个人区别于他人的稳定而统一的心理品质。它是一个复杂的有机结构系统，包括以下几种主要成分：知——情——意系统、心理状态及特征系统、人格动力系统和自我调控系统等。由此，健康的人格应是个体自身的生理、心理、社会、道德、审美诸人格要素的优化组合，处于遗传与环境的双重作用下，人格的形成和发展虽与人的先天禀赋有关，但起主导作用的是后天的环境因素，特别是教育及与其紧密相关的习性培养。❷ 人格精神是人格的思想存在和精神体现，是人格的核心和灵魂，体现在人的思想、道德、情感、心理、意志、信仰和价值观等多方

---

❶　作者单位：上海商学院。
❷　薛红亮. 大学生人格养成的隐性教育［J］. 现代教育论丛，2010（2）.

面。笔者认为：人格精神指人稳定的、积极的、健康的精神状态，是人的观念的"道德的""情感的""意志的"和"审美的"理想品质和精神品格，人格精神既有个体呈现，也有集体或群体的公共表现，但其最集中的表现就是人的尊严、价值、荣誉和品性中所具备的基本精神。这种精神可以具体体现在人的思想观念、情感态度、道德信仰、生活实践和行为活动中。❶它是在满足人的基本生存，与人、社会和平共处的基础上的更高要求。它的立足点在于树立理想信念，加强诚信、独立、创新、敬业、自律等现代人格行为，尽力为最多的人做最大的贡献，实现个人需要与社会需要的完满结合。

里克纳教授他在《人格教育》一书中指出："有史以来，教育所追求的目标都是双重的，一是帮助青年人开启智慧，二是帮助他们发展良好的品性。""一个人在迷失方向时是最为痛苦的，不管是在生活的取向上，还是在对未来的目标上，还是在爱情观念的迷惑不解上。"在这个越来越商业化和市民化的社会里，信念、责任、坚守、进取、阳光、乐观等传统的价值观正在变得越来越稀缺。注重人格精神培育实际上是通过思想政治教育而在大学生群体中进行"心魂再造、精神再生"。

二、大学生人格精神领域显现的问题

人格精神与人的思想、心理、意志、情操、道德、价值观、信仰等各方面都有联系，因而人格精神的缺失也会在很多方面表现出来。近年来，我国高校在大学生思想、政治、道德和价值观领域出现了一些问题，大学生群体的人格精神正面临挑战。随着社会流动性的增加，以及经济的快速增长、网络的迅猛发展，大学生的交往方式、生活方式、就业方式等都出现了不同程度的新情况。有学者指出：我国大学生的生活世界是以拒斥权威为心理机制，以自主性、个性化选择为显著特征的，是以未来的就业预期目标为中心自主筹划知识学习和课外活动的世界。❷他们思维活跃，愿意接受新鲜事物，对政治、经济、社会的变化比较敏感，价值取向呈现多元化；他们个性鲜明，有很强的自主性。与此同时，"一些大学生不同程度地存在政治信仰迷茫、理想信念模糊、价值取向扭曲、诚信意识淡薄、社会责任感缺失、艰苦奋斗精神淡化、团结协

---

❶ 宇文利. 高校思政教育应加强对大学生人格精神的培育［J］. 中国高等教育，2014（9）.

❷ 彭恒军. 融合"意义世界"与"生活世界"［N］. 中国教育报，2007－08－11.

作观念较差、心理素质欠佳等问题"❶。其中，最剧烈的冲突与嬗变来自人们的价值观念和社会价值体系。大学生是社会中的一个年轻活跃的群体，他们正处于生理、心理发展的高峰期，精力充沛，思维敏捷，富于幻想和冲动，对社会变化反应敏感且迅速。大学生的价值观变化在很大程度上反映了社会价值观的变化。在这样的背景下受到现代多元价值观的影响，大学生的价值观取向总体上是好的、积极向上的，但是社会的复杂性和多变性也造成了个别大学生不能够树立正确的世界观、人生观和价值观，对大学生社会主义核心价值观的树立和践行有一些不容忽视的负面影响，出现一些共同特征。

（一） 道德迷茫

社会高速发展，带来的便是一些现有的道德价值观与社会发展不相适应。同时，针对一些新现象，没有形成一个与现代文明相适应的公德体系。这种状况下，很多大学生都会产生道德迷茫——说不清什么是对的，什么是不对的。其对社会上出现的一些不良道德现象又很茫然和无所适从，内心认可公平公正，按规则办事，但现实中又认可投机取巧，漠视校园纪律和规范，考试作弊，诚信缺失，投机价值倾向趋于严重，他们逐渐放弃了传统的神圣爱情观和责任婚姻观，呈现物质化趋势和游戏化。

（二） 信仰弱化

目前，大学生社会主义核心价值观缺失的突出表现是社会主义信仰日渐弱化。在多元文化的冲击下，不少大学生面对无法解释的各种危机，陷入深深的苦闷之中，转而追求虚无价值，并不认同坚定社会主义信仰的必要性。部分大学生一方面对党的事业、国家的发展充满信心，表现出极大的爱国热情；另一方面，对社会上的权钱交易、腐败不公等社会深层次的问题表示忧虑。信仰出现真空化，这些现象充分表明社会主义核心价值观教育的缺失，严重制约了大学生成长成才。

（三） 价值多样

在市场经济世俗化和功利化的影响下，当前大学生的价值观正日益发生变化。当代大学生基本都为独生子女，"自我中心意识"较强，缺少责任意识和规范意识。在追求自身发展的过程中，价值取向表现出个人至上、自我中心倾向；学习、生活和社会沟通中倾向于利益化博弈，价值观模糊；强调自我价值

---

❶ 中共中央，国务院. 关于进一步加强和改进大学生思想政治教育的意见［N］. 光明日报，2004 - 10 - 14.

的实现，价值观趋于务实；认同西方一些不良的生活理念和方式，追求庸俗和快餐文化，在国家和个人利益发生冲突时，注重满足感官享受和个人眼前利益，不愿牺牲自我利益；等等。

三、将核心价值观融入人格养成的培育

当前高校加强和学习社会主义核心价值观教育，重点就是弘扬和培育社会主义核心价值观。社会主义核心价值体系是社会主义意识形态的本质体现，而大学生是国家意志的继承者和社会主义核心价值观的建构者，如何将社会主义核心价值观融入大学生人格养成，引导大学生逐步形成正确的社会主义核心价值观，并成为社会主义核心价值观的倡导者，是一项重大的战略任务。

党的十八大报告正式提出社会主义核心价值观的"二十四字"概括，从国家、社会、公民层面论述了核心价值观的内涵、层次，是社会主义核心价值观的高度凝练和集中表达。当前，改革深水区的矛盾错综复杂，与之相伴随，文化激荡、思想交锋、价值碰撞也愈加明显和激烈，高校作为思想舆论的源工厂，备受社会关注。因此，要牢牢把握高校这个思想政治教育前沿阵地，高举中国特色社会主义伟大旗帜，深入学习贯彻党的十八大精神和习近平同志系列讲话精神，紧紧围绕坚持和发展中国特色社会主义这一主题，紧紧围绕实现中华民族伟大复兴中国梦这一目标，注重宣传教育、示范引领、实践养成相统一，注重政策保障、制度规范、法律约束相衔接，使社会主义核心价值观真正融入大学生的日常生活，入脑入心。❶ 习近平在 2013 年 5 月 2 日给北京大学学生的回信中，肯定了大学生们立志为实现中华民族伟大复兴的中国梦而奋斗的理想和追求，指出了大学生要积极培育和践行社会主义核心价值观，这充分展现了中国共产党高度的文化自觉和价值自信。可见，大学生培育和践行正确的社会主义核心价值观，是立足于中国特色社会主义的国情根基，充分发挥社会主义核心价值观引领社会思潮、凝集社会共识、推动社会前进的重大作用。❷

（一）重点培育大学生人格精神

"百年大计、教育为本、立德树人、德育为先"所强调的就是作为教育对象的人在其道德品质和精神境界上应优先获得教育和化成的重要性。早在 2004 年，中共中央颁布的《关于进一步加强和改进大学生思想政治教育的意见》就

---

❶ 王峰．大学生社会主义核心价值观教育策略谫论［J］．学校党建与思想教育，2014（18）．

❷ 冯刚．着力培育大学生社会主义核心价值观［J］．中国特色社会主义理论体系研究，2012，32（9）．

指出了部分大学生在精神领域存在的问题，从中不难看出这些均发生在大学生的思想观念和精神领域。有的是政治意识问题，有的是价值标准问题，有的则是对社会外界的态度和对他人的基本取向，包括人际关系、社会公德交往和社会行为问题，以及自我意识问题。这些问题虽然有不同的表现，但都可以归结为大学生精神世界的问题。精神世界的问题有一个总源头，那就是"人是什么？"和"人怎么样？"的问题。这两个问题在思想政治教育情境中体现为"如何做人"的问题，特别是"做什么样的人"的问题。改革开放以来，我国高校的思想政治教育注重对学生政治立场和科学素质的培育，强调对其作为"建设者和接班人"这一政治组织角色的培养，但在一定程度上也忽略了对大学生人格精神的培育，忽略了对学生兼具社会角色和政治角色、养成独立人格的培育。事实上，人对于自身的认知和对社会角色的最佳诠释主要体现在人格中，体现在人相对于外部客观世界和人际关系的格调与精神中。

（二） 教学中渗透社会主义核心价值观教育

教师是传道、授业、解惑者，更是学生的心灵成长导师。不论辅导员、思政课教师还是专业课教师，都要适时把社会主义核心价值观的教育渗透到课程中。其中，思政辅导员、思政课教师本身就是德育工作的宣传者、实施者和监督者，更应将大学的马克思主义理论课和思想品德课教学讲活，触及学生的灵魂深处。价值观的培养必须由主体主动接受、内化才能达到培育效果，因此，社会主义核心价值体系的根本着眼点要求我们在对大学生核心价值观进行培育时必须体现"尊重"的工作理念，尊重学生的特点和成长规律，尊重学生的个性特征和心理需求，对不同的学生运用不同的教育方法，使大学生核心价值观的教育达到"自上而下"到"自下而上"的转变，使学生对教育、对社会、对国家产生情感共鸣和认可，实现学生接受大学生核心价值观的培育由外在牵引向内在驱动的转变；将核心价值观教育深入在学校教育教学和日常管理的各个环节，真正做到"进教材、进课堂、进学生头脑"；开展社会主义核心价值观教育实践活动，如主题演讲、征文、知识竞赛、社会调查、辩论赛等，在学习中不断加深理解，树立正确的价值观，做学生全面发展的指导者、引路人。

（三） 为人格精神培育找到切实的路径

高校思想政治教育者要将十八大对社会主义核心价值观概括出的三个倡导，即"倡导富强、民主、文明、和谐，倡导自由、平等、公正、法治，倡导爱国、敬业、诚信、友善"❶ 转化为具体的行为指标，并结合思想政治教育的实践体系，为大学生人格精神的培育找到实现的空间和路径。大学生人格精神培育的过程，其实也就是把思想的、伦理的、道德的、政治的，乃至经济的、文化的和社会的精神规范现实化的过程。在此过程中，对于人格精神的传统气息与时代特征、思想认知和现实行为、理想人格和实际标准、榜样示范与自我修习、自觉教育与学习从教之间的衔接将是十分重要的。要践行社会主义核心价值观，就必须密切联系大学生实际，通过调查访问、专业见习、社会体验等行之有效的实践活动来提高觉悟和升华思想，增强大学生的历史使命感和社会责任感，从而转化为自觉的行为，真正达到学思结合、知行合一的教育要求。

参考文献：

［1］习近平. 在中央党校建校八十周年庆祝大会暨 2013 年春季学期开学典礼上的讲话［N］. 人民日报，2013 – 03 – 03.

［2］侯捷. 增强大学生社会主义核心价值体系教育实效的对策思考［J］. 学校党建与思想教育，2011（10）.

［3］刘先春，郭海霞. 当代大学生社会主义核心价值观存在的问题及对策研究［J］. 社科纵横，2014（9）.

［4］薛红亮. 大学生人格养成的隐性教育［J］. 现代教育论丛，2010（2）.

［5］冯刚. 着力培育大学生社会主义核心价值观［J］. 中国特色社会主义理论体系研究，2012，32（9）.

［6］王峰. 大学生社会主义核心价值观教育策略谫论［J］. 学校党建与思想教育，2014（18）.

［7］胡锦涛. 坚定不移沿着中国特色社会主义道路前进 为全面建成小康社会而奋斗——在中国共产党第十八次全国代表大会上的报告［M］. 北京：人民出版社，2012.

［8］冯刚. 着力培育大学生社会主义核心价值观［J］. 中国特色社会主义理论体系研究，2012，32（9）.

［9］彭恒军. 融合"意义世界"与"生活世界"［N］. 中国教育报，2007 – 08 – 11.

［10］中共中央，国务院. 关于进一步加强和改进大学生思想政治教育的意见［N］. 光明日报，2004 – 10 – 14.

［11］宇文利. 高校思政教育应加强对大学生人格精神的培育［J］. 中国高等教育，2014（9）.

---

❶ 胡锦涛. 坚定不移沿着中国特色社会主义道路前进 为全面建成小康社会而奋斗——在中国共产党第十八次全国代表大会上的报告［M］. 北京：人民出版社，2012.

行业自律的意义及其困境

姚志鹏❶

摘要：行业自律是政府监管的有力补充，是市场经济条件下提高企业经营服务水平的重要措施之一，它不仅能在一定程度上降低政府监管的成本，也能弥补政府监管可能存在的针对性不足的缺陷。目前，我国行业自律水平不高，与行业自律文化不强盛、行业自律陷于功利、惩戒手段不足等有关。要提高我国行业自律水平，激发企业自律的积极性，必须加快自律文化建设，提升行业协会服务水平，提升政府监管有效性，开发有效的惩戒手段。提升行业自律的重中之重，还是人的自律水平的提高。

关键词：行业管理　诚信管理　行业自律

时任李克强总理在第八届夏季达沃斯论坛致辞中倡导"掀起大众创业、万众创新的新浪潮"。之后，李克强在部署进一步扶持小微企业发展、推动大众创业、万众创新的国务院常务会议上进一步指出："小微企业生生死死是正常现象，但我们要想方设法让它们活得更长一些，让后续的创业大军能源源不断进来。""我们引燃了创业'火种'，要使它越烧越旺。不仅要让企业'生出来'，还要让它们'活下去''活得好'！"他还指出："计划经济是管制经济，但到了今天，我们不能再保留过去的习惯，觉得什么都要'管起来'，让企业寸步难行。"他强调指出："政府工作的目的是'为人民服务'，我们搞经济工作，就是要'为企业服务'，要让企业家放开手脚在市场上闯荡！"❷ 十八届三中全会也曾指出，经济体制改革是全面深化改革的重点，核心问题是处理好政府与市场的关系，使市场在资源配置中起决定性作用和更好发挥作用。在"小

---

❶　作者单位：上海商学院。

❷　李克强. 创业火种引燃了，要让它越烧越旺［OL］. 中国政府网，http：//www. gov. cn/xinwen/
2014 –09/17/content_ 2751952. htm.

政府、大社会、简政放权、社会共治"的新思路下，企业的市场主体地位不断得到加强，相应地，其主体责任也应当不断得到重视和落实。否则，在经济转型和发展期，由于法律还不是十分完善，市场也尚在发育之中，很容易发生"泥沙俱下、鱼龙混杂"的不良局面。要避免这种局面的出现，一方面需要加快相关制度改革和建设，加快市场发育的步伐；另一方面，市场主体的自我觉醒和成熟也显得非常重要。换言之，行业和各个企业应当珍惜这种宽松的环境，加强主体责任意识，认真体察自己对经济增长和社会发展的意义，强化自我约束机制，向社会提供优良的产品和服务。由此，行业自律的作用和意义就越发显得重要起来。

一、对行业自律的意义

（一） 行业自律的界定

关于行业自律的界定，埃尔文（Larry Irvin）指出："行业自律是私人部门的特定产业或职业，为了满足消费者需求、遵守行业道德规范、提升行业声誉及扩展市场领域等目的，对自我行为进行的控制。"金（Andrew A. King）和雷诺克斯（Michael J. Lenox）将行业自律定义为"是企业的志愿协会对企业集体行为的控制"。内瓦斯（Renée de Nevers）认为："自律是执行私人权威的一种手段，可以被定义为受制于正式管制的（组织）自我设计并执行规则的一种努力。"❶ 由此可见，行业自律强调的是自我控制，是一种自觉。也就是说，行业自律是行业内各企业为了更好地生存和发展，在各自自我规范的基础上形成的，具有行业共同特征并共同遵守的一系列企业行为准则的升华，包括产品标准、服务标准等，是行业内各企业共同遵守的最低标准；行业自律是通过企业自主实现的，所以，这种标准的强制作用以行业协会的会员企业为限；行业自律中所产生的标准，其作用可能通过上升为国家标准或通过市场竞争扩展到其他非行业协会外的企业，甚至扩展到其他行业。

（二） 行业自律的意义

行业自律是一种重要的自主治理形式，一般通过行业协会得到实现。行业协会的一项重要职责就是促使会员单位规范自己在市场上的行为，为行业自律的实现提供引导、保障力量。行业自律的主体或最后体现，当然是行业中的各个具体企业。行业自律的价值主要体现在以下方面。

---

❶ 常健. 行业自律的定位、动因、模式和局限［J］. 南开学报（哲学社会科学版），2011（1）.

1. 降低政府监管成本

关于行业自律与政府监管的关系，一直存在争议。一种意见认为，行业自律应当替代政府监管。在市场竞争中，企业是市场的主体，它应当对自己的行为负责，市场竞争会让消费者成为最好的监管者。政府监管，会因为缺乏专业性而出现不当管理，也可能会因为出现寻租现象而压制企业的发展。政府为了提高专业性，不得不聘请大批专业人员，而这些专业人员应当是某一领域的佼佼者，要价甚高，从而极大地提高监管成本。为了防止寻租现象，就必须高薪养廉，这也会增加监管成本。在市场竞争中，消费者为了保护自己的利益，对企业自然会形成严格的要求，有时甚至会是非常苛刻的要求，他们将促使企业不得不将消费者的要求整合到企业标准中去。消费者的监管行为是自发的、全方位的，这会促使企业形成越来越严格的标准。因此，行业自律可以替代政府监管。另一种意见则认为，行业自律是政府监管的补充。虽然消费者对监管会有很高的热情，但消费者是分散的，力量相对薄弱。同时，由于信息不对称，消费者的商品（服务）知识总是相对缺乏的。因此，仅凭消费者的监督或市场竞争很难使行业自律达到较高水平。在消费者消费知识和能力相对薄弱的时候，行业自律可能流于形式。再者，行业协会是一种自主联合体，不具备强制力，有的话也就是对成员的约束力，也就是说，对于非成员企业，它是无能为力的。而政府监管可以弥补消费者力量的薄弱，弥补消费者消费知识和能力的不足，可以对整个行业发挥其强制力。因此，政府既不能大包大揽，也不能放任不管。政府的主导作用不可或缺，政府监管和行业自律应当相互配合、互为补充，这样才能使市场发展更为健康。

在政府监管和行业自律的关系上，即便是持补充说，也能使政府监管腾出更多的精力。由此，行业自律可以在一定程度上减轻政府的监管成本，并且能更好地发挥行业组织专业性强的特点。

2. 促进企业共同发展

通过行业自律，在行业协会的组织引导下，规范企业在市场上的行为，提高行业的整体水平，带动行业中各个企业的发展。

行业自律的实现虽然最终是通过企业的自主行为，但这之中，必须由行业协会来穿针引线。在行业自律规范的形成过程中，各个企业不再各自为政，要共同商讨，这样就可能把一些好的做法推广开去，使企业相互学习、取长补短、共同提高。同时，对于个别企业的一些不良行为，也可通过协会群体的力量促其纠正。

3. 增加消费者福利

行业自律作为一种自觉行为，可以表现为行业内各企业的自我约束、自我加压。当消费者还没有提出更高的要求时，行业可以自觉地从行业发展的高度自觉提高行业标准；当个别消费者提出了更高的要求时，可以把这些要求看作行业产品和服务质量提升的目标，不断使产品和服务标准迈上新的台阶；当个别会员单位在提高产品和服务质量方面有新的更好的举措时，行业自律可以促进会员单位共同生产和提高服务水平，增加消费者的福利。

总之，行业自律如果真能发挥好作用，对整个社会的经济发展将会非常有意义。

二、行业自律的困境与对策

近年来，我国行业协会发展迅速，行业自律也逐步为人们所认识并不断重视，不少行业协会将行业自律作为推进诚信建设的重要抓手，如，上海市消费者权益保护委员会联合上海市商业联合会、上海市食品安全工作联合会共同开展的"2014 诚信兴商十件事"就是一个典型案例。但是，就总体而言，我国的行业自律水平还不高，不少企业尚缺乏自律意识，表现为各种食品安全问题、药品安全问题、安全生产问题等层出不穷。

（一） 行业自律缺乏的动因

我国目前行业自律整体水平之所以不高，可能与行业自律的动因有关。

1. 自律收益不明显

一些国家和地区的市场经济起步较早，市场规制比较齐全，企业如果作出不注重自律的举动，也很难逃脱社会监管。同时，这些国家和地区的消费者也比较成熟，能够理智消费。比如，分层消费在一些国家和地区已成为比较普遍的消费心理，劣币驱逐良币的现象已较少发生，价质相当已成为一种普遍的购买决策的原则。相对而言，我国市场经济起步较迟，人们在长期饱受物资匮乏的煎熬后，面对突如其来的琳琅满目的商品市场，消费心理表现得不够成熟，只买最贵、注重外表成为不少消费者的购买原则，劣币驱逐良币的现象时有发生。由此，那些自觉与自律的企业很难得到明显的正向收益，而缺乏自觉和自律的企业也很少受到被逐出市场的惩罚。这种自律与收益的低关联性，也成为各企业缺乏自觉自律的重要动因。

2. 自律文化不强盛

前面说过，行业自律是一种自我约束、自我加压，是一种自觉，自觉（自律）属于道德范畴。从这个层面来看，行业自律的产生与企业的道德自觉有密切联系。这种道德自觉，我们姑且称之为自律文化。这种自律文化，是企业生存的文化背景。当这种自律文化足够强盛时，身处这种文化背景中的企业会受其感染，表现出自律自觉；当这种自律文化不够强盛时，企业作为一个理性主体，其自觉（自律）动机的产生就会受到自律收益的主宰。所以，行业自律在很大程度上受到自律文化强度的影响。

一些国家和地区，市场经济的发展已经比较成熟。经过长期的市场博弈以及文明的发展，自律文化逐步形成，对消费者负责就是对自己负责，对社会负责是自身的义务等观念已经以企业的社会责任内化到企业的人格之中，行业自律的功利化色彩趋于淡化。

但是，我国目前这种自觉文化还没有很好地形成，至少是不强盛的，因此，我们目前看到的自觉或自律应当是带引号的，它经常带上非常浓重的功利色彩。比如，不少企业在谈到为什么要诚实经营时，总拿企业的生存、企业的收入作为理由。用利益去诱导人承担责任，当然就谈不上自觉自律了。因此，当企业自觉或自律能得到正向收益时，就表现出一定的自律行为；当企业自觉或自律不能产生明显的正向收益，或不自觉、不自律也不会得到明显的负向收益，甚至有时也会有正向收益（如假冒伪劣产品也经常很有市场）时，其自觉（自律）就不会产生。

3. 缺乏惩戒措施

企业不能自律，作出侵害行业声誉和消费者利益的行为时，行业协会缺乏对其作出惩戒的能力，这是我国行业协会的通病。行业协会不是政府的派出机构，没有法定强制力。行业协会可使用的方法是弱强制性的，即协会成员可以以退会、另设协会等方式抵制协会的惩戒。我们看到不少行业在通报批评成员单位时，要反复推敲、协调，或是避重就轻，不敢批评，就怕会员单位反水。再者，行业协会也缺乏惩戒的抓手。缺乏惩戒措施也成为不少企业不能遵守行业自律的重要原因之一。

（二） 提高行业自律实现水平的对策

1. 建设好自律文化

诚信、敬业是社会主义核心价值观的重要内容，也应当是企业人格的重要组成部分。企业为社会提供质价相当的产品与服务，既是生存之道，更应成为企业的品质。行业自律首先必须去功利化，就像道德既是人的生存之道，更是人应有的品质。当一个人把坚持道德行为不仅看作自己的生存之道，更看作人的本质时，其才能自觉自律，甚至会为坚持道而牺牲。同样，企业也只有把行业自律当作自己的品质，才可能避免为逐利而偷工减料，把眼光放在创新上。行业自律的主体是企业，关键是企业中的人，所以，强盛行业自律文化实质上是要加紧提升人的道德品质。由此，行业自律不仅是单个企业的事，更是一个系统工程。作为企业的主体的人自觉、自律了，社会整体自觉自律了，企业才可能自觉、自律，行业自律才可能真正得以实现，否则，行业自律还只能是一种经营手段罢了，一种披上了文化元素的逐利手段而已。总之，建设好行业自律文化，关键是首先要培养好能自律的人。

2. 发挥行业协会的作用

行业协会通过制定行规行约和内部章程等约束会员的行为，从而起到行业自律的作用。但行业协会不能变成二政府，依然沿用命令的手段去强制会员单位。其应当多花力气培养公信力、凝聚力。通过充当企业的公关大使，做好企业与政府、与社区、与消费者的桥梁，营造良好的行业经营环境，提高行业协会的凝聚力；通过修订行业标准，切实帮助会员提高经营水平和服务能力，成为会员单位的良师益友；通过组织交流、培训等活动，加强会员单位的沟通，协调会员单位的矛盾冲突，促使行业有序发展；通过质量检查，帮助会员单位提高产品与服务质量；运用行业评选、向社会公开信息等方式，促进会员单位的自律行为。

总之，行业协会要以服务赢取会员单位的信任，要以公平公正树立在会员单位中的公信力，要以先进的理念引导会员单位走向自觉自律。

3. 提高政府监管的效力

在行业自律文化尚未强盛之时，政府依然要肩负好监管的责任；即使行业自律文化已经形成并得到广泛认同，政府的监管也不能缺失，要继续发挥好威慑的作用，以免行业自律的退化。同样，作为政府监管，也要保持其公信力：一方面，要进一步提升监管队伍的专业水平，提高监管的效力；另一方面，要提升服务行业的能力，事前、事中、事后监控有效结合起来，促进落后企业不断提高；再者，政府监管可以充分利用各种媒体，如"3·15晚会""消费警示"等方式以及网络平台等，向社会及时披露各种信息，帮助消费者辨别良莠，威慑不自律、不自觉的企业，促进行业自律风气的好转。

4. 开发有效的惩戒措施

缺乏有效、有力的惩戒措施，是当前行业自律水平不高的重要原因之一。因此，加快惩戒措施的建设应当成为政策监管和行业协会的紧要工作。现在一些企业不怕曝光，一些企业成为"3·15晚会"的常客，应当引起我们的重视。我们应当有帮"企业生出来、活下去"的能力，同时，我们也应当有剔除生产、服务领域害群之马的勇气和本领。在大数据时代，要利用这一信息化成果，及时发现害群之马并迅速剔除，给老百姓一个安全的消费环境，给自律的企业一个良好的行业环境。对此，应当多开发一些如"积分制度"等好方法，加快信用体系建设，加快信用相关法律建设，加强社会主义核心价值观建设，帮助企业向自律方向发展，形成社会成员个个自律的良好的社会风尚。

参考文献：

[1] 李克强. 创业火种引燃了，要让它越烧越旺 [OL]. 中国政府网，http：//www. gov. cn/xinwen/2014 –09/17/content_ 2751952. htm，2014 – 09 – 17.

[2] 周欣月. 论美国行业自律模式及对我国个人信息保护立法模式的启示 [J]. 商，Business，2013 (43).

[3] 郝兵兵. 行业协会在行业自律管理中的职能发挥与功能完善 [J]. 现代商业，2013 (6).

[4] 郭薇. 行业协会参与社会管理的策略分析 [J]. 行政论坛，2012 (2).

[5] 孙继辉. 注册会计师行业发展困境及对策 [J]. 地方财政研究，2012 (8).

[6] 常健. 行业自律的定位、动因、模式和局限 [J]. 南开学报：哲学社会科学版，2011 (1).

[7] 陈维新. 正确理解行业自律，全面推行行业自律认证技术 [J]. 认证技术，2011 (6).

[8] 彭昕. 体育行业自律困境的立法学释疑 [J]. 武汉体育学院学报，2011 (5).

[9] 常健. 论行业自律的作用及其实现条件 [J]. 理论与现代化，2011 (4).

[10] 徐敬宏. 美国网络隐私权的行业自律保护及其对我国的启示 [J]. 情报理论与实践，2008 (6).

旅游相关社会资本与目的地社区信任建构研究

周利方❶

摘要： 旅游发展和社会资本积累是相互作用、相互促进的关系，现有研究和实践较多地关注了社会资本对旅游发展的推动作用，关于发展旅游对社区社会资本的影响的研究相对薄弱。目的地社区旅游相关社会资本与其他非相关资本之间存在积极关系。旅游相关社会资本对旅游及社区发展有重要的推动作用，信任是社会资本的催化剂。基于信任，通过扩展社会关系和网络建立新的信任关系，信任推动社会资本获取资源，反过来增进社会信任，构成两个交叉的反馈环路。本文在分析旅游对社会资本的影响的基础上，概括了通过旅游积累社会资本、建设信任的基本途径和原则。

关键词： 旅游　社会资本建构　信任　社区发展

旅游发展和社区目标是目的地研究的重要内容，对两者关系的不同认识和理解给实践带来了巨大影响。对发展旅游获取最大化经济效益的强调，一度掩盖了社区自身目标和需求。在可持续旅游发展的背景下，社区语境下的旅游越来越受到更多的理论关注。对于发展的可持续性问题，罗伯特·科斯坦萨（Robert Costanza）等人提出了"完全世界经济模式"（Full World Mode Economy）❷。在这一模式中，需要考虑的是多种形式的资本，包括自然资本、社会资本和人力资本；经济和政府行动的目标是保护和增加各种资本的存量。马库·莱托尼恩（Markku Lehtonen）则直接将可持续发展定义为"维持和增加各种资本的总库存"❸。这为资本视角的旅游研究提供了新的理论基点和分析框架。在各种资本中，社会资本因

---

❶　作者单位：上海旅游高等专科学校。

❷　Costanza, R., J. C Cumberland, H. E. Daly, R. Goodland, and R. Norgaard. An Introduction to Ecological Economics [M]. St. Lucie Press, Boca Raton, 1997：275.

❸　Lehtonen, Markku. The environmental-social interface of sustainable development：capabilities, social capital, institutions [J]. Ecological Economics, 2004, 49：199－214.

其对发展的巨大作用而格外受到重视。然而关于目的地社区的旅游相关社会资本、被认为是社会资本构成部分的信任与旅游发展的关系的研究不足。本文试图分析旅游相关社会资本的功能和构成、旅游对社会资本的影响以及社会资本与信任的关系，在此基础上，探讨通过旅游积累社会资本、建设信任的基本途径和原则。

一、社会资本视角的社区旅游研究

1. 旅游社区研究方法及资本视角的引入

在众多的旅游社区研究理论和方法中，包括"利益相关者理论"（Stakeholder Theory）、"协同理论"（Collaboration Theory）、"社区能力建设"（Community Capacity-building）、"网络理论"（Network Theory）、"形式与实质合理性"（Formal Versus Substantive Rationality），以及"社会交换理论"（Social exchange theory），本研究尝试通过运用社会资本的理论视角来更好地理解社区旅游的发展，拓展社区旅游研究的理论基础。

社会资本的概念源自多个学科，被广泛运用于社区探索经济发展模式的多样性等方面。在各种社会资本研究成果中，本研究采用美国社会学家科妮莉亚·弗洛拉（Cornelia Flora，2004）社区发展语境下的资本叙述框架。弗洛拉构建的资本模型包括七种形式的资本：金融资本、人力资本、人造资本、自然资本、文化资本、政治资本以及社会资本（见图1）。❶

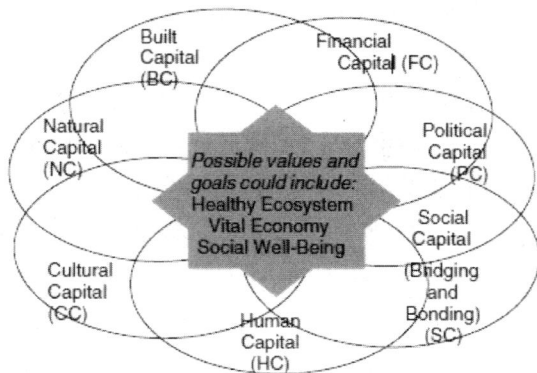

图1　科妮莉亚·弗洛拉（Cornelia Flora）的社会资本模型

---

❶　Flora, Cornelia. Community Dynamics and Social Capital. In Agroecosystems Analysis, edited by D. Rickerl and C. Francis. Madison, WI: American Society of Agronomy, Inc., Crop Science Society of America, Inc., Soil Science Society of America, Inc., 2004: 93 – 107.

在科妮莉亚·弗洛拉的资本模型中，金融资本（Financial Capital），可以定义为能对一个社区进行投资的货币资本和资源，旨在提高社会生产能力、支撑居民和企业家社会能力以及为社区未来发展积累财富等；人力资本（Human Capital），指社区成员所拥有的技能、品质、知识、能力、联系和经验等，还强调获取外部资源和知识的能力，是社区未来塑造的先行者；人造资本（Built capital），是指各种社区活动得以开展的物质基础设施，比如电信、工业园区、街道、水和排污系统等；自然资本（Natural Capital），指的是自然环境和生态系统中支撑社区的资源、便利设施和自然美景等；文化资本（Cultural Capital），可以定义为传统、生活方式、行为、艺术、礼仪、族群节日和语言等社区价值和身份形象的支撑系统；政治资本（Political Capital），是指社区获得和影响权利和决策的能力，以及对标准、规则和规章制定和实施的影响力；社会资本（Social Capital），是指建立在信任和互惠基础上的连接社区内部成员，以及社区与其他地区和居民的网络和关系，是实现目标的社会黏合剂。各类互相重叠、互相联系的资本逐步共同铸就了社区经济繁荣（Vita Economy）、社会融合（Social Inclusion）和生态系统健康（Healthy Ecosystem）。

2. 社会资本在社区发展中的功能

社区发展，首先需要确定总体目标，然后努力使各种资本与社区目标相匹配，多次反复，形成以社区发展目标为核心的社区资本体系。以"江右商帮"文化旅游开发为例，在"丝绸之路经济带"和"21世纪海上丝绸之路"这"一带一路"中长期国家发展战略背景下，江西作为唯一一个涵盖"一带一路"的省份，国家战略部署加上丰富的江右商帮文化景观，以古镇古街为核心的江右商帮文化旅游社区开发是一个非常好的发展机遇。假设社区要利用社区旅游文化遗产来营造一种健康的商业氛围，那么社区居民中强大的文化资本是非常有利的，以讲究"贾德"著称的江右商帮所倡导的"诚信""济民"精神，以及这一精神内核所外显出来的诸如社区传统、生活方式、礼仪、族群节日等，将能起到重要的作用。在这种情形下，大量的金融资本可能不是必不可少的了。这种设定社区总体目标匹配资本的模式还可以用来发掘社区旅游发展的潜力。因此，每一个社区拥有基于其居民的各种相互联系、重叠、独特的社会资本融合体，各种类型和层次的资本营造出一种总体性的经济环境。这一资本融合体中，各种资本存量和重要性程度因社区特点和发展目标而形态各异。有学者（Baker and Coulter，2007）曾经提出，保持五种主要的资本——物质资本（Physical Capital）、金融资本、人力资本、自然资本和社会资本的均衡是经济成功发展的最优状态。❶ 科妮莉亚·弗洛拉（Cornelia Flora，2004）认为，这种观点过于简单化，不能说明和应对相对更为复杂的实际情况，应该是根据社区特点及经济发展方式实现各种资本的有效配置。❷ 这一观点得到许多旅游发展研究者的赞同，而且其特别强调了社会资本的重要性。例如，英国诺森比亚大学萨曼塔·琼斯（Samantha Jones，2005）就认为："信任和互惠通过减少交易成本推进合作，因为人们不再需要对监督他人的行为进行更多的投入，这样就形成了参与集体行动和团体活动的信心。"❸

3. 社会资本对社区旅游发展的推动作用

社会资本不是一个新概念，但是其在旅游发展方面的运用则是相对较新的研究内容。依据不同的领域和学科，社会资本有多个定义。以社会学视角为基础的社会资本，通常是指"一套规则，网络和组织，通过它们获得权力和资源，以有助于能够作出决策和策略规划"❹。与此相似，Portes（1998）将社会资本定义为"行动者凭借社会网络或者其他社会结构的成员身份获得利益的能力"❺。

相比于其他形式的资本而言，社区的社会资本并不是自然存在的。各领域的研究者认为，社会资本具有易变及动态的特点，形式经常发生变化，在现代社会中社会资本处于危机之中，有时候成为社会缺失的要素之一，需要投入和培育。社会资本不是线性的，也不是单一平面的东西。Harpham、Grant 和 Thomas（2002）区分了结构性社会资本（Structural Social Capital）和认知性社会资本（Cognitive Social Capital）。❻ 结构性社会资本关注人做什么（行为），认知性社会资本关注人的感受（知觉）。另一社会资本分类考察方法是通过网

❶ Baker, K., and A. Coulter. Terrorism and Tourism: The Vulnerability of Beach Vendors Livelihoods in Bali [J]. Journal of Sustainable Tourism, 2007, 15（3）: 249 – 266.

❷ Flora, Cornelia. Community Dynamics and Social Capital. In Agroecosystems Analysis, edited by D. Rickerl and C. Francis. Madison, WI: American Society of Agronomy, Inc., Crop Science Society of America, Inc., Soil Science Society of America, Inc., 2004: 93 – 107.

❸ Jones, Samantha. Community-based Eco-tourism—The Significance of Social Capital [J]. Annals of Tourism Research, 2005, Vol. 32, No. 2: 303 – 324.

❹ Dasgupta, Partha and Ismail Serageldin. Social Capital: A Multifaceted Perspective [M]. Washington, DC: World Bank, 1999.

❺ Portes, Alejandro. Social Capital: Its Origins and Applications in Modern Sociology [J]. Annual Review of Sociology, 1998, Vol21: 1 – 24.

❻ Harpham, T., E. Grant, and E. Thomas. Measuring Social Capital within Health Surveys: Key Issues [J]. Health Policy and Planning, 2002, Vol. 17: 106 – 111.

络视图法（the Networks View）。❶ 这一视角区分了"耦合型社会资本"（Bonding Social Capital）和"桥接型社会资本"（Bridging Social Capital），耦合型社会资本指能够促进社区凝聚力的密切纽带，桥接型社会资本则包含创造和维持组织和社区间的联接。这种区分为社区信任和社会资本的生产与培育提供了一个较好的分析框架。

在社区总体的发展语境下，社会资本通常包括三个特征：信任、互惠和合作（Flora，2004）。当社区这三个元素比较强的时候，总体上可能更充分地利用经济、社区建设和提高能力的机会。否则，社区就不太可能很好地利用同样的发展机遇。总体来说，社会资本能够提供启动资本、关于商业机会的建议、市场进入以及具有技能的劳动力。社会资本对社区经济总体获得成功有三个重要的作用：信息共享、行动协调和集体决策。这对旅游发展同样重要。首先，信息共享对旅游业相关参与者至关重要，因为旅游业是一个极具弹性的行业。例如，关于旅游市场精确及时的信息，对旅游相关行业正确的投资、销售非常重要。其次是行动协调。旅游目的地是一整套提供住宿、餐饮和旅游吸引物的复杂系统，因此，协调与合作对旅游业的成功至关重要。最后，集体决策严重依赖前述社会资本，包括信任、互惠和合作，以及在此基础上形成的社区冲突管理能力。社区旅游发展案例表明，成功的目的地已经找到通过开发具有社区凝聚力的旅游产品、实现有关社区目标的集体决策的途径。

4. 旅游相关社会资本及其他资本的关系

通常认为，社会资本不仅对经济发展有直接的重要作用，而且还对其他形式的资本产生影响（Putnam，1993）。❷ 因此，社会资本的生成和累积比其他形式的资本更有价值（Larsen et al.，2004）。❸ 当然，旅游相关社会资本对其他与旅游相关的非社会资本的资本是否具有相同的直接影响，还需要进一步考察。Nancy G. McGehee 等人运用结构方程建模（Structural Equation Modeling，SEM）考察了旅游相关社会资本及其与其他相关非社会资本的关系，结果显示，旅游社区的社会资本对其他社会资本，包括文化资本、政治资本、人力资本、人造资本和金融资本具有直接和积极的影响，但是旅游相关社会资本与旅游相关自

❶ Woolcock, M., and D. Narayan (2000). "Social Capital: Implications for Development Theory, Research, and Policy", The World Bank Research Observer, 2000, Vol. 15: 225 – 249.

❷ Putnam, R. D.. The Prosperous Community—Social Capital and Public Life [J]. The American Prospect, 1993, Vol. 13: 35 – 42.

❸ Larsen, L., S. Harlan, B. Bollin, E. Hackett, D. Hope, A. Kirby, A. Nelson, T. Rex, and S. Wolf. Bonding and Bridging: Understanding the Relationship between Social Capital and Civic Action [J]. Journal of Planning Education and Research, 2004, Vol. 24: 64 – 77.

然资本之间的关系缺乏直接的证据支持。Nancy G. McGehee 等还发现，居住时间长短（工作时间）与旅游相关社会资本存在正相关关系。❶

Nancy G. McGehee 等人的研究，证实了社会资本确实具有易变的特性。旅游社区因其独特的旅游吸引物及其他相关资源，包括居民自身，社区的社会资本（无论丰富或缺失）与其他社区资本构成一个复杂的融合体。社会资本本身存在多种层次，如社区内部的"耦合型社会资本"（Bonding Social Capital）、与社区间典型的"桥接型社会资本"（Bridging Social Capital），当区域旅游涉及多个旅游社区的时候，可能还会生成更为复杂的"混合桥接型社会资本"（Hybrid form of Bridging Social Capital）。

对于旅游发展而言，社区内部的"耦合型社会资本"与社区间的典型的"桥接型社会资本"应该处于何种状态，才能更好地推进旅游发展？有观点认为，社区内部是基础，也就是说，社区内部的社会关系和网络是首要的，外部资源是多余的，有时候甚至是有害的。这有很多的旅游社区排斥外部势力的案例作为证据，而且依然在很多农村旅游社区大量存在。特别是外部力量强势，包括经济实力、经营技巧和人际关系等处于优势，而社区自身因力量不够而参与不足的时候，非常容易形成排斥心理，不信任感随之产生，从而侵蚀社会资本，使社区旅游发展陷入困境。因此，特定旅游社区内部或者说耦合型社会资本，与外部社会资本或者说桥接型社会资本的平衡状态，对旅游发展至关重要，这还需要更多的实证研究作为支撑。另外，区域旅游层面的"桥接型社会资本"也还需要更多的实证考察。

二、信任、社会资本与旅游发展

"信任"曾被视为社会资本的主要特征或要素之一，随着对社会资本研究的纵向深入，"信任"问题越来越受到更多的理论关注。分析信任与社会资本，探讨旅游发展、社会资本和信任的关系，能为旅游目的地社区社会资本和信任建构提供思路。

1. 信任的本质及信任关系的形成

对于信任，翟学伟认为："信任的本质是社会成员在面对社会不确定性和

---

❶ Nancy G. McGehee, Seungwoo Lee, Teresa L. O'Bannon, Richard R. Perdue. Tourism-related Social Capital and Its Relationship with Other Forms of Capital: An Exploratory Study [J]. Journal of Travel Research, 2010, Vol. 49: 486 – 500.

复杂性增加时体现出的对自己依赖对象所维持的时空性特征。"❶ 这是宏观社会背景下的信任问题。罗素（Denise. M. Rousseau 1998）则认为，信任是基于对另一方意图和行为的肯定性期望基础之上的不设防的心理状态。❷ 这是微观层面的信任特征。这一定义包含三个方面的要素：第一，承担可能遭受损失的意愿；第二，对他人信用的信念和期望；第三，在这种情形下采取行动的意愿。这一定义说明，信任跟意愿与行为两个方面都有关，在冒险和不确定性的情况下，当关系双方中的一方依赖另一方的时候信任尤为重要。

根据信任者（trustor）与被信任者（trustee）之间的关系及被信任者的类型，信任可以分为不同的层次。一是个体信任，是指个人之间的信任。这类信任还可以根据个体间的熟悉程度和交往接触的频率，进一步细分为个人信任（具体信任）或者社会一般信任。二是制度化信任，这类信任指向的是组织或者机构。三是政治信任，是社会成员对其所处的"政治系统或者系统的某一部分甚至在监督一再缺失的情况下仍然能够产生所需的结果的信任"❸，"即对政府绩效和能力的认同、对制度正当性和具体制度安排的认同，以及基于共同政治价值体系的价值认同"❶。这也可以说是制度化信任的一种具体形式。

信任的建立和存在，反映了一定社会关系的特征，并受到信任者及被信任者之间的关系及各自特点的影响。信任是对他人的期待，而且这种期待通常建立在共同的社会规范、价值观的基础之上。因此，信任者与被信任者之间的关系及各自的特征受到文化环境的影响。信任者及被信任者之间的信任关系通常因两者交往的类型、频率、目的及交往的历史，以及与之相关的社会规范、价值观念和规则的不同而发生变化。在信任的建立过程中，信任者的主要特征，如人格力量、信任他人的性情、文化背景、在信任关系中的力量和地位、对可能遭受的损失不设防的心理，以及过往经验和自身的知识等均产生作用。被信任者最重要的要素是信用，信用是可以被感知和察觉的，依赖信任者的了解、两者关系的历史，以及被信任者的能力、品格等。

2. 社会关系和网络中信任的效应

在一定社会文化语境下，信任可以发展、拓展和维持特定的关系网络，能

---

❶ 翟学伟. 信任的本质及其文化 [J]. 社会，2014（1）.

❷ Rousseau, D. M., Sitkin, S. B., Burt, R. And Camerer, C.. Not so different after all: A cross-discipline view of trust [J]. Academy of Management Review, 1998, Vol. 23（3）：393 - 404.

❸ Nunkoo, R., Ramkissoon, H. And Gursoy, D.. Public trust in tourism institutions [J]. Annals of Tourism Research, 2012, Vol. 29（3）：393 - 404.

❶ 董文卿. 社会信任与政治信任 [N]. 文汇报，2010 - 05 - 10.

够减少各种关系中的交易成本和可能的风险，减少冲突和降低社会焦虑感，为机构、组织的行动和政策提供支持，促进合作和集体行动。

信任属于主观的倾向和愿望，信任关系具有时间差与不对称性，行动和兑现较之于诺言和约定是滞后的，因而存在对风险的不确定性。信任是一种面临不确定性风险时的反应和态度，即相信某人的行为或周围的秩序符合自己的愿望，表现为对自然与社会的秩序性的期待、对合作伙伴承担义务的期待、对某角色技术能力的期待。❶ 那么如何推进关系网络中的信任？第一，信用基于了解，通过信任者（trustor）及被信任者（trustee）之间经常性的积极互动增进双方的了解，在保持各自独立性的基础上，形成共同的理念和目标；第二，经常且可靠地履行义务，保持互惠关系；第三，展示出被信任者自身能力、技能和执行力，以及被信任者的一贯努力和行为的可预测性；第四，被信任者要善于倾听并尊重信任者的需求和理念。当信任双方中的一方是组织或者机构的时候，信任可以进一步细分为两种情况：其一是对机构的信任，其二是对机构代表者的信任。机构代表是机构组织和个体的重要连接点，机构代表者应当稳健、努力且能得到机构的支持。从更宏观的角度来看，机构如果拥有有效的沟通策略，重视对个体的了解，在信任关系处理中能够关注自己的程序公正，包括决策透明、公正合理地考虑信任者的参与机会，以及对信任者所关切的问题持灵活、开放的态度，并且坚持经营管理的制度和准则，就能获得更多的信任。

3. 旅游发展、社会资本与信任

关于信任与社会资本的关系，大体存在以下三种有代表性的观点：第一种观点认为信任是社会资本的一种形式。科尔曼认为，社会资本是无形的，表现为人与人之间的关系。信任关系与权威关系以及规范等都是社会资本的特定形式。第二种观点认为信任是构成社会资本的一个至关重要的元素。帕特南认为，社会资本是指社会组织的特征，诸如信任、规范及网络，它们能够通过促进合作行为来提高社会的效率。第三种观点认为信任不是社会资本，但与社会资本有着密切的联系。福山是这种观点的典型代表。在他看来，"社会资本是由社会或社会的一部分普遍信任所产生的一种力量"。它是指"在社会或其下的特定群体之中，成员之间的信任普及程度"。而"所谓信任，是在一个社团中，成员对彼此常态、诚实、合作行为的期待"。

最近有关社会资本的讨论认为，信任与社会资本联系紧密，但其不是社会

---

❶ 郑也夫. 信任：溯源与定义［J］. 北京社会科学，1999（4）.

资本，也不属于社会资本的组成部分。信任是社会资本的催化剂，社会资本促进利用社会关系和网络获取资源，推动有效的集体行动。也就是说，利用关系创造和获得社会资本依赖这些关系的核心特征，即信任。在信任与社会资本关系模型中，两者相互作用，形成两个交叉的反馈环，交集点是信任。在第一个环路中，因为信任的个人或组织更可能被介绍给他人或者其他组织，这样信任就拓展了社会关系和网络。在第二个环路中，在信任的基础上形成社会资本，通过社会资本获取资源，从而能够承兑社会义务和实现预期的互惠交换，反过来加强信任关系（见图 2）。因此，信任和社会资本分别扮演不同的角色，在互动关系的各个阶段功能存在差异性。在各种正向、积极的社会关系网络中，二者可能起到互相推进作用；反之，在负面、消极的社会关系网络中，二者则可能起到相互消耗或妨碍的作用。

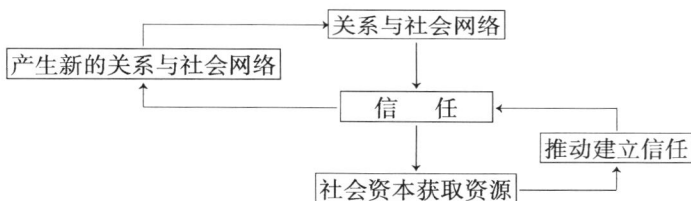

图 2　信用与社会资本反馈环路

　　在社区旅游发展语境中，可以通过探讨旅游对社会资本的影响来分析旅游发展对目的地社区各种信任的影响。旅游对社区社会资本既有积极的作用，也有消极的影响。旅游对目的地社区社会资本的消极影响主要在于以下三个方面。第一，旅游目的地对旅游发展规划的意见不一而导致的冲突。对存在争议的旅游发展规划案例进行分析发现，这种旅游几乎都由外部角色或者地方精英提出，而且通常因规模原因或者不符合地方环境而遭到反对。这种冲突改变了目的地居民的社会关系，凸显了发展旅游与社区理念和社区目标上的差异性，侵蚀了人与人之间的信任。第二，旅游目的地商业利益和机会的竞争。这种竞争不仅限于社区内部，在旅游目的地之间也同样存在商业机会和利益的竞争，经常引起社区在旅游业方面的冲突，导致信任崩塌，最终使得目的地居民丧失旅游商业参与机会和就业机会。❶ 第三，发展旅游没有带来预期的效益。旅游规划虽然得到目的地居民与利益相关者的普遍支持，但最终没有实现预期目

---

❶　在阳朔遇龙河旅游区，川岩村一位划竹筏的妇女诉苦："大家本来是好好的乡亲，还是同姓同宗的，可因为争抢游客就翻脸了，我实在是很伤心很委屈，也想不通，经常在夜里偷偷哭。"参阅：保继刚，孙九霞. 旅游规划的社区参与研究——以阳朔遇龙河风景旅游区为例［J］. 规划师，2003（7）.

标。这可能表现为具体的某个旅游企业的失败，也可能表现为当地旅游业发展总体来说没有达到原初的收益预期。这对旅游参与各方是一种打击，甚至可能对旅游目的地形象带来直接的负面影响，进而对最为相关的旅游规划和旅游项目的竞争力和有效性产生怀疑，从而减弱对相关参与各方的信任。

旅游对社会资本产生负面影响，主要与旅游规划程序的不完善甚至缺失、目的地外部角色的强势介入、目的地利益相关各方对旅游体系和方法等知识缺乏、信息沟通不畅、公众对旅游规划和商业活动的有限参与，以及对旅游发展中各种机遇的营销不够等因素有关。总体来说，这需要全方位提升旅游治理能力，更好地实现旅游发展成果，这样才能有效地增进和积累目的地社区社会资本和信任。

三、旅游发展中生成和积累社会资本的基本途径

在目的地社区，社会资本和信任的互动主要围绕旅游这一中心问题展开，包括旅游发展规划、旅游相关组织（包括地方政府）、旅游者及其文化背景、社区自身特点等关涉其中，构成一个复杂、动态的体系。

1. 对旅游目的地社区冲突的辩证理解

虽然因旅游发展议案引起的冲突以及各种反对意见通常对旅游利益相关各方的社会资本产生负面影响，但也有对旅游发展规划充满争议而对社会资本产生积极作用的案例。在这些案例中，从目的地居民立场来看，他们有牢固的共同基础、对合作和集体行为的参与，并且发展了新的网络和社会组织。就有关信任问题的探讨来看，两个方面的问题比较引人注目：主要的共同理念和旅游领导者角色。一方面，在旅游冲突过程中，对于有争议的旅游发展规划和项目，在规划过程中通过目的地各个群体之间直接广泛的互动和讨论，可以弥合理念上的差异，使这种差异成为寻找共同点的起点和基础。在直接互动中，旅游参与者和社区居民能够逐步认识到，可以跟不同的群体一起协作，甚至能够信赖以前不认识的陌生人，这样的互动能鼓励更多层面的普遍信任。另一方面，有效的领导也能建立和利用社会资本。在旅游商业经营方面取得成功，能利用目的地社区各种资本获益的有效领导，通常拥有旅游目的地现有的"强关系"，并凭借这种关系拓展社会网络，提升目的地内部和外部的桥接纽带；具有与社区相同的价值理念并努力拓展这一理念，挖掘与这一价值理念相契合，至少是不冲突的旅游形式；致力于推进社区共同福利，履行社会责任，践行商业伦理。

2. 旅游组织或机构参与信任建构

与目的地社区旅游相关的组织或者团体大体上可以分为三类：第一类是旅游发展规划组织。旅游规划组织明确地寻求目的地旅游相关者的参与和赋权❶，是推进目的地社会资本生成和发展的有力工具。这类组织通常与地方政府有关，有支持以社区为基础的旅游的意愿。在编制旅游规划过程中，规范团体为居民提供参与旅游规划、旅游发展决策的机会，使规划内容体现公众意愿。规划团体对增进地方政府和目的地居民之间的互信非常重要，需要反应灵活、应对有弹性，能妥善处理好居民参与和地方政府的调控、管理之间的关系。第二类是关注旅游事务协调，提供旅游体验、旅游经验和旅游产品的合作协同组织。这其中，有地方政府设立的旅游咨询服务中心或者由地方旅游协会运营的民办非企业组织。这类组织承担推介旅游资源、协助政府宣传推介旅游、更新旅游信息、开发旅游商品以及接受旅游投诉等方面的功能，通过推进地方旅游、主题旅游线路，为游客标示和展示地方旅游景点遗址等，对目的地社区社会资本起到积极的作用。旅游目的地居民对地方政府的信任，基于地方旅游管理部门等协调组织的旅游影响管理能力，决策的公开透明、廉洁，以及参与和影响目的地旅游经济决策的表现和能力。第三类是旅游目的地营销组织网络。这类旅游相关组织是指目的地政府旅游管理部门主导的，涵盖私营部门（地方旅游企业）、旅游目的地居民和旅游协调机构的营销组织网络。目的地政府旅游管理部门及旅游企业、目的地居民等一系列利益相关者，共同为旅游者提供完整的旅游产品。目的地营销组织网络通过整合各个利益相关者资源，在营销规划过程中，利益相关者通过彼此的相互依赖合作，更有效地实现市场营销和推广目标。在这一过程中，这类组织彼此相互适应、和睦共处，通过有效的沟通和意见交换增进认识和了解，逐步形成共同的理念和目标；在解决营销和推广问题的过程中，逐渐形成矛盾和冲突解决机制，产生人际积极互动的机会，从而积累和产生社会资本，建构信任关系。

3. 居民和旅游者的互动

在旅游目的地的共享公共空间和游客集中的地方，居民和旅游者的积极互动可能形成新的社会连接或纽带联系。这种联系推动目的地居民对多样性群体

❶ 中山大学旅游发展与规划研究中心主持的《桂林市旅游发展总体规划》（2001－2020）中，首次通过系统动力学的方法，分析并确认了桂林旅游发展中的主要利益相关者主要有五类：游客、外地旅行社、商业部门（包括景点开发商、正规的旅游服务企业、非法商业行为）、当地的居民和政府管理部门。该规划特别注重社区居民的有效参与。参阅：保继刚，钟新民. 桂林市旅游发展总体规划（2001－2020）［M］. 北京：中国旅游出版社，2002：128－129.

和文化的了解和接触，进而更能容忍和接受这种多样性，这就能够扩展人际信任。这种情况在"慢旅游"（Slow Tourism）的过程中比较容易发生。只有通过长时间、多频次的交流，居民和游客之间才能有更多的机会和空间进行交流，旅游者才能更从容地了解目的地生活、参与当地文化活动，在自由、悠闲的氛围中与目的地居民经常性地接触。居民与旅游者的成功互动，依赖两方面的因素。从旅游者的角度来看，不仅仅需要时间和机会，还依赖旅游者的基本素质、旅游方式和习惯，以及对目的地社区文化习俗的尊重等。另外，旅游者的见闻、技能和知识也能影响到目的地居民，获得目的地居民的信任。从居民的角度来看，首要的是目的地居民对旅游和旅游者的态度。目的地居民消极甚至敌意的态度不可能形成与旅游者的成功互动，也无从达成新的社会联系，形成信任关系。因此，需要展开目的地居民的旅游意识教育、培训和管理，提升居民与不同文化背景游客交流的能力，增强居民在旅游发展中的生存能力和技能。鼓励社区参与和管理，通过社区参与当地旅游业的发展，建立社区参与的保障机制和合理的利益分配机制，使居民成为旅游发展的受益者，使目的地居民对旅游负有责任感，从而积极关注和支持旅游发展，激发目的地居民对发展旅游的热情，目的地居民对旅游及旅游者就会持积极态度，从而在与旅游者的互动中，塑造积极的旅游目的地形象、提升社区自豪感。

4. 跨文化语境下的信任问题

旅游通常伴随着跨文化交流和互动，关于旅游社区的社会资本和信任的讨论，必然要回到文化问题上来。旅游不仅仅是文化，还意味着跨文化，区别在于差异性的程度。文化的差异可能成为互动和互信的障碍，这不仅存在于旅游者与目的地居民之间，从区域旅游层面来看，还可能发生在远近距离不一的旅游目的地社区之间。从文化的角度探讨信任，要承认"信任既是一种普遍的社会事实，又有鲜明的文化特征，不同的文化会因自身的自然环境与社会构成的差异而发生对人性、关系以及人群的不同假设，进而产生不同的信任内涵与外延"[1]。这种"不同的信任内涵和外延"，在不同文化背景下具有不同的特征，如普遍信任的层次、"信任半径"的大小或对陌生人信任的程度[2]、是否愿意视他人为乐善好施者、信任他人的不同条件、对潜在风险的评估，以及商业交往过程中对规则、规范和透明公正的期待等。在不同的组织文化中，信任也存

---

[1] 翟学伟. 信任的本质及其文化［J］. 社会，2014（1）.

[2] 福山在《信任：社会美德与经济繁荣》一书中提出了信任半径（Radius of Trust）的概念，即信任扩展到的范围大小。

在这种差异性。总体来说，如果旅游参与各方的文化差异越大，就越难以建立信任关系。如果参与各方缺乏跨文化交流和互动的经验和技巧，不同文化群体间的交流不够充分，也难以建立信任关系。因此，形成人际间联系纽带，建立信任，需要推动目的地社区与外部的文化交流，掌握跨文化交流技巧。

5. 建构社区信任和社会资本的基本框架

建构社区信任和社会资本的基本框架，须以共同的价值理念与协调一致的发展目标为核心内容。第一，旅游背景下的信任，依赖旅游相关各方对与目的地社区价值理念的相同理解，拥有与旅游发展相兼容的目标，以及对旅游能够为社区发展提供动力的信心。通过目的地社区居民、旅游者和旅游相关组织的积极互动，能够形成共享价值理念和目标，这种积极互动反过来支持相应的旅游发展模式。第二，旅游发展模式与旅游目的地社区相兼容，与社区直接、具体的目标发展相一致，能为居民和游客、社区内部及社区与外部提供互动交流。第三，富有效率的旅游组织及其领导者。其应承担社会责任，能利用旅游这一工具为社区带来其他社会文化效益，支持地方政府旅游管理组织的有效旅游治理。从信用的角度来看，地方政府旅游管理相关机构应公开、透明、诚信、专注，符合旅游预期或者契合共同价值、规则。第四，成功的旅游业有助于建立制度信任，提升旅游集体行动的社会资本。总体来说，这些条件或环境能够支持形成个体间信任、社会一般信任以及制度性信任，这些多层次的信任能够支持积累和利用社会资本。

四、结语

旅游涉及公共、私营部门和社区的相互交叉，管理体制的重点在于兼顾社会的公平正义与资源保护的效能。随着旅游业从规划开发阶段到经营管理阶段的转变，治理作为政治与公共政策领域的一个重要概念，被引入旅游研究之中，并成为当今旅游研究的一个重要议题。[1] Richter 认为，政治和管理行动是旅游管理成功与否的关键决定因子。[2] 良好的治理体制，一方面取决于该政治系统的合法性（legitimacy）及相关民众对这个体制的尊重；另一方面则取决于

---

❶ 罗芬. 国外旅游治理研究进展综述［J］. 热带地理，2012（1）.

❷ Richter L K. The Politics of Tourism in Asia［M］. Honolulu：University of Hawaii Press，1989. 转引自：罗芬. 国外旅游治理研究进展综述［J］. 热带地理，2012（1）.

这个体制处理问题的能力，以及是否能透过协定或协调达成社会共识。❶ 在推进国家治理体系和治理能力现代化的大背景下，从"旅游管理"到"旅游治理"的旅游管理体制改革被提上议事日程，有效的旅游治理将是社区旅游发展的重要内容，而信任是有效的旅游治理和可持续发展的基本要素。根据以上分析，可以归纳出旅游治理和发展过程中建构信任，特别是旅游发展相关机构和组织信任的一些途径和原则。第一，旅游发展方式和风格，要契合目的地社区的核心价值观念、需要、目标和愿望。这意味着需要投入更多的时间和精力关注和挖掘社区独特的风格理念、目标和需求，分析现有旅游资源和潜在旅游市场，强调旅游活动与形式能够提供包括居民和旅游者在内的积极互动机会。第二，旅游相关规划、管理组织和机构提升旅游治理能力，注重公正、透明和有效沟通，确保旅游参与各方的权利，重视相互了解和理解，尊重各自的独立主体性。第三，更多地注意发展和支持旅游业履行社会责任。第四，对旅游参与各方的实际商业和市场经营能力进行培训，实现旅游经营获益。应该说，在提升目的地信任方面，旅游业比其他商业和发展活动更具潜力。因为旅游需要致力于建立与外部的体系，甚至与远方市场的纽带联系，这为不同群体间提供了人际互动的机会。旅游发展不仅是旅游业的成功，更在于通过旅游发展实现社区目标。成功的旅游业通常与目的地社区的目标、观念和需求相融，而这种旅游发展又能影响和支撑目的地社区价值理念。通过总体旅游治理，推动旅游发展，推动构建各种资本，特别是生成和积累社会资本和建立信任，能够推进有效的集体行动。

参考文献：

[1] COSTANZA，R.，J. C CUMBERLAND，H. E. DALY，R. GOODLAND，AND R. NORGAARD. An Introduction to Ecological Economics ［M］. St. Lucie Press，Boca Raton，1997：275.

[2] LEHTONEN，MARKKU. The environmental-social interface of sustainable development：capabilities，social capital，institutions ［J］. Ecological Economics，2004（49）：199 –214.

[3] FLORA，CORNELIA. Community Dynamics and Social Capital. In Agroecosystems Analysis，edited by D. Rickerl and C. Francis. Madison，WI：American Society of Agronomy，Inc.，Crop Science Society of America，Inc.，Soil Science Society of America，Inc.，2004：93 – 107.

---

❶ Borrini-feyerabend G，Farvar M，Nguiringuiri J C，et al. Co-management of natural resources：organising，negotiating and learning by doing. IUCN，Gland，Switzerland ［M］. UK：Cambridge，2000. 转引自：罗芬. 国外旅游治理研究进展综述 ［J］. 热带地理，2012（1）.

［4］JONES，SAMANTHA. Community-based Eco-tourism——The Significance of Social Capital ［J］. Annals of Tourism Research，2005，Vol. 32，No. 2，303 – 324.

［5］NANCY G. MCGEHEE，SEUNGWOO LEE，TERESA L. O'BANNON，RICHARD R. PERDUE. Tourism-related Social Capital and Its Relationship with Other Forms of Capital：An Exploratory Study ［J］. Journal of Travel Research，2010，Vol. 49：486 – 500.

［6］翟学伟. 信任的本质及其文化 ［J］. 社会，2014 （1）.

［7］ROUSSEAU，D. M.，SITKIN，S. B.，BURT，R. AND CAMERER，C. Not so different after all：A cross-discipline view of trust ［J］. Academy of Management Review，1998，23 （3）：393 – 404.

［8］NUNKOO，R.，RAMKISSOON，H. AND GURSOY，D. Public trust in tourism institutions ［J］. Annals of Tourism Research，2012，29 （3）：393 – 404.

［9］罗芬. 国外旅游治理研究进展综述 ［J］. 热带地理，2012 （1）.

［10］郑也夫. 信任：溯源与定义 ［J］. 北京社会科学，1999 （4）.

［11］孙九霞. 旅游人类学的社区旅游与社区参与 ［M］. 北京：商务印书馆，2009.

［12］保继刚，孙九霞. 旅游规划的社区参与研究——以阳朔遇龙河风景旅游区为例 ［J］. 规划师，2003 （7）.

［13］保继刚，钟新民. 桂林市旅游发展总体规划 （2001 – 2020） ［M］. 北京：中国旅游出版社，2002.

［14］弗朗西斯·福山. 信任：社会美德与创造经济繁荣 ［M］. 彭志华，译. 长沙：海南出版社，2001.

刍议限购令和房产税改革对于我国房地产市场的影响

吴　昊❶

摘要：房价的高涨，让绝大多数的社会中间阶层只能望房兴叹。同时，房产市场又作为我国国民经济的支柱型产业，若不能健康发展，必将有害整体国民经济发展大局。因此，对房价进行调控，让房产市场平稳运行势在必行。有鉴于此，我国政府先后出台了一系列的政策，为火热的房地产市场降温，其中最具典型性的是"限购令"和"房产税改革"两项。笔者写作本文，希望简要厘清"限购令"和"房产税改革"的出台背景、实施情况、后续对房地产市场的影响等问题，并由此衍生思考，再结合目前我国实际，提出笔者心目中真正具备可操作性和可推广性的政府干预做法来调控房市，以期促进我国房地产市场良性发展。

关键词：限购令　房产税改革　高房价　宏观调控

伴随着房价的一路走高，以及宏观调控的失效，政府决定加大力度，出手干预房地产市场，于是在 2010 年 4 月出台了被称为史上最严厉的房地产调控政策——"新国十条"（《国务院关于坚决遏制部分城市房价过快上涨的通知》），并由此衍生出所谓的"限购令"，即限制家庭购买房屋数量的政策。然而如此严格的约束性政策，其实并没有真正有效地达到稳定房价、遏制投机的作用，相反到现在，限购政策在各地纷纷被废止。继着限购令的"余威"，房产税也开始了在个别城市的试点，这项政策在刚出台之际，就被认为将要深远影响中国房地产市场，然而它真起到了政府预想的效果吗？本文将结合市场实际反应对上述两项政策进行讨论。

---

❶　作者单位：上海商学院。

一、限购令的施行简况

限购令作为政府强制性调控手段，在初始出台之际便饱受争议，来自社会各方的意见评论更是让人难以看清其政策本质。质疑、叫好之声皆有，无形中其作为中央房地产调控政策的施行本意也被放大和曲解。

（一）限购令提出的背景

我国自 20 世纪末实行房改政策之后，房地产市场逐步走向繁荣，房地产价格自 2001 年开始飞速上涨。截至 2010 年，在 21 世纪的头 10 年里，全国大中城市房地产价格平均每年上涨约 9%，价格指数也已经上升超过了 94%❶，与此相对应，全国的总人口则只增加了约 5.8%。❷ 如此巨大的反差，不得不引起政府的反思和担忧。

其实早在我国实现房地产市场化的初期，中央政府就出台了一系列的政策来配合当时的宏观调控，如经济适用房政策，并采取扩大住房供应、稳定房产价格、提高居住水平和配合宏观政策来落实这一政策。❸ 此外，2003 年 6 月至 2007 年 9 月间，中国人民银行的信贷干预政策（收紧银根）、国土资源部的土地招标拍卖挂牌制度也对房地产市场产生了一定的影响。❶

房地产作为我国 GDP 的支柱产业，对我国的国民经济增长有着异常重要的作用，这也使得国务院越发担忧其有被过度炒作的可能，同时也为了回应国内外众多的"中国房地产泡沫"言论，从 2009 年开始，中央政府陆续出台一系列调控政策，其中尤以 2010 年 4 月的"新国十条"为标志，由此衍生出的限购令也自 2011 年开始在各地陆续出台落实。这一政策旨在防止房地产市场的过度炒作，抑制房地产的投机行为，让房地产真正用来满足普通人的刚性需求，而非一种变相的有高额收益的"伪期货"❺。

虽然各地限购令略有不同，但其最重要的共同点是：非本市户口的居民在买房时会受到一定的限制，比如，非本市户籍的居民不可以买第二套住房；还有一些城市则规定，本市户口的居民不可以购买第二套住房；等等。

---

❶ 数据来自《中国统计年鉴》，时间截至 2010 年。
❷ 数据来自国家统计局官方网站，根据全国第五次和第六次人口普查进行计算。
❸ 同上。
❶ 同上。
❺ 笔者自己的创词，因为在房地产市场没有进行限购之前，绝大多数的购房者把购房看作投资，期待房产带来收益，这样的期待决定了其有类似于"期货"的性质。

（二） 限购令的施行情况

限购令作为强制性的政府调控房地产市场手段，一般认为，其通过抑制投机性的购房，在一定期间内可以使市场上的住宅需求主力回归中间阶层（即用来满足住房刚需），同时使房价回归到中低收入阶层可以承受的水平，从而在一定程度上缓解买房难的问题。❶ 然而就限购措施本身而言，其仅仅是一个特殊时间段内的行政约束手段❷，其宏观规定与具体设计上没有触及商品房市场现存问题的核心，只是简单地对市场上购买者的主体资格做了限制，为此甚至有争议：限购令与我国《中华人民共和国物权法》是相冲突的。❸ 因此，能否达到制度设计者预期的效果以及满足政策实施的正当性要求，尚须经过我国住房市场实践的检验。

结合全国各大中城市施行的状况来宏观地看待限购令，表 1 显示的是在限购令实施初期，全国所有参与限购的大中城市，一共有 46 个。其中，华南、华东、华北的城市占了全国所有实施限购的大中城市的绝大部分，达到 2/3 左右。一方面，这些城市地处我国东部沿海地带，经济较为发达，民众购房需求愿望强烈；另一方面，这些城市都有着巨量的外来人员存在，同样也有着买房安家落户需求，强烈的住房需求催生了这些城市的房价高企，过高的房价让生活在这些城市的无论是本地人还是外来人都有着很大的购房压力。因此，对于商品房施行限购，在一定程度上打压房价是众望所归。

表 1 ❹

华东地区	上海，南京，苏州，无锡，徐州，宁波，衢州，杭州，温州，金华，绍兴，台州，合肥
华北地区	北京，天津，郑州，太原，石家庄，济南，青岛
华南地区	广州，海口，三亚，深圳，珠海，佛山，福州，厦门
东北地区	哈尔滨，大连，长春，沈阳
中南地区	长沙，武汉，贵阳，南宁，南昌
西北地区	呼和浩特，乌鲁木齐，西宁，银川，西安，兰州
西南地区	成都，昆明

---

❶ 笔者自己的创词，因为在房地产市场没有进行限购之前，绝大多数的购房者把购房看作投资，期待房产带来收益，这样的期待决定了其有类似于"期货"的性质。

❷ 易居房地产研究院综合研究部部长杨红旭曾说：从调控手段分析，限购属于行政命令。

❸ 珠海律师林叔权曾致信温家宝总理，称"限购令"与《物权法》相悖，故呼吁停止限购。

❹ 笔者根据 2011 年全国施行限购政策的城市分布，绘制此表格。

由表 1 可以看出，在限购初期，无论是出于中央的政策约束，还是结合地方的实际考量，大多数的城市是有热情实施限购的，因为大家对这样的政策怀有美好的憧憬。然而事实上，纯粹政府干预是不可能完全调节市场的，限购如果只是单纯地限制购房主体，其实也是一种变相的刺激。❶ 因为按照规定，合法的购房主体（不论此时购房主体已经有 1 套房还是 10 套房），都可以继续购买第二套房，甚至个别城市可以买三套房，这就在一定程度上形成了合法购房主体对商品房资源的"变相垄断"，反而助长了其购房欲望。如上所述，许多不在政策预期之内的市场反应让房产限购的政策更加有争议，质疑的声音也越来越大，因此，多地在舆论的压力下决定放开限购。截至 2014 年 9 月，全国只剩下北京、上海、广州、深圳、珠海和三亚 6 座城市继续施行限购政策。

（三） 限购对房产市场的影响

限购的本质是行政命令，是对市场调控的相悖之举。然而中国政府在最初坚持的房地产调控政策，遵循的原则是对市场干预最少、符合行业发展规律，从而有利于长期稳定发展的政策体系。显然，限购的出台表明了我国政府不再对市场这个大手保持"迷信"。

限购令实际上符合绝大多数家庭的居住、投资需求，与大多数城市的购房入户政策也不冲突，且不会阻碍相关的物业市场发展。在人口大量流入、土地供应相对紧张的大中城市，限购令绝对是可行且有效的举措。同时，限购令简单易行，其实施主要依赖各城市房管部门的房地产产权登记和网络签约两个信息系统，不需要全国联网。国务院住建部一直在大力推进全国 40 个重点城市住房信息系统的建设和联网，这项工作意义非常。系统一旦建成，将可全面优化 40 个城市范围内的房产政策。

律师林叔权曾经说过："限购不是法律，注定不会有长久的效力，因为是政策就一定有对策来化解政策的影响力和限制力。"

然而一定时期内，限购发挥出的重要作用也是没法否认的。结合数据对比来看，限购令执行初期的 2010 年，国家统计局公布了 7 月份全国 70 大中城市住宅销售价格变动情况，与 6 月份相比，70 大中城市中新建商品住宅（不含保障性住房）价格环比停涨城市达到 31 个，其中出现下降的城市为 14 个，持平的为 17 个；而停涨的城市增加了 5 个，涨幅缩小的城市有 15 个。北京、上海、广州、深圳四大一线城市出现集体停涨，房价调控成效显现。

---

❶ 财经评论员叶檀在媒体上撰文所言。

全国 70 大中城市新建商品住宅房价月均环比上涨分别为 0.29%、0.3%、0.16%、0.1%、0.09%，从这组数据的变化中不难看出，房价涨幅呈缩小趋势，7 月份已经接近降价临界点。

北京 2010 年上半年新建普通住房成交均价 13948 元/平方米，比 2010 年全年均价 14874 元/平方米下降 6.1%。其中，新建普通商品住房均价 18297 元/平方米，与 2010 年相比持平；98.1% 的在售项目价格下降或持平。曾经领涨北京的通州房价已经进入了实质性下降通道，2010 年叫价 30000 元/平方米的房子，只需 15000 元/平方米，直接打了对折。昌平、房山、顺义等郊县的新开楼盘，价格都出现了大幅下调。❶

与此同时，深圳、上海、广州等城市房价涨幅也明显受到抑制。其他限购城市，房价上涨过快的势头得到了遏制。有关数据显示，5 月份全国 70 个大中城市中，京沪广深四大一线城市房价涨幅只有 3.2%，低于其他城市房价 5.5% 的平均涨幅。

根据全国房地产新建商品住宅指数，所有限购城市同比上涨平均值为 4.04%，非限购城市平均上涨 4.89%，限购城市房价涨幅低于非限购城市，限购城市的成交量明显萎缩，投机投资需求基本被挤压出市场。❷

上述这些官方渠道公布的权威数据，显示了限购令立竿见影的效果。其仅在被执行初期就有效抑制了房价，这或许达到了该项政策的出台预期，然而关于房地产市场的限购是"权宜之计"还是"应景之策"的争论仍旧没有终止。当然，这不妨碍我们要对限购令在一段时期内促进我国房地产市场良性发展做出的重要作用点赞！

二、我国房产税改革的简况介绍

房产税是一种根据房产价值或租金收入向产权所有者或使用者征收的税。虽然我国尚未健全房产税征收体制，但目前世界上许多的国家和地区都早已存在所谓的"房产税"，只不过各地对房产税的称谓有所不同，如家庭税、房屋税、不动产税等。❸ 不管如何称呼，狭义的房产税主要是指以房产为课税对象的税种。从国外经验来看，房产税是一种非常重要的地方税种，房产税的征收也将是我国完善对房地产市场调控的必由之举。

---

❶ 数据来自北京市统计局官方网站。
❷ 数据来自国家统计局官方网站。
❸ 同上。

（一） 我国房产税提出的背景

在限购逐步走向末路，且伴随着相关法规政策更加完善之时。房产税这一被视为打击投机性购房并有效抑制房价过快上涨的"终极武器"，频频高调地出现在人们的视线中，并成为众多媒体、专家、学者甚至是老百姓热议的对象。

终于，房产税千呼万唤始出来。2010 年 7 月 22 日，在财政部举行的地方税改革研讨会上，官方表示，房产税试点将于 2012 年开始推行。但鉴于在全国推行难度较大，试点将从个别城市开始。

（二） 房产税在试点城市施行细则

房产税改革一直是近些年来实践部门和学术部门关注的热点，尤其参照大背景来看，房产税改革的意义十分重大，房产税征收直接关系到社会资源有效配置和社会公平。但其实施起来的细则异常繁复，有些甚至与现有的一些地方性法规条文相矛盾，所以一下子在全国范围内大面积铺开是有相当难度的。于是，国务院决定先进行大城市试点工作（选定的是上海和重庆）。在 2011 年 1 月 27 日，上海、重庆两市相继公布了各自的房产税改革试点方案细则，并自当年的 1 月 28 日起开始实施，这标志着我国房产税改革的序幕被正式拉开。

上海作为我国最大的城市，同时也是房价最高的城市之一，领先于全国推行的房产税细节也备受关注。上海开展对部分个人住房征收房产税试点实行差别化的比例税率，即适用税率暂定为 0.6%，但对应税住房每平方米市场交易价格低于上年度新建商品住房平均销售价格 2 倍（含 2 倍）的，税率可暂减为 0.4%。

同时，上海在试点过程中应税住房计税依据为参照应税住房的房地产市场价格确定的评估值。试点初期，暂以应税住房的市场交易价格作为房产税的计税依据，房产税暂按应税住房市场交易价格的 70% 计算缴纳。

以一个三口之家的上海居民家庭为例，如果这个居民家庭原来已拥有一套 50 平方米的住房，现又新购一套 110 平方米的住房，该居民家庭全部住房面积为 160 平方米，人均住房面积为 53.33 平方米，未超出人均 60 平方米的免税住房面积标准，因此，该家庭此次新购的这一套 110 平方米的住房可暂免征收房产税。

如果这个居民家庭原来已拥有一套 150 平方米的住房，现又新购一套 110 平方米的住房，全部住房面积为 260 平方米，人均住房面积为 86.67 平方米，已超过免税标准，因此，该居民家庭新购住房中超出上述标准的部分面积即 80

平方米须按规定缴纳房产税。而如果已有住房的人均面积已超过免税标准，则新购住房的全部面积均按规定缴纳房产税。

重庆是我国西部最重要的城市，也是四大直辖市之一，作为试点城市也同样引发强烈关注，重庆的房产税征收细则有别于上海。

重庆主城 9 区内存量增量独栋别墅、新购高档商品房、外地炒房客在重庆购第二套房将被征收房产税，其税率为 0.5%～1.2%。

重庆市房产税改革试点采取分步实施，首批纳入征收对象的住房包括：个人拥有的独栋商品住宅；个人新购的高档住房，高档住房是指建筑面积交易单价达到上两年主城 9 区新建商品住房成交建筑面积均价 2 倍（含 2 倍）以上的住房；在重庆市同时无户籍、无企业、无工作的个人新购的第二套（含第二套）以上的普通住房。未列入征税范围的个人高档住房、多套普通住房将适时纳入征税范围。

重庆市个人住房房产税税率征收标准为：独栋商品住宅和高档住房建筑面积交易单价在上两年主城 9 区新建商品住房成交建筑面积均价 3 倍以下的住房，税率为 0.5%；3 倍（含 3 倍）至 4 倍的，税率为 1%；4 倍（含 4 倍）以上的，税率为 1.2%。在重庆市同时无户籍、无企业、无工作的个人新购第二套（含第二套）以上的普通住房，税率为 0.5%。

上海和重庆的征收税率其实相差不大，两者根本的不同其实在于税基。上海是按价从征，而重庆是按租从征。这样的设计考量，其实也是结合两座不同城市的具体实际而作出的部署。

（三）　房产税改革施行的难点

多数国家和地区的房产税的征收是为了改善地方税收结构及居住环境、缓解贫富两极分化、增加人民福利、实现城市可持续发展。以美国为例，其房产税征收不仅评估系统健全，征收过程公平公正，税收的使用途径也完全透明。所以，美国民众愿意缴纳这样一个服务性质的税种，专款专用的房产税被用来为社会提供公共服务，以改善人民的教学、治安、居住环境等，其住房本身也会随着诸种环境的改善而升值。❶

而中国的房产税政策的出台，本质上是为了打压房价，相反却忽略了作为一个税种而应承担的相应的社会服务属性。实际上，任何一个税种都不应当为打击某一产业而设置，而我国的政策制定者和许多专家学者只看到了房产税打

---

❶　数据来自国家统计局官方网站。

压房价的作用，却没有弄清楚房产税究竟为何而征，也没有看到当前在我国征收房产税尚存的众多难点。

1. 税收的重复性

当前我国房地产业所涉及的税种有 10 多项，实际征收也达到 12 项，有营业税、城市维护建设税、房产税、印花税、契税等（见表 2）。而各地政府❶针对房地产业的各种税收更是名目繁多，不下几十种。如果再开征房产税而对现在执行的其他税种不作出调整，必然会造成重复征税，进一步加重纳税人的负担。

表 2　中国房地产税收体系❷

征税环节	税种名称	计税依据
房地产开发	土地增值税	房地产增值额
	营业税	房地产转让收入
	城市维护建设税	营业税税额
	教育费附加	营业税税额
	地方教育费附加	营业税税额
	耕地占用税	实际占用耕地面积
	契税	取得土地使用权的金额
	印花税	合同金额
	城镇土地使用税	实际占用土地面积
	企业所得税	房地产企业应税所得额
二手住房转让	营业税	房地产转让收入
	城市维护建设税	营业税税额
	教育费附加	营业税税额
	地方教育费附加	营业税税额
	印花税	合同金额
	土地增值税	增值额
	企业所得税	应税所得额
	个人所得税	应税所得额
	契税	合同成交价

---

❶　省一级地方政府。

❷　周银丹. 现阶段我国房产税制改革的探讨［D］. 苏州：苏州大学，2011.

续表

征税环节	税种名称	计税依据
房产出租	营业税	租金
	城市维护建设税	营业税税额
	教育费附加	营业税税额
	地方教育费附加	营业税税额
	个人所得税	应税所得额
	房产税	租金
	城镇土地使用税	实际占用土地面积
	企业所得税	应税所得额
	印花税	租赁合同金额
房产保有	房产税	房产余值
	城镇土地使用税	实际占用土地面积

2. 我国的土地公有制制度

在 2014 年博鳌房地产论坛上，时任国务院财政部贾康所长说：中国在 2017 年或开始征收房产税。然而著名经济学家吴晓波却认为这样的可能性几乎没有。因为他曾指出几个在我国征收房产税的先行条件，其中重要的一条就是取消土地公有制制度。我们国家土地公有制的特点，使得我国居民所购买的并不是房屋的所有权，而仅仅是 70 年的使用权，既然只是使用权，为何还要为不属于自己的财产年年上税？况且现在我国居民在买房时已经一次性缴纳了几乎全部的房地产各种形式的税费。另外，房产税不是增值税，它的缴税依据是房产余值，也就是说，在房屋没有创造任何收益的前提下也必须每年都纳税。因此，不实行土地私有制制度，土地无法自由买卖，房产税注定会成为一部分人的新的税负。

3. 我国房地产评估体系的欠缺

房产的价值是由市场决定的，考虑到房产税税基的问题，一旦要开征房产税就必须定期开展房产评估，因为这是决定缴纳房产税的依据。因此，在全面开征房产税之前，我国迫切需要一个专业公正的评估体系，包括相应的评估法规细则，以及大量专业的评估机构和评估人员，而目前我国这方面的配套系统还很滞后，还需时日加以完善。

4. 我国尚未建立有效的全国联动的机制

住建部提出的建立房地产市场的全国联网机制，一直是社会呼吁和政府倡导的重要举措之一。但是由于众多的原因，这一有效的联动机制尚未全面建成，这必将导致未来对房产税的征收失序，因此建立全国联网联动的平台也是至关重要。

三、应对我国房价过高的可行性解决办法

我国作为发展中国家，同时也是世界上最大的尚未完成城市化进程的国家，必然要面对巨量的农业人口进城的压力，这是城市化的必由之路。但由此产生的一系列社会问题也是我们的政府和全社会必须共同面对的。房地产市场价格高企，就是由此而来的问题之一。

解决房价高企的问题既要尊重市场规律，也要坚持宏观调控。如果仅仅只靠公权力来试图解决问题，显然会造成很多麻烦。然而既然我国目前还不具备征收房产税的条件，那么如何来控制日益上涨的房价？笔者认为，最根本的还是应大力推广经济适用房、廉租房、公租房、限价房等保障房的建设，构建"市场＋保障"的双轨制住房供应体系。当真正的刚性需求得到满足时，民众恐怕就不会再聚焦于高房价之上。

参考文献：

[1] 牛毅. 经济适用住房政策的绩效评价 [J]. 财贸经济，2007（12）.

[2] 王松涛. 中国住房市场政府干预的原理与效果评价 [J]. 统计研究，2011（1）.

[3] 李祎恒. 住房分配机制中限购令政策的法经济学解析 [J]. 法学论坛，2011（5）.

[4] 黄璟莉. 国外房产税的征收经验及对我国的启示 [J]. 财经研究，2013（2）.

[5] 沈亚婷，聂艳华. 从发达国家看我国房产税征收 [J]. 甘肃科技，2011（4）.

社会调研专题

社工 + 志愿者模式研究

——以上海 D 医院社工部为例

陈玲佳　张　琼❶

摘要： 我国的社会工作与志愿服务都是在改革开放以后得到了发展，并且在社会进步和改善民生中发挥着越来越重要的作用。两者在发展的过程中，由于形成了不同的体制，相互分离，到后来慢慢地由分离到合作，形成了现在的一种共赢模式：社工 + 志愿者模式。本文主要采用访谈法以及参与观察法，探究了 D 医院的社工 + 志愿者模式的运行情况，发现其在志愿者资源合理配置、专业指导以及人员统筹方面有一定的优势，但在社工资源、社工的社会认知度、培训的专业性以及骨干志愿者的预期作用实现上存在不足之处，提出要改变和完善现存的社工 + 志愿者模式，社工需要不断自我提升，加强社工的社会认知度以及充分挖掘志愿者骨干的作用。

关键词： 社工　志愿者　合作

一、D 医院社工 + 志愿者模式的运行情况

上海 D 医院社工部一共有 3 个社工。A 社工，拥有多年的从事社工的实务经验，也曾经参加过地震的灾后救援，是社工部的主要负责人，因为社工服务的时间相对较长，在很多方面都较有专业性，能够给予社工部的其他人较多的支持。M 社工，长期不在社工部工作，主要在另一个部门的办公室，不参与社工部的大部分工作。Z 社工，本科毕业不久，与实习生的年纪差不多，兴趣广泛，常与实习生一起聊天交流，在专业方面仍有一些需要提升的地方。

另外，社工部有两间办公室，一间是日常办公的地方，另一间是借用的医院值班人员的休息室。如果有大批量的志愿者来医院的时候，就会开放一楼的

❶ 作者单位：上海商学院。基金项目：上海商学院上商学者项目（A - 0201 - 00 - 050 - 204）阶段性研究成果。

党员之家作为志愿者的临时休息地点。

（一） 社工部对志愿者的工作安排

D 医院的社工部对注册的志愿者做了一个整理，并且与上海志愿者网相联系，所有满足正式条件的志愿者都可以在上海志愿者网上找到并且查看自己的志愿者服务的信息，如志愿者服务的时间。志愿者可以主动打电话或者邮件联系社工部，询问是否需要志愿者，预约志愿者服务的时间。社工部也会定期联系长时间没有来医院进行志愿服务的老志愿者，询问是否来医院进行志愿者服务；或者对于一些较为特别的志愿者服务项目，如为了某些特别的节日进行的活动而需要较多的志愿者时，进行志愿者的联系。另外，想要参与志愿者服务的新志愿者也可以通过邮件或者电话向社工部进行咨询。

社工 Z："等到新志愿者正式服务的时间达到 30 小时以后，就可以成为 D 医院注册的正式志愿者。正式志愿者的服务信息都可以在上海志愿者网上找到，都是有据可循的。我们社工部也会给正式的志愿者发志愿者证。"

除了志愿者服务时间安排以外，社工部负责给到医院的志愿者进行日常工作的安排。志愿者们在社工部 8 点半开始签到，9 点正式分配工作上岗。在暑假有实习生在的时候，会由他们来分配任务，带领志愿者上岗。没有实习生的时候，就由社工分配。社工部除了接受个人的志愿者服务的预约外，还有学校的大批量的志愿者服务或者实习的项目。

（二） 社工部对志愿者的岗前培训

新志愿者刚来到医院的时候是不能直接上岗的，这不仅是考虑到没有经验志愿者会感到不知所措，也是对医院需要帮助的病患的负责。因此，社工部会对新志愿者进行上岗前的培训。培训一般会包括以下几个部分。一是对医院整体情况的了解。由老志愿者或者社工带领，熟悉医院环境，各个科室的位置、楼层的分布、每栋楼的电梯分布，以及便民设施，如饮水机的摆放地点。二是熟悉志愿者岗位。去各个志愿者服务的岗位参观，对志愿者服务的概况做一个简单的了解。三是小测试。就医院的分布，以及在志愿者服务中可能出现的问题，处理成一个场景，判断是否该这样处理。社工 A 在进行志愿者培训的时候说："如果已经预约了服务可是身体突然不舒服，是否应该坚持来医院进行服务？这是一个很有诱导性的问题，较多的志愿者选择了坚持来进行服务，但是正确的做法应该是向社工部请假。医院有各种病患，各种病菌、病毒，带病进行服务很可能使自己的病情更严重，志愿者服务是基于自己行有余力的基础之上的。"

（三） 社工部对志愿者的骨干培训

最近两年，D 医院社工部在暑假的时候会进行一个特殊的志愿者项目——志愿者骨干培训小组。小组的总目标就是培养一个有能力领导其他志愿者进行志愿者服务，以及进行志愿者服务活动策划和组织的志愿者骨干团队。小组一般由暑期招收的实习生负责，社工部老师进行指导和必要的帮助。

社工部的 A 老师和负责小组的实习生刚进行交流的时候说："现在医院的志愿者还是有很大的流动性，但是也有一大部分长期坚持下来的志愿者，有的志愿者已经坚持了 2 年，我们这个小组是希望培养志愿者骨干，让他们发挥一个长期的作用。在社工部最长期的老志愿者阿亮也曾参加过上一次的骨干培训，他现在也是你们的有力支持。"

社工部组织骨干小组的整个过程如下：骨干培训小组在 7 月初开始招募组员，主要包括两个部分：其一，医院的老志愿者；其二，在上海志愿者网以及其他网络渠道发布招募信息，自愿报名的志愿者。7 月中下旬结束招募，开始筛选组员。筛选组员的主要依据是年龄，以及笔试和面试的结果，同时也会考虑到志愿者交通问题，因为需要经常来医院，比如，在实际的筛选过程中婉拒了一个离医院车程 3 个多小时的住在上海郊区的志愿者。筛选结束以后，对正式成为小组成员者发出通知。骨干培训小组一共开展了 6 次小组活动，前 4 次由社工部组织活动，最后两场由志愿者组织开展。

小组培训的内容包括：

（1） 帮助志愿者深入了解 D 医院志愿者项目，学习策划活动、组织活动，以及发现新的志愿者服务项目。

（2） 帮助志愿者了解认识自己，了解自己的优劣势，并据此来选择项目，成为该项目的骨干。

（3） 搭建一个新老志愿者沟通、交流经验和心得的平台，共同成长。

（4） 提高志愿者的倾听和沟通能力，增强志愿者骨干的团队合作意识以及领导和组织的能力。

志愿者骨干小组的任务并不随着 6 次小组的结束而终结，社工部希望骨干志愿者能在至少半年内在医院进行志愿者服务，发挥骨干的作用，带领其他志愿者进行志愿者服务，并且策划活动等。

二、D 医院社工 + 志愿者模式的优势

（一） 实现志愿者资源合理配置

当今社会很多行有余力的人愿意做志愿者，为社会做贡献，有爱心本身是好事，只是不合理的调配会使好心产生反面的作用，并且导致志愿者资源的浪费。有很多岗位需要大量的志愿者，可是不能得到满足；也有志愿者岗位人满为患。仅仅凭借一腔热情的志愿者服务，往往具有盲目性。所以，有一个专门的部门对志愿者资源进行调配是十分必要的。而在社工 + 志愿者模式中，社工就承担了这个角色。社会工作者承担了领导者的角色，在某些意义上也接近人力资源管理。

社工部手上掌握着所有志愿者的信息，进行日常工作的管理。按照岗位的需要接待志愿者，尽量避免出现有需要的岗位却没有志愿者值班，以及志愿者无事可干，都坐着玩手机，或者做其他自己的事情，造成志愿者资源的浪费或者是资源供应不足。例如，本来打算周五或者周六来进行志愿者服务，可是临时出差就不能按照原计划。通知社工部，他们就能提前进行人员的安排或者调动。

（二） 提供志愿者专业指导

社工与志愿者针对的对象有重叠性，而两者最大的不同地方就是社会工作者本身具有的专业性。两个群体的自我认知互有区别，志愿者认为，只要有热情、有爱心、有诚意、有意愿，就可以为社会人群提供服务；相比之下，社会工作者则强调要有专业精神、专业知识、专业技能，以更好地发挥服务效果。❶

社工作为一个专门的职业，具有它的专业性，在实际的工作中可以为志愿者提供一定的指导。就以该医院社工部的情况为例，社会工作者会将社工的专业技巧融入日常的生活，以较为简单易懂的方式教给志愿者以及实习生。如倾听的技巧。在医院的很多病人都很想找人倾诉，可是并不能都找到倾诉的对象，所以，他们很期待志愿者定期的病房探访。肾内科的护士长 A 在实习生去调查社工部是否需要提供其他志愿者服务的时候如是说："你们来看看他们，陪他们聊聊天，你们每次来，就算不准备什么节目，他们都很开心的，我觉得你们这样已经做得很好了。"

鉴于志愿者通常对肾内科、肿瘤科以及老年病区进行病房探访，所以服务

---

❶ 谭建光．中国城市社工和志愿者合作模式探析［J］．城市观察，2011（5）：97.

的对象大多是年纪较大的病人。这样的病人倾向于说自己年轻时候的事情，志愿者在大部分时候只需要听着，但是不能一直只是倾听，志愿者需要用眼神和表情，以及适当的反馈表达自己对他们说的话题感兴趣。

志愿者 B："我记得上一次去肾内科病房探访的时候，那个老爷爷拉着我说了很多，说他以前当兵的时候，讲了很久，我也不知道说什么，就听他一直讲，后来他就不说了，感觉我不知道怎么和他交流啊，有点郁闷。"

除此以外，还有一些实用的小技巧，如，写邮件的技巧，如何在尽可能少的字数里简明扼要地表达出你写这封邮件的所有目的；打电话的技巧，减少废话和重复的话，并且能够抓住对方的话的重点，在必要时进行澄清；此外，在开展志愿者骨干培训小组的时候，还有一些小组工作的专业技巧。

（三） 进行长期人员统筹

志愿者通常有较大的流动性，由于本身的工作或者学习的限制，并不能保证到医院进行志愿者服务的周期性。所以，社工经常承担一个联络员的角色，以及信息发布者的角色。

社会工作者联络员的角色主要表现在对老志愿者的联系上。老志愿者是社工部很重要的资源，因为他们通常具有较多的志愿者服务的经验，能够妥善地处理一些服务过程中突发的情况，给新志愿者较多的支持帮助，以及给社工部提供他们的建议和想法。社工部会定期与老志愿者进行联系，询问他们的现状，以及有时间回医院看看，进行志愿服务。特别是在有特殊活动的时候，如节日的病房探访活动，以及志愿者骨干培训小组。这些特殊的活动对志愿者有一定的要求，刚进行志愿服务的志愿者通常没有办法很好地开展，需要老志愿者的带领。

另外，社工的信息发布者的角色就表现在志愿服务活动的发布上。社工部会以邮件或者电话的方式通知已经注册的志愿者，最近医院有什么活动，需要多少志愿者，是否有人有时间，有意愿参加。除此以外，比较大型的活动则会到志愿者网上进行信息的发布，面向全体人群，不仅仅限于医院原来已有的志愿者，例如志愿者骨干培训。

三、D 医院社工＋志愿者模式的不足之处

（一） 社工资源缺乏

现在的状况是社工部总共只有两个常在的社工，所有的大事小事都要由两个社工经手，而且社工部不止负责志愿者工作的管理，同时还负责医院的其他

日常事务。通常情况下，社会工作者的工作状态都是非常忙碌。需要事事兼顾也使社会工作者在有些方面力不从心，不能面面俱到。

对暑期在社工部实习的小 A 进行访谈的时候，她就曾经提到过这个问题。

实习生小 A："我记得有天小 Z 老师（实习生们对 Z 社工的昵称）生病请假了，社工部就张老师一个，我不是把病友会的策划书写好了吗，准备拿给老师看看，然后可以进行修改，或者开始下一步的准备，可是那天张老师一直很忙，本来就安排了两个会要开，开完了会以后又被一个人电话叫走了，我一直没有机会让张老师看看我的策划案，然后我只能去看我能不能先干些其他的事情，不然一天就这么浪费过去了。"

社会工作者资源的不足在有些时候会导致志愿者资源的浪费，两者不能进行合理的调配，就会产生浪费。因为大部分的情况下，社工担任了决策者的角色，志愿者担任了执行者的角色。没有决策，执行这个环节就不能正常进行了，而且社工在某些实际的服务中也担任着协助者以及领导者的角色。这个问题在社工部有具体的体现。

Z 社工："本来下午这批志愿者要去老年病房进行病房探访，但由于他们年龄小，今天又没有老志愿者在，没人带他们，只能一直等我先把这边的事情处理好，然后和他们一起去病房探访。"

（二） 社工的社会认知度不高

诚然，现在社会工作者在我国内地的认知度较低，大部分群众不知道什么是社工，社工是做什么的，社工和志愿者有什么区别，有了志愿者为什么还需要社工，甚至有些人认为社工就是志愿者。在普通老百姓的常识中，"社会工作"就是本职工作以外的工作。[1] 认知度低给社工日常工作的开展确实带来比较大的阻碍。社工部的 Z 社工和实习生谈到这个话题时也表示很无奈。

Z 社工："现在他们不知道我们是谁，所以我们总是需要自报家门，重复告诉他们，我们是社会工作者，我们的工作和志愿者并不一样。这确实也是无奈。"

因为认知度较低，社工的专业性在大多数的时候并没有在日常工作中为人所知或者被人重视。对社工的认知度低，导致社工的专业性被大多数人忽视，或者不接受。这个问题确实也不是一两天就能够解决的，就算是在几十年里也不一定能得到全面的认知度的提高，还有很长的路要走，毕竟社工的本土化已

---

[1] 孙莹. 社会对社工的认知度有待提高［N］. 中国社会报，2006 - 08 - 02.

经进行几十年了。

（三） 培训未体现专业性

医院的社会工作者属于医务社工。对于医务社工的定义是：医务社会工作是社会工作者运用社会工作知识与技术于医疗卫生机构。其从社会及心理层面来评估并处理案主的问题，以医疗团队之一分子共同协助病患及家属排除医疗过程中之障碍，不但使疾病早日痊愈，并使因疾病而产生的各种社会问题得以解决，共同促进社区民众之健康。❶

但是在实际的工作中，并没有融入很多专业的医疗知识，专业方面显得有些单薄。即使是专业的社会工作者，其医学知识也不是短时期内可以掌握的。长远来看，可以采用现有的社会工作院校与医学院校合作办学来培养医务社会工作者的方式，院校间优势互补，或者由医学院校设立"社会工作"专业来培养医务社会工作者。❷

社工部给予这些志愿者的培训，既要包括医学基础知识，又要有一定的心理学知识来帮助他们与病患的交流，还要在一定程度上让他们了解医疗政策。❸而这是在实际的操作中缺失的。现有的培训显得专业不足，只是走了一个流程。不可否认，现在的培训里有可取的地方，比如说熟悉医院的分布，熟悉医院的志愿者的岗位，以及岗位的具体要求。在与志愿者的访谈中，就体现出培训的专业性有待提高。

志愿者 A："就我的感觉啊，就是培训参加过没参加过没什么差别哦，也没有学到什么，可能这种东西还是要在实际的服务里自己学的，就是有一点确实蛮实用的，带我们熟悉一遍医院，要是我们都不知道医院哪里是哪里，怎么指导别人呢？"

（四） 骨干志愿者的预期作用未达到

该医院的社工部近两年来都进行志愿者骨干的培训，但因为尝试的时间并不够长，整体的运行模式还不够成熟，也显示出一些不足。最重要的就是志愿者骨干的作用并未体现出来。因为志愿者本身具有流动性和不确定性，要进行长期的服务并不是一件简单的事情，所以在挑选志愿者骨干人选的时候就考虑到了这个问题，尽量筛选掉一些太过年轻，以及路程太远的。但是年长些的并不代表就一定会有相应的责任心，能够坚持进行定期的志愿者服务，或者就算

---

❶ 顾东辉. 社会工作概论 ［M］. 上海：复旦大学出版社，2008：217.
❷ 李妍斐. 医务社工和医院志愿者如何融入医院系统 ［J］. 中国卫生事业管理，2011（12）：75.
❸ 同上。

不到医院来，也能帮忙进行志愿者的联系，付出在医院进行志愿者服务的时间。对于志愿者骨干的要求远远高于普通志愿者，所以需要更多的耐心和责任心，同时还要有更多的时间。

现在的情况是志愿者骨干的志愿者服务随着志愿者骨干小组的结束就基本结束了，志愿者骨干就没有音信了。至少说前一年的志愿者骨干培训小组所展示的结果就是这样的，部分的骨干电话邮件都联系不上，剩下的就是说没有时间再来医院了。这完全不能实现小组的目标，志愿者骨干的作用也变成一纸空谈了。结果就是不仅仅浪费了小组培训的资源，又没能起到促进社工＋志愿者模式进一步发展的作用。

四、完善社工＋志愿者模式的对策

（一）社工需要不断自我提升

社会工作者本身的专业性，对社工＋志愿者模式的运行效果有关键的影响力。社会工作者本身就是以其专业性来区别于志愿者的。在社工＋志愿者模式的角色定位上，社会工作者主要承担了以下4个角色：规划者，组织者，评估者，倡导者。❶

社会工作者进行进一步的学习和自我提升，就能在一定的程度上提高工作的效率。社工的提升要与实际工作对社会工作者的要求来进行。可以进行提升的有以下方面：

（1）常用的心理知识。具体包括与病人相处需要注意的地方，特别是较为特殊的病人，如癌症晚期的病人。A社工和志愿者形容过癌症晚期的病人的状态：上一刻还与志愿者很开心地交谈，说说笑笑，下一刻就会突然安静下来，对志愿者说，开心不开心又有什么差别呢，反正就只有这么几天可以活了，都一样了。他们的情绪起伏非常大。

与这样的病人相处的时候就要注意自己的言辞，尽量避免引起他们的负面情绪。还有就是避免把病人的不良情绪感染到志愿者，因为医院的病人由于病痛的折磨，消极悲观的情绪占大多数。长期与他们相处的志愿者更加需要较为强大的心理，避免被负面情绪同化。

（2）基础的医疗知识。在医院，遇见突发情况的可能性很大，如果没有基

---

❶ 孙振军，杜勤. 对于医务社工在开展志愿者服务中的角色探讨［J］. 中国医学伦理学，2014（4）：525.

础的知识就会造成恐慌或者误操作。社工需要学习这些，然后在志愿者培训的时候教给志愿者。

（3）社工的专业知识。在专业方面不断提升，才能在工作中得心应手，处理好与志愿者、与病人、与医院之间的关系。

（二） 加强社工的社会认知度

在日常与志愿者以及群众的接触中，渐渐渗透社工的概念。这些渗透可以从一些细节入手。比如，向他人介绍自己的时候带上社工这个职业，与志愿者邮件、电话联系的时候说明自己是社工的身份。对于不知道的名词，人们总会存在疑惑，就会寻求一些可以得到理解的途径来对未知进行探索，从而渐渐地提升对社会工作者的认知度。

另外，医务社工应加强对医院领导和同事关于医务社会工作专业特色的宣讲，从专业理念、技巧、方法等层面增进整个医疗系统对医务社会工作的认识。医院的系统对社工的认知度提高了，就会先使一部分人了解社工的概念，然后，他们还能带领其他人慢慢开始认识社工这个职业，以及它的特殊性和不可替代性。

但最重要的还是社工可以作出自己的成绩，解决其他人不能解决的问题，这样才能让群众相信，我们的社会是需要社工的，他们为我们的生活作出了很大的贡献，是不可缺少的。

（三） 充分挖掘骨干志愿者的作用

就上面所提出的社工的资源太少的问题，很容易让人想到一个解决的方法，就是再多聘用几个社工，多几个社工，不是什么问题都迎刃而解了吗？然而社工部多加几个社工在实际的操作中不切实际，且不说院方是否给予社工这么多的资金，就是现在社工部的可用资源也是很少的，多加几个社工，那么院方还要给社工部几个办公室，否则只能让新的社工在露天工作了，这又会引发一连串的问题。

所以，最好的方式是充分利用现有的资源，对现状进行改善。既然无法增加社工，那么可以选择在现有的人员中发展出可以代替社会工作者担任部分角色的人，在日常服务中减轻社工的负担，以及提高整体的工作效率。

纵观社工部能够接触及拥有的资源，最重要的就是志愿者了。医务社工与志愿者之间的关系不是行政管理人员与被管理者之间的关系，而是相互依赖、相互促进的关系。所以，如何充分利用志愿者资源，在做好志愿者管理的同时

积极调动志愿者服务的积极性，是社会工作者需要关注的问题。❶

志愿者资源中又有一批较为特殊的，那就是骨干志愿者。社工的资源少，把志愿者骨干培养成能够胜任社工部分工作的人，也是很好的解决问题的方式。社工部原来对于志愿者定下的目标是：带领其他志愿者进行志愿服务，并且进行活动的策划。但是除了这个目标，更深入地发展志愿者骨干的作用，可能有以下几点可以发展的方向：第一，由志愿者骨干从日常的志愿者服务过程中发现新的志愿者服务的项目，以及原有的志愿者服务需要改善的地方。第二，志愿者骨干负责一个特定的志愿者服务的岗位，然后由志愿者骨干代替社工进行对应岗位的部分志愿者联系工作和任务分配的工作。第三，帮助医院开展周边社区的健康宣讲，如常见的高血压、高血糖等。

五、结语

随着社会的发展，社工的地位也开始慢慢改变，认知度也开始提高，特别是在中央发布培养社会工作人才的文件以后，社工的发展开始渐渐步入轨道。社工＋志愿者模式的优点也在实际的工作中体现出来。由于我国内地的社工起步晚，体制存在漏洞和幼稚的地方，但这并不能抹去该模式的优越性及其在社会工作实务中的价值。正确地应用才能更好地发挥它的优势。

社工＋志愿者模式就以上海 D 医院社工部为例，该模式确实体现出很大的优点，可以给其他机构提供借鉴意义，从现有的体制出发，提升社工的素质，增加社工的认知度，和志愿者相配合，资源共享，使社工＋志愿者模式更进一步。

参考文献：

[1] 谭建光. 中国城市社工和志愿者合作模式探析 [J]. 城市观察，2011（5）.

[2] 邵振刚. 广州社工与志愿者合作特点分析 [J]. 广东青年职业学院学报，2012（10）.

[3] 谭建光. 中国社工与志愿者合作的模式 [J]. 广东青年干部学院学报，2011（12）.

[4] 梁莹. 绿色社区中的公民治理：绿色志愿者与社工的伙伴关系 [J]. 江苏社会科学，2012（4）.

[5] 戴艳. 探索社工与志愿者的联动机制 [J]. 江南论坛，2009（5）.

[6] 李妍斐. 医务社工和医院志愿者如何融入医院系统 [J]. 中国卫生事业管理，2011（12）.

[7] 刘继同. 改革开放 30 年以来中国医务社会工作的历史回顾 [J]. 现状与前瞻——社会

---

❶ 孙振军，杜勤. 对于医务社工在开展志愿者服务中的角色探讨中国医学伦理学 2014（4）：526.

工作，2012（2）.

［8］王思斌．"社工＋志愿者"携手合作创"三赢"局面［J］．广东青年职业学院学报，2013（1）.

［9］孙振军，杜勤．对于医务社工在开展志愿者服务中的角色探讨［J］．中国医学伦理学，2014（4）.

［10］许朝回，罗轶玮．医务社工与志愿者在医院服务管理作用中的评价［J］．中国医院管理，2014（3）.

［11］华裕良，黄飞剑．论大学生志愿者骨干的培养［J］．郑阳高等专科学院学报，2012（2）.

［12］赵君华．深圳市医务社工与义工"两工联动"模式探析［D］．上海：华东科技大学，2013.

［13］李和晰．医务社工成长之路［J］．社会工作，2012（11）.

［14］刘正旭，王祎．提高全社会对社工认知度［N］．团结报，2010.

［15］孙莹．社会对社工的认知度有待提高［N］．中国社会报，2006 – 08 – 02.

青少年暴力犯罪的社会工作介入

李丹丹❶

摘要： 青少年本代表着希望与未来，而如今青少年暴力犯罪却成为继毒品、环境污染后的第三大社会公害，严重威胁到社会稳定与发展。笔者在前人研究的基础上，以社会工作者和暴力犯罪青少年为研究对象，通过质性研究的方法，主要探讨了青少年暴力犯罪的现状和影响，以及社会工作在预防和减少青少年犯罪方面的方法、技巧、原则与困难。本文通过研究发现，青少年暴力犯罪的现状主要表现在犯罪趋势和犯罪特点上；青少年暴力犯罪的个人特征是对家庭及整个社会都有巨大的影响；社会工作在介入青少年暴力犯罪中的主要困难是介入途径、方法，以及社会关注度低，专业人才的缺失及矫正机构的运作模式欠佳。最后，本文根据前人研究及调查，对社会工作介入青少年暴力犯罪给出些许建议。

关键词： 青少年　暴力犯罪　影响因素　社会工作服务

一、研究缘起

不久前，一条名为"实拍 3 男子轮流殴打一少年"的视频引起网友疯传，视频中，3 名男子疯狂围殴一个少年将近 9 分钟。让人惊讶的是，视频中的 4 人都处于少年阶段，其中有两个嫌疑人，一个出生于 1999 年，一个出生于 1997 年，而受害人仅 14 岁。❷ 这些青少年的暴力与疯狂引起社会的热议。其实这样的惨案还有很多，如，2004 年在云南大学宿舍连杀 4 个人，引起全国轰动的"马加爵事件"；2008 年美国北伊利诺伊大学的枪杀案；2010 年驾车撞人后又将伤者刺了 8 刀致其死亡的"药家鑫案"；2014 年 9 月北京一名 16 岁男孩地

---

❶　作者单位：上海商学院。
❷　秦一乔. 奶西村少年暴力事件［EB/OL］. 新华网河南频道，2014 - 05 - 28.

铁站外拿刀捅死同学的案件……可见，愈演愈烈的青少年暴力犯罪问题不仅成为一个全球高度关注的社会问题，同时也引起了社会各界的关注与研究，只有不断调查研究，寻找减少和预防青少年暴力犯罪的突破口，才能减少青少年犯罪悲剧的发生。

二、文献回顾与调查方法

（一）文献回顾

1. 青少年暴力犯罪相关研究

由于青少年暴力犯罪问题已逐渐成为全球高度关注的问题，所以国内外关于青少年暴力犯罪的研究成果颇丰。

第一，对青少年的界定。不同科学领域有不同的界定。生理学上对青少年的界定是以人体的发育为依据的，认为青少年期是生殖力成熟的阶段。心理学上是以人的智力水平和个性形成为依据来界定青少年。A. B. 彼得罗夫斯基1980年在其著作中提出"青少年是完成成熟的阶段和形成个性的阶段"❶，一般以十一二岁到二十四五岁为界。教育学上认为青少年期就是从接受中等教育开始一直到独立生活、结婚为止的这段时期。社会学上则认为青少年期是人社会化的过程，一般以十二三岁到25～30岁为界。

第二，对青少年暴力犯罪的影响因素的研究。家庭影响因素方面，俞丽娜在其研究中提到，家庭教育不当和家庭结构对青少年有重要影响（2009）。韩召敬、顾海宁在其研究中指出，家庭经济状况会让青少年产生心理不平衡感（2003）。在青少年个人心理特征因素方面，成广海、李娜在其研究中发现，与普通青少年相比，暴力犯罪青少年更明显地具有认知能力较差、世故狡猾、懒散消极、性情冷漠、现实叛逆、保守浅薄等不良人格特质（2012）。在社会环境因素方面，20世纪30年代，社会学家和犯罪学家严景耀先生就提出，了解犯罪，就必须了解发生犯罪的文化。此外，吴小玲在其研究中提出，表现暴力、犯罪行为的影视片对现实生活中那些有犯罪倾向的青少年危险分子犯罪和使用暴力起到引导、促进作用（2010）。俞丽娜也指出了学校对青少年暴力犯罪的影响，认为学校教育的误区、学校偏重知识教育而忽视素质教育、学校管理方面存在的漏洞、逃课旷课等行为大多不会引起学校的重视等对青少年暴力

---

❶ A. B. 彼得罗夫斯基. 年龄与教育心理学［M］. 北京：北京师范大学教育系心理学研究室，1980.

犯罪都产生一定的影响（2009）。张卫、潘绮敏在其研究中指出，青少年是各种媒体包括电视、电影、网络等的重要消费者。媒体暴力明显影响青少年的暴力行为、暴力思想和情感，且接触越多，影响越大（2004）。在朋辈群体因素方面，Patterson 等人的研究发现，儿童六年级时的异常同伴关系对其以后的行为不良有预测作用，有逃学或违纪好朋友的男孩更可能表现出行为和暴力问题。而 Thornberry 等人的研究则进一步发现，青少年处于不良团伙中时违纪行为增多，离开团伙时这种行为明显减少。

第三，针对青少年暴力犯罪的预防的研究。学者们主要从影响青少年暴力犯罪的因素方面着手。家庭影响因素方面，俞丽娜提出家长要完善自身，给孩子创造一个温暖的环境（2009）。张卫、潘琦敏提出，家庭对于预防青少年暴力格外重要，家长要保持和孩子良好的沟通；社工人员要定期进行家访（2004）。青少年心理特征方面，余德光认为要运用主流文化引导青少年对自身进行正确的认知，从边缘走向中心；加强对青少年的心理干预，使其从偏执走向平和（2012）。此外，韩召敬提出要从影响青少年暴力犯罪的社会因素着手，构建完整的预防体系（2013）。

2. 简要评论

已有的研究中，由各界对青少年的界定可以看出，青少年期是一个发展的过渡阶段，然而各界都没有对这个阶段给予明确的划分。综上，我们可以暂且以 14～25 周岁定义青少年。从对影响青少年暴力犯罪的因素方面的研究中，可大致总结出影响青少年暴力犯罪的因素有 5 个，即家庭、心理人格因素、社会风气、学校、人际关系。根据以上研究，也可以得出对青少年暴力犯罪的预防和减少也是从其影响因素方面着手。

已有资料对青少年暴力犯罪研究显然有很大的贡献，但也稍有不足，如研究青少年暴力犯罪的各方面影响因素的较多，对青少年暴力犯罪预防措施的研究也大都倾向于理论层面，提出一些宏观方面的建议，但对预防和减少青少年暴力犯罪的实务介入较少涉及。然而想要有效地减少青少年暴力犯罪，又必须从实务干预入手。基于此，本文对社会工作在预防和减少青少年暴力犯罪的相关方面进行了着重研究。

（二）调查方法

1. 调查对象的选择

笔者从上海一家社会工作机构寻找到 5 名社会工作者及 3 名暴力犯罪青少年作为调查对象，运用质性调查研究方法，重点针对青少年在暴力犯罪时的心理资料的收集和社会工作对青少年暴力犯罪的介入展开研究。

2. 调查资料的收集

本文的研究方法主要是采取文献研究法、半结构式访谈法。资料收集由笔者亲自调查整理所得。

（1）文献研究法。

本文通过文献研究法收集已有的青少年暴力犯罪相关研究的文献，进行归纳整理，分析与研究问题相关的有价值的观点，以供借鉴。

（2）半结构式访谈法。

半结构式访谈即笔者在进行实地访谈前，先粗略列出有关青少年暴力犯罪方面的访谈问题，但在实际的访谈过程中保持一种开放的方式，根据访谈对象的反应实时作出调整，以便能够进行更深入的访谈，得到关于青少年暴力犯罪的现状、原因以及社工介入等方面更详细真实的资料。

三、青少年暴力犯罪研究

（一）青少年暴力犯罪的定义

本文所涉及的青少年暴力犯罪是指 14 周岁至 25 周岁的人的暴力犯罪，即犯罪主体利用身体力量或其他工具恶意侵害他人身体或公私财物的危害社会秩序和公共安全的犯罪行为。❶ 我国目前的青少年暴力犯罪主要集中在故意杀人、故意伤害、强奸、抢劫等典型暴力犯罪以及纵火、绑架、聚众斗殴、寻衅滋事等其他凭借暴力手段实施的犯罪上。❷

（二）青少年暴力犯罪现状

根据文献及数据资料显示，青少年暴力犯罪在近几年有明显变化，主要表现在犯罪趋势和犯罪特点上。

1. 犯罪趋势

根据中国青少年犯罪研究会的资料表明，近几年间青少年暴力犯罪的犯罪趋势主要是犯罪数量越来越多，以及犯罪所占的比率越来越高。

2. 犯罪特点

调查研究发现，目前青少年暴力犯罪主要有以下特点。

---

❶ 黄学斌，何娟. 浅析青少年暴力犯罪的成因及预防对策［EB/OL］. http：//www.jcrb.com/jcpd/jcll/201011/t20101122_469815.html

❷ 武胜，徐宏. 齐抓共管综合治理青少年暴力犯罪——青少年暴力犯罪调查报告［J］. 山东师范大学政法学院，2006（10）.

第一是团伙性暴力犯罪增加：据统计，青少年暴力犯罪中团伙犯罪占70%左右，有的地区甚至达95%以上。❶ 由于在青少年时期自己的世界观、价值观没有完全确立，青少年群体相对较容易受到同辈群体的影响，而团体本身就具有引导性、隐蔽性，所以个体很容易产生从众心理，参与团体暴力犯罪。

第二是暴力犯罪低龄化：在中国青少年犯罪研究会的资料表明未成年少年犯罪总数在青少年犯罪案件中所占的比例越来越高，青少年暴力犯罪呈现出越来越低龄化的态势。

第三是暴力犯罪的恐怖化：近几年来青少年暴力犯罪事件在社会上一次又一次引起轩然大波，主要是因为青少年暴力犯罪手段越来越残忍，如一系列的碎尸、下毒、轮奸等骇人听闻的青少年暴力犯罪案件。

第四是暴力犯罪重犯率高：由于"标签理论"的作用，很多少年犯在接受惩罚和教育后都被社会贴上了"少年犯"的标签，以致想要再融入社会却缺少环境的支持，继而重新走上犯罪的道路。还有的少年犯由于在监管时没有受到很好的改教，反而在管教所接触到更多的犯人，学习到更多的作案手法，从而开始循环犯罪。

（三） 影响青少年暴力犯罪的因素

1. 个人特点

青少年时期是一个完善自我人格、生理和心理都走向成熟的过渡阶段。在这个阶段，青少年的世界观、人生观、价值观还没有完全确立，思想还不成熟，缺少人生经验，然而他们却渴望得到独立、自由以及他人的关注与认可，所以，他们的行为多表现为张扬不羁，更加容易采用暴力的方式解决问题。

2. 家庭影响

家庭是孩子最亲密的环境，父母是孩子最好的老师。家庭对青少年的影响主要体现在家庭的经济条件、教育方式以及家庭结构方面。家庭经济条件较差的青少年很容易产生自卑、消极、仇富等不健全的人格特征，如，马加爵因自身的自卑以及长期受到来自同学的轻视而最终犯罪就是典型的代表。家庭的教育方式对青少年的人格塑造也是至关重要的。溺爱型教育、放任型教育、严厉型教育都容易让孩子养成不良的行为习惯和人格特征。家庭结构对青少年的影响力也是巨大的。据100个案例统计，属于单亲家庭的（含离异、死亡）占48%，属于脱离家庭的占16%，属于完整家庭的占36%。这意味着来自残缺家

---

❶ 武胜. 青少年暴力犯罪的综合治理［J］. 青年思想家，2003（02）.

庭的占64%之多，这些暴力犯罪青少年一致认为不良家庭环境对他们的犯罪起了很大的消极推动作用。❶

LM："我爸在北京工作，都不怎么看得到他，我妈就忙着工作，也不怎么管我，我奶奶又管不住我，蛮自由的……其实我也希望他们能多管管我。"

3. 朋辈群体

朋辈群体是指有相近的年龄、相似的兴趣爱好、相近的家庭背景的人自发形成的团体。朋辈群体对青少年的影响格外重要，不论是在学校还是社区，青少年都能接触到很多同龄的孩子，而这些孩子中的一部分可能会有这样或那样的问题，如果长时间相处，有共同的兴趣爱好，就很容易受到朋辈群体的诱导，即使自身没有明确的犯罪动机，也会因朋辈群体的影响而冲动地犯下错误。同时，由于现在的青少年多是独生子女，难免会有自私、命令别人的特点，所以，在朋辈群体间相处时，如有冲突，也多以暴力的方式解决。

ZQM："和他们都是好兄弟嘛，平时都一起玩的，谁有事了，肯定要帮啊，不然就显得不够义气，也没面子，怂。"

ZF："被欺负的是我哥们，谁敢欺负我哥们，我肯定不干啊。"

4. 社会环境

影响青少年暴力行为的社会环境主要有学校、大众传媒、暴力文化等。学校的教育方式和管理方式对青少年有很大的影响。我国特殊的人才选拔制度导致虽然一直提倡素质教育，但一直是以应试教育为主，忽视了对学生的思想道德、品质美德的教育，忽视了对学生道德规范及法制观念的输入；并且学校对学生的错误，如旷课、作弊等多是批评或惩罚，没有针对性的教育和管理。同时，多数学校都有"优等生"和"差等生"之分，不公平的对待容易让成绩表现不好的学生自暴自弃。随着网络的发展，大众传媒的影响力越来越大，正值转型期的我国，拜金主义、金钱至上充斥着大众传媒，青少年很容易在网络上获得暴力、色情等不良信息，从而产生犯罪动机。宣传暴力主义的文化在游戏、影视中是常见的元素，青少年的学习能力很强，若经常性地接触这些暴力文化，很容易在遇到问题时以暴力的方式解决问题。

WJW："平时上网就玩玩 CF（一款枪机游戏），真人对打（格斗对打游戏）什么的……"

MQ："玩那种游戏（暴力游戏）很过瘾啊，在那里（游戏里）没几个能打赢我，大家都玩。"

---

❶ 武胜. 青少年暴力犯罪的综合治理 [J]. 青年思想家，2003（2）.

四、社会工作对青少年暴力犯罪的介入

（一） 社会工作介入青少年暴力犯罪的必要性

社会工作是一门助人自助的专业，能够协助个人、家庭、团体、社区适应所在的社会环境系统，增强或恢复其社会功能，为其链接和整合有效的社会资源。据资料显示，2004 年至 2009 年间，上海负责禁毒、社区矫正、青少年事务管理的 3 家专业团体组织，5 年共服务各类工作对象累计超过 31.6 万人次，成功推进就业、帮助申请低保、参加技能培训达 3.8 万人次，协助开展吸（戒）毒人员尿检达 5 万多人次。❶ 可见，社会工作是上海体系建设中一股强大的力量。考虑到青少年暴力犯罪的特殊性和危害性，必须发挥社会工作的专业性优势，以预防和减少青少年暴力犯罪。

（二） 社会工作的介入途径

社会工作介入青少年暴力犯罪，主要有两种途径。

1. 事后补救性社会工作

这主要是对暴力青少年犯进行矫治，通过个案、小组、社区等方法帮助暴力青少年犯链接更多的社会资源，以重塑人格，重新融入社会，从而实现再社会化，减少青少年暴力犯罪的重犯率，以及促进暴力青少年犯的全面发展。

CYJ："在青少年暴力这块，其实我们所接触的案主一般都是由警局送来我们这边监管矫正的，可以说是补救性的工作。"

2. 提前预防性社会工作

这主要是指国家和地方政府为促进青少年全面发展而采取的一系列措施，通过为青少年提供各方面所需的资源来满足其发展❷，可以有效地预防青少年犯罪。此外，还可以通过外展工作，如在街头、车站、酒吧等问题青少年聚集的地方寻找服务对象，帮助其自我增能，以减少其暴力犯罪的可能性。

ZY："像预防性的措施，政府是有一点措施的，但并不是很完善，效果也就不是很明显。其实预防比补救要好得多，所以还需要在这方面多关注。"

（三） 介入方法

社会工作介入青少年暴力犯罪主要有三大工作方法，即个案社会工作、小组社会工作及社区社会工作。

---

❶ 刘健. 创建预防和减少犯罪民心工程［N］. 法制日报，2009－07－03.
❷ 陆士桢，王玥. 青少年社会工作［M］. 北京：社会科学文献出版社，2010.

1. 个案社会工作

个案社会工作是指以青少年个体及其家庭为服务对象开展的社会工作，其直接目标是帮助青少年个体解决困难和问题，实现青少年的自我增能。据调查发现，在暴力青少年个案社会工作中，社工主要是通过观察和面谈，先寻找青少年暴力犯罪的自身原因及外部原因，通过帮助暴力青少年犯链接家庭、社区、学校等资源，来帮助其改变错误的认知结构，以此矫正不正确的行为模式，最终恢复暴力青少年与社会系统之间的关系。

WT："在接案前，我们都会对当事人进行危险评估，然后才选择干预措施，如果风险评估结果严重的话，就会进行紧急干预。"

WR："像暴力犯罪的话，我们一般都会与他的家庭接触，因为有很大一部分案主，在家庭方面都存在这样或那样的问题。"

2. 小组社会工作

小组社会工作是指以青少年团体或小组为对象，通过设计团体活动，让青少年在团体中发展其社会性，改变行为模式，促进青少年的全面发展。对此，可以采用互动模式，通过成员间、成员与社会的互动来增能，同时还需要对暴力青少年进行行为修正和矫治。对于青少年暴力犯罪团体来说，采用小组的方式比较有挑战，因为团体内的青少年可能存在严重的认知和行为问题，团体成员间发生冲突的可能性要大一些。但是，在团体工作中，社工如果能够有效地处理好这些冲突，对暴力青少年的矫正会有很大的突破。

ZZL："其实小组工作，我们一般运用在行为偏差的青少年中会多一点，因为做一个暴力青少年小组的话，困难还挺大的，比如在小组过程中很可能再次引发暴力犯罪事件。"

ZHL："小组工作很注重活动的设计，活动要能调动每个孩子的积极性，比较具有挑战力。"

3. 社区工作

社区工作主要是以调动包括青少年在内的社区居民参与为重点，促进青少年的全面参与，强调自助互助，通过动员一切资源服务于青少年来营造社区内青少年健康成长的环境。❶ 做好社区社会工作，为青少年营造良好的生活环境，可以有效地预防青少年暴力犯罪的发生。

ZY："现在较多的是政府购买服务，像老年服务、青少年服务，针对青少年的服务就有青年宫这样的物质建设，还有就是直接提供服务，通过介入青少

---

❶ 谢启文．论青少年社区工作的开展［J］．中国教育学刊，2007（7）．

年暴力犯罪事件来介入整个社区。"

（四） 介入技巧与原则

这里所说的介入技巧与原则，主要是笔者在调查中获得的社工在介入青少年暴力犯罪工作中所运用的较为重要的技巧。

1. 针对青少年群体的介入技巧与原则

第一，放弃"高压式"的指导模式。青少年普遍渴望尊重与认可，而暴力青少年在做这方面的需求则显得格外突出，他们讨厌父母式的说教、学校式的教育、监管部门的批评，所以，社工在面对暴力青少年犯时，要尽量与案主建立平等的关系，减少其对社工的排斥，确保服务效果。

ZZL："我的一个案主是比较配合的，因为他自己也没有打人，只是在他们团体起哄的时候参与进去了，并没有明确的暴力动机，他自己也意识到参与进去是不对的。另一个就比较偏激，不愿意配合，拽拽的，很排斥，但是我们也没有采用'高压式'的手段，就是耐心一点，现在也有一些效果了。"

第二，"投其所好"。青少年的心智还不成熟，社工想要与其建立轻松的关系，就要投其所好，这就要求社工必须掌握相应的青少年，特别是有暴力倾向的青少年的心理特征，了解他们的需求，这样才能在提供服务时准确地投其所好，减少介入困难。

LMY："有的青少年就特别需要别人的肯定，所以在介入的时候，你要不断地迎合他，让他愿意和你建立关系。"

第三，社工预见性准备。由于服务对象的特殊性，社工一定要有预见性，因为暴力犯罪青少年有可能在服务过程中产生过激想法和行为，以及存在暴力倾向的反复性，社工要有预见性，在服务过程中做好评估，准备好预备措施，以防止突发事件的发生。同时，要对行为偏差的青少年多加关注，以防止其走上暴力犯罪的道路。

第四，保密原则。由于标签理论的影响，保密原则在社会工作中格外重要，社工只有做好保密工作才能避免暴力犯罪青少年及其家庭免受第二次伤害。也只有做到保密，才能赢得服务对象的信任，从而与服务对象建立良好的关系，增强服务效果。

XJ："我不能透露太多，如果你（笔者）想要了解更多的信息，我必须征得案主的同意，你才能参与进来，这是保密的需要。"

CY："在介入前，我们都会签订保密协议，告知案主，我们会保密，这样他才会对你产生信任，才有可能建立关系。"

2. 其他技巧与原则

针对青少年暴力犯罪，社工也要注意其他基本技巧与原则的运用。如：高级的同理心，对案主的叙述要给出高级同理的反应；立即性技术，对案主要及时给出有针对性的反应；面质技术，让案主自我剖析、自我发现等技术。此外，还要注意生命至上原则的运用，确保暴力犯罪青少年及其他人的生命安全；价值中立原则，减少对暴力犯罪青少年的价值干预等。正确地运用社工专业的技巧和原则才能增强干预的效果。

（五） 介入的困难与问题

第一，介入途径不完整。青少年暴力犯罪的主要介入途径是事后补救，在青少年再实施暴力犯罪后，对青少年进行矫治虽然能够对暴力青少年起到矫治的作用，有效地防止青少年再犯罪，但是介入不完整，不能起到预防青少年暴力犯罪的作用。由于社会工作在中国的发展还在起步阶段，人们普遍缺少主动向社工求助的意识，所以，在预防青少年暴力犯罪上还需要更多的关注与投入。

第二，介入方式与技巧问题。在个案工作中，社工多采用观察和面谈的方式，而这种方式在青少年看来多显得枯燥乏味；在小组工作中，尤其是暴力犯罪青少年团体中，成员大多血气方刚，很容易产生冲突；在社区工作中，则存在动员整个社区力量的困难和让青少年全面参与的困难。

ZH："青少年们很少有耐心和你讲，最喜欢用一些语气词来回应你，这对介入有很大的挑战。"

第三，政府和社会的重视不够。社会工作在国外早已成为社会体系构建中的中坚力量，而在中国还是绝大部分人眼中的"未知领域"，政府对社会工作的投入不够，社会大众也缺乏对社工的基本了解，使得社工在介入青少年暴力犯罪时困难重重。

第四，专业社工人才缺少。社会工作缺乏专业的人才队伍建设、工作职责不明晰、人才数量不充足、人才队伍不稳固、专业化水平不高、职业化程度不高等现状，与青少年社会服务需求不相适应，一定程度上制约了青少年社会事业的发展。

第五，司法矫治机构的"形式化运作模式"。据访谈得知，作为青少年矫治的重要场所——司法所，在进行矫正工作时存在应付现象。很多社工并没有做专业的社工矫正，只是和学校的督导员一样，采用递交思想报告的方式来完成矫正的指标。矫正的实际效果并不明显。

LM："我每周来一次，交思想报告……思想报告是从网上百度的，有时候忘了交，他们（社工）会帮我补上。"

ZQM："每次来交个报告就走，很少有辅导，谈话的话，也就说我学车的事，问两句就没了。"

五、建议与反思

（一）社会工作介入建议

笔者根据自身调查及对以往文献分析，得出以下建议。

1. 政府要加大对社会介入青少年暴力犯罪的关注与投入

第一，政府要加大对青少年社会工作的关注度，引导社会资金投入青少年社会工作服务领域。

第二，加大宣传与引导，让社会大众对社会工作形成正确的认识；加强青少年社会工作人才队伍建设。

第三，完善政府购买青少年社工服务的系统，为青少年社工服务提供财政政策、制度体系支持。

2. 社工对介入青少年暴力犯罪要更加完善

第一，社工要提早介入青少年暴力犯罪，要有预见性，积极进行青少年社会工作辅导，把青少年的暴力犯罪倾向扼杀在摇篮里。

第二，正确地运用社会工作的介入方法与技巧，探寻适合介入青少年暴力犯罪的工作方法与技巧。

第三，有效地动员整个社会的力量，发挥家庭、社区、学校及整个社会在预防和减少青少年暴力犯罪上的作用。

第四，社会工作者要掌握青少年各方面的知识，同时也要提升自身的专业素养与技能。

第五，社工在具体的介入过程中要注意培养青少年的社会技能：①社会交往技能；②适当控制自己感情的技能；③正确表达自己感情的技能；④树立正常人际关系的技能。

3. 完善青少年司法矫正机构的运作模式

制定有效可行的实施办法，对机构的人才选拔、工作方法、评估方式进行系统化的改善，避免形式化的矫正工作影响矫正的效果。

4. 借鉴西方国家社工在介入青少年暴力犯罪工作中的经验

借鉴西方国家以及中国台湾、香港地区的经验，同时要结合本国国情，探索出适合我国社工介入青少年暴力犯罪的干预模式。

（二） 调查反思

由于笔者的时间和精力投入不足，资料收集不完整，所得出的结果不够深入，也不够全面，同时，笔者本身的专业知识掌握不牢固，也影响到对问题的理解，在一定程度上影响了研究质量。

今后针对社工介入青少年暴力犯罪的研究要细化、具体化；有关方面的资料要完整收集；研究要创新地从不同角度进行，以提出更多有效的、创新性的减少和预防青少年暴力犯罪的方法；同时，也要借鉴中西方对相关领域的已有研究，增加研究的深度和广度。

六、总结

青少年是祖国的希望与未来，青少年的健康成长问题是全球关注的热点。而青少年暴力犯罪却严重威胁到社会稳定与发展。社会各界只有从不同的角度对青少年暴力犯罪问题进行探索，才能从各方面预防和减少青少年暴力犯罪的发生。笔者通过对暴力犯罪青少年和社会工作者进行调查，研究了青少年暴力犯罪的基本情况，以及社会工作在介入青少年暴力犯罪方面所发挥的作用。调查发现，社会工作介入青少年暴力犯罪对青少年的人格重塑、技能培训、资源链接等方面有突出作用，然而社会工作介入还处于起步阶段，在对青少年暴力犯罪进行介入时还存在许多问题与困难，如何发挥社会工作介入青少年暴力犯罪的中坚力量还任重而道远，需要整个社会力量的整合与加入。

参考文献：

［1］ A. B. 彼得罗夫斯基. 年龄与教育心理学［M］. 北京：北京师范大学教育系心理学研究室，1980.

［2］ 陈润龙. 青少年暴力攻击行为影响因素探讨［J］. 法制与社会，2010（14）.

［3］ 董丽，肖剑鸣. 社区矫正与犯罪青少年的再社会化［J］. 青少年犯罪研究，2005（6）.

［4］ 段瑛琦. 社会工作介入青少年犯罪的研究［D］. 北京：首都经济贸易大学，2014.

［5］ 费梅苹. 青少年社区矫正对象的多元衍化及社工介入研究［J］. 中国青年政治学院学报，2009（6）.

［6］ 龚晓洁，杨健生. 我国青少年社区矫正工作模式的构建［J］. 青少年研究，2006（5）.

［7］克鲁格，等．世界暴力与卫生报告［R］．北京：人民卫生出版社，2002．

［8］韩召敬．青少年暴力犯罪的社会原因及预防体系构建［N］．天津市经理学院学报，2013（10）．

［9］黄瑞剑．建立现代社会工作制度的思考［J］．广东民政，2009（12）．

［10］黄学斌，何娟．浅析青少年暴力犯罪的成因及预防对策［OL］．正义网，2010-11-22．

［11］田畅．校园暴力使净土不再平静［N］．时代商报，2003-06-23．

［12］王冠．如何预防中职生暴力犯罪的发生［J］．河南教育（下旬），2011（2）．

［13］王雅琼，虞浔．从"上海经验"看犯罪预防新路径的实践与探索［J］．犯罪研究，2010（1）．

［14］魏树林．民族地区青少年暴力犯罪与社会工作介入［D］．武汉：中南民族大学，2008．

［15］吴小玲．暴力文化对当代青少年的危害及应对［J］．湖北社会科学，2010（8）．

［16］武胜．青少年暴力犯罪的综合治理［J］．青年思想家，2003（2）．

［17］谢启文．论青少年社区工作的开展［J］．中国教育学刊，2007（7）．

［18］杨菲菲，赵景欣．青少年暴力犯罪的危险评估［J］．青少年研究（山东省团校学报），2011（4）．

［19］衣奋强，王长征．黑子太阳风：关注未成年人犯罪［M］．济南：山东人民出版社，2000．

［20］俞丽娜．我国青少年暴力犯罪的原因及对策［J］．法制与社会（旬刊），2009（3）．

［21］张卫，潘绮敏．青少年暴力及其预防［J］．华南师范大学学报：社会科学版，2004（5）．

社会分层视角下新生代农民工的认同研究

摘要： 改革开放已过去了 30 多年，作为城市化产物的农民工也出现了新一代，他们与父辈农民工有很多的不同之处，成为社会一大关注群体。本文对 30 位新生代农民工进行了个案访谈，以质性研究的方式研究了新生代农民工的乡土认同、身份认同、职业认同、阶层认同和未来认同。结果发现，新生代农民工乡土认同偏低；新生代农民工的身份认同存在模糊性，认定标准偏向社会性；新生代农民工在职业认同方面存在两极性。对此，本文从企业社工的角度提出相应的措施。

关键词： 新生代农民工　认同　企业社会工作

一、研究缘起

十一届三中全会以来，我国的工业化、城市化迅猛发展，一方面，人与人之间的同质性减少，个体趋向多元化，社会分化日益明显；另一方面，新的社会群体出现，其中最为突出的就是农民工。他们介于农民与工人之间，有着农民的户籍身份，但已经离开了赖以生存的土地进入城市；他们像城里人一样朝九晚五地工作生活，但在教育、医疗等政策方面遭受着差别待遇。如今我国已经经历了 30 多年的改革开放，农民工群体内部也随时间的推移出现了分化，最为明显的就是以代际为标准的划分——新生代农民工的出现。

2001 年，王春光首次提出了新生代农民工这一概念，2003 年又将其修正为两层含义：一是年龄在 25 岁以下，在 20 世纪 90 年代外出务工经商的农村流动人口，与老一代农村流动人口在社会阅历上有着明显的差别；二是与第二代

---

❶ 作者单位：上海商学院。

农村流动人口相区别，因为他们不是老一代农村流动人口在外出过程中出生和长大起来的，而是介于老一代和第二代之间过渡性的农村流动人口。❶ 本文对新生代农民工的界定采用此种说法。如今新生代农民工的数量已超过 1 亿，占农民工总体的 6 成左右（《工人日报》，2010），数目庞大且呈现上升趋势，而且他们与父辈的农民工相比，在学历技能、生活习惯、思想观念上有着天差地别。然而他们在胸怀梦想闯天下的同时，又面对着社会的现实和不公，在城市安家乐业后又要面对自己没有城市人身份的窘境，"似城里人，但非城里人；是农民，而又非农民"，他们对自己的身份和归属存在着不确定性和无力感。作为中国未来经济发展的主力军和社会和谐的关键要素，新生代农民工对自己的身份、职业、未来的明确定位是至关重要的。所以，本文将进行有关新生代农民工的社会认同的探讨，并从社会工作的角度提出思考。

二、文献综述

（一）文献回顾

2010 年 1 月 31 日，在国务院发布的 2010 年中央一号文件《关于加大统筹城乡发展力度进一步夯实农业农村发展基础的若干意见》中，新生代农民工的说法被首次提出，文件要求采取有针对性的措施，着力解决新生代农民工问题，由此也引起了学术界对这一群体的广泛研究。

有关新生代农民工的研究涉及极广，而对其社会认同的研究也得到了学者的关注。现有研究主要从新生代农民工认同现状和认同困境两方面展开。

在认同现状研究上，大部分学者从横向的角度描述了政治认同、经济认同、乡土认同和身份认同等。城乡二元制体系产生了两个不同的社会体系，带来了政治认同。不公正、不合理的社会制度加剧了不同群体之间的利益冲突。（方小教，2010）。有些学者认为新生代农民工产生政治认同危机是因为付出与回报的不对等（陈占江，2007）。有些学者则认为是因为农民工自身参与意识薄弱。在经济认同上，大部分文献还是认为薪酬在经济认同方面占据主要地位，新生代农民工是否还是像上一代农民工一样只关注工资的多少？在身份认同方面，多数研究都认为新生代农民工处在非城非乡的状态，从而产生身份认同混乱。在乡土认同方面，研究显示新生代农民工与他们的家乡存在割裂的现象，与上一代农民工相比，乡土认同偏低，并将此认为是一种负面现象。

---

❶ 罗霞，王春光.新生代农村流动人口的外出动因与行动选择［J］.浙江社会科学，2003（4）.

在社会认同困境方面，主要关注的是影响认同危机产生的因素。笔者总结了以下几方面：一是户籍制度以及户籍制度下的其他制度。不公正、不合理的制度产生的不公平的社会待遇，使农民工陷入了双重身份的尴尬处境（郭立场，2013）。二是新生代农民工自身的特点。一方面，他们残留着乡土记忆；另一方面，他们受着城市文化的熏陶，经历了再次的社会化。最后，城市市民对农民工的歧视，让新生代农民工在心理上受到伤害。

回顾文献可见，对新生代农民工的研究主要采用问卷调查的方式，进行数据分析，通过新老农民工认同数据的比较来验证观点；在研究主题方面，主要从宏观的认同现状角度分析，而且偏向身份认同研究；在研究视角上，主要从横向分析，通过对新生代农民工的政治、经济、身份认同来说明认同现状；在提出解决问题的措施上，也是从制度的宏观角度出发。

（二） 以往研究的局限及本文的特点

纵观所有文献，对新生代农民工的研究主要在于新生代农民工的定义、特征、心理和认同等，并且研究主要是对各种现象进行描述。这样的研究虽易于理解，但停留在现象的描述上，缺少针对性和深层的探讨。对新生代农民工的认同问题的研究特点：在研究主题方面，主要关注的是宏观层面的身份认同，过于片面化，缺少对其他认同的深度研究；在研究方式上，大部分文献采取调查问卷的方式对数据进行分析，缺少细致入微的观察；在研究视角上，大部分学者是从制度层面静态地分析新生代农民工的认同问题，但认同本就具有过程性，静态分析使研究失去说服力；最后，关键的一点在于，大部分文献是站在城市或研究者的角度，认为新生代农民工存在认同危机，甚至"污名化"新生代农民工这个群体，认为他们是"问题群体"。

本文总结了文献，力求从全新的角度探讨问题，所以在研究主题上，笔者将从乡土认同、身份认同、职业认同、阶级认同、未来认同5方面入手，其中阶级认同是多数文献还未涉及的部分。笔者认为，目前新生代农民工面对的现实背景是多元化的转型期。当代中国社会存在传统、现代、后现代，这3部分压缩在同一时空下，即景天魁先生所指的"时空压缩"。多元化的文化同时挤压使中国的社会分化愈加明显，不合理的晋升机制和贫困的代际传递使向上层的流动存在闭塞。而作为想要改变自身命运的"农二代"处在社会底层，又缺少向上流动的合理机制，他们对自己的社会地位的认同关乎其他认同问题。在研究方法上，本文将采用个案访谈的方式来归纳推理新生代农民工的认同情况，虽然个案访谈存在较大的主观性，遭受着各方的质疑，但正如方文所言：

"通过群体资格的路径，单个个体不再是孤立的真空中的个体，在他身上，我们不是去发现他个人性的偶然欲望、情结、动机和个性，而是能够揭示他作为行动者在和社会力量的互动中建构自身多元品质或特征的过程。"❶ 在研究视角上，本文将从"过去—现在—未来"的动态角度描述新生代农民工的认同变换。同时，本文将通过社会工作的技巧，基于企业工会，从微观的角度提出实用的解决方案。

三、研究设计

（一） 设计方案

本文主要采用定性的研究方法，通过对个案的焦点访谈深入了解新生代农民工有关自身身份、职业、乡土、未来和社会阶层等认同问题，与父辈农民工进行对比，从社会工作的专业角度提出建议。本次访谈的对象有 30 位新生代农民工、20 位父辈农民工、20 位市民和企业管理者。本次研究主要局限于浙江省湖州市，首先采用定额抽样的方法选取工厂。已知湖州市有两个市辖区，下辖 3 个县，并搜集每个县的工厂数目，根据比例选取 3 个工厂。在选取研究对象时，由于自身资源的限制，主要采用滚雪球的方法。

（二） 理论框架

1. 社会分层

社会分层是通过不同的社会地位，将社会中的人划分为不同的层次，而社会地位的产生是因为在社会中人们获得社会地位的先赋条件和自获条件不同，即人与人之间如职业类别、收入多寡的社会差别。社会差别产生的历史原因是：社会系统中功能的细化使某一社会地位从多功能发展为单一功能，即社会分化。

改革开放以来，中国社会进入转型时期，从传统社会向现代社会转型，从农业社会向工业社会转型，从人情社会向理性社会转型。而在这个过程中，社会分化日益深刻，新的阶层不断壮大，在社会核心结构中纳入新阶层，使其不再游离于社会中心群体之外是势在必行的，但由此带来的阵痛是原有阶层的重组再生。❷

2. 社会认同

泰弗尔和特纳提出了社会认同的经典定义，认为"个体认识到他（或她）

---

❶ 方文. 群体符号边界如何形成——以北京基督新教群体为例 [J]. 社会学研究，2005（1）.
❷ 李路路. 社会分层结构的变革：从决定性到交易性 [J]. 社会，2008（8）.

属于特定的社会群体，同时也认识到作为群体成员带给他的情感和价值意义"❶就是社会认同。个体通过分类将自己归于某一群体，与其他群体区分开来，并学习自己所归属群体的典型特征，将其内化。

认同的基本类型主要分为两类：一是个体认为我是谁的过程的自我认同；二是个体归属于哪个社会位置的社会认同。自我认同是根据自己的个人经历、他人的看法，反射性地理解到的自我。社会认同从广义上看是个体成员资格将自己或他人与其他人区分开来，并认为自己或他人拥有该社群内典型成员的特征。从狭义上看，社会认同指"个人的行为思想与社会规范或社会期待趋于一致"❷，本文将从乡土认同、职业认同、阶层认同来剖析新生代农民工的社会认同。

各种认同不是相互独立的，而是相互作用、相互影响的。社会认同是对自己在社会中的地位、角色的定位，使自己有某些阶层的典型特征，从而影响对自己的认知；而自我认同是对自身特点的自我认识，从而影响对乡土、职业、阶层的认同。

四、新生代农民工的认同状况

通过对 30 位新生代农民工的个案访谈，笔者将从以下 5 个方面描述他们的认同现状，并分析存在认同危机的原因。

（一）乡土认同——"我的乡土记忆"

中国几千年的封建社会以自给自足的小农经济为主体，即便如今进入现代化社会有关农村的三农问题也是中央高度重视的问题。这样看来，我们民族离不开土地。光辉的历史文明从一方土地里生根发芽，直至辉煌，自然土地也束缚了我们的生活。对于靠土地为生的农民而言，泥土是极其可贵的，"乡土"是他们的命根。然而随着中国从乡土社会进入现代化社会，第一代农民工因为经济、社会、自身等原因开始离开生养自己的土地，来到城市，在异乡谋生。他们在城市和农村之间徘徊，但他们"离乡不离土"，落叶归根、回归家乡是他们的最终选择。

如今，身为他们子女的"农二代"已长大成人，家乡、土地在他们脑海中是否有迹可循？新生代农民工的乡土认同的特点如下。

❶ 张莹瑞，佐斌. 社会认同理论及其发展［J］. 心理科学进展，2006（3）.
❷ 张春兴. 青年的认同与迷失［M］. 北京：世界图书出版社，1993：7.

1. 乡土认同偏低，融入农村艰难

为了了解新生代农民工的乡土认同，我们问了他们有关出来打工是否想念家乡，是否喜欢回家过年。

A 表示，一开始出来打工还比较恋家。久而久之，熟悉城市的生活后开始忙于工作，很少打电话回家，除非真的有事。如今回家过年也是出于父母的唠叨，不回去也不好，谈不上喜不喜欢。回去以后，也不像小时候一样挨家挨户到长辈家拜年，打个电话、发个短信就行了。

B 是从小跟随父母在外打工的，老家对他而言是陌生的代名词，但他对家乡还是有着一定的期待。然而回家过年后才发现，农村过年缺少年味，一点都不热闹。最为重要的是和老家的人没有共同话题，也聊不上几句话，自己仿佛就是外乡人。

新生代的他们要么从小随父母离开家乡，要么常年在外打工，农村、乡土、家乡在他们的记忆里已成为抽象的符号。农村的生活方式和思想观念已经渐渐远去，他们不了解农村的一些习惯和传统，所以他们也不认同农村，甚至反感。每年隆重的除夕，和一家人难得团聚的时刻，在他们眼中也是可有可无的，过年回家在一定程度上成了一件无可奈何的任务。与上一辈农民工对老家的依恋相比，他们对自己的家乡不了解，甚至陌生，不想融入其中，也没法融入其中，这是城市文明与农村文化相互冲突产生的结果。乡土认同的降低也将影响他们对自己身份、未来、阶层的看法，若他们在城市受到排挤和歧视，他们还会像他们的父辈一样顺利回归家乡吗？还是会在城市与乡村之间徘徊，成为"无根一族"？又或者他们会在城里流浪，成为"问题民工"？乡土认同对新生代农民工的现时生活没有重大的影响，但对家乡的认同和家乡对他们的接纳也是为他们的未来创造更多的可能性。

2. 城市认同尚未建立，融入城市艰难

农村在新生代农民工心里的存在感较低，那么相比而言，他们是否更喜欢城市？

C 说："虽然城市房价、物价都比较高，生活压力大，竞争压力大，但我还是会选择城市。农村工作不好找，我也不会干农活，怎么生活？而且城市有很多新奇的东西，这是农村没有的。如果我将来有孩子了，也会让他留在城里的，见的世面多了，眼界也就宽广了，整个人的气质都不一样，这是农村生活不能带来的。"

D 表示："如果农村的生活水平、教育水平、福利水平能像城里那样，去农村生活有何不可？毕竟城市不是最终的归属。"

E 说："现在我老家也开始发展了，公路建到了村口，村里也有工厂了，生活水平提高了不少，虽然和城里相比还是相差较大，但是我比较喜欢农村吧，就是觉得与老家的人好说话，城里人还是排外的，这让我这个外来人心里不是很舒服。"

出乎笔者意料之外的是，新生代农民工并没有对城市抱有极大的喜爱之情，他们纷纷抱怨城里生活的不易和不公正的待遇，仿佛留在城市也是无可奈何的选择。即便选择留下的，也是因为城市更加优越的外在条件。

3．认同趋向物质化

基于以上材料，新生代农民工对于城市和农村的认同主要以外在的物质为标准，城里生活水平的提高让他们愿意驻足，反之，如果农村的物质条件改善，他们的认同也会有所提升。这样的认同具有工具性，是经过理性分析而来，而不是表达性的认同内化。

（二） 身份认同—— "我是谁"

农民工本就是城乡二元制的产物，他们离开土地进入工厂，与传统意义上的农民有着区别，但户籍上又明明白白写着"农民"二字。他们在城市和乡村徘徊，到底是与土地为伴的农民，还是受城市文明熏陶的城里人？新生代农民工与第一代农民工相比又是新型群体。他们远离农村生活，对农村的风俗习惯、乡土生活不甚认同，因此难以在农村扎根，农民的身份也不适合他们；他们学习城市的生活方式、思想观念，但还未成为真正的城里人，对城市存在自愿性隔离，城市也难以成为他们最终的家园，城里人的身份也不适合他们。这种类似于钟摆的身份，让新生代农民工对"自己是谁"的问题存在不确定性。新生代农民工身份认同的特点如下。

1．身份认同模糊性

新生代农民工对自己的身份是如何定义的？在他们的意识里，自己是城里人还是农村人？

F 表示，自己生活在城里，工作在城里，生活习惯也是和城里人大同小异，与在家乡面朝黄土背朝天的农民是不一样的。自己认为自己是半个城里人。因为户口的问题，医疗、教育等方面还没有达到城里人的标准，也没有在城里的住房，算不上真正的城里人

C 表示，自己早已不会干农活，甚至农村也不常去。各种吃穿用度都是和城里人看齐，甚至早在 3 年前就和丈夫在城里买了房子，算是在城市有了稳定的家，但自己并不是真正意义上的城里人。但要说她是农村人，她也不认同，

所以她不知道怎么来描述自己的身份。

通过对 30 位新生代农民工的访谈发现，他们不再像上一辈农民工一样认为自己是土生土长的农民，但他们也不能一口认同自己是城里人，大部分人说不清自己的身份。

2. 身份认同标准转向具有社会属性的职业等

从上述材料可知，新生代农民工并不认同用户口本上的身份来区分农与非农。他们认为自己的工作性质已经发生改变，不再是面朝黄土背朝天；生活习惯也与城里人别无二致。因此，他们对自己身份判断的标准从行政化的户籍转换到了更具社会属性的职业、生活环境等。

（三） 职业认同—— "我的职业生涯"

职业认同是对职业规范、职业要求及社会对职业评价的认同，是个体对职业的专业度、忠诚度的体现。当今世界激荡起伏，变幻莫测，也给职业带来各种变数，所以，现代社会不仅仅希望员工拥有专业的职业技能，还希望员工对自己的工作有高度的认同。新生代农民工是中国现在以及未来生产力的主力军，高度的职业认同和合理的职业规划对社会的经济发展存在影响，也对农民工自身的职业发展存在影响。新生代农民工的职业认同特点如下。

1. 职业认同趋向两极化

为了了解新生代农民工的职业状况，笔者对他们的职业稳定度和认同度进行了调查。

G 说："这是我第 5 份工作，是通过朋友介绍的。谈不上喜欢，只是觉得学习一门技术能够混饭吃。但做学徒工资没别人高，干的活又比别人多，而且我发现自己好像并不是学习技术的材料……"

H 表示，目前这份工作已干了 6 年，一开始自己并不喜欢服务生的工作，但为了生计就做下去了。她安慰自己不会一直做最底层端盘子的，所以她一方面干好工作，另一方面给自己充电，最后，她的职位一步步晋升，工资提高了，自己的成就感也上升了。

G 和 H 两人是新生代农民工里的典型代表：一位是对自己的职业存在轻视甚至厌恶的态度，在职的稳定度低，职业的忠诚度低，对自己的工作极不认同；另一位是对自己的工作很重视，忠于自己的职业，有对自己职业的认同。可见，新生代农民工的职业认同趋向两级化。

2. 出现职业规划意识，缺少指导资源

与此相应，新生代农民工是否具备职业规划的主客观条件？

G 表示，自己的这种职业没必要做什么规划，走一步算一步，而且要做也不知道要怎么做。即便做了规划，也是计划赶不上变化，没有用处。

H 说："我没有做过正式的书面职业规划，但我在头脑中会给自己定些目标，比如半个月内读完一本书，两年内晋升为领班。"

新生代农民工有职业规划的主观意愿，但相对比较薄弱，处在规划意识的萌芽阶段，已经慢慢具备了职业规划的素质。相对而言，进行职业规划的客观条件缺乏，他们往往不知道如何去做一个科学合理的规划，企业也没有给他们提供相应的资源，这可能与新生代农民工所从事的职业不受企业重视有关。

（四） 阶层认同——"我的社会地位"

多数研究是通过客观的社会要素，如教育、收入、声望等进行社会阶层的分析，但社会分层还可以通过主观评价进行阶层认同的探究。"个人对其自身在阶层结构中所处位置的感知"❶ 是对阶层认同较为权威的认定。目前国内对阶层的研究主要关注的是城市的中产阶级，对广大农民阶层的研究较少，对新生代农民工这个新型群体的阶层认同的研究更是少见。新生代农民工的阶层认同特点如下。

1. 阶层认同不稳定，比较标准不同，则阶层认同不同

新生代农民工是如何看待自己在整个社会中的地位的，他们有着怎样的阶层认同？

B 认为从自己的收入来看，已经达到中层的水平；从享受的福利、接受的教育来看，自己是下层人。

C 认为，与还在农村干农活的人相比，自己的生活是中层的标准；与城里人相比，就好像自己低人一等一样。

新生代农民工对自身的阶层认同根据比较标准的不同而忽高忽下，存在一定的不稳定性。而且，新生代农民工对社会阶层的定位标准不再像上一代农民工一样仅仅局限于收入，而是认为与城里人一样的福利待遇、教育水平、生活质量才是处在社会的中层。

2. 阶层认同较高，向上流动积极性高

面对自身的社会阶层，新生代农民工是否具备向上流动的主观意愿和客观条件？

I 说："城市总比农村有更多的机遇，而且我还年轻，会有很多的机会和时

❶ 刘欣. 转型期中国大陆城市居民的阶层意识 ［J］. 社会学研究，2001（3）.

间。我现在过得不够好，但我相信以后会越来越好。"

F表示，自己一开始来城市时也是满怀信心，觉得自己总会闯出一些名堂，但缺少朋友、家人的支持，再加上城里人的排外，想要做生意很难，只能去一些待遇不够好的工厂做普工。

新生代农民工相对于上一辈农民工，对自己社会地位的认识有所提升，有上移的倾向，但挥之不去的"农民工"的标签使他们在与城里人相比的时候还是会觉得低人一等。对于向上流动，新生代农民工表现出乐观向上的态度，但现实的障碍又让他们十分受挫。

（五） 未来认同—— "我要成为谁"

对过去和现在的认同会影响新生代农民工对自己未来的看法，对未来的展望也会对他们现在的言行产生影响。未来认同是指对未来是否有一个明确的态度和清晰的目标。新生代农民工对未来的认同特点如下。

1. 未来认同存在不确定性，不知该何去何从

为了了解新生代农民工未来该何去何从，笔者提问了关于他们未来的打算。

J表示，他不会干农活，又不习惯农村生活，要回到农村生活很难，但要想在城市立足又谈何容易，所以他选择走一步看一步，到时再说。

K说："我从农村出来，就是为了寻求更好的生活，而且现在自己的小饭馆也比较红火，生活水平也提高了，但孩子的出生让我的经济压力和心理压力也大了。我们也想让孩子获得更好的教育，但……"

新生代农民工对自己未来的认同主要分为两派。一是在城市和农村的选择之间存在两难。对他们而言，无论农村还是城市，都不是他们想要的家园，他们漂泊，游离，无所适从。另一派是明确自己想要留在城市，但现实的障碍让他们不得不低头。

2. 立足现实，更为务实

在调查中笔者发现，新生代农民工对自己未来的选择并不盲目从众，而是从自己的现实情况出发，不盲目远离农村，也不从众扎根城市。他们大部分都表示，哪里有更好的发展空间，哪里更适合自己，就去哪里。其对未来方向的选择，偏向于利益的导向。

综上所述，新生代农民工作为中国时代变迁的新产物，在认同领域存在自己的特点。他们普遍对自己的家乡缺少依赖感，家乡只是一个陌生的符号。在身份认同方面，他们说不清自己是以何种身份在社会立足的，存在认同的模糊

性和矛盾性。在职业认同方面，他们觉得自己为社会作出了贡献，但获得与付出并不对等。同时，他们缺少职业规划的意识和资源。对于自己的社会地位，他们与老一辈农民工相比有所进步，阶层认同存在向上的倾向，而且阶层的认定不再停留在收入上，可见他们的诉求偏向多元化，整体素质上升。在未来认同上，他们大多觉得计划赶不上变化，没有明确的打算。

总之，新生代农民工面对社会阶层愈发明确和社会流动闭塞的大环境下，总体认同较好，但部分存在偏差和茫然。

五、企业社工介入

企业社会工作主张运用社会工作的方法去解决企业员工所面临的困境和各种矛盾，为员工提供工作适应与发展方面的服务，以满足其经济利益和生活的需求；同时也为企业及其管理人员提供服务，通过发展企业的人性管理，使其在发展工作福利的过程中提高员工的工作积极性，提高生产效率，满足企业发展的需要。

（一）提供心理疏导服务

在调查中发现，新生代农民工在认同方面存在不确定性，而面对巨大的生活压力、在生活工作中的不平等，他们没有沟通渠道，不知自己该何去何从。在过去、现在、未来的认同存在缺失的情况下，他们没有强大的自我，这不免会让我们想到富士康事件。因此，社工为新生代农民工提高心理辅导有助于缓解他们的压力，建立良好的认同。

（二）倡导同等员工福利

员工福利分为员工集体福利和员工个人福利，意在鼓励和刺激员工生产、工作的积极性。在访谈中，新生代农民工觉得自身随意定居在城市，但缺少与城市居民同等的待遇福利，不平等的员工福利对他们的认同产生影响。首先，要保证新生代农民工最基本的福利，比如为员工购买保险，给予他们同等的福利。其次，了解新生代农民工自身的需求，鼓励农民工对福利进行反馈，从而调整员工福利计划。最后，针对新生代农民工的福利计划要为单位发展战略服务，激励新生代农民工发挥工作的积极性、主动性、创造性，进而促进企业绩效和竞争力的提高。作为企业社工，有能力也有义务为新生代农民工提高福利诉求。

（三）提高职业规划服务

职业生涯规划是指个人根据对自身的主观因素和客观环境因素的分析，确立自己的职业生涯发展目标，选择实现这一目标的职业，以及制定相应的学习、培训和教育计划，并按照一定的时间安排，采取必要的行动来实现自己职业生涯目标的过程。

根据对新生代农民工的访谈发现，他们大多没有职业规划意识和自己进行职业规划的能力，而职业是实现一个人自我价值和社会价值的关键，因此，为新生代农民工提高职业规划的服务是至关重要的。首先，可对新生代农民工进行心理测量，获取有关他们兴趣爱好、能力倾向、气质性格等个人资料，让他们更加了解自己。其次，了解他们的工作环境，了解自己是否适合该职业。最后，社工和员工一起进行职业匹配，制定相应的计划，以实现职业目标。

（四） 组织企业员工同乐会

根据新生代农民工的反映，他们缺少了解城里人和城里人了解他们的机会，彼此的不了解让他们对自己的身份产生怀疑，对未来捉摸不定。企业可以在工作之余为这两个群体提供互相了解的平台，让大家认识新朋友，拓展自己的朋友圈，扩充社会资源，提升新生代农民工的自我认同和别人对他们的认同。

参考文献：

[1] 罗霞，王春光. 新生代农村流动人口的外出动因与行动选择［J］. 浙江社会科学，2003（4）.

[2] 方文. 群体符号边界如何形成？——以北京基督新教群体为例［J］. 社会学研究，2005（1）.

[3] 李路路. 社会分层结构的变革：从"决定性"到"交易性"［J］. 社会，2008（8）.

[4] 张莹瑞，佐斌. 社会认同理论及其发展［J］. 心理科学进展，2006（3）.

[5] 张春兴. 青年的认同与迷失［M］. 北京：世界图书出版社，1993.

[6] 刘欣. 转型期中国大陆城市居民的阶层意识［J］. 社会学研究，2001（3）.

[7] 陶家俊. 身份认同导论［J］. 外国文学，2004（2）.

[8] 张莹瑞，佐斌. 社会认同理论及其发展［J］. 心理科学进展，2006（3）.

[9] 李爱芹. 青年农民工的社会认同危机及其化解策略［J］. 广西社会科学，2009（8）.

[10] 秦海霞. 新生代农民工的身份诉求与身份建构［J］. 黑龙江社会科学，2010（3）.

[11] 李强，邓建伟，晓筝. 社会变迁与个人发展：生命历程研究的范式与方法［J］. 社会学研究，1999（6）.

时尚消费之社会学分析

史霞芳❶

摘要： 伴随经济的发展与物质生活的满足，人们的生活重心开始转向对生活品质的追求。了解人们时尚消费的现状、对时尚消费的心理需求并探索时尚消费的驱动力，不仅有助于理解人们的生活方式、思想观念及价值选择，而且可以发现社会观念对人们行为产生的一系列影响。本文通过与 J 省 S 市不同性别、阶层的市民的个案访谈了解到，时尚消费在渐渐扎根于社会中高阶层的同时，也在向外、向低层传播，这可以理解为大众对高阶生活模式的一种模仿或追求。因此，时尚消费虽是经济发展、追求高品质生活的必然趋势，但其背后的驱动力所反映的社会心理及对人们思想观念、价值判断的影响仍是目前社会关注的焦点。

关键词： 时尚消费　社会心理　阶层　认同

物质生活的繁荣使得时尚消费逐渐在大多数人群的生活中站稳脚跟，并以文化的形式潜移默化地影响人们的消费心理及价值判断。同时，时尚消费因其特有的文化属性（时尚领域）及经济属性（消费行为），被赋予了超越一般商品的符号价值与个性特色。因此，从时尚消费着眼，根据人们对时尚消费的定义与态度，大约可以挖掘掩藏于时尚消费背后的人们的社会心理，以及影响人们消费观念、价值判断形成或是改变的缘由，并且对人们的时尚消费心理加以解读，以期在人们的时尚消费方面给予一些普遍性建议。

随着全球化以及经济生活水平的不断提高，原本较多局限于上流社会或贵族阶层的时尚消费行为渐渐地在世界各地、各个阶层弥散开来，时尚消费甚至成为了全球沟通的外在语言。然而在时尚消费蔚然成风的过程中，往往会有些

---

❶　作者单位：上海商学院。上海市教委高校青年教师培养资助计划（ZZsxy13002）；上海商学院"启明星计划"（QMX2012 - 06）。

许入乡随俗而染上本土化气质，甚至以某种消费文化的形式成为一种文化特色而存在。在中国社会中，凡涉及消费领域，"女性""经济""阶层""面子"似乎是关键词。在消费的性别主导层面，女性被认为是天生的"爱消费的动物"❶，并且和消费活动相关的技能已经成为定义女性气质的特征。❷ 在消费的主体功能层面，时尚消费是"示同"与"示异"的结合，它一方面凭借消费来表现与自己所认同的阶层的一致性；另一方面又凭借消费显示与其他社会阶层的差异性。❸ 这便是消费的阶层化。同时，消费作为身份、地位等的体现，是一种社会识别系统，显示的是人的"面子"，而消费的社会识别系统常常是一种虚假的识别，人们借助外显性消费来创造某种"地位假象"，以此来克服"地位恐慌"❶，这也是影响中国人时尚消费观念的主要原因之一。因此，本文就影响人们时尚消费行为的一系列关于性别差异带来的性别权威、消费行为中的阶层认同以及消费行为引起的社会分层等原因进行初步分析，并揭示在这样一些框架束缚下，人们的时尚消费行为所产生的对经济、对社会、对家庭生活的影响。

一、理论视角与研究方法

（一）理论视角

（1）李普曼的刻板印象。人们常常按照性别、种族、年龄或职业等进行社会分类，形成关于某类人的固定印象，这是关于特定群体的特征、属性和行为的一组观念或者说是对与一个社会群体及其成员相联系的特征或属性的认知表征。人们按照社会给予某一类人的"刻板印象"生活，并且通过消费展示属于某一类人的生活状态或寻找生活方式相似的同道中人，从而获得生活的归属感。当然，时尚消费在个人外貌上的运用也是个人以实现归属于某类群体的即视感的目标。

（2）认同，即自我作为主体对于自身保持同一以及与他人之间类同所形成的客观身份的主观肯定态度，它是在自我与社会的互动中建构起来的，在时尚消费研究中主要表现为"示同"和"示异"，一方面消费者通过时尚消费寻找团体内部的相似性；另一方面消费者有通过时尚消费与不同团体或不同阶层的

---

❶ 张筱薏：消费背后的隐匿力量 [M]. 北京：知识产权出版社，2009：100.

❷ 西莉亚·卢瑞：消费文化 [M]. 张萍，译. 南京：南京大学出版社，2004：120.

❸ 孙琦琰. 大学生时尚消费：自我建构与价值异化——基于符号传播视角的解读与思考 [J]. 实践研究，2012（3）.

❶ 王宁：消费的欲望 [M]. 广州：南方日报出版社，2005.

差异性进行区分。

（3）库利的"镜中我"理论，即人的行为在很大程度上取决于对自我的认识，而这种认识主要是在与他人的社会互动中形成的。他人对自己的评价、态度等是反映自我的一面镜子，个人通过这面"镜子"来认识和把握自己。人们利用时尚消费品来建构衡量自己与他人的统一标准，将他人对自己的评价转移到对消费品的评价，简易了人们获得社会某阶层或他人的肯定。并且，时尚消费品在上层的广告效用同样也是"上层标准"的有效宣传，以此激励中下层人士对时尚消费品的消费，并不断缩短时尚消费品的更新换代周期来促进时尚的繁荣。

（二）研究方法

对社会大众的时尚消费行为进行的定量研究不胜枚举，这对于揭示时尚消费的现状、反映其存在的问题及解释产生问题的显在原因具有普遍性意义。但是，对于时尚消费的社会理性分析仍需要质性研究来挖掘其潜在的深层因素。这不仅有助于我们了解目前人们的消费模式，而且有助于我们发掘影响人们时尚消费行为的内外在因素，有助于我们了解时尚消费背后的诸如性别权威、阶层认同及区层建构等因素对人们思想观念及价值选择的影响，有助于我们理解时尚消费之于社会观念改变的意义。

在资料收集方法的选择上，本文从研究目前社会的时尚消费主力军出发，主要通过与 30 名不同性别、不同职业的中青年的面对面个案访谈获取资料。访谈对象以阶层进行划分，主要包括：4 名经理人员，3 名个体工商户，8 名普通公司职员，5 名产业工人，4 名无业或失业人员，6 名在校学生；其中 13 名为男性，17 名为女性。访谈时间主要集中于 2014 年 7 月至 2014 年 8 月。笔者对访谈内容进行了少许精简处理，且为维护个人隐私，对访谈对象均进行了匿名化处理。

访谈的主要内容包括：居民自身的基本情况（包括收入情况）；对时尚消费的理解与态度；谈谈自己时尚消费的经历或对时尚消费的看法；认为时尚消费产生的原因；时尚消费给居民生活带来的影响；对时尚消费带来的积极/消极影响进行评价。

二、时尚消费中隐含的社会原因

（一）性别权威

性别作为人类的自然属性，除了天然地在生理方面表现出差异外，在人们的消费行为方面也表现出消费偏好的差异以及消费的主导性地位倾向。同时，社会对性别差异所形成的刻板印象潜入并影响了人们的消费行为，如影响了消费者"消费什么""如何消费""为何消费"的决定权，使得消费在成为既定的经济行为之外，又是一种显示自身身份地位或阶层等级的社会行为。

凡勃伦在《有闲阶级论》中提出了"替代性消费"的概念，揭示了女性作为男性炫耀自己财富和地位的标志的事实。● 在现代大众消费中，女性的个人消费表面上是一种个人喜好所趋的体现，而无意识中却迎合了男权文化的审美趣味和"替代性消费"的需要。

例如，访谈对象 S02，39 岁，家庭主妇，丈夫经商，生活条件优越。

问：您认为男性和女性在时尚消费方面有哪些不同，谁更占主导地位，原因是什么？

答：男女在时尚消费的方向导向上有很明显的区别，比如，我喜欢买一些品牌的包包、衣服，还有首饰，有品牌的东西质量好，用着舒服。而我老公是经常关注车子，像之前买的跑车就是时尚消费吧！虽然车子的价钱远高于我买的品牌服饰，但总的来说，我觉得时尚消费的主体还是女性。

问：那您认为你们夫妻双方在时尚消费方面是否有一定联系？

答：除了全家的消费都用的是他一人挣的钱，其余应该没什么联系吧。

问：那您还记得第一次时尚消费的经历吗？

答：记得，有一个阶段玉镯子很流行，有很多广告，我很喜欢，我老公生意也刚有点起色，然后我就买了个玉镯，老公说很好看，富贵相，招财。这镯子我一直留着，并且经常戴。

在这段对话中，S02 代表了大多数家庭主妇的消费，表面上，S02 的时尚消费是由于家庭经济生活改善引发的自身对品牌服饰或时尚的追求，但实际上也有一层关于丈夫社会地位发生变化而改变的时尚消费行为，比如丈夫的豪车相对 S02 对于生活品质的追求。

再如，访谈对象 H02，55 岁，男，某公司高管。

他对于妻子时尚消费领域的态度："我经常会给我妻子买一点高档品，像首饰、包还有电子产品。一方面是妻子渐渐老了，但生活过得应该要越来越好，越来越有品质；另一方面，我经常要出席一些大型活动，有时也会带上我的妻子，穿戴高档的东西会显得有品位、有面子。"

H02 的表达十分形象地表现出时尚消费在男权文化下的形态，女性天生有

● 张筱蕙：消费背后的隐匿力量［M］. 北京：知识产权出版社，2009：104.

一种承载并发散关乎于家庭地位、身份的气质，自然也就是男性"替代性消费"的主要承担者。

男性和女性由于生理差异，在时尚消费方面有着天然的不同，不管是商品本身、其符号价值还是功能导向，对于男性和女性都会产生差异性效果。虽然随着男女平等化趋势的演进，两性之间的边界将不断被打破，越来越多商品将趋于中性化，但无论如何，商品的性别化区分并不会因此而消失。❶ 因此，对于时尚消费中的性别差异、性别权威的研究仍有较深远的意义。

（二） 阶层认同

个体处于不同阶层或团体需要，有归属感或是被认同，而在少有波澜的现代社会，认同的途径似乎少了很多，但消费可以。现在意义上的消费除了物质的需要更多的是符号的显示、身份的证明，时尚消费尤其如此。

时尚是阶层的时尚，时尚流行的根本动力就在于消费所蕴含的一致和区分的内在张力，即"示同"与"示异"的结合，它一方面凭借消费来表现与自己所认同的阶层的一致性，另一方面又凭借消费显示与其他社会阶层的差异性。❷ 正是这种"同""异"的交叉转换，时尚消费品由高到低的阶层性流动使时尚消费周期性得以延续。

随着社会的不断开放，以及经济在全球范围内的流动，人们的审美渐渐地符号化为商品，甚至成为阶层认同的外在表象，比如风靡全球的韩国整容技术，整容/整形便是最直观的审美消费。人们通过身体投资这一时尚消费的形式来实现阶层认同，满足自身虚荣心或大众的审美。

例如，访谈对象 X02 在谈到对整容/整形这一种时尚消费的看法时说道："现在整容很普遍啊，也不贵。我抽空就想去割个双眼皮，虽然现在很多人的思想都改变了，觉得单眼皮也很美，但双眼皮还是大多数女人的梦想吧，美女大多都是双眼皮啊！"一方面，爱美之心人皆有之，整容消费在一定程度上确实增添了人的自信心；另一方面，从 X02 的话语中可以看出，对美女的这一范畴认同的渴求是产生整容这项时尚消费的关键助力。

如今，身体已经越来越成为现代人自我认同的核心，也主观地成为阶层认同、社会认同的关键。身体被视为艺术加工的对象来"塑"，既是一种审美生

---

❶ 王宁. 消费的欲望 [J]. 广州：南方日报出版社，2005：280.
❷ 孙琦琰. 大学生时尚消费：自我建构与价值异化——基于符号传播视角的解读与思考 [J]. 实践研究，2012 (3).

产，也是一种审美消费。❶ 正如访谈对象 Z01 在谈到时尚消费主要是受何影响时提到，之前看过一部电影——《整容日记》，里面的主人公郭晶及其闺蜜薇薇，排除她们整容上瘾落得悲惨结局，其实她们之所以整容都是因为受他人的影响。这是个看脸的社会，所以她们就不断地跟风整容，一发而不可收。

这其实是参照群体对个人行为的影响，而消费是阶层之间进行区分及阶层内部相互认同的手段。就像整容消费者的参照群体，便是时尚消费的消费者所要"示同"的对象，获得自己所认同的阶层的肯定与赞许会使人产生一种归属感，而对某一阶层的归属感正是时尚消费，或者是这里所指的审美消费的驱动源。

（三） 区隔形成

消费分化在很大程度上体现了社会阶层的分化。人们的社会地位除了依据收入、财富、教育程度、职业、社会声望等固有的硬性指标来显示与界定，还越来越依赖消费的细节，人们通过消费行为可以对号入座，从而划分自己的社会阶层地位等级。也就是说，消费是体现地位的一个重要方面，消费具有界定社会地位的象征作用。❷ 这可以用默顿在潜功能分析中的隐性方程式（昂贵 = 较高社会地位的象征）理解。

例如，访谈对象 P02，28 岁，男性，是外来建筑工人。

问：您认为什么是时尚消费？

答：买苹果手机，穿名牌衣服，像我老板一样！（笑）

问：那您有过时尚消费的经历吗？

答：开玩笑，建筑工人哪有钱去买那些东西啊！不然我就可以当老板嘞……

问：您认为您和您老板的区别在于消费吗？

答：老板有钱，他是给我们发工资的。

问：那您觉得这样的消费差异，就是能否进行时尚消费这件事情对您的生活有什么影响吗？

答：没什么影响。人要懂得满足，建筑工人虽然没有能力买很贵的东西，但家庭和睦，家里老人小孩很好，就是自己的财富了。老板过老板的有钱日子，建筑工人过建筑工人的日子，各有欢喜。但话说回来，还是要努力赚钱，要让孩子过得更好，以后也要时尚消费……（笑）

---

❶ 郑碧强．城市女性白领整容时尚消费的社会学解读［J］．安徽农业大学学报，2009（9）．

❷ 季靖．解读当代大学生的符号消费［J］．新闻界，2006．（4）：82－83.

在这一层面，时尚消费在区隔或者阶层建构中的作用可以理解为"我消费什么，我就是什么"。人们常习惯于用消费定位自己所在的阶层，也以消费为基准形成"圈子"，即小群体。因此，消费的分化产生消费文化的差异，形成区层建构。虽然这从整个社会管理角度增加了难度，但就个人生活而言，消费所形成的区层建构有利于人们对归属感的需求。

此外，时尚消费形成的区层建构还有另外一种表现形式——个性的体现，即"满足了对差异性、变化和个性化的需要"❶。这是一种主观意识上刻意与他人或其他阶层的区分，甚至是自我阶层的塑造。如此形成的区层表面上个体相互独立，实质是相互模仿。正如访谈对象 Y01 所说："我最讨厌和别人穿一样的衣服，背一样的包包，就像以前我不愿意穿校服，我妈常说我叛逆，这是我对时尚的态度。现在是追求个性的时代，穿着是一个人外在的体现，千篇一律怎么体现独一无二呢？所以，我常常会买一些潮流的单品，虽然很贵，而且在我妈眼里一文不值，但这些都是唯一一件的！而且，我生活的圈子里，朋友们都很有个性，我们也会一起去淘货，然后分享，这就是我们的生活方式吧！"

无论是哪种情况，时尚消费都是人们利用消费找到自己的"组织"，寻找归属感的一种方式。就像人们不仅需要祖国这个大家，同时需要小家一样，消费者群体需要形成自己所属的阶层或圈子，以此和不同阶层的人进行区分，从而形成优越感或独特性，提高生活满意度。

三、时尚消费给市民生活带来的显在或潜在问题

与访谈对象交流的过程中，我们可以发现时尚消费给人们的生活带来了一系列的影响或造成一些问题。

（一）打肿脸充胖子——面子消费造成的经济窘迫

时尚消费的实质性意义在于其符号价值，在消费符号方面存在富裕符号和贫困符号的对立，人们通过在消费中讲面子来维护自己的社会身份、地位，也通过面子消费加强了对自身身份的认同。❷ 依据商品的消费而获得的阶层的认同以及因此跻身于期望阶层获得身份符号，是人们进行时尚消费的直接原因之一。

例如，访谈对象 S03，女，25 岁，某民营企业公司职员，收入一般。

---

❶ 赵卫华. 地位与消费——当代中国社会各阶层消费状况研究 [M]. 北京：社会科学文献出版社，2007：65.

❷ 姜彩芬. 面子与消费 [M]. 北京：社会科学文献出版社，2009：68.

问：您可以谈谈您的时尚消费经历吗？

答：可以啊，我偶尔会和小姐妹一起去香港 shopping，那边的奢侈品比这边便宜太多了！而且上班的时候经常会和上司一起出去见客户，客户都是有钱人，穿得好一点是必需的，自己也有面子。

问：嗯，香港买奢侈品是比内地划算，但应该也不便宜吧？这样的消费对您的生活有什么影响吗？

答：奢侈品嘛，总归是不便宜的，但拿到自己手上的时候真的很开心，就算因此吃一个月的方便面也值！影响主要就是经济方面要勒紧裤腰带了吧……

对于时尚消费的追求，确实会给普通收入人群造成一定的经济困难，但由于符号价值的诱惑，人们往往会忽视光鲜靓丽外表下掩藏的窘迫的生活，并乐此不疲地持续扩大奢华的外表，以期待完全掩盖甚至代替经济的不堪。

（二） 资源浪费——时尚潮流转瞬即逝

时尚不断发展壮大的过程就是时尚死亡的过程。同时，一种时尚的死亡过程又是另一种时尚的产生过程。❶ 时尚潮流存在并不断发展的关键就是要让消费者时刻保持消费的欲望，这就要求生产者不断缩短推出新品的周期并赋予新品吸引更多人购买的魔力。但不断更新换代的时尚产品在很大程度上造成的资源浪费也是不可小觑。

对此，访谈对象 W03 说："时尚这种东西，我们永远都追不上。与其拼了老命买高档商品，最后还是落后了，放在家里积灰，既浪费钱还占地方，还不如买点实用的，还能用回本。"时尚产品由于使用率或使用机会的确不多，相对于日常用品，确实是相当大的资源浪费。

而盲目追求时尚消费，造成时尚产业消费者人满为患的假象，从而致使时尚周期愈发缩短，更是一种资源之于消费的悲哀。

比如，访谈对象 S01，女，32 岁，银行高管。在谈到时尚消费过程中做过的最疯狂的举动时，她说："记得有一次我很喜欢的一个服装牌子搞活动，我一下子把一款衣服的所有颜色都买下来了，花了我好多钱，可是到现在，有些颜色我还没碰过呢！"

时尚的不断变换意味着社会消费价值尺度的不断变换，而消费价值尺度变换的直接后果就是具有使用价值的消费品在被"用完"前便失去消费价值，过早地退出了消费过程，这无疑是对使用价值的极大浪费。❷ 人们总是在有意无

---

❶ 姚建平．消费认同 ［M］．北京：社会科学文献出版社，2006：71．

❷ 董密娟．当代中国时尚消费透析 ［J］．安徽文学，2012 (3)．

意之间落入时尚消费的怪圈，不经意地消费了资源又抛弃了资源。

四、结论与建议

时尚消费作为社会发展带来的附属品，随着社会发展的程度越来越高，其与人们生活的关系也越来越密切，既促进了经济的不断发展，改善了人们的生活品质，又对人们的消费观念与价值判断产生了潜移默化的影响。人们利用时尚消费赋予物品的符号价值来衡量生活水平，作为产生社会差距的工具，从而使自己获得某种生活上的优越感或产生物质生活上的激励。同时，时尚消费也给人们造成了一系列的影响：或增强了生活的幸福感、满意度，或加重了人们生活的负担和心理压力。

时尚消费如影随形地伴随着我们的日常生活，社会发展日新月异，时尚便也与时俱进，甚至快马加鞭。那么对于时尚消费给人们生活带来的一系列烦恼或问题，我们又该如何应对？

根据访谈对象的一些建议以及消费发展趋势，本文总结有如下几点建议。

（一） 形成自我概念——我的时尚消费我做主

无论是关注时尚还是拥有时尚，时尚消费对于个人而言，其实质目的都是追求快乐、满足欲望或提升生活幸福感及满意度。那么与其苦苦尾随瞬息万变的时尚界，试图以消费追赶无时无刻不在更新的时尚消费品，不如走自己的路，与时尚并肩。并且，在如今追求个性、不落俗套的社会风气下，形成自我的风格，便是独一无二的时尚。

（二） 绿色经济——时尚与环保并驾齐驱

随着绿色、节能、环保等词汇在市场的活跃度不断提高，时尚消费自然也有所察觉并采取相应举动，比如新能源汽车的流行、环保材质的服饰等。时尚消费与节能环保的新组合模式，逆转了时尚消费以往的快消费时代，一方面可以满足人们对新兴产品的欲望；另一方面又使商品的利用率最大化，定会在时尚界掀起新一场波澜。

全民时尚消费与全民幸福感提升，两者都是维护社会稳定、加快经济发展的重头戏。时尚消费全民化，一方面是让人们有能力进行时尚消费；另一方面是时尚消费品大众化、平民化，这也是商家发展新经营模式的有利机会。平价时尚顺应时代发展潮流，有益于消费成为生活的新乐趣。

总之，经济的发展、消费社会理念的深入人心使得时尚消费渐渐成为人们衡量生活品质的标尺。虽然时尚消费以一种神圣不可侵犯的姿态改变着我们的生活，影响着人们的消费意识与价值观念，但我们只要学会正确地看待时尚消费，调整自己的消费心态，在时尚消费的社会中慢慢找到属于自己的生活方式与生活态度，便能够让时尚消费为我们的生活锦上添花。

参考文献：

[1] 陈勋. 略论时尚消费 [J]. 前沿，2004 (6).

[2] 董密娟. 当代中国时尚消费透析 [J]. 安徽文学，2012 (3).

[3] 凡勃伦. 有闲阶级论 [M]. 北京：商务印书馆，1964.

[4] 高丽娜，郭雅娟. 大学生的时尚消费初探 [J]. 消费导刊，2009 (3).

[5] 胡荣，陈斯诗. 时尚消费的符号意义与社会阶层建构 [J]. 社会科学研究，2008 (6).

[6] 季靖. 解读当代大学生的符号消费 [J]. 新闻界，2006 (4).

[7] 姜彩芬. 面子与消费 [M]. 北京：社会科学文献出版社，2009.

[8] 孙琦琰. 大学生时尚消费：自我建构与价值异化——基于符号传播视角的解读与思考 [J]. 实践研究，2012 (3).

[9] 王建平. 品味阶层：现实或抑表象 [J]. 学术论坛，2007 (1).

[10] 王瑾. 自我认同与社会认同：时尚文化心理对时尚消费行为影响实证研究 [J]. 兰州学刊，2010 (11).

[11] 王新新，田超杰. 基于时尚消费的冲动性购买行为研究 [J]. 商业研究，2010 (12).

[12] 汪新建，吕小康. 时尚消费：意义表达与自我建构的工具 [J]. 心理科学，2005 (4).

[13] 王宁. 消费的欲望 [M]. 广州：南方日报出版社，2005.

[14] 伍庆. 消费社会与消费认同 [M]. 北京：社会科学文献出版社，2009.

[15] 西莉亚·卢瑞. 消费文化 [M]. 张萍，译. 南京：南京大学出版社，2004.

[16] 徐来彪. 时尚消费平民化 [J]. 纺织服装周刊，2011 (2).

[17] 姚建平. 消费认同 [M]. 北京：社会科学文献出版社，2006.

[18] 尹世杰，蔡德容. 消费经济学原理 [M]. 北京：经济科学出版社，2000.

[19] 张海天. 当代时尚消费中社会推动力量分析 [J]. 现代商贸工业，2011 (2).

[20] 张筱薏. 消费背后的隐匿力量 [M]. 北京：知识产权出版社，2009.

[21] 赵卫华. 地位与消费——当代中国社会各阶层消费状况研究 [M]. 北京：社会科学文献出版社，2007.

[22] 郑碧强. 城市女性白领整容时尚消费的社会学解读 [J]. 安徽农业大学学报，2009 (9).

教学与课程改革专题

民事诉讼法教学改革探索与创新

——以提高学生实践能力为视角

刘建民　汤景桢❶

摘要：民事诉讼法是一门实践性很强的学科，如何提高学生的实践能力是教学改革的重点和难点。在民事诉讼法教学过程中存在重理论而轻实践、实践教学形式单一、教学时间缺乏等困境，这些导致实践教学困难，教学效果不明显。要真正提高学生的诉讼实践能力，应当明确民事诉讼法的实践教学目标，完善民事诉讼法课程体系，更新课堂理论教学方法，加强案例教学，丰富实践教学形式。

关键词：民事诉讼　教学改革　实践能力

民事诉讼法是教育部高等学校法学学科教学指导委员会规定的十四门法学专业本科生必修的核心课程之一，在法律专业课程体系中具有十分重要的地位。作为一门和实体法相对应的程序法，民事诉讼法不仅需要学生了解和掌握基础的诉讼法理论知识，更重要的是要培养和检验学生进行诉讼、处理纠纷的实践能力。近年来，许多高等院校法学院对民事诉讼法的教学改革进行了有益的尝试，加强了这门课的实践教学，重视对学生实践能力的提高。但是，不可否认的是，灌输式的课堂教学依旧是民事诉讼法教学中的一个最为突出的问题。本文根据本科法律专业课程教学的基本要求，结合商科院校的特色和应用型本科院校的实际情况，立足现有教学资源和条件，以提高学生实践能力为视角，对民事诉讼法这门课程的实践教学展开一系列的改革与尝试。

一、实践教学对民事诉讼法的重要价值

与调整法律关系主体之间权利义务实体的实体法所不同的是，作为程序法

---

❶ 作者单位：上海商学院。

学科的民事诉讼法既是一门理论法学，又是一门实践法学。真正"入门"民事诉讼法，需要洞悉实体法的精髓，掌握程序法的理论，近距离观察和体验司法实践后方可达到。"在所有的法律部门中，民诉法是与社会发生碰撞最为直接、显性的法律之一，通过对民事诉讼过程的追踪、扫描和透视，一个从未接触法律的人也会近距离地感受到法律的存在，甚至由此产生对法律的敬畏。"❶ 因此，民事诉讼法是一门推崇案例描述、重视司法实践的学科，它尤其需要缩短书本中的法律与行动中的法律之间的距离。许多高等院校法学院老师在课堂上给学生灌输专业理论知识，学生往往会发现自己课堂上听得很明白，相关的法律条文通过死记硬背也记住了，但是，考完试就把知识"还给"了老师，更严重的是，在面对实际案例时往往有无从下手的感觉。而另一方面，"法学类工作的特点要求毕业生能够迅速完成校园到职场的转变，中间几乎没有实习过渡期"❷，这种重理论、轻实践的教学方式导致很多学生在进入工作岗位后不得不重新学习实践操作。对于毕业后就要真刀真枪进入相关领域的法学专业的学生来说，仅仅停留于书本理论的纸上谈兵和"一言堂"的灌输是远远不够的，根本无法应对社会复杂又变幻莫测的民事纠纷。因此，作为一部与社会关联非常密切和频繁的法律，民事诉讼法的教学不能只是对程序规则和理论知识的静态记忆，更重要的是要通过实践教学学以致用，培养学生的实践操作技能。法学实践教学具有许多课堂教学所不具备的优点，它不仅能提高学生积极思辨、主动探究的能力，而且还能为学生积累丰富的感性材料，为理论联系实际架起很好的桥梁。

二、实践教学在民事诉讼法中存在的困境

（一） 民事诉讼法教学存在重理论、轻实践的思想

民事诉讼法教学质量的保证有赖于科学完备的民事诉讼教学体系的存在。目前，民事诉讼法教学体系中，理论知识的内容构建应当说比较完备，但实践教学环节并不是十分理想，普遍出现重理论教学而轻实践教学的情况。在课程教学中，老师往往不重视培养学生分析问题和解决问题的能力，从而导致学生的思辨、表达和应用能力得不到有效培养。因此，在民事诉讼法的教学体系中，以理论知识为主的课堂教学和以案例解决为主的实践教学同等重要，不可

---

❶ 江伟. 民事诉讼法 ［M］. 北京：中国人民大学出版社，2013：3.
❷ 崔凯. 论诉讼法教学改革与学生实践能力的关系 ［J］. 当代继续教育，2013（10）.

偏废，两者共同承担起完成民事诉讼法教学目的的使命。民事诉讼法课程教学质量的提高是一个综合的体系，只有以一个整体的眼光设置民事诉讼法的理论和实践课程，才能最大程度地提升教学质量，培养全方位、高素质的法律人才。

（二） 实践教学形式单一， 教学效果不明显

近年来，在民事诉讼法教学过程中，实践教学日益受到重视，但是教学效果不尽人意，学生的实践能力没有得到显著改变。一方面，民事诉讼法实践教学的形式过于单一，主要局限于模拟法庭、庭审观摩等传统实践类型，缺乏对实践教学形式的创新，从而导致实践教学的效果没有得到充分的发挥。另一方面，实践教学走形式倾向明显，在实践教学中使用的案例比较陈旧，或者仅仅是对民事诉讼程序的一个走过场，学生模拟的双方当事人往往将起诉书、答辩书等宣读完毕后便出现无话可说的情景。这就容易忽视实践教学的根本目的是激发学生横向思维、提高学生分析和解决诉讼实际问题的能力，使得实践教学的作用并不明显。

（三） 教学时间的缺乏导致实践教学落实困难

民事诉讼法这门课程内容庞杂丰富，基础理论晦涩艰深，涉及的法条和相关的司法解释数量巨大❶，较为主流的教材动辄好几百页。这些内容要在一个学期的 72 个课时（包括实践教学、期中和期末考试时间）里全部讲完，而授课教师按照教学大纲无法随便删减教学内容，这使得民事诉讼法的教学时间极其紧张。课时的紧张势必会造成对实践教学的压缩，从而造成授课教学计划书上制定的多种实践教学环节流于形式，使得实践教学的内容空留于纸上。教师即使确实想提升学生的实践能力，在有限的课时内也不得不加快理论知识的讲解，这容易导致学生基本概念不清、理论基础不实，反过来又影响实践能力的培养。

（四） 学生素质参差不齐， 开展实践教学困难较大

民事诉讼法课程一般安排在本科二年级开设。这个阶段的学生虽然已经学习过法理学、宪法学、民事刑事等实体法，但是，对于民事诉讼法来说，这是他们学习的第一部程序法。因此，对于如何学习这门课程，他们并没有很多经验，许多诉讼法的基本概念都需要一一进行阐释。加上不同类型院校之间的生

---

❶ 仅 2015 年新实施的最高人民法院《关于适用〈中华人民共和国民事诉讼法〉的解释》就有 522 条。

源质量非常不平衡，学生的学习方法、学习能力和学习态度直接决定了他们对课程教学内容的接受程度会有比较大的差异。对于应用型本科院校的法学专业学生来说，在有限的课时内，他们能够领会老师的教学内容已属不易，如果老师再额外提出太多的提升综合素质和实践能力的教学要求，得到则往往很难主动、有效地完成。

三、民事诉讼法实践教学的实现路径

（一） 明确提高学生的实践能力是民事诉讼法的一个重要教学目标

法学教育的目标到底是培养理论研究型人才还是实践性人才，还是具有双重特点的人才，这一直是法学教育界关注的问题。近几十年来，我国的高等法学教育取得了令人瞩目的进步，为现代化法治建设输送了一批又一批法律人才。但是，法学本科毕业生过剩、就业形势的严峻、就业与专业的匹配性较低等问题，直接反映出法学教育的不足和法学教学质量的参差不齐。"由于市场的需求，现代法学教育有简单化的倾向。在一些课程上仅仅注意技术操作层面的东西，变成条文解说，而忽视理论。而在法学教育走向成熟之际，又可能流于浅薄，使法学本科教育变成律师职业培训。"❶ 从社会需求的角度来看，社会对法律人才的需求是多元化的，这就要求不同层次的高等院校在开设法学专业时，应当有着不同的法学教育人才培养目标。对于民事诉讼法这门课程而言，应用型本科院校确立的教学目标应当有别于研究型本科院校。考虑到这些学生今后从事法学理论研究工作的比例比较小，民事诉讼法的课程教学不能过分偏重理论的讲授，而忽视程序的操作性和应用性。比如，反诉是民事诉讼中的一项重要制度，但现行的《中华人民共和国民事诉讼法》只是原则性地对反诉作出了规定。对于这样一个知识点，授课教师就只须结合教材对反诉的概念，提出反诉需要满足哪些要件，以及最新民事诉讼法司法解释对反诉的相关规定进行讲解后，给出一些简单的案例让学生判断反诉是否成立即可，而无须对"被告是否允许向原告以外的第三人提起反诉""是否允许被告对原告提起没有牵连性的反诉"等类似的理论性问题进行深入讲解。正如有学者所言："民事诉讼法学的最终教学目标是使学生能够遵循程序公开、公平、正义等基本理念，运用所学知识解决具体纠纷，无论其将来是从事直接的法律实务工作（如任律师、法官等），还是从事与诉讼程序距离稍远的事务性工作（如做公司法律顾

---

❶ 沈宗灵. 有关法学教育课程体系的两个问题 [J]. 中外法学，1995（4）.

问），甚或不从事法律工作。"❶

（二） 完善民事诉讼法课程体系， 扩展配套教学课程

民事诉讼法课程教学质量的提高是一个综合的体系，只有以整体的眼光、全局的思想来设置这门学科课程，才能最大限度地提升教学质量。因此，在民事诉讼法的教学体系中，以理论知识为主的课堂教学和以案例解决为主的实践教学同等重要，不可偏废，两者共同承担起完成民事诉讼法教学目的的使命。完善民事诉讼法课程体系，一方面，需要加强民事诉讼法与民事实体法之间的联系，没有扎实的民法积累，也不可能真正学好民事诉讼法。同时，还应当加强民事诉讼法与另外两大诉讼法之间的交流和沟通，通过相互比较加深学生对不同诉讼类型的理解和认知。另一方面，虽然民事诉讼法教学本身有助于提升学生的实践能力，但是我们仍然应当注意整合相关课程，扩展配套教学课程，形成完善的民事诉讼法课程体系。比如，在司法实务中，对一个案件进行处理的核心环节通常是事实的认定，而法律问题向来不是争议的难点和重点，这就需要能对证据进行熟悉的分析、判断和运用。而在民事诉讼法的教学过程中，由于课时受限，老师通常不会对证据部分加以详细深入的讲解。因此，证据法课程在很多高等院校已经成为民事诉讼法的重要配套课程。此外，考虑到民事诉讼法课时的紧张，除了在本课程教学任务内培养学生的实践能力外，还可以把提高学生诉讼实践能力落实到一些选修课程内，设置多层次的民事诉讼法课程体系，赋予学生更多的选择权，让学生在民事诉讼法课外有更多的机会得到实践能力的锻炼，以弥补理论教学课程的不足。这类课程可以是有关法律职业教育方面的内容，如律师法、法官检察官法、司法文书写作、司法实务基础等；也可以是诉讼环节的具体化和关联化，如模拟法庭、法律诊所、仲裁法学、ADR 等。

（三） 更新课堂理论教学方法， 以理论教学促进实践教学

虽然民事诉讼法这门课程需要强调对学生诉讼实践基本技能的培养，但是如果过分强调实践教学的重要性，而忽视对民事诉讼基础理论的学习，忽视课堂理论的教学，就容易导致民事诉讼的学习由于缺乏理论的引导而成为无水之源、无本之木。因此，提升民事诉讼法实践教学水平，培养学生的实践能力，必须以理论基础教学为基础，两者之间互为促进，相辅相成。

---

❶ 傅贤国. 实践"五位一体"教学法，促进民事诉讼法学教学方法改革［J］. 贵州民族大学学报（哲学社会科学版），2012（5）.

一方面，在民事诉讼法教学中，应当运用先进的教学手段，力求理论教学活动生动多姿。民事诉讼法理论教学最容易陷入的一个误区就是以老师为中心，以课堂讲授为主的"一言堂""填鸭式"教学。这种教学方法不仅不利于调动学生在教学过程中的积极性和参与性，也不能适应时代的需求。现在高等院校老师在教学中已经基本借助多媒体教学手段，幻灯片、网络、音响在课堂上可以随时使用，如果老师从"照本宣科"到"照片宣科"，则灌输式的授课方式并没有得到根本性的改变。笔者在民事诉讼法教学过程中发现，对于同一个知识点，学生面对一张写满了字的幻灯片和一张使用了图片、表格、示例等不同形式的幻灯片所表现出来的兴趣以及对知识点的消化理解明显不同，后者更能提高学生的关注度。同样，在授课中，授课老师如果能以课堂阐述为基础，适当增加有关视频和音频，则能让整个课堂生动多彩，进而达到事半功倍的教学效果。

另一方面，改变理论教学方法，强化民事诉讼法教学的基础知识，以理论知识引领实践。民事诉讼法理论知识繁杂，包括民事诉讼的基本制度和原则、民事诉讼程序、执行程序等内容，除了传统的讲演式教学方法外，还可以采用课堂讨论、案例分析、司法考试习题演练、指导阅读等多种理论教学方法。比如，诉与诉权理论是学生刚学习民事诉讼法就会碰到的一个比较难的内容，尤其是"诉讼标的与诉讼请求"这个知识点，不仅是民事诉讼理论核心问题之一，而且还是司法考试的热点。对于这个问题的学习，将直接涉及司法实践中如何判断当事人改变的是诉讼请求还是诉讼标的，以及后续程序该如何进行。授课老师在课堂上如果仅仅依靠诉讼标的和诉讼请求的概念进行辨析，则很难让学生直观理解两者之间的差异。如果在讲解完概念后，以一个简单的案例——"甲打伤了乙，于是乙向法院对甲提起了侵权损害赔偿之诉，请求法院判决甲向乙赔偿医疗费 3000 元"为例，解释这个案例中的诉讼标的是甲与乙之间的侵权损害赔偿法律关系，而诉讼请求是乙基于诉讼标的所提出的甲赔偿医疗费 3000 元的具体的实体请求，这样诉讼请求和诉讼标的之间的关系通过案例的引入就一目了然，清晰明确。又如，在讲诉的三要素时，将一份真实的民事诉状呈现在学生面前，通过对诉状的分析来解释诉的主体、诉的客体和诉的理由这三要素是如何体现在诉状中的，学生很快就能把理论和实践结合在一起，理论知识讲完后就有能力立即起草一份民事诉状，这就使得抽象的理论问题转化为具体的实践问题，在理论知识的学习中提高了学生的实践能力。

（四）　案例教学是民事诉讼法实践教学的根本

民事诉讼法教学存在的一个严重问题就是培养在校学生法律实践能力方面

的缺陷。近十几年来，全国很多法律院校的民事诉讼法专家和老师都在积极探索有效提升学生诉讼法律实务技能的教学方式，取得了丰厚的成果。比如，在全国范围内已经有100多所院校运用诊所法律教育方式开设了"法律诊所学"选修课，借鉴了医学院诊所教育的模式，学生在教师的指导下为处于困境中的委托人提供咨询，"诊断"他们的法律问题，开出"处方"，为他们提供借鉴问题的途径。这种新的实践教育模式，通过让学生亲力亲为办理案件，为学生提供综合性的实战环境，从实践中学习，培养学生的法律思维与实务能力。又如，复旦大学民事诉讼法教学所采用的"个案全过程教学法"、中南财经政法大学的"法学实验教学系统"、西南政法大学的"双师同堂解析民事案例教学模式"、广东财经大学的"示范庭审教学片"等，都是经过实践证明行之有效的民事诉讼实践性教学方法。这些方法虽然名称和形式各有不同，但是有一个共同的特点就是通过案例强化实践教学。实践教学中的案例不同于常规法学课堂教学中经常用的举例说明式的案例，后者虽然在传授理论知识方面能够利用比较短的时间帮助学生迅速感性地理解相关的民事诉讼规则和原理，但由于缺乏针对性、全面性和逻辑性，通常无法运用到实践教学过程中。民事诉讼法实践教学中所使用的案例应当是教学团队精心遴选出来的，不仅来源真实、案件新颖，而且案情能再现民事诉讼一审、二审和再审的诉讼过程全貌，诉讼文书方面应当包含了当事人在不同诉讼阶段提交的法律文书和证据，以及不同审级法院的庭审笔录、判决书等。在实践教学过程中，还应当明确每个案件的训练阶段、步骤、要求和所要完成的任务、目标，并且深化对案件的法律文书、争议焦点的评析。可以说，案例教学开展得如何直接决定了民事诉讼法实践教学的成败，而无论采用何种形式的案例教学，都必将对学生实践能力的提高有所裨益。

（五） 丰富实践教学形式， 提供多种渠道， 加强学生的实践能力

在民事诉讼教学中，提高学生的实践能力的途径应当是多样化的。笔者在多年的教学实践中总结出"双向三进互动"的实践教学模式，即通过"法官进校园、律师进校园、检察官进校园"，开展学生与法官、律师、检察官互动、沟通、交流等系列活动，彰显校园法律文化元素，丰富专业知识，推进学术交流，营造良好的学术氛围。同时，提倡学生"进社区、进企业、进机关"，将自己所学到的法学知识运用到社区、企业和机关中去，指导学生在实践中学习，在"游泳中学会游泳"，让学生触摸到实践的脉搏，培养其实际运用法律解决问题的能力，同时也起到检验民事诉讼教学效果的作用。

参考文献：

［1］江伟．民事诉讼法［M］．北京：中国人民大学出版社，2013．

［2］崔凯．论诉讼法教学改革与学生实践能力的关系［J］．当代继续教育，2013（10）．

［3］傅贤国．实践"五位一体"教学法，促进民事诉讼法学教学方法改革［J］．贵州民族大学学报：哲学社会科学版，2012（5）．

［4］沈宗灵．有关法学教育课程体系的两个问题［J］．中外法学，1995（4）．

［5］万宗瓒．论本科民事诉讼法课程的教学改革——以"卓越法律人才培养"为目标［J］．大学教育，2013（14）．

［6］李静一．司法考试与民事诉讼法本科教学改革［J］．理论与现代化，2011（9）．

［7］沈亚萍．民事诉讼法学教学改革反思与重构［J］．当代教育理论与实践，2014（8）．

依法治国背景下新升本院校法学专业学生职业生涯教育探索

费黎艳❶

摘要： 本文从我国高校法学专业学生面临的职业生涯起点定位难、职业技能不能适应市场需求、生涯发展的发展性和终身性储备不足等困惑入手，剖析了目前高校职业生涯教育存在职业生涯教育目标定位不确切、职业生涯教育课程存在不足、职业生涯规划能力培养实效性不佳等问题，提出新形势背景下法学专业学生的职业生涯教育探索思路，要增加法学专业学生职业生涯规划课程的专业要素，构建适应法学专业特点的实践体验体系，利用朋辈团体辅导促进生涯共同发展，利用个性化辅导体系促进个人的生涯发展等。

关键词： 法学专业　职业生涯教育　探索

中国高校法学专业就业难已经成为众所周知的事实，在这样的就业形势下，法学专业学生也对就业缺乏信心，对未来的生涯发展感到困惑和迷茫。而党的十八届四中全会通过的《决定》明确提出了加强法治工作队伍建设的任务，要求"建设高素质法治专门队伍""加强法律服务队伍建设""创新法治人才培养机制"。在这样一种建设社会主义法治国家的背景下，未来的职业市场需要大量的法律人才，也就是法学专业学生怎样在未来的职业世界中找到自己的定位非常重要。本文以此为背景，对提升法学专业学生的职业生涯教育略做探索。

一、法学专业学生职业生涯现状

我国每年招收法学专业本科生超 10 万，在校生超 40 万，全国有 600 多所高校有法学本科专业。❷ 由麦可思连续 4 年发布的大学生就业年度指标可见，

---

❶　作者单位：上海商学院。

❷　薛刚凌. 法学专业为何亮红灯［N］. 光明日报，2013 - 07 - 10.

法学专业均列于"就业率较低的 10 个本科专业"的榜单之上，这给法学专业的在校生，特别是二本院校的法学专业学生带来了一定的影响，学生对就业缺乏信心，对未来生涯感到迷茫和困惑。目前法学专业生涯发展的现状主要有以下特点。

（一） 职业生涯起点定位难

目前法学专业学生就业专业对口率低，他们的主要就业去向为：考研究生；考公务员，以法院、检察院居多；律师事务所的律师助理；公司法务人员，以及其他法律相关岗位，如人力资源；还有其他岗位，如银行、证券、房地产行业的一般从业人员。而对普通二本院校的毕业生来说，因为报考公务员的限制条件，能报考公务员的招聘岗位寥寥无几，再加上去律师事务所一般都要通过司法考试这道坎才能达成，考研更是难上加难，剩下能够从事的法学相关工作岗位只有公司法务人员及其他法律相关岗位。所以，相比于其他专业的就业适应面来说，其狭窄了很多，也就出现了专业对口率低的状况，职业生涯起点定位难。

（二） 职业技能不足以适应市场需求

全国 600 多所法学专业培养的学生同质化现象比较突出，法学专业学生和市场需求不匹配，主要集中在刑法、诉讼法等领域，对于新形势下市场需求量大的电信法、人口法、卫生法、教育法等新兴领域，研究大多空白。此外，学生需要通过实践、实习增加法律技能的学习和时间也显不足。特别在全面建设小康社会的要求下，市场更需要大量法律服务人才，他们必须是既懂管理又懂经济，还精通法律的实践型人才。在这样的职业要求下，现有高校的法学专业学生职业技能不足以适应市场需求，符合需求的法律人才面临大量缺口。

（三） 高校教育为生涯发展的发展性和终身性储备不足

法学专业培养的专业目标岗位都是法官、检察官、律师等职业，对专业技能要求非常高，对经验的积累非常注重，所以除了要求我们的法律从业人员在大学本科阶段打下扎实的法学基础之外，更重要的是培养注重关注社会的能力、分析问题的方法和回应社会的能力，这是大学教育中最重要的能力教育，能为终身发展服务。

二、目前职业生涯教育存在的问题

从 20 世纪开始，我国职业生涯规划教育就开始了探索，经历了从朦胧、停滞到重新起步的道路。高校的职业生涯教育发展于 10 年前，脱胎于高校扩招后的就业指导，经过多年的摸索与尝试，已经有一些适合国情的做法，但还是存在一些问题。

（一） 大学生职业生涯教育目标定位不确切

长期以来，许多职业生涯教育是在倡导给学生一个奋斗目标，认为有了目标就会有动力，有动力就不会虚度大学时光。但是，我们往往看到在校大学生职业生涯规划意识还是不足，他们认为目标没有作用。调查中发现，有 52.3% 的学生对职业生涯规划的重要性认识不够，对职业生涯规划的程序、步骤、方法模糊不清。对于老师布置的生涯规划任务，照抄照搬网络上现成的东西，或随意拼凑，敷衍了事，不做深入的思考，规划设计书缺乏指导意义和可操作性。❶ 在规划职业目标时过于理想化，不切实际。究其原因，归根到底是把职业生涯规划仅仅当成一项作业，没有结合自身考虑未来职业生涯的不确定性，对于阶段性目标分析不尽合理，对中长期目标的期望值过高，过于理想化。这其实也是高校对职业生涯教育目标定位不准的体现，认为目标重要。其实"授人以鱼，不如授人以渔"，真正重要的是要培养大学生的生涯决策能力，使其在面临任何选择的时候都能从容抉择。

（二） 职业生涯教育课程存在不足

现代意义上的大学生职业生涯规划教育被提出和受到关注主要是从 21 世纪开始的。职业生涯教育由此从政府主导转向学校重视、社会关注的自发性活动。大多数高校纷纷开设职业生涯规划课程，2007 年《国务院办公厅关于切实做好 2007 年普通高等学校毕业生就业工作的通知》中"将就业指导课程纳入教学计划"的要求又极大地推动了职业生涯发展教育。然而目前的职业生涯规划课程还有许多问题，比如，就业指导课的痕迹还非常重，内容大多是招聘信息的获取、简历的制作、面试技巧等，虽然这些技能的获取能够满足应聘时的一时需求，但对长期的职业生涯成长来说影响非常有限。此外，职业生涯规划课程内容还未形成固定体系，缺乏系统性。在授课对象上缺少针对性，比较千篇一律、千人一面，缺乏针对授课对象的所学专业的职业指导。授课教师目前也大多是辅导员兼任，在知识结构的理论基础、专业性和授课方法上都有待提高。

（三） 职业生涯规划能力培养实效性不佳

高校重视职业规划能力培养，讲座、论坛、大赛等轰轰烈烈，常有一些受

---

❶ 朴树阁，李文忠. 大学生职业生涯规划实效性探究［J］. 人民论坛，2010（11）.

同学欢迎的校友、名人出现在校园职场活动中，同学参与积极性也比较高。各个学校也积极致力于实践活动的开展。然而由于学生活动方式、时间、性质的限制，往往会有走过场的情况，通过这些参与性、实践性活动培养职业生涯规划能力的效果有限，实效性不佳。

三、法学专业学生职业生涯规划教育探索

综上所述，法学专业学生的职业生涯规划能力尤显重要，法学学生的职业生涯规划教育必须和法学专业紧密结合。

（一） 增加法学专业学生职业生涯规划课程的专业要素

首先，要求授课教师对法学专业有个整体认识，了解法学专业的人才培养方案、学生毕业去向、法律人才的职场环境和生涯成长轨迹等。然后，开设职业生涯规划课程要针对授课对象的专业和特点融合进更多专业要素，比如，在讲解职场探索部分的时候要针对授课对象专业进行，在讲解生涯成长路径和职业选择的时候也要列举相关专业案例。另外，在学生的专业教育中也要多渗透职业生涯规划意识，这样的效果是职业生涯规划教师难以达到的。

（二） 构建适应法学专业特点的实践体验体系

职业生涯发展教育是一门集专业性、综合性、实践性于一体的学科，除了课堂教学之外，还需要通过讲座、活动及研讨会等形式提供团体经验，让学生对所学专业将来的就业方向岗位有个初步认识，启蒙职业生涯规划。社会实践能够帮助学生更好地了解职业世界，增加社会经验和阅历，寻求社会需求和个人理想的最佳结合点，提高自身的社会适应能力和实际动手能力。专业实习一般是到法院、检察院、律师事务所、公司法务部门等场所实习，虽然大部分职业有前置条件，需要参加公务员考试和通过司法考试，许多学生毕业后不一定能进入这些部门，但是通过这样的方式增强职业体验，能提高自我认知能力和社会认知能力，增强学生的岗位适应性。而学生通过职业体验，能够明白切实掌握各类法律知识技能的必要性，会以更加饱满的热情投入学习。

（三） 利用朋辈团体辅导促进生涯共同发展

朋辈辅导是指具有年龄相近、性别相同或者所关注的问题相同的人在一起分享信息、观念或行为技能，以实现共同学习、共同提高的教育方法。团体辅导的形式是开展职业生涯规划教育的有效形式之一。它是不同于职业生涯规划课程、专题讲座、个体咨询等的职业辅导方式，是传统咨询方式的一种延伸，更具有灵活性、轻松性，更易被学生接受，在朋辈之间可以形成良好的良性循环。

大学生作为处于同一年龄层次的群体来说，一方面，心理发展水平基本上处于同一层面，他们在职业的发展中所遇到的问题和困惑大体呈现出一种普遍性和规律性；另一方面，团体辅导具有某些特殊功能，如感染力强、影响广泛、效率高、省时省力、效果容易巩固等，可以通过朋辈心理辅导，使学生加深对自我的认识，了解职业世界，进行职业生涯规划，增加取得职业成功的机会。

在团体情境下，朋辈之间可以在教师或心理委员的带领下开展各个阶段的职业生涯规划教育。例如，以团体辅导的形式为大一新生开展"认识自我、探索自我"的活动，为大二学生开展"探索工作世界"的活动，为大三、大四的学生开展应用性较强的活动等，让学生在团体辅导中以朋辈辅导的形式更加高效地开展职业生涯规划教育活动。❶

（四） 个性化辅导体系促进个人的生涯发展

人本主义告诉我们，每一个个体都以他自身独特的内在和谐方式对待世界。在职业生涯教育中，我们也要尊重每一个个体的成长。所以，我们的职业生涯教育必须要构建个性化体系，促进每一个学生的生涯成长。个性化指导要求职业生涯工作人员针对不同专业、不同阶段、不同需要的学生提供个性化的辅导。在个性化服务中，学校可以购买优质的测评软件，为学生提供科学性、客观性、个性化的测评结果；建立生涯档案，为学生提供自我对比和反思借鉴；利用工作坊通过不同的理论取向以增进个人的生涯概念；提供有针对性的个体咨询，满足个体不同的职业生涯需求，真正解决学生的问题和困惑。通过个性化辅导体系的构建，旨在激发学生提高生涯自主性，提升生涯决策能力，获得具体目标和行动策略，形成稳固的支持系统。

参考文献：

［1］薛刚凌．法学专业为何亮红灯［N］．光明日报，2013 – 07 – 10.

［2］朴树阁，李文忠．大学生职业生涯规划实效性探究［J］．人民论坛，2010（11）.

［3］李超．朋辈辅导及其在大学生职业生涯规划中的实施路径［J］．高校辅导员学刊，2012（2）.

---

❶ 李超．朋辈辅导及其在大学生职业生涯规划中的实施路径［J］．高校辅导员学刊，2012（2）.

面向 "数字原生代" 的《小组社会工作》混合教学设计研究

张 琼❶

摘要：信息技术的高速发展，让目前大学生的主体——数字原生代的学习方式出现诸多新的特征：虚拟性的信息获取、多元性的工具使用、移动性的学习机制、合作性的知识探索、社交性的知识分享、即时性的信息处理和影音化的信息偏好。科技的支撑，让大学课堂针对大学生新学习取向进行转型成为可能，对高校课堂提出了更高要求。本文以《小组社会工作》课程为例，逐步探索在教学步骤、学生分组方式、教学流程和考评方式等关键教学环节的混合教学设计。

关键词：信息技术　数字原生代　混合教学

数字化信息技术日益渗透到现代人生活的方方面面，教育系统也不例外。当博客、微信圈、QQ 群、云个人图书馆成为教育信息技术的必要载体，说明碎片化学习、视频学习、移动学习已成为普遍趋势，特别是最近兴起的 "教育云"、微课程、MOOCs 等教学模式的兴起，让 "翻转" 大学老师讲学生听的传统课堂成为社会关注的话题。

一、数字原生代（Digital Natives）的学习新取向

目前高等教育的学习者都是诞生在 "数字原生" 的世代（Generation）里。所谓世代，是指一群生活在同一个时代的人，一般多以出生年作为界定，通常以 30 岁为一个世代，这群年龄相近的人有相似的意见、问题、态度及价值观，因其共同历经一段社会、政治、历史以及经济等，生活于相同的流行文化与经

---

❶ 作者单位：上海商学院。基金项目：上海商学院 2014 年教师教学发展中心项目（JX2014A0101）、上海商学院校级重点课程《小组社会工作》项目阶段性研究成果。

验之中。^❶ 数字原生代指的是 20 世纪 80 年代以后出生的人，这个世代一出生就活在计算机、互联网世界的一代，这些住民在数字国度里成长，对于数字科技不会赞叹，从不犹疑如何使用，也从来不会想到他们用的物品属于数字，流利地使用着数字语言。^❷ 数字原生代生长在一个充满科技的世代，具有习惯同时处理许多事情，偏好主动探索，很少听收音机，不看报纸，但是爱看电视，更爱网络；不玩单机版的游戏，99% 有手机，常用简讯，喜欢触控屏幕、储存大量音乐，喜欢图像式的说明等诸项特征。

1. 虚拟性的信息获取

在 21 世纪后随着网络的急遽发展，网络信息呈现爆炸性的增长。这个现象无疑地对数字原生代产生了极大的影响，这个世代的族群生活中所接触的信息有很大的比例是虚拟的网络信息，同时也习惯于在虚拟的环境进行社交或学习活动，例如，通过百科取得专业信息，或是通过论坛性网站寻找问题的解答，甚至社交关系上也有很大的比例是通过社群网站来维系。

2. 多元性的工具使用

哈佛大学教授 Dede 的研究指出，数字原生代喜欢同时也习惯于运用各种不同形式的媒体以及科技工具的操作与互动（Dede，2005）。例如，一个数字原生代的学生，在上学途中可能会利用智慧手机收听广播或音乐；若是搭乘大众运输工具，则有可能拿出电子阅读器进行在线书籍阅读；而到了学校以后，在课堂上会打开携带型的笔记本电脑辅助或记录课程；放学回家后则会透过桌面计算机编辑报告或是作品，出游时透过在线地图或是 GPS 寻找景点。同时，具备操作不同数字产品的能力已经自然地融入数字原生代的日常生活作息里。

3. 移动性的学习机制

由于互联网的成熟以及云端运算的崛起，数字原生代在学习上不但产生工具多元，同时也因为通信技术的运用而产生了时间与地点的移动性。数字原生代的学习者并不限定自己一定只能从课堂上取得知识，该世代的学习者喜欢主动探索知识，除了在虚拟的网络世界找寻学习资源外，他们也喜欢并习惯于随时随地挖角学习的乐趣。同时，他们也会通过社群网站，将自己所在的学习地点与得到的知识与自身所属的社群分享，形成一种机动性的、随时随地发生的移动学习机制。

---

❶ Michael R. Solomon . Consumer Behavior：Buying，Having，and Being ［M］. N. J.：Prentice Hall，2008.

❷ Marc Prensky. Digital natives，digital immigrants，From On the Horizon ［C］. NCB University Press，Vol. 9 No. 5，October 2001.

4. 合作性的知识探索

与传统孤立的单一信息来源的学习方法相比，数字原生代更偏好于通过众人力量的协同式方法，以合作的方式与同侪一同找寻、过滤与整合信息，并以参与式的经验建构出自己的学习社群。[1] 例如，论坛性网站的使用者在阅读某类型的文章前，会先根据讨论串回文数量的多寡或是评价的高低来判定该则信息是否值得阅读，这个机制归功于社群的力量，通过众人所累积起来的知识评价，形成一种强大的过滤系统，最后交付用户自行经由累积的数据进行使用上的判断，形成合作性的知识探索历程。

5. 社交性的知识分享

数字原生代对信息的态度是开放的与分享的，在社交网站上常会看到经由不同人转贴的信息或知识。数字原生代对于知识的分享，其目的性有部分是为了建立专业形象，通过特定类别的知识分享，可以在其社交圈中建立起自身的信息偏好属性以及对某类知识的专业程度，换句话说是一种社交行为的延伸，同时也是在拉拢自己所属的专业同好，进而形成以社交关系维系起来的学习社群。

6. 即时性的信息处理

在数字时代由于每日所要接触与处理的信息繁多，同时新的信息也在不断增生，因此数字原生代对于信息的态度也偏向实时性的处理，例如，一份网络新闻大多不会重复阅读第二遍，同时在阅读完毕后若觉得无用便随即舍弃，而若是出现对本身有用的信息，则会通过互动的管道进行分享与收藏。

7. 影音化的信息偏好

数字原生代偏好图像化或影音化的信息，同时在思考模式上也呈现跳跃性的非连贯逻辑，通过搜寻、拼贴建立知识，呈现出水平浅层而低组织架构的特色。

二、信息技术对传统教学方式的重塑

典型传统高等教育的学习方式依靠的是班级学习，教师在课堂中对全班同学进行同步性的授课，往往局限于教学者与学习者必须处于同一空间，遵循有规则性的沟通模式，且由教学者担任信息传递者，学习者通常只是被动接受信

---

[1] Kamel Boulos, M. N., & Wheeler, S.. The emerging Web 2.0 social software: an enabling suite of sociable technologies in health and health care education1 [C]. Health Information & Libraries, Journal 24, 2007: 2 – 23.

息，这种高等教育的方法讲求有效率地传达标准化的知识。然而对数字原生代的学习者来说，学习已不再受限于教科书上的唯一解答，网络上丰富的百科知识、生活周遭发生的事件，甚至是与他人的社交关系，都可以是学习的来源，而现今大学过于僵化的教育机制往往扼杀了这些多元化学习管道的可能。

在此情况下，MOOCs、微课以及翻转课堂等教学方式兴起，其以一般不超过 10 分钟的短视频学习内容、交互式练习的及时反馈、基于大数据的个性化服务、依托社交网络的异步讨论和在线即时讨论的互动交流、如同在线同步同学的学校课堂式的课程组织等形式，提供了多元化学习方法，给数字原生代的学习者带来多重好处：可以挑选自己喜欢的课程，决定自己的学习方式，从而实现主动学习；可以加快或者放慢视频播放、自行安排学习进度，从而实现个性化学习；可以做完测验马上知道结果，有问题很快得到老师或者同学回答，从而实现及时互动学习；最吸引人的是，MOOCs 的同伴学习方式不但可以在讨论区跟同伴进行知识互动、同伴互评，还可以互相分享自己的作品或者观点。这让传统高等教育中主要依靠自己的单向个体性学习方式转向与交互协作性的社群合作学习。社群学习跃升为学习的主角，代表了一种新时代的学习方法的转型，体现了学习者不再单向接受从书本或是课堂上得来的知识，而是以自主性的学习态度、自己的学习需求寻求更多元化的学习管道，同时在学习过程中也结合社群网络的力量，借由学习社群之间的社交合作与资源共享，以群体集思广益的方式对知识进行更全面而广泛的探究，将学习的模式带向全球化的思维。

三、混合教学在《小组社会工作》课程中的实践操作

《小组社会工作》课程在教学中，探索混合式教学法，以小组合作学习模式中的"小组探究法"和"共同学习法"为主，利用学校重点课程平台的支持，在主要教学环节上进行混合教学实践。

（一）教学步骤的混合教学设计

1. 课前作业

这包括：（1）课前提问，即每一组同学于课前提出相关问题，上传至班级经营小组工作重点课程异步远距教学系统中；（2）当周小组主题报告简报上传至小组工作重点课程异步远距教学系统中。

2. 课堂教学

主要包括：（1）当周报告小组主持小组工作重点课程课前作业，教师与各

小组面对面共同讨论；（2）小组主题报告，其他小组提问及讨论；（3）操作演练或教师评论；（4）同学回馈。

3．课后体会（课堂内上传至小组工作重点课程平台）

这主要包括：（1）课后心得（周记），即每周课程结束后，各小组一起讨论当日课程；（2）学习心得，并记录成为每周日志，上传至班级经营小组工作重点课程异步远距教学系统中，各小组可同步分享。此方式可一方面建构学习者的学习档案，另一方面促进各组相互间之分享，并激发创意。

（二） 学生分组方式的混合教学设计

1．教室分组

本研究的课程进行主要以"小组合作学习"为主，普遍来说分组人数以2～6人最为恰当（Johnson & Johnson，1991），因全班有78人，人数较多，故每组人数以6人为主，将全班分为13组，使个案学生能有较多的讨论及发表机会。分组方式是于第一次上课时，请个案学生做简单的自我介绍，再自由找组员，依照个案学生意愿作为分组的依据。

2．在线分组

根据赞同混合教学或者反对混合教学的人数，每次讨论都将78人分为两大组，将反对意见和赞同意见在小组工作重点课程讨论区内汇总。

（三） 教学流程的混合教学设计

教学流程主要设定课程进行的流程方向，主要包括：（1）课前预习：各组于每周上课前，在小组工作重点课程平台上针对主题进行提问并且回答，然后小组间讨论15分钟；（2）主题报告：各组针对新主题，进行报告发表（35分钟）；（3）师生共同讨论：教师补充小组报告内容，并引导及归纳重点，各组再进行讨论及发表看法（15分钟）；（4）练习：做小组工作相关练习题（15分钟）；（5）课后心得：各组讨论并习写每周课后心得（20分钟）；（6）最后，公布周记主题作业，学生于下次上课前发表于小组工作重点课程网络教学平台上。

（四） 考评方式的混合教学设计

小组工作混合教学拟定的考评方式，有纸笔测验、课堂参与及研讨、小组工作重点课程作业、主题报告及课后心得，请全班共同讨论考评方式是否需要调整比例，或增加其他的考评方式，全班同学讨论表决后决定考评方式及比重具体如下：（1）小组工作重点课程作业（课前提问）10%；（2）练习题10%（含各组自行收集或是自编的考题，以及老师制作的考题）；（3）课堂参与及讨论25%（含讨论与评论）；（4）课后心得25%（含学习与反思）；（5）主题报告30%（含小组报告与个人参与书面报告）。

四、结语

经过一个学期的教学实践发现，经过教学步骤、学生分组方式、教学流程、考评方式等关键教学环节的混合教学，学生在自我学习动机、自我学习能力、自我调节能力、自我反思能力、整体学习效果等方面都有所改善。

参考文献：

［1］潘文涛．基于网络资源的混合教学模式行动研究［J］．中国电化教育，2006（8）．

［2］李燕基．于 E-Learning 的高校实践类课程混合教学模式研究［J］．中国教育信息化，2013（4）．

［3］MICHAEL R. SOLOMON. Consumer Behavior：Buying，Having，and Being［M］. N. J.：Prentice Hall，2008.

［4］MARC PRENSKY. Digital natives，digital immigrants，From On the Horizon［C］. NCB University Press，Vol. 9 No. 5，October 2001.

［5］KAMEL BOULOS，M. N.，& WHEELER，S.. The emerging Web 2. 0 social software：an enabling suite of sociable technologies in health and health care education1［C］. Health Information & Libraries，Journal 24，2007：2 – 23.

应用型本科理论课程教学方法探讨

——以社会心理学课程为例[1]

曹 锐[2]

摘要： 应用型本科理论课程教学方法的改革，应在方法论的层面坚持"启发式"教学理念与"体验式"教学思想，具体的教学方法中运用讲授法、讨论法、案例法、表演法、实践法等多位一体的教学方法与灵活多变的考核方法，建立教师为"主导"、学生为"主体"的师生角色，以及"互信"与"共游"的师生关系。

关键词： 应用型本科　理论课程　教学方法　启发式　体验式

应用型本科，是为了满足我国经济社会的发展、高等教育大众化而提出的一种本科人才培养模式的转型。它们不同于以培养学术型和研究型人才为主的重点本科院校，也不同于培养一线需要的技术人才的高职类专科层次院校，而是旨在培养适应生产、建设、管理、服务第一线需要的高等技术应用型人才。这类院校多为一些"专升本"层次的新建本科院校，约占全国普通本科高校的1/3。其相对于传统的高等教育精英培养模式，是一种适应社会发展的人才培养模式的新突破，要以适应社会需要为目标，以培养技术应用能力为主线来设计学生的知识、能力、素质结构和培养方案，以"应用"为主旨和特征来构建课程和教学内容体系，重视学生的技术应用能力的培养。教学是本科教育的主要环节，而教学中理论课程的学习是不可或缺的部分，但以应用型人才为目的的培养目标对理论课程的教学方法也提出了新的要求。"方法"指为获得某种东西或达到某种目的而采取的手段与行为方式，通常包括哲学层面的方法论、经验层面的具体方法以及实施过程中的行为手段。下文将从这三个方面来探讨应用型本科理论课程的教学方法。

---

❶ 基金项目：上海商学院教育教学改革研究项目。
❷ 作者单位：上海商学院。

一、"启发"与"体验"的方法论

传统的大学教育被称为"经院式教育",即"以知识为中心",教师通过课堂讲授的方式为学生传授知识,而学生通过死背知识点来通过考试修满学分,正如蔡元培所说的,"平时则放荡冶游,考试则熟读讲义,不问学问之有无,惟争分数之多寡"。应用型本科教学的对象即学生不比综合型和研究型大学的学生更勤奋和用功,多不愿意去死记硬背,学习成绩或许不是很好,但其往往拥有一定的创新思维和动手能力。而应用型本科的教学目的不只是要学生掌握知识,还要求其将知识运用到社会和工作中,取得直接的社会收益,对知识转化为生产力、理论联系实践的能力要求较高。因此,应用型本科的理论课程教学应改变教师"填鸭式"教学、学生死记硬背的模式,而遵循启发式教学理念与体验式教学思想,发挥学生的自主创新优势,体现以应用为目的的本科教育改革。

1. 启发式教学理念

启发式教学源于苏格拉底的"产婆术"教学理念,其倡导通过一问一答的谈话方式与学生讨论问题,激发学生思考而得到正确答案,即像助产婆帮助产妇把胎儿从肚子里催生出来一样。而汉语中的"启发"最早源于孔子在论语中的"不愤不启,不悱不发",朱熹将其解释为"开其意,达其辞"。可见,所谓启发式教学,与"填鸭式"或"灌入式"教学理念相对,强调教学中教师应对学生进行引导,使学生自觉参与学习,积极思考问题,主动掌握知识。这就要求教师拥有渊博的知识与高涨的教学热情,通过设定悬念情境,提出值得思考的问题,并通过点拨与回应学生的回答,激发学生通过不断的思考与归纳进一步发现问题、解决问题,进而获得知识。从哲学层面来说,启发式教学是教师的"启"与学生的"发"这一对矛盾的两个方面;从心理过程的层面来看,学生的学习过程是一个"动力产生—发现矛盾—解决矛盾—更大学习动力产生"的过程;从社会学互动论的角度来看,启发式教学中,教师位于主导地位,而学生处于主体地位;从建构主义的理论来看,启发式教学中,学生知识的获得是自身信息意义的主动建构过程,而不是被动接受过程。因此,作为一种教学思想的启发式教学,不论教师采用什么样的教学方法——趣闻提问、激情辩论、布疑设障抑或传统的激情讲授,关键是看其有没有开启学生积极思考的动力与自主学习的兴趣,取得主动有效的学习效果,为知识应用于实务奠定基础。

2. 体验式教学思想

体验式教学最早是美国凯斯西储大学组织行为学教授 David Kolb 在 20 世纪 70 年代提出的。他认为，知识源于掌握经验和转化经验的结合体，因此，学习模型建立在过程和知觉两个连续体基础之上，过程连续体主要表达完成任务的途径，即通过做或观察进行学习；知觉连续体主要是情感反应，是指通过思考或感觉来学习。因而说到体验式教学，往往与体验、实践、环境和经历等关键词联系在一起，与杜威的"做中学"、戴尔的"经验之塔"一脉相承。可以说，体验式教学即通过实践来认识周围事物，用亲身的经历去感知、理解、感悟、验证教学内容的一种教学思想。"体验"是一种行为经历，但更强调的是心理过程与心理状态，因此，体验式教学思想应以情境为基础，或教师设定的实验情境，或学生经历的生活情境，或师生共同体验的模拟情境，这些情境均来源于社会生活，通过教师的组织和引导，使学生体验并感悟这些情境，进而获得升华的理论知识，或将理论知识灵活运用于实践。因而体验式教学思想通常通过情境教学法来体现，包括角色扮演、换位体验、实验模拟、案例体验等。体验式教学是马克思辩证唯物主义"实践出真知"思想在理论课程教学中的转化与应用，知识来源于实践，又要运用到实践中。体验式教学注重培养学生从实践中归纳知识的能力，与启发式教学理念相辅相成，同时又提高了学生将理论转化为实践的能力，与应用型本科的教学目的不谋而合。

二、多位一体的具体教学方法

启发式的教学理念与体验式的教学思想，是应用型本科理论课程教学模式哲学层面的方法论的指导基础，下面就结合社会工作专业的理论课程谈谈经验层面的具体教学方法。

1. 讲授法

讲授法是最传统的教学方法，即通过教师在上面讲、学生在下面听来完成教学活动的方法。然而对于应用型本科理论课程的讲授，我们不能仅仅停留在教师把课本上的知识点搬运到课堂上，再灌输到学生的脑海里的简单搬移过程，而是要贯彻启发式的教学理念与体验式的教学思想，在教师讲授的过程中，能带领学生的思维同步思考，甚至能提出自己独到的见解。例如，在情绪管理一节，教师通过为学生讲述塞翁失马的故事，带领同学们从中总结心理换位的情绪管理办法；而通过讲述越王勾践卧薪尝胆的故事，让学生通过心理体验越王勾践的忍辱负重来理解自我激励的情绪管理方法。总之，通过先进的媒体技术，教师可以把课本上的知识转化为有趣的故事、多彩的画面、发人深思的问题，同时还要注意上课讲述的语气，可运用设问、反问、排比、对比等语言技巧来吸引同学的注意力，激发同学的学习兴趣，进而使其通过自己的思考而不是死记硬背来掌握知识。

2. 讨论法

讨论法与讲授法相对应，讲授法注重教师在讲台上的表现，而讨论法注重教师与学生、学生与学生之间的讨论互动；讲授法有较高的知识传播率，但讨论法更注重知识的接受率。启发式教学理念的始祖苏格拉底就是通过与学生的对话和讨论而使学生获得知识。而论述我国教育界圣人孔子思想的著作——《论语》呈现出的也是孔子与弟子的一段段讨论与对话。可以说，讨论式的教学方法，为传统教学中被剥夺话语权的学生提供了表达思想的机会与平台，因而提高了其学习中的主动性与参与意识，增大了创新思想的空间。讨论法的实施，通常要求有开放、民主的课堂氛围，而不适合一言堂、书本定论的封闭课堂环境，因而对于人文社会科学类的课堂更加适用。其具体的实施过程可通过教师提出讨论的话题开启，如，社会态度一章中，教师提出影响工作满意度的因素有哪些，学生之间通过相互的讨论，碰撞不同的思想火花，列举不同的影响因素，再与老师进行思想的交换或辩论，进而总结出"双因素说"理论。总之，在讨论法中学生在观点呈现—辩论（讨论）—思考—辩论（讨论）—观点呈现的循环过程中，通过心理的体验、思想的不断启发、观点的不断提炼，自主地获取知识。

3. 案例法

案例法在教学中的应用最早源于1920年哈佛教育研究生院的尝试。我国大量引入案例教学法是在20世纪80年代末，目前其在医学、法学、管理学等学科领域得到广泛的研究与应用。所谓案例教学法，即在教学过程中通过引入案例来完成教学活动，包括教师为学生列举已有案例，供学生分析、讨论，进而总结归纳知识点。例如，在讲述经济心理一节时，老师可以讲述"十月妈咪"品牌的创始人赵浦从下岗职工到商业成功人士的案例，引导学生们讨论投资理财中的社会心理效应。案例法也包括学生们自己日常生活中经历或观察到的案例的分享，比如，在讲到亚文化的概念时，同学们争先恐后地分享自己家乡或所属群体的文化，这不仅提高了分享者的学习兴趣，也激发了其他同学的好奇心，进而提高了其学习的热情。无论是教师提供的案例还是学生分享的案例，在有趣而现实的案例中学习知识，既能减少理论课程学习的枯燥与乏味，又能培养学生理论联系实际的能力，与启发式的教学理念与体验式的教学思想不谋而合。

4. 表演法

表演法，又称角色扮演或情景模拟，即通过设定某一情景或某一话题，让同学们在其中扮演不同的人物角色，将事情发生和发展的过程表演重现，表演者用行为体验其中扮演的角色行为、思想、情感，而观看者用心理去体验再现的情景，再与讨论法和案例法等相结合，通过分析、讨论，进而对知识理论进行加工认识。例如，在对刻板印象理论的解释中，让两个同学分别扮演两个陌生的广东人与四川人，根据社会对他们的刻板印象的理解——即广东人对于任何的飞禽走兽都想到吃，而四川人喜欢打麻将，展开一场对话，结果由于理解错误而吵起架来，从而使同学们在笑声中真正理解刻板印象的理论含义及其优缺点。另外，还可以就某一问题让同学们自选感兴趣的话题进行表演，如，对于传播社会心理的问题，有同学表现谣言的由来与危害，有同学展示民谣的趣味，有同学演示流行的魅力，进而传播的各种社会心理在直观的表演中被同学们理解和掌握，同时还激发了其观察社会的能力和社会参与意识。

5. 实践法

实践法包括实地实践与模拟实践。实地实践即让同学们参与到相关的实务工作中，在具体的工作中验证所学理论知识，并获得感悟体验，强化理论认识或获取新的理论知识。实地实践主要通过校外的专业实习、毕业实习以及学生们课余的志愿活动和假期实习来完成。模拟实践，则是在校园内甚至在课堂上通过同学们对活动项目的模拟来完成知识学习的方式。如法学的模拟法庭、工商管理的谈判模拟、社会工作的个案工作模拟等。在模拟实践的过程中，老师和学生通常要完成方案设计、模拟实施、结果评估、结论总结等工作。例如，在每年的社会心理学课程中，教师都会给学生留一个小组作业，即运用所学到的知识，设计一个社会心理学的实验方案，并付诸实施，写出实验的结果与结论。学生们每次都能有创新的实验方案，同时，通过实施操作又能发现实验方案的问题，进而对知识重新思考，获得感悟认识。可以说，实践法是体验式教学最直观的表现，若能结合启发式的教学思想，教师在实践中对学生的思维加以引导，激发其在实践中获取新知，定能与其他教学方法相得益彰，成为应用型本科理论课程教学的主要方法之一。

另外，多位一体的教学方法也倒逼答卷式的单一考试方法的改变，而应该配之以演讲报告、论文写作、文献综述、实验总结等灵活多变的考核方式。只有多位一体的教学方法与灵活多变的考核方式相结合，才能真正实现应用型本科教学方法的改革。

三、"互信""共游"的师生互动模式

教学是"教"与"学"的统一体，是教师与学生两个角色间的互动过程，因而关于教学方法的探讨，除了哲学层面的方法论、经验层面的具体方法外，还应注意教学过程中师生之间的互动方式。自古以来，"严师出高徒""一日为师，终身为父"等关于师生关系的描述就体现了教师角色的权威性，而如今，"一言堂""灌输式"的传统教学方法更使教师成为教学过程中的主体。中国高等教育的大众化趋势下，大班教学是当代本科教育的普遍模式，只有在课堂上师生才能见面，大学四年不知道教师名字的学生大有人在，而叫不出学生名字的教师也比比皆是，师生关系表现为"疏离"。然而应用型本科教学的改革，无论是启发式的教学理念与体验式的教学方法，还是多位一体的教学方法，对传统的师生角色与师生关系都提出新的挑战。

1. "主导"与"主体"的师生角色

"传道、授业、解惑"可谓对教师职责的最好概括，但在传道、授业、解惑的过程中，学生的"学"是目的，教师的"教"仅是手段，特别是在启发式教学的应用型本科教学理念的指导下，旨在培养学生自主学习、独立应用的能力，学生应毫无疑问成为教学的主体，教师的角色应是主导，即无论是在讲授、讨论、实践还是案例辨析、角色表演的过程中，教师扮演的角色都是引导学生去发现问题、思考问题，进而解决问题，而不是直接告诉学生正确答案。其把教师的角色更形象地比喻为"导演"，而"主演"是学生，"导演"只是教给"主演"表演（学习）的方法与技巧，并对表演（学习）的过程进行监控，对结果进行评估，而具体的表现与发挥则看"主演"（学生）。正如第斯多惠所言："不好的教师奉送真理，好教师帮助学生发现真理。"教学互动的重点从"以教为中心"转变为"以学为中心"，教师的角色从"主体"变为"主导"、从"主演"变为"导演"，学生的角色从"客体"变为"主体"、从"观众"变为"主演"，这正是应用型本科师生互动角色变革的重点。

2. "互信"与"共游"的师生关系

有了教学互动重点与师生互动角色的转变，随之发生的便是师生关系的转变，教师不再是垄断权威的知识圣人，学生也不再是被剥夺了话语权的机械记忆木偶，而是师生相互信任、相互扶持、共同邀游于知识海洋的朋友。首先是教师对于学生的信任，教师只有相信学生，才能给予学生话语权与体验权，才敢于让学生在教学过程中自由思考、主动表达、开放探讨，也才有信心让学生

在教师的启发中与自主的体验中获取知识。正如罗森塔尔效应所验证的，教师对学生的期待与学生的成绩呈正比。其次是学生对于教师的信任，学生信任教师，才会去尊师重道，才会对知识产生敬畏，也才会有主动学习知识的欲望与激情。然而学生对于教师的信任不仅要求教师拥有渊博的学术知识与熟练的技能方法，更要求教师具备高尚的道德与崇高的人格，正所谓"学为人师，行为世范"。最后，学海无涯，学无止境，加之多媒体技术的发达，知识的来源渠道多元化，教师是"术业有专攻"的经验丰富者，而学生是思维活跃的新生代，只有教师与学生互相扶持，共同进步，才能建立新型的师生关系，为应用型本科教学改革增光添彩。

总之，应用型本科理论课程教学方法的改革，应在方法论层面坚持"启发式"教学理念与"体验式"教学思想，在具体的教学方法中运用讲授法、讨论法、案例法、表演法、实践法等多位一体的教学方法与灵活多变的考核方法，建立以教师为"主导"、学生为"主体"的师生角色以及"互信"与"共游"的师生关系，如此才能培养出适应社会进步与经济发展的应用型本科人才。

参考文献：

[1] 李儒寿. 应用型本科人才培养模式改革探索 [J]. 高等教育研究，2012（8）.

[2] 宋克慧，田圣会，彭庆文. 应用型人才的知识、能力、素质结构及其培养 [J]. 高等教育研究，2012（7）.

[3] 张金华，叶磊. 体验式教学研究综述 [J]. 黑龙江高教研究，2010（6）.

[4] 刘献君. 论"以学生为中心" [J]. 高等教育研究，2012（8）.

[5] 田红云. 体验式教学的认识论基础及应用探析 [J]. 扬州大学学报：高教研究版，2010（6）.

[6] KOLB D. Experiential Learning：Experience as the Source of Learning and Development. Englewood Cliffs，New Jersey：Prentice Hall，1984：41.

[7] 张蓉. 体验式教学模式浅析 [J]. 四川教育学院学报，2006（6）.

[8] 马丽娜，南纪稳. 探究体验式教学 [J]. 当代教育论坛：学科教育研究，2007（6）.

[9] 刘艳侠. 不同知识类型学习中的师生关系 [J]. 高等教育研究，2014（8）.

[10] 姜同. 启发式教学十谈 [J]. 长江职工大学学报，2001（6）.